ŒUVRES

DE

WALTER SCOTT.

TOME XXX.

IMPRIMERIE DE H. FOURNIER,
RUE DE SEINE, n° 14.

HISTOIRE
D'ÉCOSSE

RACONTÉE

PAR UN GRAND-PÈRE A SON PETIT-FILS.

TRADUCTION
DE M. DEFAUCONPRET,

AVEC DES ÉCLAIRCISSEMENS ET DES NOTES HISTORIQUES.

TOME III. — TROISIÈME SÉRIE.

PARIS.

FURNE, LIBRAIRE-ÉDITEUR,
QUAI DES AUGUSTINS, N° 39.

M DCCC XXXI.

HISTOIRE D'ÉCOSSE.

TROISIÈME SÉRIE.

COMPRENANT

DEPUIS L'UNION DES ROYAUMES,

SOUS LA REINE ANNE,

JUSQU'A LA FIN DES TROUBLES

DE L'ÉCOSSE EN 1746,

AVEC UNE CONCLUSION

JUSQU'A NOS JOURS.

LETTRE

SERVANT DE PRÉFACE.

A Hugh Littlejohn, Esq.

Mon cher enfant,

J'ai maintenant terminé la tâche que je m'étais imposée de vous faire connaître les événemens passés de l'histoire d'Ecosse ; ces événemens ont été tragiques et sanglans. La génération dont je fais partie, et qui, ayant vu la seconde race de ceux qui doivent la remplacer, doit se préparer à quitter bientôt la scène, a été la première en Ecosse qui paraisse devoir se retirer du théâtre de la vie sans qu'aucune guerre civile ou étrangère soit venue troubler son pays. Nos pères virent les convulsions intestines de 1745 et 1746. — La race qui les précéda vit les commotions de 1715, de 1718, et la guerre de la révolution en 1688 et 1689. — Une troisième et plus ancienne génération fut témoin des deux insurrections de Pentland-Hills et de Bothwell-Bridge ; et une quatrième vivait dans le temps de la grande et sanglante guerre civile. — Une cinquième conservait dans sa mémoire les querelles intérieures de la minorité de Jacques VI, et en remontant à la sixième nous arrivons à cette longue période de temps pendant laquelle les bienfaits de la paix étaient totalement inconnus, et l'état d'hostilités constantes entre l'Angleterre et l'Ecosse n'était interrompu que par des trèves incertaines, souvent violées, et de courte durée.

Même du temps de votre grand-père, quoique ce pays fût assez heureux pour éviter de devenir le théâtre de luttes sanglantes, cependant nous n'avions qu'à jeter les yeux au dehors pour voir de toutes parts des scènes de guerres et de ravages, le renversement de gouvernemens et l'extinction d'anciennes dynasties, comme si l'Europe entière eût été sur le point de retomber sous le joug d'un empire universel. Nous avons donc échappé, d'une manière inattendue et presque inespérée, aux maux de la guerre dans notre patrie, et nous n'avons eu que la douleur de voir de notre île la désolation générale du continent, avec de fréquentes alarmes de nous y trouver enveloppés nous-mêmes.

C'est avec une joie sincère que je vois arriver une époque où il paraît probable que la génération naissante sera moins exposée à voir les horreurs de la guerre ou à en entendre parler. Même dans l'histoire de l'Ecosse, de cette petite et pauvre contrée, on trouve un tableau assez frappant de ses misères pour regretter de voir combien de fois elles ont été causées par l'esprit de parti. J'ai soigneusement évité, surtout dans ce petit ouvrage, de chercher à vous prévenir en faveur d'aucune de ces opinions et de ces théories qui ont souvent fait sortir du fourreau le glaive de la discorde civile. J'espère que, dans quelques années, vous étudierez avec soin l'histoire de votre pays, dans la vue de vous former une opinion sur la question de savoir lequel des partis ennemis avait tort ou raison, et je me flatte que vous aurez alors assez de jugement pour vous apercevoir que dans les querelles politiques, querelles qui, plus que toutes les autres, mettent en jeu les passions, vous ne devez pas vous attendre à pouvoir regarder comme infaillible l'un ou l'autre parti; et que vous vous souviendrez que chaque action particulière doit être jugée par les circonstances qui l'accompagnent et par les motifs qui y ont donné lieu, et non être approuvée ou condamnée sans autre examen, parce qu'elle est l'ouvrage de telle ou telle faction. Ces volumes ne sont pas destinés à être un ouvrage de controverse. Si même des points contestés y étaient indiqués comme objets de discussion, la place manquerait aux argumens pour et contre, et tout ce que pourrait faire l'auteur, ce serait d'y énoncer sa propre opinion, opinion à laquelle il n'a pas le droit de demander que ses lecteurs défèrent. Il n'est certainement pas disposé à l'exiger de vous ni à désirer que vous adoptiez, d'après son autorité, des opinions qui doivent être l'objet de vos propres réflexions.

Comme la plupart des hommes qui ont quelque expérience du monde, j'ai mes opinions particulières sur les grandes questions politiques du temps actuel et de l'avenir, mais je n'ai pas le désir de les imposer à l'esprit de mes jeunes lecteurs. Ce que je me suis hasardé à leur offrir, est un choix général, — et j'espère, non sans intérêt, — de faits qui puissent, dans un temps futur, offrir une base solide à leurs sentimens politiques.

Je désire d'autant plus que le but de cet ouvrage soit bien compris, qu'un critique indulgent et ami, qui n'a prononcé son jugement qu'avec trop de partialité pour l'auteur, s'est mépris en un point sur mes intentions [1]. L'Aristarque, mon ami, car je dois lui donner ce nom, m'a fait un grand compliment, — et je puis me vanter d'avoir fait tous mes efforts pour le mériter, — en disant que mon petit ouvrage ne contient pas de fautes de *commission*; c'est-à-dire qu'il convient que je n'ai ni caché, ni falsifié la vérité de l'histoire dans les points controversés, ce qui, à mon avis, aurait été un crime très impardonnable, surtout dans un ouvrage destiné à l'usage de la jeunesse. Mais il m'accuse d'un péché *d'omission*, en disant que j'ai laissé de côté des conclusions qu'il aurait ti-

---

[1] *Revue de Westminster*, pour avril 1829.

rées des mêmes faits, et qu'il prétend trop évidentes pour ne pas être aperçues, et trop incontestables pour pouvoir être réfutées. Mais au contraire, mon opinion est et a toujours été, depuis que j'ai atteint l'âge du jugement, que, sur plusieurs de ces points, ces conclusions peuvent être attaquées comme fausses, et que sur d'autres elles sont susceptibles de beaucoup de modifications. Je ne dois donc pas laisser supposer que j'aie déserté mes bannières, parce que je n'ai pas jugé que ce fût le lieu et le moment de les déployer.

Au surplus, je ne pouvais introduire des discussions politiques dans un ouvrage destiné à inspirer l'amour de l'étude. Le jeune lecteur, quand il sera mûri par l'âge, aura l'occasion de porter lui-même son jugement sur les points de controverse qui hérissent notre histoire, et il trouvera probablement que l'esprit de parti et de faction, loin de faire des demi-dieux d'un côté, et des démons ou des fous de l'autre, est lui-même la tache et l'opprobre de nos annales, — en a produit, sous une forme ou une autre, les événemens les plus tragiques, — a déshonoré le caractère de nos hommes d'Etat les plus vertueux et les plus sages, — et réservé peut-être à la Grande-Bretagne, dans un temps futur, les maux dont il a déjà affligé nos pères.

Que vous, mon cher enfant, et que vos contemporains, vous puissiez échapper à un si grand fléau, c'est le désir et la prière sincère

de votre très-affectionné grand-père,

WALTER SCOTT.

Abbotsford, le 1er décembre 1829.

HISTOIRE D'ÉCOSSE

RACONTÉE

PAR UN GRAND-PÈRE

A SON PETIT-FILS.

TROISIÈME SÉRIE.

CHAPITRE PREMIER.

Haine mutuelle des Anglais et des Ecossais. — Différence des opinions en Angleterre relativement à l'Union. — Mécontentement universel que cause l'Union en Écosse. — Disposition de tous les partis à rétablir sur le trône la famille des Stuarts. — Education et caractère du chevalier de Saint-George. — Louis XIV promet de soutenir les prétentions de la famille de Jacques II. — Les intrigues des émissaires jacobites embarrassent le roi de France, qui se détermine à s'assurer de l'esprit du pays en y envoyant un agent.

Nous approchons en ce moment, mon cher enfant, d'une époque plus semblable à la nôtre qu'aucune de celles à travers lesquelles je vous ai conduit jusqu'ici. En Angleterre, et dans les basses-terres de l'Ecosse, on parlait la même langue, on avait, à un degré considérable, les mêmes habitudes de société, et l'on vivait sous la même forme de gouvernement qui a existé en Angleterre jusqu'au moment actuel. Les montagnards, à la vérité, conservaient leurs anciennes mœurs : depuis qu'on avait élevé des forts et placé des garnisons dans leur pays, les lois avaient plus d'empire sur eux qu'auparavant, de sorte qu'ils ne pouvaient plus se livrer aux mêmes excès ; cependant ils étaient encore par leur costume, leurs usages, leurs manières et leur langage, plus semblables aux anciens Ecossais du règne de Malcolm Canmore, que les habitans des basses-terres de la même époque ne l'étaient à leurs ancêtres du dix-septième siècle.

Mais quoique les Anglais et les Ecossais des basses-terres montrassent peu de différence dans leurs manières et leurs habitudes, si ce n'est que celles des derniers annonçaient moins de richesse et de luxe, il n'y avait entre eux aucun lien de sympathie, et l'effet produit par la mesure récente de l'Union n'était que celui qu'on aurait pu attendre en attachant à la même laisse deux chiens hargneux, ou en attelant au même joug deux chevaux rétifs. L'habitude peut avec le temps leur apprendre à se supporter mutuellement ; mais le premier résultat du lien forcé qui les unit est d'augmenter leur sentiment d'hostilité respective.

Les préjugés dominans des Anglais représentaient les Ecossais, pour nous servir des termes du célèbre Swift, comme un peuple pauvre, sauvage et hautain ; détestant les Anglais, ses voisins, et les regardant comme une sorte d'Egyptiens qu'il était non-seulement légal, mais louable, de piller, soit à force ouverte, soit par adresse secrète. La pauvreté des Bretons septentrionaux, la patience et les humbles travaux par lesquels on voyait fréquemment des individus s'élever, les rendaient méprisables aux yeux des Anglais ; tandis que, d'une autre part, l'esprit turbulent et irascible de la nation et l'usage habituel des armes les exposaient à la haine et à l'aversion : c'était là le trait caractéristique et général de l'Ecosse à l'époque de l'Union. Les montagnards, comme il est bon que vous vous en souveniez, n'étaient jamais sans armes ; et si leurs voisins du midi songeaient à eux, ils devaient les considérer comme de véritables sauvages, incapables de civilisation. Les habitans des basses-terres étaient alors également accoutumés aux armes, car presque toute la nation écossaise y avait été exercée sous l'Acte de Sécurité ; la population avait été distribuée en régimens, et était maintenue prête à être mise en activité de service ; enfin dans la sombre irritation occasionée par la manière dont le traité d'Union avait été conduit, les Ecossais parlaient tout haut et volontiers d'une guerre contre l'Angleterre. Les Anglais avaient leurs raisons particulières pour ne pas aimer l'Union. En général, ils n'étaient nullement flattés de voir leur riche pays et ses habitans civilisés intimement unis et identifiés avec la région boréale du Nord et ses tribus grossières et sauvages. Ils craignaient que l'adresse et le travail opiniâtre des Ecossais ne leur donnassent plus que leur part du commerce colonial dont ils s'étaient jusqu'alors réservé le monopole.

Cependant, quoique telle fût l'opinion des Anglais en général, la partie la plus éclairée de la nation, se rappelant les guerres sanglantes qui avaient si long-temps désolé la Grande-Bretagne, quand elle formait deux royaumes, citait la date de l'Union comme une ère de paix et de bonheur pour les deux pays, et, portant la vue bien loin dans l'avenir, prévoyait le temps où les préventions nationales, qui alors étaient si fortes, s'éteindraient d'elles-mêmes ou seraient extirpées comme les mauvaises herbes qui nuisent aux travaux du cultivateur, et feraient place à la paix et à l'abondance. Ce fut par suite de l'influence de ces sentimens que le duc de Queensberry, principal négociateur du traité d'Union, quand il partit d'Ecosse pour retourner à Londres, après l'accomplissement de cette mesure, fut reçu avec la plus grande distinction dans les villes d'Angleterre qu'il traversa. Et quand il approcha des environs de la capitale, un grand nombre de membres des deux chambres allèrent à sa rencontre pour féliciter un homme d'Etat qui, pendant la négociation du traité, sans les gardes qui l'entouraient, aurait été assassiné par ses concitoyens dans les rues d'Edimbourg.

L'Union avait donc ses partisans en Angleterre : en Ecosse elle était regardée avec un sentiment universel de mécontentement et comme un déshonneur. Le parti jacobite, qui avait conçu de grandes espérances d'éluder l'acte qui fixait la couronne dans la maison de Hanovre, les vit entièrement perdues; les Wighs, ou presbytériens, se trouvèrent faisant partie d'une nation chez laquelle l'épiscopat était une institution de l'Etat. Le parti national, qui avait nourri une idée vaine, mais honorable, de maintenir l'indépendance de l'Ecosse, vit ce pays avec tous les symboles de son ancienne souveraineté se confondre et s'anéantir sous le gouvernement de l'Angleterre. Toutes les classes, toutes les professions virent dans cet odieux traité quelque chose qui nuisait à leur intérêt.

L'ancienne et fière noblesse d'un pays qu'elle était habituée à gouverner suivant son bon plaisir, fut dépouillée de ses privilèges législatifs, si ce n'est qu'il lui fut permis de les exercer, comme les droits d'une petite corporation, par l'intermédiaire d'une poignée de délégués. Les barons de second ordre et la petite noblesse partagèrent la même humiliation, leurs représentans formant une troupe trop peu nombreuse et ayant la voix trop faible pour être d'aucun poids dans la Chambre des communes d'Angleterre, où ils ne furent admis qu'en petit nombre.

Le clergé s'inquiéta aussi pour son système de discipline ecclésiastique, et les avis fréquens qu'il donnait du haut de la chaire entretenaient parmi l'auditoire la terreur de l'innovation.

Les hommes de loi eurent des motifs semblables pour prendre l'alarme : ils voyaient ce qu'ils regardaient comme la dégradation de leur profession et des lois qu'ils s'étaient fait une étude d'expliquer; leur cour civile suprême, qui s'était révoltée à l'idée de voir ses décrets révisés par le parlement, soumise maintenant à un appel à la chambre des pairs britannique, corps dont on ne pouvait attendre une grande connaissance des lois, et présidée par un chancelier élevé dans la jurisprudence d'un autre pays. En outre, quand l'Ecosse vit partir son sceptre, et que le législateur ne fut plus assis à ses pieds, il était vraisemblable que ses lois municipales seraient assimilées peu à peu à celles de l'Angleterre, et ses hommes de loi mis par degrés à l'écart comme inutiles, par suite de l'introduction des institutions d'un pays étranger qui n'avaient pas fait partie de leurs études.

Les marchands et commerçans écossais trouvèrent aussi dans l'Union des griefs qui leur étaient particuliers. Les privilèges qui admettaient les Ecossais au commerce colonial de l'Angleterre n'étaient que comme les fruits de Tantale, tant que les préjugés locaux, le manque des capitaux et la difficulté qu'on trouve à leur faire prendre un nouveau cours, empêcheraient qu'on en pût profiter. D'une autre part, ils perdirent tout l'avantage de leur commerce à l'étranger quand ce commerce se trouva gêné par les droits anglais. Ils perdirent en même temps un commerce lucratif, quoique illicite, qu'ils faisaient avec l'Angleterre même, parce que les marchandises étrangères étaient beaucoup moins chères en Ecosse. Enfin l'établissement des *douanes* et de l'*excise*, avec l'arrivée d'une nuée de commis, tous Anglais, et la plupart, disait-on, d'un caractère suspect, fut fatal à la partie commerçante d'une nation que sa pauvreté avait mise jusqu'alors assez à l'abri des taxes.

Les commerçans et les citoyens souffrirent surtout de l'émigration générale des familles d'un rang distingué, qui naturellement allèrent résider à Londres, tant pour s'acquitter de leur devoir dans le Parlement, que pour être aux aguets des occasions de recevoir des faveurs, qu'on ne peut obtenir qu'en se tenant constamment près de la source d'où elles découlent; pour ne rien dire d'un grand nombre de familles riches, qui se rendirent dans la métropole uniquement pour suivre la mode, cette émigration générale fit nécessairement sortir de l'Ecosse les revenus de ceux qui n'y résidaient plus, et qui dépensaient leur fortune parmi des étrangers, au préjudice de ceux de leurs concitoyens qui avaient autrefois gagné leur vie en leur fournissant des objets de luxe ou de nécessité.

L'agriculture souffrit aussi de la rareté de l'argent, qui fut la suite des nouvelles lois ; du transport en Angleterre des revenus que les émigrés écossais tiraient de leurs domaines pour subvenir aux dépenses extraordinaires de Londres, et de la décadence de tout commerce extérieur et intérieur.

Indépendamment de ces griefs, particuliers à certaines classes et à certaines professions, les Ecossais sentaient généralement la dégradation, comme ils le croyaient, de leur pays, devenu l'allié subordonné d'un Etat aux efforts duquel, quoique infiniment plus puissant, ils avaient résisté pendant l'espace de vingt siècles. Le citoyen le plus pauvre et le plus humble, aussi-bien que le plus riche et le plus noble, sentait qu'il avait sa part de l'honneur national, et les premiers étaient même plus intéressés que les autres à le conserver sans tache, parce que, personnellement et individuellement, ils n'avaient d'autre dignité et d'autre considération que celles de leur titre d'Ecossais.

On n'entendait donc dans toute l'Ecosse que lamentations et mécontentement, et toutes les classes exhalaient leurs plaintes contre l'Union d'autant plus haut, qu'elles pouvaient cacher le sentiment de leurs griefs personnels, en se livrant à des déclamations populaires sur le déshonneur du pays.

Il y avait des réponses faciles à faire à tous ces sujets de plainte, et elles étaient fondées sur les avantages futurs que l'Union devait produire, et sur la perspective de ceux qui en ont été effectivement le résultat. Mais à l'époque qui suivit immédiatement ce traité, ces avantages n'étaient qu'un objet éloigné de théorie douteuse ; au lieu que les maux que nous venons de détailler étaient présens, palpables et certains. On manquait d'avocats en faveur de l'Union, comme d'argumens fondés sur un intérêt actuel. A la vérité un nombre considérable d'ecclésiastiques écossais, qui ne partageaient pas la crainte d'une innovation épiscopale, épouvantail de la majorité de leur ordre, concluaient que la meilleure politique était d'adhérer à l'Union avec l'Angleterre, sous la souveraineté d'un prince protestant, plutôt que de ramener dans l'Eglise et dans l'Etat, sous le roi Jacques VIII, tous les maux qui avaient occasioné la chute de son père. Mais les ministres qui employaient de tels argumens ne faisaient que se dégrader aux yeux du peuple, qui leur répondait avec aigreur que c'étaient eux qui avaient déclamé le plus haut contre l'Union, jusqu'à ce que leurs presbytères et leurs dîmes leur eussent été assurés; qu'à présent qu'ils en étaient en possession, ils consentaient à abandonner les droits civils de la monarchie écossaise et à mettre en danger la stabilité de l'Eglise d'Ecosse. Leurs auditeurs abandonnaient leurs églises, refusaient d'écouter les avis religieux des ministres favorables à l'Union, et allaient en foule entendre les sermons de ceux qui prêchaient contre le traité avec le même zèle qu'ils avaient autrefois élevé jusqu'au ciel le Covenant. Presque tous les ministres non-conformistes et caméroniens étaient déclarés contre l'Union, et quelques-uns des plus enthousiastes étaient si violens, que, long-temps après que l'esprit de controverse se fut endormi, j'ai entendu mon grand-père, — (car votre grand-père, M. Hugh Littlejohn, a eu aussi un grand-père) — dire qu'il avait entendu un vieux ministre avouer qu'il n'avait jamais pu arriver à la péroraison de son sermon, n'importe sur quel sujet il prêchât, sans donner un *blaud*, c'est-à-dire un bon soufflet à l'Union.

Si on fermait la bouche aux ministres partisans du traité, par les reproches qu'on leur faisait d'écouter leur intérêt personnel, ces reproches s'adressaient avec bien plus de justice aux hommes d'Etat laïques qui avaient contribué à cette mesure. Le peuple écossais ne voulait pas seulement les entendre parler de la grande alliance d'incorporation à laquelle ils avaient travaillé si efficacement. Quel que dût être le résultat de l'Union, une objection personnelle à la plupart des hommes d'Etat qui l'avaient fait adopter, était qu'ils avaient accéléré l'anéantissement de l'indépendance de l'Ecosse, qui en était la suite nécessaire, par des motifs particuliers d'égoïsme, dont le seul but était de satisfaire leur ambition et leur cupidité. On leur reprochait la bassesse de leur conduite, même dans le Parlement d'Angleterre. Une taxe sur la toile, principal produit des manufactures d'Irlande, ayant été proposée dans la chambre des Communes, M. Baillie de Jerviswood et d'autres membres écossais, qui avaient favorisé l'Union, s'y opposèrent; mais enfin M. Harley, qui avait été secrétaire d'Etat pendant le traité, coupa court à la discussion, en disant : « N'avons-nous pas acheté les Ecossais, et n'avons-nous pas acquis le droit de les taxer? Pour quelle autre raison leur avons-nous donné un équivalent? » Lockhart de Carnwath se leva pour lui répondre, et dit qu'il était charmé d'entendre avouer franchement que l'Union avait été une affaire de trafic, et que l'Ecosse avait été vendue et achetée le jour mémorable qui avait consommé cette mesure; mais qu'il était surpris d'entendre un homme qui avait eu tant de part à ce marché, parler des équivalens accordés comme en étant le prix, puisque les revenus publics de l'Ecosse même étant montés proportionnellement à cette somme, nul prix n'avait été réellement payé, si ce n'est celui que l'Ecosse devait définitivement acquitter elle-même, et sur ses propres fonds.

La haine de ce traité étant alors la passion dominante du temps, toutes les différences d'opinions politiques et religieuses furent oubliées en Ecosse, et l'on vit se former une singulière coalition de tous les partis, dans laquelle les Episcopaux, les Presbytériens, les Cavaliers, et un grand nombre d'amis de la révolution, renoncèrent à leurs anciens sentimens d'hostilité, pour s'unir par une aversion commune contre l'Union. Les Caméroniens eux-mêmes, qui formaient alors un corps puissant dans l'Etat, conservèrent contre l'Union, quand elle fut conclue, le même zèle qui leur avait fait prendre les armes pour la prévenir quand elle n'existait encore qu'en projet.

Il était évident que le traité d'Union ne pouvait être rompu sans une contre-révolution ; et pendant un certain temps, presque tous les habitans de l'Ecosse furent disposés à concourir unanimement à ce qu'ils appelaient la restauration du fils de Jacques II sur le trône de ses pères ; et si le roi de France, son allié, eût pris sa cause véritablement à cœur, si ses partisans en Ecosse eussent été plus unis entre eux, ou qu'ils eussent eu quelque chef doué de talens distingués, la maison de Stuart aurait pu se remettre en possession de son ancien domaine d'Ecosse, et peut-être même aussi de l'Angleterre. Pour bien comprendre les causes qui anéantirent cet espoir, il est nécessaire de revenir sur l'histoire de Jacques II, et de prendre en considération le caractère et la situation de son fils.

Le chevalier de Saint-George, nom de convention qu'il portait, et qui n'était ni une reconnaissance, ni un désaveu de ses prétentions à la royauté, était ce fils infortuné de Jacques II dont la naissance, qui, dans un cas ordinaire, aurait dû être l'appui du trône de son père, devint, par une fortune cruelle, le motif le plus fort pour accélérer la révolution. Il perdit donc l'espoir d'une couronne, et fut exilé de son pays natal, avant de savoir ce que signifiaient les mots pays et couronne ; il vécut à la cour de Saint-Germain, où Louis XIV permettait à Jacques II de conserver une vaine parade de royauté. Ainsi il fut élevé d'après le système généralement reconnu comme le plus mauvais qu'on puisse suivre pour l'éducation d'un prince ; c'est-à-dire, il fut entouré de toute la pompe et de tout le cérémonial extérieur d'une royauté imaginaire, sans que l'expérience pût lui apprendre aucune partie des fonctions et des devoirs véritables d'un roi. Des hommes oisifs qui formaient le simulacre d'un conseil et qui jouaient le rôle de ministres, s'occupaient aussi activement d'intrigues politiques pour obtenir des places et des dignités idéales à la cour de Saint-Germain, que si elles eussent dû leur procurer un rang et des émolumens; — de même qu'on voit des joueurs ruinés passer les jours et les nuits dans une maison de jeu, quoique trop pauvres pour mettre eux-mêmes leur enjeu sur la table.

Il est certain que la versatilité des hommes d'Etat d'Angleterre, en y comprenant quelques grands noms, est en quelque sorte l'apologie du cabinet de ce prince détrôné, et va même jusqu'à justifier l'espoir qu'avaient conçu les courtisans de Saint-Germain, qu'une contre-révolution aurait bientôt lieu, et remplirait leur attente. Un malheur nécessairement attaché aux succès de tous ces changemens importans de gouvernement, qui, opérant une innovation dans la constitution d'un pays, sont appelés révolutions, c'est que le nouvel établissement de choses ne peut, pendant un certain temps, obtenir ce degré de respect et de vénération que l'antiquité seule peut donner. Lorsqu'on éprouve sous le nouveau gouvernement des maux qu'on doit éprouver sous toutes les institutions humaines, on se décide aisément à y remédier, soit en adoptant de nouveaux changemens, soit en revenant à l'ordre de choses qu'on avait vu exister si peu de temps auparavant; car on suppose que ce qui est nouveau en soi, peut, sans inconvénient, souffrir de nouveaux changemens; et si ces innovations sont regardées comme essentielles, nécessaires, ou seulement même avantageuses, les esprits ardens et turbulens ne voient guère de raison pour douter que la force par laquelle ont été récemment renversé des institutions qui avaient reçu la sanction vénérable de l'antiquité, puisse obtenir le même succès en changeant de nouveau ce qui a été l'ouvrage de la génération actuelle, et peut-être même des hommes d'Etat qui désirent maintenant le changer. A cette facilité d'innover se mêlent d'autres passions. Parmi ceux qui ont trempé dans une révolution récente, il doit toujours s'en trouver un grand nombre qui n'en ont pas retiré les avantages personnels auxquels ils avaient droit, ou, ce qui est la même chose, qu'ils s'imaginaient devoir en attendre. Ces hommes, trompés dans leur espoir sont portés à croire, dans leur ressentiment, qu'il ne dépend que d'eux de renverser ce qu'ils ont aidé à construire, et de rebâtir l'édifice à la destruction duquel ils ont si récemment coopéré. Ce sentiment se développa dans toute son étendue après la révolution d'Angleterre. Non-seulement des agens subordonnés qui avaient été actifs dans la révolution, mais quelques hommes des plus distingués et doués de talens supérieurs, se laissèrent aller à entrer dans des complots pour la restauration des Stuarts. Marlborough, Carmarthen et lord Russell furent impliqués en 1692 dans une correspondance avec la France, et pendant tout le règne de Guillaume III et de la reine Anne beaucoup de personnages importans ne voulant pas se prêter explicitement à des complots contre-révolutionnaires, ne se firent pas scrupule de recevoir du ci-devant roi des lettres, des projets, des promesses, et de lui rendre en échange de vagues expressions de bonne volonté pour la cause de leur ancien monarque et de respect pour sa personne.

Il n'est donc pas étonnant que de semblables négociations aient fait croire aux ministres jacobites de Saint-Germain qu'une contre-révolution approchait, et qu'ils aient intrigué pour avoir leur part des honneurs et de la puissance qu'ils regardaient comme devant être bientôt à la disposition de leur maître; ils pouvaient en cela ressembler aux chasseurs de la fable, qui vendirent la peau de l'ours avant de l'avoir tué; mais, d'un autre côté, ils ressemblaient moins à des novices qui passent leur temps à jouer pour rien, qu'à des joueurs avides qui jouent pour gagner un enjeu sur lequel ils comptent qu'ils n'ont qu'à mettre la main, quoiqu'il ne soit pas encore à eux.

Au milieu de ces petites et mesquines discussions, il n'était pas probable que le fils de Jacques II augmenterait beaucoup la force d'esprit dont la nature ne lui avait donné qu'une petite portion, d'autant plus que son père avait perdu cette habitude des affaires qui lui avait été familière autrefois; et, abandonnant tout espoir de sa restauration, il s'était entièrement livré aux pratiques sévères d'une dévotion ascétique. Le chevalier de Saint-George ne pouvait donc tirer aucun fruit de ses avis ni de son exemple, et le ciel ne lui avait pas accordé les talens qui peuvent remplacer l'instruction.

L'héritier de cette ancienne race ne manquait pourtant pas des qualités extérieures qui conviennent à de si hautes prétentions; il était de grande taille, et avait une physionomie noble et des manières affables. Dans une ou deux campagnes, il avait mérité des applaudissemens, et prouvé qu'il ne manquait pas de courage, s'il manquait d'énergie. Il paraît avoir été d'un caractère gai, doux et traitable. En un mot, né sur un trône, et avec des ministres judicieux, il aurait pu être un prince populaire; mais il n'avait pas les qualités nécessaires pour gagner ou reconquérir un royaume.

Immédiatement avant la mort de son malheureux père, le chevalier de Saint-George fut confié à la protection de Louis XIV d'une manière touchante. Le monarque français vint pour la dernière fois dire adieu à son infortuné allié, alors étendu sur son lit de mort. Emu par cette scène pathétique, et possédant réellement une portion de cette magnanimité royale dont il aimait à se faire honneur, Louis déclara publiquement son dessein de reconnaître le titre du fils de son ami, comme héritier du trône de la Grande-Bretagne, et de prendre sa famille sous sa protection. Le prince mourant se souleva sur son lit, et s'efforça d'exprimer sa reconnaissance; mais ses faibles accens furent étouffés par le murmure de douleur et de joie de ses fidèles serviteurs. Tous répandaient des larmes, et Louis lui-même y joignit les siennes. Ainsi fut donnée dans un moment d'enthousiasme une promesse d'appui dont le roi de France eut ensuite de bonnes raisons pour se repentir, attendu qu'il ne pouvait décemment violer un engagement contracté dans une circonstance si solennelle; quoique, dans la suite de son règne, il se soit trouvé peu en état de fournir au chevalier de Saint-George les secours que sa promesse donnait à ce prince le droit d'attendre de lui.

Louis était particulièrement embarrassé par le nombre de plans et de projets pour une invasion de l'Ecosse et de l'Angleterre, proposés, soit par de vrais Jacobites, empressés de se distinguer par leur zèle, ou par des aventuriers qui, comme le fameux capitaine Simon Fraser, en prenaient l'apparence pour se mettre en état, soit de favoriser la cause du chevalier de Saint-George, soit de trahir en faisant connaître ses desseins au ministère anglais, suivant que l'exigeraient les intérêts de l'émissaire. Ce capitaine Fraser, qui fut ensuite le célèbre lord Lovat, était traité avec froideur par le Chevalier et par lord Middleton son secrétaire; mais il gagna la confiance de Marie d'Est, veuve de Jacques II. Ayant enfin été, par son influence, envoyé en Ecosse, Fraser intrigua ouvertement avec les deux partis; et quoique, en voyageant dans les montagnes d'Ecosse, il jouât le rôle et tînt les discours d'un jacobite prononcé, il faisait connaître secrètement tout ce qu'il pouvait apprendre au duc de Queensberry, alors commissaire royal, et représentant de la reine Anne. Il eut pourtant l'audace de retourner en France, et d'y parler en victime innocente de l'injustice; mais il fut enfin envoyé à la Bastille, en récompense de sa duplicité. Il est probable que cette intrigue du capitaine Fraser, qui eut lieu en 1703, contribua à inspirer à Louis de la défiance contre les agens jacobites écossais, et le décida, malgré le bruit général du mécontentement inspiré par le gouvernement de la reine Anne, à s'assurer de l'esprit du pays en y envoyant lui-même un agent, avant de se déterminer à accorder au Chevalier des secours considérables pour une invasion, ce que ses guerres en Flandre et les victoires de Marlborough le rendaient peu en état d'exécuter.

CHAPITRE II.

L'esprit de jacobitisme entretenu par la manière inconvenante dont le traité d'Union fut conclu. — Le lieutenant-colonel Hooke envoyé de France pour exciter une rébellion en Écosse. — Situation du parti jacobite sous les ducs d'Athole et d'Hamilton. — Négociations de Hooke. — Préparatifs du roi de France pour une expédition en faveur du chevalier de Saint-George. — Arrivée du Chevalier à Dunkerque pour le joindre. — Alarme générale en Angleterre. — La flotte française met à la voile. — Elle arrive dans le Frith de Forth, et retourne à Dunkerque sans avoir effectué un débarquement. — Vacillation du duc d'Hamilton. — Mise en jugement des jacobites du comté de Stirling. — Ils sont acquittés. — Introduction en Écosse des commissions d'*Oyer* et *Terminer*. — Abolition de la torture. — Peines autrefois prononcées contre la haute-trahison.

Deux réflexions naissent de ce que nous avons dit dans le chapitre précédent, et elles sont trop naturelles pour ne pas frapper l'attention.

En premier lieu, nous sommes portés à conclure que toutes ligues, tous traités entre des nations, quand on veut leur donner un caractère de permanence, doivent s'appuyer sur des principes non-seulement équitables, mais libéraux. Quelques avantages que s'arroge la force supérieure, ou qu'obtienne insidieusement l'astuce d'une des deux parties, ce ne sont qu'autant de causes qui compromettent la stabilité du traité, si elles ne l'anéantissent point par le fait; il n'y a nul doute que la corruption ouverte et la violence précipitée qu'on employa pour forcer l'union retardèrent de deux générations les bienfaits qui en auraient résulté si l'on s'y fût pris différemment. Le mécontentement, non pas tant de la mesure en elle-même que des conditions désavantageuses qui furent accordées à l'Ecosse, donna naissance à deux guerres civiles, et même à trois, si l'on fait entrer en compte la bataille de Glenshiel, et à toutes les misères qui en furent la suite. L'affection personnelle de bien des individus pour la maison de Stuart aurait pu conserver des sentimens jacobites pendant une génération, mais n'aurait jamais eu assez d'intensité pour allumer un incendie général dans le pays, si la manière injuste et illibérale dont l'Union fut conclue ne fût venue à l'aide du zèle des Jacobites pour donner lieu à une attaque formidable contre le gouvernement existant. Dans l'état où se trouvaient les choses, nous verrons tout à l'heure de combien peu il s'en fallut que l'Union même ne fût détruite et qu'une contre-révolution ne s'opérât.

Ceci nous conduit à la seconde remarque à laquelle je vous prie de faire attention : il sera toujours difficile à un gouvernement, malgré la facilité que donnent aux communications les mœurs des nations modernes, d'obtenir des renseignemens qu'il puisse regarder comme dignes de confiance sur les affaires intérieures et la situation véritable d'un autre Etat, soit d'après les déclarations faites par les partisans qui se disent dévoués au gouvernement qui fait cette enquête, soit d'après les rapports des agens qu'il a envoyés pour obtenir des informations. Les premiers trompent leurs correspondans, comme ils se trompent eux-mêmes, par leur intérêt personnel à juger favorablement de la force et des ressources de leur parti ; les autres sont incapables de porter un jugement exact de ce qu'ils voient et de ce qu'ils entendent, faute de cette connaissance habituelle et familière des mœurs du pays, connaissance indispensable pour les mettre en état de juger jusqu'à quel point ils doivent porter la croyance ou le doute en rendant compte des discours de ceux avec lesquels ils ont des rapports relatifs à leur mission.

On en eut un exemple dans les informations que fit prendre Louis XIV pour s'assurer des dispositions du peuple écossais à l'égard du chevalier de Saint-George. L'agent qu'employa le monarque français fut le lieutenant-colonel Hooke, Anglais de bonne famille. Ce militaire avait suivi Jacques II en France, et avait été reçu au service de Louis XIV, auquel il paraît qu'il s'était assez dévoué pour devenir presque indifférent à la cause du fils de son ancien maître. Les instructions qu'il reçut de Louis furent de chercher à attacher à la France aussi solidement que possible les Ecossais qui pourraient être disposés à une insurrection, mais d'éviter les promesses précises qui pourraient compromettre le roi et lui faire contracter l'obligation de leur fournir des secours en hommes ou en argent. En un mot, le parti jacobite ou ennemi de l'Union devait avoir la permission de Louis d'essayer de se révolter contre la reine Anne, à ses risques et périls, pourvu que le Grand Monarque, comme on l'appelait généralement, ne fût pas obligé de les aider dans cette entreprise plus que sa magnanimité ne le jugerait à propos, ou que la situation de ses affaires ne le lui rendrait convenable. C'était sans doute un marché auquel la France ne pouvait rien perdre ; mais il avait été fait avec trop de réserve et de restrictions prudentes pour offrir de grandes chances de profit.

Le colonel Hooke partit pour l'Ecosse avec ses instructions à la fin de février ou au commencement de mars 1707, et il y trouva, comme l'avait annoncé la correspondance entretenue avec les Ecossais, différentes classes du peuple très-disposées à se réunir pour une insurrection afin d'anéantir l'Union et de rétablir sur le trône la famille des Stuarts. Nous devons d'abord parler de la situation dans laquelle il trouva le parti jacobite, avec lequel principalement il venait se mettre en rapports directs.

Ce parti, qui renfermait alors la faction *du pays*[1] et

---

(1) Country faction, *faction patriote*. — Ed.

toutes celles qui demandaient la dissolution de l'Union, avait des ramifications beaucoup plus étendues qu'à aucune autre époque antérieure ou postérieure de l'histoire d'Ecosse ; mais il était divisé en deux partis qui avaient pour chefs, l'un le duc d'Hamilton, l'autre le duc d'Athole, qui étaient en opposition l'un à l'autre, parce qu'ils prétendaient également au titre de chef des Jacobites. Si l'on devait juger ces deux grands hommes d'après leur fidélité à la cause qu'ils avaient embrassée, leurs prétentions seraient à peu près égales, car ni l'un ni l'autre n'avait beaucoup de droit à passer pour avoir toujours suivi une marche uniforme dans sa conduite politique ; celle d'Athole, pendant la révolution, avait été totalement contraire aux intérêts du roi, et celle d'Hamilton, quoiqu'il eût affecté d'agir comme chef de l'opposition contre l'Union, avait été de nature à l'exposer au soupçon d'être d'accord avec le gouvernement ; car toutes les fois qu'il s'agissait de lui opposer une résistance formelle, Hamilton ne manquait jamais de trouver une raison bonne ou mauvaise pour éviter d'en venir à des extrémités avec le parti opposé. Malgré des actes de défection si répétés de la part de ces puissans seigneurs, leur rang, leurs talens et la confiance qu'on avait en leur dévouement généralement sincère à la cause jacobite, firent que tout ce qui composait ce parti s'attacha à l'un ou à l'autre. Il était naturel qu'on choisît pour chef le seigneur qui avait le plus d'influence dans le canton où l'on demeurait et où l'on avait ses propriétés ; par conséquent, les montagnards jacobites au-delà du Tay se rangèrent sous le duc d'Athole, et ceux du sud et de l'ouest sous le duc d'Hamilton. Il en résulta aussi que les deux divisions du même parti étant de différentes provinces, et chacune dans des circonstances différentes, n'avaient pas la même opinion sur la marche à suivre pour amener la restauration projetée.

Les Jacobites du nord, qui avaient plus de moyens de lever des hommes et moins de moyens de lever de l'argent que ceux du sud, étaient d'avis de commencer la guerre sans aucun délai, sans demander de secours étrangers; et sans autre aide que leurs cœurs dévoués et leurs bonnes épées, ils se montraient déterminés à placer sur le trône celui qu'ils en appelaient l'héritier légitime.

Quand Hooke entra en conférence avec cette division du parti jacobite, il trouva facile de les porter à le dispenser de toute stipulation spéciale et précise sur le montant des secours qui seraient fournis par la France, en armes, en argent ou en soldats, du moment qu'il leur eut représenté qu'entrer dans une négociation formelle de ce genre ce serait manquer à la délicatesse aussi-bien qu'aux égards dus au roi de France, et peut-être risquer de diminuer l'inclination qu'il avait à servir le chevalier de Saint-George. D'après ce point de délicatesse prétendue, ces pauvres gens se laissèrent décider à encourir personnellement des risques qui pouvaient leur devenir funestes à eux-mêmes ainsi qu'à leur rang et à leur postérité, sans prendre aucune des précautions raisonnables qui pouvaient les arracher à leur ruine.

Mais lorsque le duc d'Hamilton, lord Kilsythe, Lockhart de Carnwath, Cochrane de Kilmaronock, et d'autres chefs des Jacobites de l'ouest, eurent une entrevue avec le colonel Hooke, leurs réponses furent bien différentes. Ils pensaient que pour rendre praticable le plan d'insurrection il devait y avoir un engagement formel de la part du roi de France d'envoyer en Ecosse le chevalier de Saint-George, avec une armée auxiliaire de dix ou tout au moins de huit mille hommes. Le colonel Hooke répondit en termes très-hautains à cette demande, disant que c'était une présomption que de vouloir donner des avis à Louis XIV sur la manière dont il devait conduire ses propres affaires : comme si ce n'eût pas été l'affaire des Jacobites eux-mêmes de savoir jusqu'à quel point ils devaient s'attendre à être soutenus, avant de risquer leur fortune et leur vie dans une entreprise si dangereuse !

Le succès du colonel Hooke alla jusqu'à obtenir un mémoire signé par dix lords et Chefs, agissant, comme ils le disaient, au nom de la masse de la nation, mais particulièrement au nom de trente personnes de distinction dont ils avaient reçu des pouvoirs spéciaux. Dans cette pièce, ils déclarèrent qu'à l'arrivée du chevalier de Saint-George ils le rendraient maître de l'Ecosse, qui était entièrement dans ses intérêts, et procéderaient immédiatement après à lever une armée de vingt-cinq mille hommes d'infanterie et de cinq mille de cavalerie. Avec cette force, ils se proposaient d'entrer en Angleterre, de s'emparer de Newcastle, et de mettre la ville de Londres dans l'embarras en interrompant le commerce de charbon. Ils y exprimèrent l'espoir que le roi de France enverrait avec le Chevalier une armée auxiliaire de cinq mille hommes au moins, quelques officiers et un général d'assez haut rang pour que les nobles écossais ne se fissent pas un scrupule de lui obéir : le duc de Berwick, fils naturel du feu roi, et général ayant des talens du premier ordre, fut particulièrement indiqué; ils se plaignirent aussi de manquer d'artillerie de campagne et de siège, et témoignèrent le désir d'en obtenir. Enfin ils appuyèrent sur le besoin qu'ils avaient d'un subside de six cent mille livres pour être en état de commencer la guerre. Mais ils présentèrent ces demandes sous la forme d'humbles requêtes, plutôt que comme des conditions, et se soumirent dans le même mémoire à toute modification et à tout changement qui pourraient les rendre plus agréables au roi Louis. Hooke atteignit ainsi le but principal de sa mission, qui était de lier autant que possible les Jacobites écossais au roi de France, et de n'entrer, pour quelque cause que ce fût, dans aucune négociation qui pût astreindre Louis à des conditions. Louis montra beaucoup d'adresse à jouer ce jeu de *tirez*, *lâchez*, comme on l'appelle vulgairement [1], donnant toute raison de conclure que ses ministres, sinon le souverain lui-même, regardaient moins l'invasion de l'Ecosse comme un moyen d'opérer une contre-révolution, que comme une diversion qui obligerait les Anglais à retirer une bonne partie des troupes qu'ils avaient en Flandre, ce qui assurerait à la France la supériorité sur le théâtre général de la guerre. Dans ce dessein, et sans doute pour profiter de la chance des événemens heureux, et du mécontentement général qui régnait en Ecosse, la cour de France reçut les offres trop généreuses des Jacobites d'Ecosse, et les discuta à loisir.

Enfin, après bien des délais, le monarque français se décida sérieusement à faire un effort. Il résolut d'envoyer en Ecosse l'héritier des anciens rois de ce pays, avec un corps de cinq à six mille hommes, formant la force jugée nécessaire par le parti d'Athole, celui d'Hamilton en ayant demandé huit mille tout au moins. Il fut décidé que le chevalier de Saint-George s'embarquerait à Dunkerque avec cette petite armée, et que la flotte serait mise sous les ordres du comte de Forbin, qui s'était distingué par plusieurs exploits maritimes.

Quand ce plan lui fut communiqué par M. de Pontchartrain, alors ministre de la marine, le chef d'escadre fit de nombreuses objections au projet de débarquer une force si considérable sur une côte nue, sans être assuré de posséder un seul port, une seule place fortifiée, qui pût servir de point de défense contre les troupes que le gouvernement anglais enverrait contre les Français.—Si vous avez, continua Forbin, cinq mille hommes à sacrifier pour une expédition désespérée, donnez-m'en le commandement; je les placerai sur des chaloupes et des bâtimens légers, je surprendrai Amsterdam, et en détruisant le commerce de

---

(1) Le lecteur ne doit pas oublier que ces comparaisons sont naturelles quand Walter Scott s'adresse à son petit-fils.—ÉD.

la capitale de la Hollande, j'ôterai aux Provinces-Unies tout moyen et tout désir de continuer la guerre.

— N'en parlons pas davantage, répondit le ministre; vous êtes chargé d'exécuter les ordres du roi, et non de les discuter. Sa Majesté a promis au roi et à la reine douairière d'Angleterre (le chevalier de Saint-George et Marie d'Est) de leur donner le secours convenu, et vous avez l'honneur d'être chargé d'exécuter sa parole royale.

Entendre était *obéir* [1], et le comte de Forbin s'occupa de l'exécution de la mission qui lui était confiée; mais ce fut avec une répugnance secrète qui était de mauvais augure, puisque, dans toute entreprise audacieuse, le succès est principalement assuré par le zèle, la confiance et la coopération cordiale de ceux qui sont chargés de la mettre à fin. Forbin était si loin d'être satisfait de la mission qui lui était assignée, qu'il allégua mille difficultés, mille obstacles, qu'il était sur le point de faire valoir en présence du monarque lui-même dans une audience particulière, quand Louis, voyant la tournure que prenait la conversation de l'amiral, y coupa court en lui disant qu'il avait des affaires en ce moment, et lui souhaita un bon voyage.

Le commandant des troupes de terre était le comte de Gacé, qui porta ensuite le titre de maréchal de Matignon. Douze bataillons furent placés à bord de huit vaisseaux de ligne et de vingt-quatre frégates, indépendamment des bâtimens de transport et des chaloupes nécessaires pour le débarquement. Le roi de France déploya sa magnificence en fournissant au chevalier de Saint-George une garde-robe vraiment royale, des services de vaisselle d'or et d'argent, de riches livrées pour sa suite, des uniformes splendides pour ses gardes, et toutes les décorations extérieures convenables au rang d'un prince souverain. En le quittant, Louis lui présenta une épée dont la poignée était enrichie de diamans ; et avec cet heureux choix de complimens

---

[1] Formule orientale pour exprimer l'obéissance passive due au despotisme : on comprend que l'auteur s'en sert à dessein pour caractériser Louis XIV. — Éd.

qu'il savait faire mieux que tout autre prince, il lui dit que le meilleur souhait qu'il pût faire pour son ami à l'instant de son départ, était de lui exprimer l'espoir qu'ils ne se reverraient jamais. C'était pourtant un mauvais présage que Louis eût employé la même formule de politesse en faisant ses adieux au père du Chevalier avant la bataille de La Hogue.

Le Chevalier partit pour Dunkerque, et y fit embarquer les troupes. Jusque-là tout avait été conduit avec un si grand secret, que l'Angleterre ne se doutait nullement de l'entreprise qui se préparait. Mais en ce moment un accident la retarda, et la rendit publique. Ce fut une maladie du Chevalier, qui fut attaqué de la rougeole. Ce ne pouvait plus alors être un secret qu'il était malade à Dunkerque, et qu'il s'y était rendu pour se mettre à la tête d'une expédition, avec des troupes déjà embarquées.

Il est presque impossible d'imaginer un pays qui fût moins préparé que l'Angleterre à une telle attaque, si ce n'est l'Ecosse. La grande majorité de l'armée anglaise était alors en Flandre, il ne restait dans le royaume que cinq mille hommes, composés principalement de nouvelles levées. L'Ecosse était encore plus dépourvue de défense. Le château d'Edimbourg n'avait ni garnison, ni artillerie, ni munitions, ni approvisionnemens. Il n'y avait pas dans tout ce pays plus de deux mille hommes de troupes régulières, et c'étaient des régimens écossais, sur la fidélité desquels on devait peu compter, s'il éclatait, comme cela était probable, une insurrection générale parmi leurs concitoyens. La terreur panique fut grande à Londres, à la cour, dans la Cité et dans le camp : chacun retira ses fonds de la banque avec un empressement qui n'avait jamais eu d'exemple ; et si ce grand établissement national n'eût été soutenu par une association de riches négocians anglais et étrangers, un coup fatal aurait été porté au crédit public. La consternation fut d'autant plus accablante, que les grands personnages en Angleterre étaient jaloux les uns des autres; et ne croyant pas que le Chevalier se hasardât à débarquer en Grande-Bretagne sans autre encouragement que celui qu'il avait reçu des Ecossais, ils soupçonnaient l'existence de quelque conspiration générale dont l'explosion aurait lieu en Angleterre.

Au milieu de l'alarme qui se répandait de toutes parts, on prit des mesures actives pour détourner le danger. Les deux ou trois régimens qui se trouvaient dans le sud de l'Angleterre reçurent ordre de se rendre en Ecosse à grandes journées. On rappela de Flandre une partie des troupes anglaises pour les charger d'un service plus pressant dans l'intérieur. Le général Cadogan s'embarqua en Hollande avec douze bataillons, et mit à la voile pour Tyne-Mouth. Mais, même parmi ces troupes, il y en avait sur lesquelles on ne pouvait compter. Le régiment de Montagnards du comte d'Orkney et celui qu'on appelle les fusiliers écossais déclarèrent, dit-on, qu'ils ne se serviraient jamais de leurs armes contre leur pays pour une querelle de l'Angleterre. Il faut ajouter que l'arrivée de ces secours demandait du temps et était précaire. Mais l'Angleterre avait une ressource plus prompte et plus sûre dans la supériorité de sa marine.

Au moyen des efforts les plus actifs, on parvint à rassembler et à mettre en mer une flotte de quarante vaisseaux de ligne; et avant que l'escadre commandée par Forbin eût mis à la voile, on vit arriver cette flotte puissante devant Dunkerque, le 28 février 1708. A cette formidable apparition, le comte de Forbin dépêcha un courrier à Paris pour obtenir des instructions, ne doutant pas qu'il ne reçût ordre, d'après ce contre-temps, de faire débarquer les troupes, et d'ajourner l'expédition. La réponse qu'il avait prévue arriva; mais tandis que Forbin se préparait, le 14 mars, à mettre cet ordre à exécution, une tempête fit lever le blocus, chassa la flotte anglaise en pleine mer; et dès que la cour de France en fut instruite, Forbin reçut des ordres positifs de mettre à la voile, à tous risques, avec l'escadre d'invasion.

Il sortit donc le 17 mars de la rade de Dunkerque ; et tout dépendait de la circonstance accidentelle du vent et de la marée qui pouvait favoriser la flotte anglaise ou celle de la France. Les élémens se déclarèrent contre les Français ; ils n'eurent pas plus tôt quitté la rade de Dunkerque que le vent leur devint contraire, et leur escadre fut poussée dans la rade de Newport-Pits, où ils furent retenus pendant deux jours ; alors, le vent ayant encore changé, ils firent voile vers l'Ecosse avec une brise favorable. Le comte de Forbin et son escadre entrèrent dans le Frith de Forth, remontèrent jusqu'à la pointe de Crail, sur la côte du comté de Fife, et y jetèrent l'ancre. Le projet de l'amiral était d'avancer le lendemain dans le Frith jusqu'à proximité d'Edimbourg, et d'y débarquer le chevalier de Saint-George, le maréchal de Matignon et les troupes. En attendant, il fit des signaux, tira des coups de canon, et chercha à attirer l'attention des amis qu'il croyait prêts à accueillir leurs alliés sur le rivage.

Tous ces signaux ne reçurent aucune réponse du côté de la terre ; mais on y répondit d'une manière aussi inattendue que désagréable du côté de la mer. Cinq coups de canon, partis du côté de l'entrée du Frith, annoncèrent l'arrivée de sir John Byng et de la flotte anglaise, qui avait pris le large dès que l'amiral avait appris que le comte de Forbin était en mer ; et quoique les Français eussent beaucoup d'avance, la flotte anglaise réussit à entrer dans le Frith immédiatement après l'escadre française.

Le lever de l'aurore montra la flotte anglaise, très-supérieure en force, s'avançant dans le Frith, et menaçant d'intercepter l'escadre française dans l'étroit bras de mer où elle avait osé s'engager. Le chevalier de Saint-George et sa suite demandèrent à passer à bord d'un plus petit bâtiment que celui que commandait M. de Forbin, dans le dessein de débarquer à l'ancien château de Wemiss, sur la côte du comté de Fife, appartenant au comte portant le même nom, qui avait été constamment attaché à la maison de Stuart. Il n'aurait pu agir d'une manière plus sage et plus courageuse; mais le fils de Jacques II était destiné à apprendre combien peu est libre d'exécuter sa volonté le prince qui s'est mis sous la protection d'un auxiliaire puissant. M. de Forbin, après avoir quelque temps éludé sa demande, finit enfin par lui dire d'un ton décidé : — Sire, les ordres du roi mon maître m'ont prescrit de prendre les mêmes précautions pour la sûreté de votre auguste personne, que s'il s'agissait de celle de Sa Majesté elle-même : ce doit être mon premier soin, et je ne consentirai jamais que vous vous exposiez dans un château en ruine, dans un pays découvert, où quelques heures pourraient vous livrer entre les mains de vos ennemis. Votre personne m'a été confiée ; ma tête est responsable de votre sûreté ; je vous prie donc de m'accorder votre confiance tout entière, et de n'écouter que moi ; ceux qui vous donnent des avis différens des miens sont des traîtres ou des lâches.

Ayant ainsi tiré le Chevalier de doute d'une manière qui se ressentait un peu de la rudesse de sa profession, le comte de Forbin porta le cap sur l'amiral anglais, comme s'il eût eu dessein de combattre pour s'ouvrir un chemin à travers la flotte. Mais tandis que sir George Byng faisait un signal à ses vaisseaux pour se réunir et livrer combat à l'ennemi, le Français courut une autre bordée, et profitant de la manœuvre de l'amiral anglais, pour éviter de s'en approcher, il réussit à sortir du Frith. Les vaisseaux anglais avaient tenu long-temps la mer, et n'étaient pas très-bons voiliers; ceux de Forbin, au contraire, avaient été choisis avec soin et carénés pour ce service. La poursuite de Byng fut donc inutile, si ce n'est que *l'Elisabeth*, vaisseau mauvais voilier de la flotte française, tomba entre ses mains.

L'amiral Byng, auquel les Français échappèrent, se rendit à Edimbourg, afin d'aider à la défense de la capitale si quelque mouvement des Jacobites la mettait en danger. Le comte de Forbin, avec son expédition, avait, de son côté, le pouvoir de choisir parmi tous les ports du nord-est de l'Ecosse, depuis Dundee jusqu'à Inverness, celui que les circonstances rendraient le plus favorable pour y débarquer le chevalier de Saint-George et les troupes françaises. Mais, soit parce qu'il ne s'était pas porté de cœur à cette expédition, soit, comme le soupçonnèrent les Jacobites écossais dans le temps, parce qu'il avait reçu de sa cour des ordres secrets qui réglaient sa conduite, Forbin refusa positivement de débarquer le prince privé de son héritage, et les soldats destinés à son service, sur aucune partie de la côte septentrionale de l'Ecosse, malgré la demande réitérée que lui en fit le Chevalier. L'expédition retourna à Dunkerque, d'où elle était partie trois semaines auparavant. Les troupes furent mises à terre et distribuées dans différentes garnisons, et les commandans coururent à la cour, chacun d'eux cherchant à s'excuser en rejetant sur l'autre le blâme du manque de réussite.

Après l'issue défavorable de ce projet d'invasion, les mécontens d'Ecosse sentirent qu'ils avaient perdu une occasion qu'ils ne retrouveraient peut-être jamais, et qui dans le fait ne se présenta plus. L'unanimité avec laquelle toutes les sectes et tous les partis en Ecosse étaient disposés à se réunir pour adopter toute mesure qui pourrait les délivrer de l'Union, était si extraordinaire, qu'on ne pouvait s'attendre qu'elle durerait long-temps dans une nation divisée en tant de factions. Il n'était pas probable qu'après une telle leçon le gouvernement anglais laissât une seconde fois le royaume d'Ecosse si dépourvu de moyens de défense. Par-dessus tout, il semblait vraisemblable que la vengeance du ministère tomberait d'une manière assez terrible sur la tête de ceux qui avaient été les premiers à montrer des dispositions favorables à la cause du chevalier Saint-George, pour détourner les autres de suivre leur exemple en quelque autre occasion.

Pendant le court espace de temps qu'on sut que la flotte française était en mer, et tandis qu'on s'attendait presque à chaque instant au débarquement de l'armée sur quelque partie de la côte d'Ecosse, le petit nombre des adhérens du gouvernement existant étaient plongés dans une consternation extrême. Le comte de Leven, commandant en chef des forces écossaises, accourut d'Angleterre pour se mettre à la tête de deux ou trois régimens, qui étaient tout ce qu'on put rassembler pour la défense de la capitale; et il écrivit au secrétaire d'Etat que les Jacobites étaient en si grand nombre, et montraient tant d'enthousiasme, qu'à peine osait-il les regarder en face quand il passait dans les rues. En voyant une flotte s'approcher, le comte rangea son armée en bataille sur les sables de Leith, comme s'il eût eu dessein de s'opposer au débarquement. Mais il fut heureusement trompé quand, à bord des vaisseaux qui arrivaient, il vit déployé le pavillon d'Angleterre au lieu de celui de France, et qu'il reconnut que c'était la flotte de sir George Byng, au lieu de celle du comte de Forbin.

Quand cette nouvelle importante fut publiquement connue, ce fut le tour des Jacobites de quitter cet air hautain devant lequel leurs ennemis avaient baissé les yeux, et de rendre à leur physionomie l'expression qu'elle avait lorsqu'ils étaient une faction souffrante, mais soumise. Les Jacobites du comté de Stirling particulièrement avaient presque été jusqu'à faire une levée de boucliers, ou pour parler plus correctement, ils avaient pris les armes quoiqu'ils n'eussent pas trouvé l'occasion de s'en servir. Ils avaient donc alors lieu de s'attendre à toute la vengeance du gouvernement.

Cette petite troupe se composait d'hommes distingués par leur fortune, leur influence et leurs propriétés. Stirling de Keir, Seaton de Touch, Edmondstoun de Newton,

Stirling de Carden, et quelques autres, assemblèrent un corps bien équipé de cavalerie, afin d'être les premiers à offrir leurs services au chevalier de Saint-George. Ayant appris en chemin que l'expédition n'avait pas réussi, ils se dispersèrent, et retournèrent chacun chez eux. Ils furent pourtant arrêtés, jetés en prison, et menacés d'être traduits en justice pour crime de haute trahison.

Le duc d'Hamilton, avec cette indécision qui donnait à sa conduite un air d'inconséquence mystérieuse, avait quitté son château de Kinniel pour aller visiter ses domaines du comté de Lancastre, pendant qu'on discutait le traité relatif à l'invasion des Français. Chemin faisant, il fut rejoint par un ami, qui venait lui apprendre que, toutes les difficultés qui arrêtaient l'expédition étant aplanies, on pouvait l'attendre avec certitude sur la côte vers la mi-mars. Le duc parut fort embarrassé, et déclara à Lockhart de Carnwath qu'il retournerait volontiers sur ses pas, s'il ne prévoyait qu'en s'arrêtant ainsi au milieu de son voyage, et en retournant en Ecosse à la première nouvelle que le Chevalier y était attendu, ce serait donner une si forte marque de l'intérêt qu'il prenait à son arrivée, que le gouvernement se déciderait bien certainement à le faire arrêter comme suspect. Mais il promit que dès qu'un exprès viendrait lui annoncer le débarquement effectif des Français, il retournerait en Ecosse, en dépit de toute opposition, et se rendrait à Dumfries, où M. Lockhart viendrait le joindre avec les insurgens du comté de Lanark, districts dans lesquels ils avaient tous deux beaucoup d'influence.

Le duc était à peine arrivé dans son château d'Ashton, comté de Lancastre, qu'il fut arrêté comme suspect; et il était encore sous la garde du messager d'Etat, quand il reçut la nouvelle que l'escadre française avait mis à la voile. Il ne crut pas même encore que ce fût un moment convenable pour se déclarer, mais il protesta solennellement que, dès qu'il apprendrait que le Chevalier était débarqué, il se débarrasserait de l'officier sous la garde duquel il était, et partirait pour l'Ecosse, à la tête de quarante cavaliers, pour vivre ou mourir à son service. Comme le Chevalier ne mit jamais le pied sur le rivage, nous ne pouvons savoir si le duc d'Hamilton aurait accompli sa promesse; que M. Lockhart semble avoir considérée comme franche et sincère, ou s'il aurait eu recours à quelque subterfuge, comme dans d'autres occasions critiques.

Le gouvernement, comme c'est l'usage en pareil cas, fit de strictes recherches sur la source de cette conspiration, et menaça ceux qui l'avaient fomentée, en proportion de l'alarme qu'il en avait conçue. Un grand nombre de nobles écossais de tout rang furent arrêtés comme soupçonnés d'y avoir pris part, mis en prison dans des forteresses d'Ecosse, ou envoyés à Londres avec une sorte de triomphe, à cause de l'encouragement qu'ils étaient supposés avoir donné au projet d'invasion.

Les individus du comté de Stirling qui avaient pris les armes de fait, et qui s'étaient formés en corps, furent désignés comme devant être les premières victimes, et on les renvoya en Ecosse pour que leur procès fût instruit dans le pays où le crime avait été commis. Ils y trouvèrent des juges qui leur furent plus favorables qu'on ne devait peut-être s'y attendre.

Ils furent mis en jugement devant la haute cour de justice; on interrogea plusieurs témoins qui les avaient vus assemblés en corps; mais aucun d'eux n'avait remarqué aucune circonstance qui donnât à leur réunion le caractère d'une force militaire. Ils avaient à la vérité des armes, mais peu de personnes de distinction à cette époque sortaient sans épée et sans pistolets. Personne ne les avait entendus tenir des conversations qui sentissent la haute trahison, ni avouer des projets de cette nature. La déclaration du jury fut donc que le crime était non prouvé, déclaration qui, d'après les lois écossaises, produit le même effet que celle de non coupable; mais qui s'applique à ces cas où l'accusé est couvert d'une ombre de soupçon qui rend son crime probable aux yeux des jurés, quoique l'accusateur n'ait pas réussi à en donner la preuve. Leur procès fut jugé le 22 novembre 1708.

Une anecdote conservée par la tradition servira à expliquer comment ils furent acquittés. Le laird de Keir, dit-on, retournait joyeusement chez lui, accompagné de son sommellier, qui avait été un des témoins produits contre lui dans ce procès, mais qui, lors de son interrogatoire, avait oublié jusqu'au moindre mot de l'affaire. Keir ne put s'empêcher de lui témoigner sa surprise du peu de mémoire qu'il avait montré en répondant à certaines questions qui lui avaient été faites. — Je comprends fort bien ce que Votre Honneur veut dire, répondit le domestique avec beaucoup de sang-froid, mais j'avais pris mon parti, et j'étais résolu à confier mon âme à la merci du ciel, plutôt que le corps de Votre Honneur à la tendre compassion des Whigs. Cette histoire porte avec elle son commentaire.

N'ayant pas réussi à convaincre des conspirateurs qui avaient agi si ouvertement, le gouvernement sentit qu'il serait inutile de procéder contre ceux qui n'avaient été arrêtés que sur de simples soupçons. Il s'y trouvait beaucoup de seigneurs du premier rang qu'on regardait comme appartenant au parti Jacobite. Le duc de Gordon, le marquis d'Huntly, les comtes Seaforth, Errol, Nithsdale, Marischal et Murray; les lords Stormont, Kilsyte, Drummond, Nairne, Belhaven et Sainclair, et beaucoup de personnes ayant de la fortune et de l'influence, étaient détenus dans la tour de Londres, ou dans d'autres prisons d'État. On suppose que le duc d'Hamilton réussit à obtenir des Whigs leur mise en liberté, en leur promettant en retour d'accorder aux ministres l'avantage de son crédit et de celui de ses amis, dans les élections futures. Les prisonniers furent donc mis en liberté sous cautionnement.

Le gouvernement pensa pourtant que, s'il n'avait pas réussi à faire déclarer coupables les accusés de haute trahison (et ils l'étaient certainement), c'était moins à cause de la répugnance des témoins à déposer contre eux, que par suite de l'avantage que leur donnaient les dispositions générales et incertaines des lois d'Ecosse dans les cas de haute trahison. Ils voulurent y remédier en abrogeant les statuts d'Ecosse relatifs à ce crime, en y introduisant en place la loi anglaise, et en ordonnant que les crimes de haute trahison commis en Ecosse fussent instruits et jugés par ce qu'on appelle en termes techniques une commission d'*Oyer* et *Terminer*, c'est-à-dire une cour de commissaires chargés d'entendre et de juger une certaine cause ou un certain genre de causes. On doit remarquer que cette mesure était un avantage important pour le gouvernement, puisque le cas était retiré des attributions des cours ordinaires de justice, et confié à des commissaires nommés pour l'occasion spéciale, qui devaient naturellement être choisis parmi des hommes amis du gouvernement, prompts à prendre l'alarme à toute apparence d'attaque contre lui, et par conséquent paraissant ne pas devoir être exempts de toutes préventions contre les individus traduits devant eux comme complices d'une telle entreprise. D'une autre part, la nouvelle loi, avec la précision requise par le système de la jurisprudence anglaise, réglait d'une manière distincte et absolue certaines formes de procédure, qui, étant laissées en Ecosse à l'arbitraire des juges, leur donnaient l'occasion de favoriser les accusés amenés devant eux, ou de leur être contraires. C'était une latitude dangereuse dans les procès politiques, où chaque individu, quel que fût son rang, et quelle que pût être sa réputation d'impartialité en général, était porté à prendre parti pour ou contre la question qui donnait lieu à la prévention de crime.

Une autre disposition de la nouvelle loi était pourtant un bienfait inestimable pour l'Ecosse. Elle délivrait le pays à jamais de l'atroce pouvoir d'employer la torture lors de l'interrogatoire des accusés. Cette mesure, comme nous l'avons vu, était d'un usage presque habituel sous les règnes de Charles II et de son frère Jacques, et l'on y avait eu recours, quoique non fréquemment, même après la révolution. On ne saurait imaginer une plus grande injustice que d'employer la torture pour extorquer un aveu, quoiqu'elle ait autrefois fait partie des procédures judiciaires dans toutes les contrées de l'Europe, et qu'elle subsiste encore chez quelques nations du continent. Il est aisé de concevoir qu'un homme timide, et particulièrement sensible à la douleur physique, avouera des crimes dont il est innocent pour éviter les douleurs de la torture, ou pour s'en délivrer; tandis qu'un scélérat, dont le corps et l'esprit sont également endurcis, souffrira les plus cruels tourmens qui puissent lui être infligés plutôt que de se reconnaître coupable des crimes qu'il a véritablement commis.

Les lois des deux pays ne s'accordaient que trop à ajouter au châtiment de la haute trahison certains raffinemens de supplice, qui non-seulement devaient frapper de dégoût et de terreur tout être humain et civilisé, mais qui tendaient uniquement à abrutir la populace grossière et ignorante qui assistait à ces exécutions, et à la familiariser avec des actes de cruauté. Sur ce point, les lois anglaises étaient minutieuses. Elles ordonnaient que la corde qui suspendait le traître fût coupée avant que la vie fût éteinte en lui, et tandis qu'il pouvait encore être sensible aux souffrances; — que pendant qu'il était à demi-étranglé, on lui arrachât le cœur de la poitrine, et qu'on le jetât dans le feu; — qu'on ouvrît son corps et qu'on en retirât les entrailles, et — sans parler d'autres injonctions encore plus honteuses et plus féroces, — qu'il fût écartelé, et que les fragmens de son cadavre fussent exposés sur les ponts et les tours de la ville, pour être abandonnés aux vautours et aux corbeaux. En admettant que la haute trahison est le plus grand des crimes possibles, puisqu'elle tend à la destruction du gouvernement sous lequel nous vivons, il n'en est pas moins vrai que la peine de mort qui la punit, et qui doit la punir, est le plus grand châtiment que comporte notre condition mortelle. Toute cette boucherie que prescrivaient les anciennes lois d'Angleterre, ne sert donc qu'à dégoûter ou à endurcir le cœur du spectateur ; tandis que cet appareil de terreur affecte rarement le criminel, qui en général a été porté à commettre le crime par un sentiment profond d'enthousiasme, que l'éducation a fait naître en lui, ou que d'autres lui ont inoculé, et qui, en le poussant à hasarder sa vie même, n'est nullement extirpé par les tortures dont on peut prolonger la peine capitale.

Une autre peine attachée au crime de haute trahison était la confiscation des biens du criminel au profit de la couronne, au détriment de ses enfans ou de ses héritiers naturels. Il y a dans cette disposition quelque chose qu'il est difficile de concilier avec la morale, puisqu'on peut dire que c'est, en quelque sorte, punir les enfans du crime de leur père. On peut aussi alléguer qu'il est bien dur de confisquer, et de faire sortir de l'ordre légal des successions, des biens qui ont pu être acquis par les talens et l'industrie des ancêtres du coupable, et peut-être même par les services qu'ils ont rendus à l'État. Mais, d'une autre part, on doit réfléchir qu'il n'est peut-être pas tout-à-fait injuste de réduire à la pauvreté la famille de celui qui, en attaquant l'État, aurait pu causer la ruine de milliers de familles. On doit convenir aussi que ce genre de punition a un effet toujours désirable, puisqu'il tend à détourner les hommes de ce crime. Ceux qui se rendent coupables de haute trahison, sont ordinairement des hommes distingués par leur rang et leur fortune : du moins c'est sur eux, comme étant les chefs dans toute guerre civile, que tombe ordinairement le châtiment. Il est naturel que de tels individus, quelque disposés qu'ils puissent être à risquer leur propre vie, soient portés à hésiter quand l'entreprise qu'ils méditent met en danger toute la fortune de leur maison, leur nom, leur rang, et d'autres avantages qu'ils tiennent peut-être d'une longue suite d'ancêtres, et qu'ils ont le désir naturel et louable de transmettre à leur postérité [1].

La proposition pour étendre à l'Ecosse les lois anglaises sur la haute trahison fut présentée sous le titre de bill pour achever de compléter et de perfectionner l'Union. Plusieurs membres écossais prétendirent au contraire que les dispositions proposées étaient plutôt une violation de ce traité national, puisque ce bill usurpait directement les pouvoirs de la haute cour de justice, qui avait été garantie par l'Union. Cette objection devint moins forte par suite d'un amendement qui déclara que trois des juges de la haute cour de justice, — comme on appelle la cour criminelle en Ecosse, feraient toujours partie d'une commission d'*Oyer* et *Terminer*. Le bill fut adopté, et il a toujours été depuis ce temps la loi du pays.

Ainsi fut achevée l'Union. Nous chercherons maintenant à faire voir, pour nous servir des termes de la mécanique, comment allèrent ces nouveaux rouages, c'est-à-dire, comment ce grand changement dans la constitution intérieure de la Grande-Bretagne répondit à l'attente de ceux qui en avaient été les auteurs.

---

[1] On voit combien notre législation actuelle est ici supérieure à la législation anglaise. — Ed.

CHAPITRE III.

Caractère des principaux personnages d'Écosse.—Les ducs d'Hamilton et d'Argyle et le comte de Mar. — Accueil des membres écossais dans le parlement britannique. — Querelle entre la pairie et les communes d'Écosse. — Leur réconciliation par suite de la discussion sur la question si les pairs écossais, étant créés pairs de la Grande-Bretagne, avaient le droit de siéger dans la chambre des pairs. — Débats sur la question si la taxe sur la drèche doit s'étendre à l'Écosse. — Motion pour l'abolition de l'Union. — Rejetée par une majorité de quatre voix seulement. — Fermentation occasionée par la publication du pamphlet de Swift sur l'esprit public des Whigs.

Pour vous donner une idée distincte de la situation dans laquelle se trouvait la Grande-Bretagne à cette époque féconde en événemens, j'esquisserai d'abord le caractère de trois ou quatre des principaux personnages d'Ecosse, dont l'influence contribua beaucoup à occasioner les événemens qui suivirent. J'expliquerai ensuite la marche qu'adoptèrent les représentans écossais dans le Parlement national ; et après avoir discuté ces points préliminaires, je tâcherai de tracer les mesures générales de la Grande-Bretagne relativement à ses relations extérieures, et d'expliquer l'effet qu'elles produisirent sur la tranquillité publique du Royaume-Uni.

Vous connaissez déjà un peu le duc d'Hamilton, qui s'était distingué pendant le dernier Parlement d'Ecosse, comme chef du parti qui s'opposait au traité d'Union. Pendant le complot pour l'invasion de l'Ecosse et la restauration de la maison de Stuart, il paraît aussi avoir été regardé comme le chef des Jacobites des basses-terres, les montagnards semblant plus portés à se ranger autour du duc d'Athole. Il était le pair du plus haut rang en Ecosse, et allié de près à la famille royale, ce qui le fit accuser par quelques personnes de porter ses vues jusqu'à la couronne, folie dont son bon sens reconnu peut permettre de l'acquitter. Il était bien fait, poli et aimable dans ses manières, vu de bon œil en général par toutes les classes, et chef naturel des nobles du comté de Lanark, dont la plupart avaient une origine commune avec la sienne. Par suite de l'influence de sa mère, la duchesse, il avait toujours conservé un parti considérable parmi les montagnards ou Caméroniens, qui, depuis la révolution, avaient pris les armes plus d'une fois, et qui, en cas de guerre civile ou d'invasion, devaient être d'une grande utilité. Avec tous ces avantages dus à sa naissance, à son caractère et à son influence, le duc d'Hamilton avait un défaut qui empêchait qu'il ne s'élevât à un rang éminent comme chef politique. Il était doué de valeur personnelle, comme il le prouva dans le dernier acte de sa vie, qui fut si tragique; mais il était dénué de courage politique et de décision. Les dangers qu'il avait bravés de loin l'épouvantaient quand ils s'approchaient. Il était porté à désappointer ses amis comme le cheval qui, après s'être avancé avec ardeur devant une haie, refuse de la sauter, met son cavalier en danger et peut-être le désarçonne. Malgré ce défaut, Hamilton était aimé et estimé de Lockhart et des autres chefs du parti des Torys, qui paraissent plutôt avoir regretté son manque de fermeté comme une faiblesse, que l'avoir condamné comme une faute.

Un autre seigneur écossais que ses talens mirent en avant sur la scène à la même époque, fut John, duc d'Argyle, homme dont la grandeur ne dépendait pas des avantages accidentels du rang, de l'influence et de la fortune, quoiqu'il les possédât tous à un aussi haut degré que le permettait son pays, puisque ses talens étaient de nature à le placer dans une situation éminente et distinguée, dans quelque humble classe qu'il lui fût arrivé de naître. Ce grand homme était issu de l'ancienne maison d'Argyle, qui joue un rôle si important dans l'histoire d'Écosse, et dont le nom se retrouve si souvent dans les volumes précédens de cet ouvrage. Le duc dont nous parlons maintenant était arrière-petit-fils du marquis d'Argyle, qui fut décapité après la restauration, et petit-fils du comte qui subit le même sort sous Jacques II. Sa famille avait été fort appauvrie par ces actes réitérés de persécution.

La maison d'Argyle fut amnistiée à la révolution ; le père du duc John fut rétabli dans ses biens paternels ; et pour l'indemniser des injustices faites à son père et à son aïeul, on lui donna le titre de duc. Une circonstance remarquable, qui arriva au duc John dans son enfance, aurait été regardée par les païens comme un présage qu'il était sous la protection spéciale de la Providence, et réservé pour quelques grands desseins. A l'époque, — la tradition dit le même jour, 30 juin 1685, — que son grand-père, le comte Archibald, allait être décapité, l'héritier de la famille, alors âgé d'environ sept ans, tomba d'une fenêtre de l'ancienne tour de Lethington, près d'Haddington, où résidait alors sa grand'mère, la duchesse de Lauderdale. Cette fenêtre était si haute qu'on put regarder comme une espèce de miracle que l'enfant ne fût pas blessé.

Etant entré de bonne heure dans la carrière militaire, qui avait été long-temps la profession de ses ancêtres, il se distingua au siège de Keyserswart, sous les yeux du roi Guillaume. Montrant de rares talens pour les affaires, il fut nommé lord grand-commissaire près le parlement d'Ecosse en 1705 ; et en cette occasion il se conduisit avec tant d'adresse qu'il contribua au traité d'Union en faisant nommer des commissaires pour arranger cette grande mesure nationale. Le duc posa donc la première pierre d'un édifice qui, quoique construit d'après un système étroit et fautif, était pourtant fait pour devenir définitivement, comme il le devint par la suite, la base de la prospérité universelle du Royaume-Uni. Dans le dernier parlement écossais, son éloquence naissante fut un des principaux appuis de ce grand traité. Le nom d'Argyle ne se trouve sur aucune liste de ceux qui partagèrent la somme donnée comme équivalent ; et ses concitoyens, au milieu du mécontentement excité par cette mesure, le distinguèrent comme l'ayant appuyée véritablement par principe. Dans le fait, il est honorable au caractère de ce grand homme que, quoiqu'il fût occupé de rétablir la fortune de sa famille cruellement diminuée par les infortunes de son bisaïeul et de son grand-père, et par les folies de son père, il eut trop de bon sens et d'honneur pour s'abaisser jamais jusqu'à des moyens indirects pour se procurer des avantages personnels, et qu'il fut en état, dans un siècle de vénalité, de défier toute imputation de corruption. L'homme d'état qui est une fois surpris à vendre ses opinions à prix d'argent est comme une femme qui a perdu sa réputation ; il ne peut jamais ensuite regagner la confiance publique et la bonne opinion dont il avait joui. On récompensa pourtant Argyle en le créant pair d'Angleterre sous le titre de comte de Greenwich et de baron de Chatham.

Après que l'Union eut été conclue, Argyle retourna à l'armée et servit sous Marlborough avec une réputation distinguée dont on crut que ce grand général lui-même daigna être jaloux. Du moins il est certain qu'il n'existait pas de cordialité entre eux ; car on savait que lorsque le bruit courut que l'administration Whig de Godolphin voulait mettre tout en œuvre pour faire créer le duc général à vie, en dépit de la volonté contraire de la reine, Argyle offrit, si l'on faisait une telle tentative, d'arrêter Marlborough même au milieu de l'armée victorieuse qu'il commandait. Il était donc à cette époque ami ferme et zélé d'Harley et de Bolingbroke, qui commençaient alors leur administration Tory. Pour le récompenser d'un appui dont on sentait le prix, le ministère Tory le nomma commandant en chef en Espagne, et lui promit de lui fournir les troupes et l'argent nécessaires pour faire la guerre avec succès dans ce royaume, où les Torys avaient toujours soutenu qu'il fallait la continuer. D'après cette promesse, Argyle accepta la nomination dans l'espérance ambitieuse d'acquérir cette renommée militaire qui était le principal objet de ses désirs.

Mais le duc éprouva une extrême mortification, à son arrivée en Espagne, en y trouvant l'armée anglaise dans un état trop misérable pour hasarder quelque entreprise importante, et même dans l'impossibilité de défendre sa position. Les ministres anglais manquèrent à la parole qu'ils lui avaient donnée de lui fournir les moyens de se maintenir dans ce pays, et ne lui envoyèrent ni renforts ni argent. Au lieu de devenir le rival de Marlborough, ce qui avait été l'objet de son ambition, Argyle se vit donc réduit à la triste nécessité de se retirer à Minorque pour sauver les débris de son armée. La raison que donnèrent les ministres pour excuser leur manque de foi fut qu'étant déterminés à conclure avec la France cet arrangement qui fut ensuite appelé la paix d'Utrecht, ils ne désiraient pousser la guerre avec vigueur ni en Espagne ni dans aucun autre pays. L'orgueil mortifié et le ressentiment d'Argyle lui occasionèrent une maladie. Attaqué d'une fièvre violente, il eut à lutter contre la mort, et retourna en Angleterre plein d'idées de vengeance contre les ministres qui, par leur manque de parole, l'avaient privé, pensait-il, d'une ample moisson de gloire.

A son arrivée en Angleterre, les ministres Harley, alors comte d'Oxford, et lord Bolingbroke, cherchèrent à apaiser le ressentiment du duc en le nommant commandant en chef de l'Ecosse et gouverneur du château d'Edimbourg; mais il n'en resta pas moins ennemi prononcé et dangereux de leur administration, formidable par ses grands talens civils et militaires, par son éloquence puissante, et par l'énergie intrépide qu'il montrait dans ses discours et dans ses actions. Tel était l'illustre John duc d'Argyle, dont nous aurons souvent à parler dans les pages suivantes.

John, onzième comte de Mar, dont le nom de famille était Erskine, fut aussi un des hommes remarquables de ce temps. C'était un homme doué d'un esprit subtil et d'une éloquence facile, versé dans les intrigues d'état et courtisan heureux. Sa fortune avait été dérangée par la mauvaise administration de son père; mais il la rétablit en grande partie par une prudente économie. Il obtint le commandement d'un régiment d'infanterie; mais quoique nous soyons sur le point de le voir à la tête d'une armée, il ne paraît pas que Mar se fût appliqué aux affaires militaires, ou qu'il eût acquis de l'expérience par un service actif. Son père avait été Whig, et avait professé les principes de la révolution; et John, son fils, commença par porter les mêmes couleurs. Il présenta au Parlement d'Ecosse la proposition du traité de l'Union, et fut un des commissaires écossais chargés d'en régler les articles préliminaires. Etant secrétaire d'Etat de l'Ecosse pendant le dernier Parlement de ce pays, il employa l'éloquence et l'adresse en faveur de ce traité. Mar ne paraît pas du nombre de ceux qui reçurent quelque portion des équivalens; mais comme l'Union lui fit perdre sa place de secrétaire, il fut créé garde du sceau avec une pension, et fut admis dans le conseil privé d'Angleterre. Lors du célèbre changement d'administration, en 1710, le comte de Mar, alors un des quinze pairs qui représentaient la noblesse d'Ecosse, se déclara pour les nouveaux ministres, et fut nommé un des secrétaires d'Etat de la Grande-Bretagne. En cette qualité, il fut fort occupé des affaires d'Ecosse et de celles qu'on avait à traiter avec les montagnards. Son grand domaine sur la Dee, dans le comté d'Aberdeen, lui donnait pour vassaux un nombre considérable de montagnards, ce qui, joint à ce qu'il était le dispensateur des faveurs de la couronne, lui rendit plus facile d'obtenir parmi leurs chefs une influence qui eut définitivement des suites fatales pour eux et pour lui-même.

Tels étaient les trois principaux nobles écossais de qui dépendaient beaucoup les affaires d'Ecosse dans ces temps de troubles. Nous allons maintenant rendre compte brièvement de la manière dont furent reçus dans le sénat anglais les quarante-cinq membres qui, d'après l'Union, formaient le nombre de représentans que l'Ecosse devait fournir au Corps Législatif des deux royaumes.

Et ici il faut remarquer que, quoique, comme individus, les représentans écossais fussent cordialement accueillis à Londres et ne vissent ni ne rencontrassent dans la société aucune prévention défavorable fondée sur le pays où ils étaient nés, quoiqu'on ne témoignât aucune répugnance à les voir individuellement, cependant ils sentirent bientôt que leur présence dans le sénat était aussi désagréable aux membres anglais que l'arrivée d'un corps de béliers étranger dans un pâturage où est déjà un troupeau d'animaux de même espèce. Les contestations entre ceux qui sont en possession et les nouveau-venus sont, en pareil cas, portées fort loin et occasionent beaucoup de bruit et de querelles; pendant long-temps on voit la petite troupe d'étrangers se tenir à part et éviter de se mêler avec les anciens possesseurs; et s'ils s'y hasardent, ils ne sont pas reçus avec cordialité.

La même espèce de discorde se faisait remarquer entre le corps nombreux de la chambre des Communes d'Angleterre, et la poignée d'Ecossais que l'Union avait introduits parmi eux; d'autant plus vrai que les préjugés nationaux des Anglais et des Ecossais luttaient les uns contre les autres, et faisaient même disparaître la différence des opinions politiques qui, sans cela, auraient réglé la conduite et déterminé le vote des représentans des deux nations. Les Ecossais, par exemple, se trouvaient négligés, contrariés et écrasés par le nombre, dans des occasions où ils croyaient qu'il y allait de l'intérêt immédiat de leur pays, et où ils pensaient que, par simple politesse et par égard, on aurait dû leur accorder, comme représentans spéciaux de l'Ecosse, quelque chose de plus que leur faible contingent de quarante-cinq voix. On écoute avec quelque déférence l'opinion même d'un seul membre du Parlement, quand le sujet de la discussion intéresse particulièrement le comté ou le bourg qu'il représente, parce qu'on suppose qu'il connaît mieux l'affaire que ceux qui y sont moins intéressés. Il était donc sans doute bien naturel que les Ecossais réclamassent la même indulgence quand ils parlaient pour un royaume dont ils connaissaient les besoins et les avantages mieux que ne pouvait le faire aucun membre de la Chambre. Mais ils furent loin d'éprouver la déférence qu'ils attendaient; elle leur fut même expressément refusée dans les occasions suivantes :

1° Le changement de la loi sur la haute trahison, dont il a déjà été parlé, devint un sujet de discussion. Les représentans écossais désiraient assez que leurs lois à cet égard fussent refondues, en choisissant les meilleures parties du système des deux pays, ce qui aurait certainement été la marche la plus équitable; mais la loi anglaise sur ce crime fut imposée à l'Ecosse, presque sans modification.

2° Un autre débat sur un objet d'avantage national eut lieu relativement à la restitution des droits sur le poisson salé en Ecosse. Les Ecossais avaient droit à cet avantage d'après la lettre du traité, qui disait expressément que le commerce serait libre, et jouirait des mêmes avantages dans les deux royaumes. Les Ecossais pouvaient donc réclamer cette restitution aussi bien que les Anglais. A cela, les Anglais répondaient que le sel avec lequel les Ecossais avaient salé leur poisson avant l'Union n'avait pas payé les droits considérables imposés en Angleterre; et qu'accorder la restitution de ces droits en pareil cas, ce serait rendre aux marchands écossais des sommes qu'ils n'avaient jamais déboursées. Il y avait sans doute quelque raison dans cette objection ; mais, dans une aussi grande transaction que l'Union de deux royaumes, il doit se présenter des circonstances qui, pour une cause ou pour une autre, procurent nécessairement quelque avantage à des individus de l'un ou de l'autre pays; et il semblait que le riche royaume d'Angleterre avait mauvaise grace à refuser au peuple écossais, bien plus pauvre, un si léger bénéfice résultant d'une mesure si importante. Le parlement anglais finit pourtant par accorder cette restitution de droits, mais cette concession avait perdu son mérite, parce qu'il était évident qu'elle avait été faite à contre-cœur; et, comme il arrive souvent, l'abandon des objections ne fit pas oublier l'aigreur des discussions qu'elles avaient occasionées. Les débats sur les diverses questions dont nous venons de parler eurent lieu pendant les sessions du Parlement d'Angleterre durant lesquelles l'Union fut achevée.

En 1710, la reine Anne, fatiguée de ses ministres Whigs, comme je vous le dirai plus au long, saisit une occasion de les congédier, en voyant la voix publique se déclarer contre eux dans la sotte affaire de Sacheverel; et, suivant la marche ordinaire en pareil cas, elle prononça la dissolution du Parlement, où ils avaient la majorité, et en convoqua un nouveau.

Les ministres Torys, comme tous les ministres qui entrent en place, cherchèrent, à force de civilités et de promesses, à gagner l'appui de toutes les classes, et les représentans écossais, qui, après tout, faisaient quarante-cinq voix, ne furent pas tout-à-fait négligés. Le nouveau ministère leur fit valoir que le nouveau Parlement était principalement composé de gentilshommes campagnards indépendans qui rendraient impartialement justice à toutes les parties de la Grande-Bretagne, et les assura que l'Ecosse n'aurait à se plaindre de rien.

Il se présenta bientôt une occasion de prouver la sincérité de ces promesses. Il faut d'abord remarquer que toute opposition aux mesures du gouvernement avait été faite jusqu'alors presque entièrement par les membres écossais de la chambre des Communes, qui avaient eu la politique de menacer l'administration de la laisser en minorité dans les questions délicates, en passant en corps du côté de l'opposition : tactique qui donnera toujours à une petite troupe bien unie un certain poids dans la chambre des Communes, où les voix se trouvent fréquemment à peu près balancées sur certaines questions. Par cette manœuvre, les représentans écossais avaient quelquefois obtenu un résultat favorable sur des points qui intéressaient leur pays. Mais cette conduite n'était pas celle des représentans de la Pairie écossaise, parmi lesquels il se trouvait quelques hommes qui n'avaient qu'une petite fortune pour soutenir un haut rang; et ils se montrèrent quelque temps assez traitables, votant régulièrement pour les ministres qui étaient en place. Il s'éleva pourtant une question, dont nous parlerons tout à l'heure, concernant les privilèges de leur ordre, et elle dérangea cette marche politique inspirée par l'égoïsme et l'intérêt.

Une autre cause de la tiédeur des Pairs écossais était que les représentans des communes d'Ecosse s'étaient montrés très-actifs en deux occasions, pour opposer des barrières au pouvoir exorbitant de l'aristocratie. La première eut lieu lors d'un réglement qui déclara les fils aînés des Pairs écossais incapables de siéger dans la chambre des Communes. Le motif de cette incapacité était que les fils aînés des Pairs, étant du même rang ou du même état que la noblesse, se trouvaient, comme leurs pères, représentés de fait par les seize Pairs écossais envoyés dans la Chambre haute. Le second réglement, qui déplut à la Pairie, était celui qui déclara illégal le vote de ceux des électeurs écossais qui, ne possédant pas de leur chef la fortune que la loi exigeait pour pouvoir exercer le droit de voter, avaient obtenu la transmission temporaire d'un bien en franc-aleu, d'un revenu suffisant pour leur donner ce droit, en s'obligeant à le restituer à l'individu qui le leur avait prêté pour les mettre en état de voter dans les élections.

L'effet de cette loi fut de contrarier un moyen indirect par lequel les Pairs avaient essayé d'intervenir dans l'élection des membres de la chambre des Communes. Car, avant ce réglement, quoiqu'un Pair ne pût aller voter lui-même pour l'élection d'un membre de cette Chambre, il pouvait, en morcelant son domaine relevant de la couronne, en portions d'un revenu suffisant, et en les divisant entre des personnes ayant sa confiance, faire paraître autant d'électeurs fictifs qu'il en fallait pour l'emporter sur les véritables propriétaires à qui la constitution accordait le droit d'élection. Ces deux lois prouvent que les membres écossais de la chambre des Communes sentaient le prix de leurs droits constitutionnels, et le danger dont menaçait leur liberté l'intervention des Pairs dans les élections pour la Chambre basse. Ces différends, qui occasionèrent quelque froideur entre les seize Pairs et les membres écossais de la chambre des Communes, empêchèrent quelque temps une coopération entre eux dans des cas où l'intérêt de leur pays commun semblait l'exiger. L'incident suivant, auquel j'ai déjà fait allusion, mit fin à cette froideur.

La reine Anne, dans le cours de son administration, avait commencé à priver les Whigs de ses bonnes graces pour les accorder aux Torys, et même à ceux qu'on supposait avoir embrassé le parti jacobite. Le duc d'Hamilton étant au premier rang parmi eux, fut nommé Pair de la Grande-Bretagne, sous le titre de duc de Brandon. La reine avait déjà fait un pareil usage de sa prérogative royale en faveur du duc de Queensberry, qu'elle avait appelé à la Pairie d'Angleterre sous le titre de duc de Douvres. Mais, malgré cet exemple, il y eut une forte opposition à ce que le duc d'Hamilton prît place dans la Chambre haute comme Pair d'Angleterre. On disait qu'aucun noble écossais ne pouvait y siéger, sous aucun autre titre que comme un des seize Pairs, nombre qui avait été fixé comme suffisant pour représenter la Pairie de ce royaume ; et l'opposition prétendait voir un grand danger à leur ouvrir un autre chemin que l'élection de leurs égaux pour entrer dans la Chambre, même quand le souverain les y appelait. La fausseté de ce raisonnement est évidente, puisqu'il était reconnu de toutes parts que la Reine aurait pu nommer Pair d'Angleterre quelque Ecossais que ce fût, pourvu qu'il ne fût pas Pair dans son pays. Les Pairs écossais paraissaient ainsi devoir se trouver dans une position fort étrange. Ils étaient déjà Pairs, en ce qui concernait tous leurs privilèges personnels ; mais parce qu'ils l'étaient, on en concluait qu'ils étaient incapables d'avoir le privilège additionnel de pouvoir siéger comme législateurs, tandis qu'on admettait que la Reine pouvait conférer ce privilège avec toutes les autres immunités à tout roturier écossais. Ils se trouvaient dans le cas de la chauve-souris de la fable, qui fut repoussée par les oiseaux et par les souris, parce qu'elle avait quelques traits communs avec chacune de ces deux espèces. Un *Pair* écossais, qui n'était pas un des seize Pairs nommés par élection, ne pouvait être législateur dans son propre pays, puisque le Parlement d'Ecosse était supprimé ; et suivant cette doctrine, il était devenu, sans qu'on puisse en imaginer une raison, incapable de siéger dans la chambre des Pairs d'Angleterre, où la Reine pouvait appeler, par sa seule volonté, qui bon lui semblait, excepté lui et les autres Pairs d'Ecosse. Cependant la chambre des Pairs, après une longue discussion, et à une faible majorité, décida qu'aucun Pair d'Ecosse, créé Pair de la Grande-Bretagne depuis l'Union, n'avait le droit de siéger dans cette Chambre. Les Pairs écossais, très-offensés de cette décision, adressèrent à la Reine une remontrance où ils s'en plaignaient comme d'une infraction du traité d'Union, et comme d'une tache imprimée à la Pairie d'Ecosse. La résolution de la chambre des Pairs fut rapportée par la suite, et plusieurs nobles écossais, à différentes époques, ont été créés Pairs de la Grande-Bretagne.

Mais pendant le temps qu'elle fut maintenue, elle produisit un changement considérable dans l'humeur des Pairs écossais et les porta à s'unir davantage, tant entre eux qu'avec les membres écossais de la chambre des Communes. Enflammés par ce ressentiment, et par l'énergie du duc d'Argyle, ils firent les derniers efforts pour s'opposer à ce que la taxe sur la drêche fût étendue à l'Ecosse.

Cette taxe, que les Ecossais craignaient particulièrement, parce qu'elle frappait leur drêche d'un droit égal à celui qui était levé en Angleterre, avait été le sujet d'une discussion spéciale lorsqu'il s'agissait du traité d'Union, et il avait été définitivement convenu que l'Ecosse ne paierait pas cette taxe tant que la guerre continuerait. En point de droit, les Ecossais avaient peu de chose à dire, si ce n'est que la paix avec l'Espagne n'était pas encore proclamée, ce qui pouvait leur donner le droit de réclamer un délai, mais non pas une exemption totale de cette taxe. En point d'équité, il y avait de meilleures raisons à faire valoir. L'orge qu'on récolte en Ecosse, étant semée sur un sol de qualité inférieure, ne vaut pas, ou du moins ne valait pas à l'époque de l'Union, plus du tiers ou de la moitié de la valeur intrinsèque de la même espèce de grain venu sur le sol fertile et sous le beau climat de l'Angleterre [1]. Si donc la même quantité d'orge devait payer le même droit dans le nord de la Grande-Bretagne que dans le sud, le pays le plus pauvre serait taxé deux ou trois fois plus haut que celui qui est plus en état de soutenir ce fardeau. Deux Pairs écossais, le duc d'Argyle et le comte de Mar, et deux membres des Communes, Cockburn le jeune,

---

[1] Beau relativement à celui de l'Ecosse. — ED.

d'Ormiston et Lockhart de Carnwath, un Whig et un Tory de chaque Chambre, furent députés près de la reine Anne pour lui représenter le dangereux mécontentement que ferait naître dans un pays aussi pauvre que l'Ecosse, l'établissement d'une taxe aussi disproportionnée que celle sur la drêche. Ces observations furent faites à Sa Majesté en personne, et elle y fit la réponse que les ministres lui avaient mise dans la bouche : — Elle était fâchée, dit-elle, que son peuple d'Ecosse crût avoir raison de se plaindre; mais elle pensait qu'il poussait le ressentiment trop loin, et elle souhaitait qu'il n'eût pas à s'en repentir.

Cependant la guerre ayant été terminée par la paix d'Utrecht, les Anglais proposèrent d'établir en Ecosse une taxe vue de si mauvais œil. La discussion dans les deux Chambres devint très-animée. Les Anglais montrèrent quelque mépris pour la pauvreté de l'Ecosse; et les Ecossais, d'une autre part, répliquèrent fièrement que les Anglais profitaient de l'avantage que leur donnaient la grande majorité de leur nombre, et le lieu où ils se trouvaient, pour en dire plus qu'ils ne l'oseraient s'ils étaient homme contre homme. Les pairs écossais, dans la Chambre haute, soutinrent la cause de leur pays avec la même véhémence. Le résultat fut que le droit fut imposé, avec la promesse secrète des ministres qu'il ne serait pas exigé. A parler strictement, l'Ecosse n'avait pas droit d'espérer cette dernière faveur, car son propre Parlement avait déjà cédé sur cette question, et elle ne devait pas attendre du Parlement britannique une grace dont le sien avait négligé de faire une des conditions du marché qu'il avait conclu. Mais les Ecossais sentirent qu'ils avaient été traités avec une hauteur peu courtoise pendant le cours de la discussion; et tel fut leur ressentiment, que, dans une réunion générale des quarante-cinq représentans de l'Ecosse, ils en vinrent à adopter la résolution de faire une motion pour la dissolution de l'Union, en la traitant comme une épreuve qui n'avait pas produit les bons effets qu'on en attendait. La même détermination fut prise par les pairs écossais. Elle fut appuyée par les Ecossais de tous les partis. Whigs et révolutionnaires, Torys et jacobites; et comme les Whigs anglais qui, lorsqu'ils occupaient les places du ministère, avaient montré tant de zèle pour l'établissement de l'Union, maintenant qu'ils faisaient partie de l'opposition, en favorisaient la dissolution avec la même ardeur, la défense de cette mesure resta entre les mains des Torys anglais, qui, dans l'origine, s'y étaient opposés de tout leur pouvoir. Cet important traité, qui se rattachait de si près au bonheur national, fut en danger de partager le sort d'un jeune arbre fruitier qui est arraché par un ignorant jardinier, parce qu'il ne rapporte pas de fruit l'année qui suit celle où il a été planté.

La motion pour la dissolution de l'Union fut faite dans la chambre des pairs par lord Findlater et Seafield, — ce même lord Findlater et Seafield qui, étant chancelier du parlement écossais par lequel le traité fut conclu, avait signé le dernier ajournement des représentans de son pays, en disant d'un ton moqueur, que c'était la fin d'une vieille chanson. Sa Seigneurie, avec un embarras considérable, causé par l'idée de sa versatilité, eut l'assurance de faire la motion qu'on se remît à chanter la vieille chanson, et que l'Union fût abolie; en alléguant pour cause les quatre griefs suivans : 1° l'abolition du conseil privé d'Ecosse; 2° l'introduction en Ecosse de la loi anglaise sur la haute trahison; 3° l'incapacité dont avaient été frappés les pairs écossais d'être appelés au parlement comme pairs de la Grande-Bretagne; 4° l'imposition de la taxe sur la drêche. Aucun de ces motifs de plainte ne justifiait la proposition de lord Findlater. 1° L'abolition du conseil privé devait être une cause de satisfaction plutôt que de regret pour l'Ecosse, que ce corps avait gouvernée avec une verge de fer; 2° la loi anglaise sur la haute trahison était probablement plus sévère à quelques égards que celle d'Ecosse, mais elle avait l'avantage d'être plus précise, et de laisser moins de latitude à l'arbitraire ; 3° l'incapacité des pairs écossais d'entrer dans le parlement était sans doute un attentat contre leurs privilèges, mais cette mesure pouvait être révoquée, et elle le fut ensuite, sans qu'il fût besoin de détruire l'Union ; 4° si la taxe sur la drèche était un grief, c'en était un que les commissaires écossais, et entre autres lord Findlater lui-même, avaient eu sous les yeux lors de la discussion du traité ; ils avaient expressément soumis leur pays à cette taxe, et par conséquent ils n'avaient pas droit de s'en plaindre, comme d'une chose nouvelle et inattendue, quand les Anglais voulurent mettre à exécution une stipulation à laquelle ils avaient eux-mêmes consenti.

Le duc d'Argyle appuya la motion pour abroger l'Union, avec beaucoup plus d'énergie que n'en avait déployé lord Findlater. Il déclara que lorsqu'il avait parlé en faveur du traité de l'Union, c'était par la seule raison qu'il ne voyait pas d'autre moyen pour affermir sur le trône une maison protestante. Il avait changé d'avis à ce sujet, et il croyait qu'il existait d'autres voies pour arriver à ce but important. Il parla avec autant de force que de dignité des injures et des insultes multipliées auxquelles l'Ecosse et les Ecossais avaient été en butte, et répondit à ceux qui lui avaient fait en termes détournés le reproche d'avoir abandonné son parti, qu'il méprisait leurs imputations autant qu'il faisait peu de cas de leur intelligence.

Cet orateur plein de hardiesse approcha dans son discours de la véritable cause du mécontentement universel des membres écossais du Parlement. C'était moins le sentiment intime de quelque grief sérieux, que celui de la manière insultante et injurieuse dont ils étaient habituellement traités dans le sénat britannique, comme s'ils n'eussent été que les représentans d'une province subordonnée et subjuguée. Mais quelque force que puissent avoir le ressentiment personnel et l'orgueil national offensé, ce ne devait pas être une raison pour changer un contrat national conclu après de mûres délibérations [1] ; car le bien-être de la postérité ne doit pas être sacrifié à l'humeur vindicative de la génération présente.

La discussion sur la motion de lord Findlater fut très-animée, et il fut étonnant de voir avec quelle énergie les Torys défendirent cette Union à laquelle ils s'étaient opposés dans le principe, tandis que les Whigs, également inconséquens, cherchaient à abattre l'édifice que leurs propres mains avaient élevé. Les premiers, à la vérité, pouvaient dire pour se justifier, que, quoiqu'ils n'eussent pas désiré le traité d'Union, cependant, puisqu'il était conclu, et qu'on avait changé l'ancienne constitution des deux pays pour l'y conformer, ils n'étaient pas coupables de contradiction en préférant qu'elle subsistât, plutôt que de voir les principes de la constitution éprouver de si fréquens changemens. La conduite des Whigs n'admet guère une pareille apologie.

Les voix sur cette question se balancèrent tellement que la motion ne fut rejetée que par une majorité de *quatre* : tant il s'en fallut peu que ce traité important ne reçût un coup mortel six ans après avoir été conclu.

Après qu'on eut échappé à cet écueil par une sorte de miracle, car nous pouvons sûrement en parler ainsi, il arriva une autre circonstance qui tend fortement à prouver combien les Ecossais à cette époque étaient disposés à prendre feu au moindre trait lancé contre leur pays. Les deux grands partis des Whigs et des Torys, les premiers étant dans les rangs de l'opposition, les autres dans ceux du ministère, outre la guerre régulière qu'ils se livraient dans la chambre des Communes, entretenaient des escarmouches de pamphlets et de satires, dont les auteurs étaient pour la plupart des hommes d'un talent distingué.

Parmi eux, le célèbre sir Richard Steele écrivit un traité intitulé *La Crise*, qui fut très-répandu par les Whigs. Jo-

---

[1] Toutefois en gagnant les commissaires écossais à prix d'argent. — Ed.

nathan Swift, doué de plus de talens encore, ami intime et défenseur des ministres qui étaient alors en place, publia, sous le voile de l'anonyme, une réponse intitulée : *L'esprit public des Whigs démontré par l'encouragement qu'ils donnent à l'auteur de* La Crise. C'était un pamphlet politique plein de causticité contre les Whigs et leurs champions, et rempli de sarcasmes amers contre le duc d'Argyle et son pays. Dans cet ouvrage, l'auteur lâchait les rênes à ses préventions contre la nation écossaise. Il regrettait que, par le moyen de cette Union, l'Ecosse eût été admise aux privilèges commerciaux dont l'Irlande était privée. Le moyen naturel de remédier à cette inégalité eût certainement été de mettre les trois nations sur le même pied. Mais comme cette mesure ne paraissait pas praticable à cette époque, Swift accusa les Ecossais d'affectation en ayant l'air de se plaindre des conditions d'un traité qui était tellement en leur faveur, et il prétendit que tout en poussant de grands cris pour obtenir l'abrogation de l'Union, ils mouraient de peur d'y réussir. Quoique excellent observateur des hommes, et sachant apprécier leurs motifs, Swift se trompait en cette occasion ; avec moins de perspicacité que cet auteur célèbre, et aveuglés par leur orgueil blessé, les Ecossais désiraient se venger aux dépens d'un traité qui contenait tant d'avantages encore cachés, de même qu'un homme ivre fait tomber sa rage sur des meubles précieux, ou sur des papiers importans. Dans le pamphlet qui courrouça tellement les Ecossais, Swift parlait de l'Union comme d'un projet pour lequel on ne pouvait assigner aucune raison, et il défiait qui que ce fût de dire un seul avantage que l'Angleterre pût jamais en attendre. Il en attribue la nécessité avec justice, mais d'une manière offensante, au refus des Ecossais de fixer la couronne dans la maison d'Hanovre, ce qui, suivant l'écrivain satirique, fit regarder comme très-dangereux de laisser cette partie de la Grande-Bretagne habitée par un peuple septentrional, pauvre et fier, en liberté de se donner un autre roi. Il blâme fortement Godolphin d'avoir laissé passer l'Acte de Sécurité, d'après lequel les Ecossais s'arrogèrent le droit de s'armer universellement. Il convient que l'Union était devenue nécessaire, parce qu'il en aurait pu coûter à l'Angleterre une année ou deux de guerre pour réduire les Ecossais. Cet aveu de Swift est le plus fort panégyrique du traité, car une ou deux années d'hostilités auraient fort bien pu ne faire que rallumer cette guerre qui avait duré pendant plus de mille ans.

Le duc d'Argyle avait été ami et même protecteur de l'auteur satirique ; mais c'était quand il agissait de concert avec Oxford et Bolingbroke, au commencement de leur administration, et lorsqu'il satisfaisait en même temps leur esprit de parti et sa propre animosité en attaquant le duc de Marlborough, et en refusant d'adhérer au vote de remerciemens à ce grand général. Tandis qu'Argyle était en Espagne, Swift lui avait adressé une lettre conçue dans ce style de flatterie délicate qu'il maniait aussi bien que la satire et le sarcasme. Mais quand le duc revint en Angleterre, aigri contre les ministres parce qu'ils avaient manqué à leurs promesses de lui envoyer de l'argent et des renforts, et qu'il se déclara l'adversaire infatigable de leur parti, de leurs mesures, et d'eux-mêmes, Swift, leur confident intime et leur partisan, fit succéder une satire amère aux panégyriques dont le duc avait été l'objet. Il parle du nombre considérable des nobles écossais comme d'un des grands maux résultant de l'Union, et demande si l'on a jamais regardé comme un avantage pour un homme qui va épouser une femme fort au-dessous de lui, et qui ne possède pas une obole, qu'elle soit accompagnée d'une suite nombreuse de parens et d'amis. On suppose que dans le passage suivant il faisait allusion au duc d'Argyle et à lord Islay, son frère : — « Je pourrais désigner quelques individus décorés de grands titres qui ont affecté de parler avec force pour demander la dissolution de l'Union ; avant ce traité, tout leur revenu n'aurait pas été suffisant pour un juge de paix du pays de Galles, et depuis ce temps, ils ont amassé plus d'argent que ne pourrait s'en faire une idée un Ecossais qui n'aurait jamais voyagé. »

Ces traits de satire lancés contre un peuple aussi sensible aux sarcasmes et aussi vindicatif que les Ecossais s'étaient montrés tout récemment ; et dirigés en outre contre un homme ayant les talens et l'importance du duc d'Argyle, ils ne devaient pas, comme les ministres le savaient fort bien, être passés sous silence par ceux qui s'en voyaient frappés : le parti nombreux de l'opposition ne pouvait pas non plus manquer de profiter de cette occasion pour porter une accusation contre Swift, que chacun regardait comme l'auteur de ce pamphlet, et qui avait attaqué les membres de l'opposition, tant comme individus que comme composant un parti. Les ministres formèrent donc un plan pour éluder une attaque qui aurait pu avoir des suites fâcheuses pour un partisan qui leur était si précieux, et qui devait le leur être.

Ils avaient eu raison de préparer un système de défense, ou pour mieux dire, des moyens d'évasion, car l'accusation fut portée dans la chambre des Pairs par le comte de Wharton, seigneur qui avait de grands talens, et qui s'était chargé de cette tâche d'autant plus volontiers, que l'auteur satirique avait publié un portrait du comte lui-même, tracé dans le temps où il était lord-lieutenant d'Irlande, et où il l'avait peint sous les couleurs les plus odieuses. Wharton fit une motion dont la conclusion était que l'honneur de la chambre était intéressé à découvrir le vil auteur d'un libelle si mensonger et si scandaleux, afin que justice fût rendue à la nation écossaise. Le lord trésorier Oxford déclara qu'il n'en connaissait aucunement l'auteur, et consentit de bonne grace qu'il fût donné ordre qu'on arrêtât l'imprimeur et l'éditeur du pamphlet dont on se plaignait. Le lendemain, le comte de Mar informa la chambre que, comme secrétaire d'Etat, il avait fait commencer une poursuite au nom de Sa Majesté contre John Barber. On suivit cette marche, et elle fut une égide pour Swift ; car, après avoir été lui-même l'objet d'une poursuite, l'imprimeur ne pouvait plus paraître comme témoin contre l'auteur, et c'était l'auteur, et non l'imprimeur ou l'éditeur, que les Whigs avaient dessein de poursuivre. Irritée d'être privée de sa proie, la chambre des Pairs présenta une adresse à la Reine pour lui démontrer l'atrocité du libelle, et la supplier de publier une proclamation offrant une récompense pour la découverte de l'auteur. Le duc d'Argyle et les Pairs écossais, qui auraient peut-être mieux consulté leur dignité en n'opposant que le mépris à de telles calomnies, joignirent à cette adresse leurs remontrances personnelles à la Reine, et une récompense de trois cents livres fut promise pour la découverte du libelliste.

Chacun savait que Swift était l'individu auquel on voulait arriver comme auteur de ce pamphlet offensant ; mais il n'en resta pas moins à l'abri d'une découverte légale.

Je vous ai ainsi rendu compte de quelques-unes des discussions auxquelles l'Union, une fois passée en loi, donna lieu dans le premier Parlement britannique. Ce récit donne une preuve des erreurs dans lesquelles les meilleurs hommes d'Etat et les plus sages se laissent entraîner, quand, au lieu de considérer avec calme et sans passion des mesures publiques importantes, ils les regardent sous le faux jour que présentent leurs sentimens personnels et l'esprit de parti. Dans ce dernier cas, on se demande, non si la mesure qui est en considération sera utile ou désavantageuse au public, mais si son parti retirera plus d'avantage en la défendant, ou en s'y opposant.

CHAPITRE IV.

Influence de la duchesse de Marlborough sur la reine Anne. — Procès du docteur Sacheverel. — Marque de popularité des Whigs. — Leur renvoi du ministère. — Harley et le parti des Torys arrivent au pouvoir. — Paix d'Utrecht. — Plan de la reine pour faire venir son frère, le chevalier de Saint-George, comme héritier du trône. — Intrigues du vicomte Bolingbroke tendant au même but. — Duel entre le duc d'Hamilton et lord Mohun. — Mission de Bolingbroke à Paris.

Dans mon dernier chapitre, je vous ai détaillé les suites de l'Union, et je vous ai dit combien l'accueil froid, désobligeant et incivil que firent les Anglais aux représentans de l'Ecosse, dans la chambre des Pairs et dans celle des Communes, quoique, comme personnes privées, on leur témoignât tous les égards possibles, avait presque occasioné la rupture du traité. Il faut maintenant que je retourne sur mes pas pour vous donner une idée plus claire de la situation politique de la Grande-Bretagne indépendamment des altercations vives et fréquentes entre l'Angleterre et l'Ecosse dans le Parlement britannique.

Le roi Guillaume, comme je vous l'ai déjà dit, mourut en 1701, peu regretté de ses sujets; car quoique ce fût un homme doué de grands talens, il était trop froid et trop flegmatique pour inspirer l'affection, et d'ailleurs il était étranger. En Ecosse aucun parti n'avait beaucoup de vénération pour sa mémoire. Les montagnards se rappelaient Glencoe, les habitans des basses-terres ne pouvaient oublier Darien, les épiscopaux étaient courroucés de l'anéantissement de leur hiérarchie, les Presbytériens trouvaient dans ses mesures quelque chose qui sentait l'érastianisme, c'est-à-dire le dessein de soumettre l'Eglise à l'Etat.

La reine Anne succéda donc à son beau-frère à la satisfaction générale de ses sujets. Ses qualités étaient faites pour lui concilier l'attachement et l'estime. Elle était excellente épouse, mère très-affectueuse, bonne maîtresse; et pour ajouter à toutes ses vertus privées, amie confiante et fidèle.

L'objet de son amitié était lady Churchill, qui depuis long-temps était attachée à sa personne. Cette femme avait l'esprit si fier, si hautain, si arrogant, que son mari, qui fut ensuite le célèbre duc de Marlborough, quoique vainqueur dans tant de batailles, sortait souvent vaincu de ses querelles domestiques avec elle. Plusieurs années avant de monter sur le trône, Anne s'était habituée à faire céder en grande partie son opinion à celle de cette dame. Ce fut aux instances de lady Churchill qu'elle quitta la maison de son père Jacques II, et qu'elle prit part à la révolution. Lors de son avènement au trône, la reine Anne avait une sorte de partialité pour les Torys, tant parce qu'elle regardait leurs principes comme plus favorables au pouvoir monarchique, que parce que, quoique l'amour du pouvoir, plus fort que tant d'autres sentimens, l'eût portée à prendre possession d'un trône, qui, par droit héréditaire, aurait dû appartenir à son père ou son frère, cependant elle n'avait pas brisé les nœuds de l'affection de famille, et elle avait de la prédilection pour le parti politique qui regardait la maison exilée avec compassion, sinon avec des sentimens encore plus favorables. Cette prédilection et ces dispositions si naturelles, la reine Anne les sacrifia à sa déférence aux désirs et à l'intérêt de sa favorite. Leur liaison avait pris un caractère si intime et si confidentiel, qu'elle voulut que son amie, dans ses rapports avec elle, oubliât toutes les distinctions de la royauté; et elles correspondaient ensemble dans les termes de la plus parfaite égalité, la souveraine prenant le nom de Morley, et la sujette celui de Freeman [1], que lady Chur-

---

[1] Littéralement : Homme libre. — T<small>R</small>.

chill, alors comtesse de Marlborough, avait choisi comme exprimant la franchise de son caractère. Sunderland et Godolphin étaient des ministres d'un talent incontestable, et qui suivirent avec autant de persévérance que d'habileté le plan formé par le roi Guillaume pour défendre la liberté de l'Europe ¹ contre les usurpations de la France. Mais le principal motif de la reine Anne pour leur accorder sa confiance, fut qu'ils étaient intimement liés avec mistress Freeman et son mari. Or cette espèce d'arrangement, mon cher enfant, était précisément une fantaisie aussi puérile que lorsque vous et votre petit frère vous vous mettez dans un panier, et que vous jouez à faire voile pour Abbotsford pour aller voir votre grand papa. Un souverain ne peut goûter le genre d'amitié qui existe entre des égaux ; car il n'a point d'égaux avec qui il puisse former une telle union, et toute tentative pour faire croire à cette intimité n'est qu'un jeu qui finit communément par le faire céder secrètement à l'influence et à l'adulation d'un adroit parasite à langue dorée, ou par le soumettre à la tyrannie de l'ascendant que prend sur lui un esprit plus hautain et plus élevé que le sien. L'époux de la reine Anne, le prince George de Danemark, aurait pu rompre cette familiarité excessive entre sa femme et une orgueilleuse favorite ; mais c'était un homme tranquille, bon, humain, ne se mêlant de rien, et semblant se regarder lui-même comme peu propre aux affaires publiques, opinion qui était conforme à celle qu'avaient de lui les autres.

La mort du duc de Glocester, fils et héritier de la reine Anne, seul reste d'une nombreuse famille, en lui enlevant le dernier objet de ses affections privées, sembla ajouter encore à l'affection extrême de la Reine pour son amie, et l'influence de lady Marlborough devint universelle. La guerre qui se continuait contre la France eut le succès le plus brillant, et le général fut comblé d'honneurs ; mais

---

(1) C'est-à-dire de l'Angleterre et de la Hollande. — ED.

la reine favorisait Marlborough, moins parce qu'il était le général le plus accompli et le plus heureux de son temps, que parce qu'il était l'époux de sa chère mistress Freeman. En un mot, les affaires de l'Angleterre, qui dans tous les temps ont exercé tant d'influence sur l'Europe, avaient pour pivot l'amitié privée qui régnait entre mistress Freeman et mistress Morley.

Au moment où elle semblait le plus solidement assurée, cette intimité fut détruite par l'influence d'une petite intrigue dans la famille de la Reine. La duchesse de Marlborough, autrement dite mistress Freeman, avait usé avec trop d'arrogance du pouvoir dont l'avait investie l'affection de sa maîtresse. Elle était intéressée et impérieuse dans toutes ses demandes; et ses manières à l'égard de la Reine elle-même allaient jusqu'à l'insolence. Cette conduite fut endurée quelque temps comme étant la suite du privilège de franchise et d'égalité que l'amitié de Sa Majesté lui avait accordé. On peut supposer que, pendant un intervalle encore plus long, la Reine toléra ses caprices et ses impertinences, tant parce qu'elle craignait son caractère violent, que parce qu'elle était honteuse de rompre les liens d'un attachement romanesque qu'elle avait elle-même formé. Cependant elle n'en portait pas moins avec impatience le joug de la duchesse de Marlborough, et elle guettait l'occasion de le secouer.

La Duchesse avait placé dans la maison de la Reine, en qualité d'*habilleuse*[1], une jeune personne de bonne famille, nommée Abigail Hill, et qui était sa parente. Son caractère était tout l'opposé de celui de la Duchesse, car elle était vive et enjouée, et elle cherchait, naturellement ou par politique, à plaire à sa maîtresse de toute manière. Elle gagna peu à peu les bonnes graces de la Reine, et enfin sa confiance; de sorte qu'Anne cherchait dans les soins attentifs et dans les conseils de sa nouvelle amie une consolation des manières brusques que la Duchesse se per-

(1) *A dresser*.

mettait avec elle, tant en particulier qu'en public. Les progrès de cette intimité furent suivis de près par Harley, homme d'Etat, plein de talent, et qui avait professé jusqu'alors les principes des Whigs. Il avait été plusieurs fois président de la chambre des Communes, et il était secrétaire d'État dans l'administration whig de cette époque. Mais il aspirait à parvenir à un rang plus élevé dans le cabinet, parce qu'il se sentait des talens supérieurs; et il cabala contre la duchesse de Marlborough, parce qu'elle avait repoussé ses civilités avec son insolence ordinaire. L'associé des projets de Harley était M. Henry Saint-John, qui fut depuis lord Bolingbroke, jeune homme doué des talens les plus distingués, et qui joua ensuite un grand rôle tant en politique que dans la littérature.

Harley ne perdit pas de temps à faire des avances pour gagner l'intimité de la nouvelle favorite; et comme il était parent éloigné de la famille de miss Hill, il y réussit aisément. Le crédit dont elle jouissait alors près de la Reine était si considérable qu'elle fut en état de procurer à son cousin des audiences privées de Sa Majesté; et la Reine, accoutumée à l'insolence de la duchesse de Marlborough, dont le ton d'autorité était adopté par les ministres whigs du premier rang, fut charmée des manières respectueuses de ses nouveaux conseillers. Harley mettait dans sa conduite plus de soumission et de déférence, et il donnait aux désirs et aux opinions de la Reine une attention à laquelle elle n'avait guère été habituée jusqu'alors; son projet était indubitablement d'employer l'influence qu'il acquérait ainsi à détruire l'autorité de Godolphin et à s'élever à la place de premier ministre; mais cette tentative ne réussit pas sur-le-champ. Ses intrigues secrètes et ses conférences privées avec la Reine furent découvertes prématurément, et Harley et ses amis furent obligés de donner leur démission, de sorte que l'administration whig parut plus fermement enracinée que jamais.

Vers le même temps, miss Hill épousa secrètement

M. Masham ; ce mariage offensa beaucoup la duchesse de Marlborough, qui commençait à sentir que sa parente l'avait supplantée dans l'affection de sa maîtresse. Cette femme impérieuse, voyant que la Reine lui retirait sa confiance, s'efforça de maintenir son ascendant par les menaces ; et elle réussit quelque temps à gouverner par la crainte l'esprit de sa ci-devant amie, comme elle l'avait fait auparavant par l'affection. Mais un faux pas de l'administration whig permit enfin à la reine Anne de secouer ce joug insupportable.

Un ecclésiastique insensé et à tête chaude, nommé Sacheverel, avait prêché et fait imprimer un sermon dans lequel il soutenait les principes les plus exagérés des Torys, et injuriait Godolphin, lord Grand-Trésorier et chef de l'administration de la reine Anne, qu'il appelait Volpone, nom d'un personnage qui joue un rôle odieux dans une des comédies de Ben Johnson. La grande majorité des propriétaires d'Angleterre professait alors les principes des Torys et ceux de l'Eglise anglicane. Un sermon si hardi, si audacieux, quoiqu'il n'eût d'autre mérite que son audace, lui procura parmi eux une immense popularité. Le ressentiment des ministres excéda les bornes de la modération. La chambre des Communes porta une accusation contre le prédicateur devant le tribunal de la chambre des Pairs, qui instruisit son procès le 27 février 1710. On lui donna le plus grand degré de publicité, tant par les efforts des Whigs pour obtenir la condamnation du docteur Sacheverel à une peine sévère, que par ceux des Torys, qui, de leur côté, mirent tout en œuvre pour le sauver de tout châtiment. La multitude poussa le cri de : L'Eglise et Sacheverel ! et elle en étourdit les différens membres des deux Chambres qui se rendaient au Parlement. Ce procès excita l'attention publique à un degré presque inconnu jusqu'alors. La Reine elle-même y assista presque tous les jours, et sa chaise à porteur était entourée d'une foule qui s'écriait : Que Dieu protège la

Reine et le docteur Sacheverel! Nous espérons que Votre Majesté est pour l'Eglise et pour Sacheverel. La populace se souleva, et prouva son zèle furieux pour l'Eglise anglicane en détruisant les chapelles et les lieux de rendez-vous des non-conformistes, et en commettant d'autres actes de violence semblables.

Le résultat fut que le docteur Sacheverel fut déclaré coupable par la chambre des Pairs; mais il en fut quitte pour une suspension de ses fonctions comme prédicateur pendant trois ans; châtiment si léger que l'accusé et ses amis le regardèrent comme étant la même chose que s'il eût été acquitté, et que ce fut pour eux un triomphe.

Comme cette manifestation de l'opinion publique ne se bornait pas à la capitale, mais s'étendait dans toute l'Angleterre, elle prouva évidemment le peu de popularité du gouvernement whig, et encouragea la Reine à exécuter le plan qu'elle avait formé depuis long-temps de changer son ministère, d'entamer des négociations pour la paix, et de mettre fin à une guerre qui semblait être interminable. Par ce changement de gouvernement et de système, Anne désirait aussi assurer la sécurité de l'Eglise que ses anciens préjugés lui faisaient croire en danger, et par-dessus tout, se délivrer de la tyrannie de son ancienne amie mistress Freeman. Une nouvelle administration fut donc formée sous Harley et Saint-John; et cette administration, étant soutenue par le crédit des Torys, se gouverna principalement, sinon en tous points, par les principes de ce parti. La duchesse de Marlborough fut privée en même temps de toutes les places qu'elle occupait près de la personne de la Reine, et se trouva, comme on le dit, disgraciée, c'est-à-dire privée des bonnes graces de sa souveraine et de tous ses emplois. On ne pouvait aussi aisément se passer des services de son mari, car tant que l'armée anglaise était en campagne, nul général ne pouvait remplacer Marlborough, qui l'avait si souvent conduite à la victoire; mais les ministres torys cherchèrent à le rabaisser aux yeux du public en instituant une enquête sur certains émolumens indirects qu'il avait touchés comme général en chef, et à se débarrasser de l'indispensable nécessité de ses services militaires en entrant en négociation pour la paix.

Le gouvernement français vit la situation dans laquelle se trouvait la Grande-Bretagne, et en profita. Il s'aperçut que la paix était absolument nécessaire à l'existence d'Oxford et de Bolingbroke, comme ministres, plus même qu'elle ne l'était à la France comme nation, quoique ses frontières eussent été envahies, ses armées plusieurs fois défaites, et même sa capitale exposée aux insultes jusqu'à un certain point. La conséquence en fut que la France porta plus haut ses prétentions, et que la paix d'Utrecht, après beaucoup de négociations, fut enfin conclue à des conditions qui, en ce qui concernait les alliés, et principalement la nation anglaise, étaient fort disproportionnées aux brillans succès obtenus pendant la guerre.

L'article du traité que tous les amis de la révolution supposaient le plus essentiel à l'indépendance et à la paix intérieure de la Grande-Bretagne, semblait avoir été rédigé avec quelque soin. Le roi de France reconnaissait très-formellement le droit de la reine Anne au trône, garantissant l'Acte de Succession qui assurait la couronne à la maison d'Hanovre; et consentait à congédier de ses Etats le malheureux fils de Jacques II, ce qui fut exécuté. Néanmoins, tandis que le chevalier de Saint-George était forcé à quitter les domaines de l'allié de son père, du monarque qui, à la mort de Jacques, l'avait formellement proclamé roi d'Angleterre, ce prince infortuné, à l'instant de son expulsion, avait peut-être des espérances plus solides d'être rétabli sur le trône de son père, que toutes celles qu'aurait pu lui faire concevoir la faveur de Louis. C'est ce qui sera démontré par ce qui va suivre.

La reine Anne, comme nous l'avons déjà dit, était attachée à l'Etablissement et au clergé de l'Eglise anglicane, et les principes de cette église et de ce clergé, s'ils n'étaient pas universellement jacobites, avaient du moins une forte teinte de respect pour les droits héréditaires. Cette doctrine ne pouvait être supposée désagréable à la Reine, soit comme femme, soit comme souveraine, et elle s'était trouvée dans des circonstances qui la rendaient plus disposée à s'y conformer. Nous avons déjà dit qu'en prenant le parti de se retirer de la maison de son père, lors de la Révolution, Anne y avait été déterminée par l'influence de lady Churchill, qui était devenue maintenant, comme duchesse de Marlborough, l'objet de la haine de la Reine, comme elle l'avait été de son amitié sous le nom de mistress Freeman ; et ce n'était probablement pas avec un grand plaisir qu'elle se souvenait des opinions de cette dame et des mesures qui en avaient été la suite. L'abandon d'un père, quoique couvert d'une raison politique, peut aussi, vers la fin de la vie, devenir un sujet de sérieuses réflexions. Il y a peu de doute que la reine n'eût des remords de sa désobéissance filiale, surtout quand la mort prématurée de ses ennemis, et enfin celle d'un jeune prince donnant de belles espérances, le duc de Glocester, l'eurent privée de tout espoir de laisser le royaume à un héritier de son sang. Ces pertes successives semblaient une juste punition infligée à une fille désobéissante, à qui il avait été permis de porter pour un temps la couronne de son père, mais non de la transmettre à ses enfans. A mesure que la Reine devint infirme et que sa santé se dérangea, il était naturel que ses regrets l'occupassent encore davantage, et qu'elle ne trouvât aucun plaisir à voir en perspective le prince d'Hanovre, un parent éloigné, appelé à régner sur l'Angleterre après sa mort. Elle ne pouvait guère entendre qu'avec répugnance, presque avec horreur, la proposition des Whigs d'inviter à venir en Angleterre le Prince électoral qui devait en porter la couronne à son décès. D'une autre part, la situation du chevalier de Saint-George, son propre frère, seul rejeton mâle de sa famille, dont la restauration sur le trône de ses ancêtres pouvait être l'ouvrage de ses propres mains, paraissait devoir inspirer à la Reine tout l'intérêt de la compassion, et semblait lui fournir en même temps l'occasion de réparer les injustices qu'elle pouvait croire avoir été faites à son père, en dédommageant le fils amplement, quoique un peu tard.

Pressée par des motifs si naturels, on ne peut guère douter que la reine Anne, dès qu'elle eut secoué le joug de la duchesse de Marlborough, n'ait commencé à chercher les moyens d'assurer la couronne, après sa mort, à son frère, le chevalier de Saint-George, au préjudice de l'acte qui l'accordait au Prince électoral d'Hanovre. Elle devait être d'autant plus encouragée à nourrir quelque espoir de succès, qu'une grande partie de ses sujets, dans ses trois royaumes, étaient Jacobites par principes, et que d'autres n'avaient qu'un pas à faire pour passer des opinions extrêmes des Thorys les plus prononcés, à celles qui étaient directement favorables à la maison de Stuart. L'Irlande, la dernière portion des Iles-Britanniques qui avait été fidèle à Jacques II, ne pouvait être supposée indifférente à la restauration de son fils. En Angleterre, une très grande partie du clergé anglican, les universités, et le parti des Torys qui dominait parmi les propriétaires campagnards, avaient des idées à peu près semblables, et ne prenaient pas beaucoup de peine pour les cacher. En Ecosse, on avouait ses opinions avec encore plus de hardiesse, et nous allons en citer un exemple.

La Faculté des avocats en Ecosse, c'est-à-dire le corps des hommes de lois, ayant droit de plaider devant les tribunaux, forme une corporation qui a plus de poids et d'importance qu'on n'y en attache en beaucoup de pays, d'après la nature de cette profession. Au commencement du dix-huitième siècle notamment, cette Faculté comprenait presque tous les fils de bonne famille qui n'avaient pas pris le parti des armes; car l'épée ou la robe, suivant les idées de ce temps, étaient les seules professions qui convinssent à un homme bien né. Les avocats possèdent une belle bibliothèque et une précieuse collection de médailles. Elisabeth, duchesse de Gordon, issue de la noble maison d'Howard, et ardente Jacobite, leur envoya en présent une médaille pour leur cabinet. Elle portait, d'un côté, l'effigie du chevalier de Saint-George avec la devise : *Cujus est?* c'est-à-dire, qui représente ce portrait? et au revers étaient les Iles-Britanniques, avec le mot : *Reddite*, c'est-à-dire, rendez-les-lui. Le doyen de la Faculté ayant présenté à ses confrères cet emblème très-intelligible, il s'ensuivit une discussion pour savoir si on l'admettrait ou non dans la collection. On y mit beaucoup de chaleur de part et d'autre, et l'on finit par accepter la médaille à une majorité de soixante-trois contre douze. Deux avocats furent députés pour offrir à la Duchesse les remerciemens du docte corps, et ils ne manquèrent pas de le faire de manière à faire sentir qu'ils comprenaient parfaitement ce que signifiait le présent de Sa Grace. Ils terminèrent leur discours en exprimant l'espoir que Sa Grace aurait bientôt l'occasion de leur présenter une seconde médaille frappée au sujet d'une restauration. Mais quand cette démarche fut devenue publique, les avocats semblèrent avoir été alarmés des conséquences qu'elle pouvait avoir, car dans une assemblée générale de la Faculté, le 27 juillet 1711, la médaille fut formellement refusée, et placée entre les mains du lord avocat pour être rendue à la duchesse de Gordon. Mais cette rétractation ne pouvait effacer la preuve que les membres de ce corps savant et important, les commentateurs des lois écossaises, parmi lesquels sont élus les gardiens de la jurisprudence, avaient montré assez de hardiesse pour donner une marque publique d'adhésion au chevalier de Saint-George. On remarqua aussi que le crédit des Jacobites l'emporta dans un grand nombre d'élections en Ecosse.

Tandis que la Reine voyait une partie considérable de ses sujets, dans chacun de ses royaumes, bien disposés à accueillir son frère comme héritier de son trône, il se trouva au moins un de ses ministres assez audacieux pour prendre en considération la même mesure, quoiqu'il pût, en agissant ainsi, paraître refuser de reconnaître les droits de sa propre maîtresse à l'autorité souveraine. Ce ministre était Henry Saint-John, créé lord vicomte Bolingbroke. C'était un homme dont le génie était vif et le talent brillant, un savant, un orateur, un philosophe. Il y avait un revers à ce beau côté du portrait. Bolingbroke, dans sa vie privée, était dissipé, audacieusement sceptique dans ses idées religieuses, et quand sa vive intelligence lui montrait une chance de s'élever, il ne paraît pas avoir été très-scrupuleux sur le choix du sentier qu'il prenait, pourvu qu'il le conduisît au pouvoir. Au commencement de sa carrière comme homme public, il s'attacha à Harley, et quand cet homme d'Etat quitta l'administration whig, en 1708, Saint-John partagea sa disgrace, et perdit la place de secrétaire de la Guerre. Lors du triomphe des Torys en 1710, et quand Harley fut nommé premier ministre, Saint-John devint secrétaire d'Etat. La prospérité fut pourtant l'écueil contre lequel se brisa l'amitié qui avait résisté aux attaques de l'adversité, et l'on remarqua bientôt qu'il existait une différence d'opinion comme de caractère entre le premier ministre et son collègue.

Harley, qui fut ensuite créé comte d'Oxford, était un homme d'un caractère sombre et réservé, — lent, timide et incertain, tant dans ses conseils que dans ses actions. Il semblait être un de ces hommes d'Etat qui cherchent à gouverner en maintenant la balance entre deux factions ennemies, et qui finissent par devenir l'objet des soupçons et de l'animosité de l'une et de l'autre. Il avait été élevé dans les principes des Whigs; et quoique les circonstances l'eussent décidé à se joindre aux Torys, et même à en devenir le chef, il avait peine à se résoudre à prendre aucune des mesures violentes qu'ils attendaient de lui, aussi ne paraît-il pas avoir jamais obtenu leur pleine confiance et leur ferme appui. Quoique Oxford eût adopté les principes des Torys, il ne les professa jamais dans toute leur étendue, et il fut du nombre de cette secte politique qu'on appelait alors *Whimsicals* [1], et qu'on supposait ne pas savoir ce qu'ils voulaient eux-mêmes, parce qu'ils avouaient le principe du droit héréditaire, et qu'ils désiraient en même temps que le trône fût assuré à la maison d'Hanovre. Pour preuve qu'il faisait partie de cette classe de politiques, on remarqua qu'il envoya son frère, M. Harley à la cour d'Hanovre; qu'il affecta de maintenir par ce canal des relations fréquentes avec l'Electeur, et qu'il exprima beaucoup de zèle pour fixer la succession au trône dans la ligne protestante.

Tout ce mystère, toute cette indécision étaient contraires au génie bouillant et rapide de Saint-John, qui reconnut bientôt qu'il n'était pas admis dans les vues secrètes et définitives du collègue avec lequel il avait souffert l'adversité. Il était en outre mécontent qu'Harley eût obtenu le rang de comte, tandis qu'on ne lui avait accordé que le titre de vicomte. Le respect et l'amitié qu'il avait eus autrefois pour Oxford se changèrent peu à peu en froideur, en inimitié et en haine, et il commença, avec beaucoup d'adresse et avec un degré temporaire de succès, à préparer dans l'Etat une révolution qu'il avait dessein de terminer par la disgrace d'Oxford et par sa propre élévation à l'autorité suprême. Il entra avec zèle dans les desseins ultérieurs des Torys les plus extravagans, et l'on croit que pour gagner les bonnes graces de la Reine, il ne manqua pas de prendre part à des intrigues pour l'avantage de son frère exilé.

On remarqua que lorsque le chevalier de Saint-George fut obligé de quitter la France, il trouva un refuge sur les domaines du duc de Lorraine; et ce petit prince allemand

---

[1] Fantasques. — Tr.

eut la hardiesse de refuser la demande que lui fit le gouvernement britannique de faire sortir son hôte de son territoire. On pensa que le Duc n'aurait pas osé agir ainsi, s'il n'eût eu quelque assurance secrète que cette demande ne lui était faite que pour la forme, et que la Reine au fond ne désirait pas priver son frère de ce lieu de refuge. D'autres circonstances concouraient encore à faire tirer la conclusion que la reine Anne et ses nouveaux ministres favorisaient le parti jacobite.

Il est plus que probable que le duc d'Hamilton, dont nous avons si souvent parlé, devait être chargé de quelques négociations de la nature la plus délicate avec la cour de France, quand, en 1713, il fut nommé ambassadeur extraordinaire à Paris ; et l'on ne peut guère douter qu'elles n'eussent pour objet la restauration de la maison de Stuart. Cet infortuné seigneur le donna à entendre à son ami, Lockhart de Carnewath, lorsque, le quittant pour la dernière fois, il revint à lui pour l'embrasser à plusieurs reprises, comme un homme qui sentait tout le poids d'une mission importante, et peut-être avec le pressentiment de quelque calamité prochaine. L'infortune planait alors sur lui d'une manière bien étrange, et avec des ailes ensanglantées. Ayant un procès avec lord Mohun, seigneur débauché et de mœurs corrompues, dont le plus grand exploit était d'avoir poignardé un pauvre acteur, quelques années auparavant, dans un accès d'ivresse, le duc d'Hamilton eut une entrevue avec lui dans l'espoir d'arranger à l'amiable leur contestation judiciaire. Dans cette conférence, le Duc, en parlant d'un agent qui avait joué un rôle dans cette affaire, dit que cet homme n'avait ni foi, ni honneur, et lord Mohun lui répliqua qu'il en avait tout autant que Sa Grace. Ils se séparèrent à ces mots ; et l'on aurait cru que le Duc étant la partie insultée, c'était lui qui devait vouloir se venger de l'affront qu'il avait reçu, s'il croyait qu'il valût la peine d'y songer, cependant, contre l'usage en pareil cas, lord Mohun, qui avait fait l'insulte, fut celui qui envoya le cartel. Ils prirent rendez-vous dans Hyde-Park, s'y battirent à l'épée, et en quelques minutes lord Mohun fut tué sur la place, et le duc d'Hamilton, blessé mortellement, ne lui survécut pas long-temps. Mohun, libertin odieux et méprisable, ne fut regretté de personne; mais il n'en fut pas de même du duc d'Hamilton, qui, malgré un certain degré d'irrésolution dans sa conduite politique, causé peut-être parce que son jugement ne lui permettait pas d'aller aussi loin que ses sentimens l'auraient entraîné, avait beaucoup de qualités aimables et même nobles, qui le firent généralement regretter. Les Torys particulièrement regardèrent la mort du duc d'Hamilton, arrivant dans un moment si critique, comme une circonstance si singulière, qu'ils n'hésitèrent pas à dire tout haut que quelque furieux du parti des Whigs avait excité lord Mohun à envoyer le cartel. Ils allèrent jusqu'à ajouter que le Duc était tombé, non sous l'épée de son antagoniste, mais sous celle du général Macartney, second fils de lord Mohun. La déclaration du colonel Hamilton, second du Duc, tendait à confirmer cette dernière accusation; le général Macartney, voyant que les préventions du public étaient extrêmes contre lui, prit le parti de se cacher, et une récompense fut offerte à quiconque le découvrirait. Il fut mis en jugement sous le règne suivant, et acquitté sur des preuves qui sont loin d'établir clairement son innocence.

Quoi qu'il en soit, la mort du duc d'Hamilton, qu'elle eût pour cause un ressentiment politique, ou une haine privée, n'interrompit pas le cours des projets formés pour la restauration de la maison de Stuart. Lord Bolingbroke lui-même fut chargé d'une mission à Paris, et il paraît fort probable qu'on y rédigea quelques articles secrets pour expliquer ceux du traité d'Utrecht qui avaient rapport à l'expulsion du Prétendant du territoire de la France, et au désaveu de son droit de succession à la couronne de la Grande-Bretagne. Il est également vraisemblable qu'on cacha ces arrangemens au premier ministre Oxford, puisqu'ils étaient diamétralement contraires à ses vues, qui étaient favorables à la maison d'Hanovre.

Telle était la situation du gouvernement anglais, divisé comme il l'était entre la marche incertaine d'Oxford et les intrigues plus secrètes, mais plus hardies et plus décidées de Bolingbroke, les mesures générales qui furent adoptées relativement à l'Ecosse indiquèrent un penchant prononcé pour la cause jacobite et pour ceux qui en étaient l'appui.

CHAPITRE V.

Les Episcopaux écossais persécutés par les Presbytériens. — Acte de Tolérance. — Serment d'Abjuration. — Loi sur le patronage. — Pensions accordées aux Chefs montagnards pour maintenir leur attachement à la cause jacobite. — Préparatifs des Whigs pour assurer à la maison d'Hanovre la succession au trône. — Querelle entre Oxford et Bolingbroke. — Mort de la reine Anne.

La Révolution avait mis les Presbytériens d'Ecosse en possession exclusive du gouvernement ecclésiastique de ce royaume. Mais une partie considérable des habitans, surtout dans les comtés du nord, restaient attachés à l'établissement épiscopal et aux formes de son culte. Ils devinrent des objets de crainte et d'inimitié pour l'Eglise d'Ecosse, et ses représentans ainsi que ses adhérens mirent tout en œuvre pour empêcher, autant qu'il était en leur pouvoir, l'exercice du culte épiscopal, oubliant les plaintes qu'ils avaient faites eux-mêmes avec tant de justice sur la violation de la liberté de conscience, sous les règnes de Charles II et de Jacques II. Nous devons ici faire observer que l'Eglise épiscopale d'Ecosse, autrefois, et quand elle était triomphante, avait quelques légères différences de forme qui distinguaient son rituel de celui de l'Eglise anglicane. Mais dans l'état de détresse et de désolation où elle se trouvait alors, une grande partie des Episcopaux écossais s'étaient résignés à abandonner ces points de distinction, et en se conformant exactement au rituel anglais, ils cherchaient à obtenir en Ecosse, comme Episcopaux, une liberté de culte semblable à l'indulgence qu'on accordait en Angleterre à ceux qui professaient les doctrines presbytériennes et autres non-conformistes protestans. Cependant les cours ecclésiastiques presbytériennes mandèrent à leur barre les prédicateurs épiscopaux, et leur défendirent d'exercer leur ministère, sous peine d'amende et d'emprisonnement. Le révérend M. Greenshields, apprit par expérience que ce n'était pas une vaine menace. D'autres furent insultés et maltraités par la populace quand ils faisaient une tentative pour célébrer leur culte suivant ses rites. Ces excès étaient d'autant moins excusables, que plusieurs de ces révérends ministres avaient adopté la prière pour l'Etablissement formé par la Révolution ; et quelque conjecture qu'on pût former sur la probabilité de leur attachement à la famille exilée, ils avaient mis à l'écart tout ce qui, dans leur mode actuel de culte, aurait pu les faire soupçonner d'être Jacobites.

Le Parlement rendit donc avec autant de raison que de justice, en février 1712, un Acte de Tolérance en faveur de tous les ministres épiscopaux se conformant au rituel de l'Eglise anglicane qui seraient disposés à prêter le Serment d'Abjuration, c'est-à-dire à renoncer à toute adhésion à la cause de Jacques II et de son fils le Prétendant. Cette tolérance offensa grièvement le clergé presbytérien, qui disait que c'était lui ôter le moyen de forcer les citoyens à une uniformité de culte, qu'ils prétendaient leur avoir été assurée à la Révolution. On doit pardonner quelque chose à la jalousie et aux craintes qu'une persécution cruelle n'avait rendues que trop familières aux ministres de l'église écossaise, mais l'histoire impartiale nous démontre combien il est dangereux de confier au pouvoir judiciaire d'aucune Eglise le droit de tyranniser la conscience de ceux qui ont adopté une différente forme de culte, et combien il est juste et sage d'en restreindre l'autorité dans le cercle de son propre établissement.

L'Eglise presbytérienne fut encore plus offensée en trouvant dans cet Acte de Tolérance un article qui obligeait ses propres ministres, aussi-bien que les non-conformistes, à prêter le Serment d'Abjuration. Cet article avait été ajouté à l'Acte dans la chambre des Communes, à la demande des Torys, qui soutinrent que les ministres de l'Eglise d'Ecosse devaient donner à la Reine et à la Succession protestante la même garantie de fidélité qu'on avait exigée des Episcopaux. Les Presbytériens écossais se plaignirent amèrement qu'on leur demandât le Serment d'Abjuration. Ils prétendirent que cette formalité était inutile, personne ne pouvant soupçonner l'Eglise d'Ecosse d'avoir le moindre penchant pour le parti jacobite, et que c'était une usurpation faite par l'Etat sur les droits de l'Eglise, que de rendre une loi pour imposer un serment à ses ministres, qui, en matières religieuses, n'étaient tenus que d'obéir aux actes de leur assemblée générale. Malgré ces remontrances faites avec aigreur, le Serment d'Abjuration fut exigé d'eux par le même acte qui prononçait la tolérance des formes du culte épiscopal à la même condition.

Le plus grand nombre des ministres presbytériens prêtèrent enfin ce serment; plusieurs continuèrent à s'y refuser; mais il ne leur en arriva rien, le gouvernement fermant les yeux sur leur obstination. On ne peut guère douter que l'insertion de cette clause, qui autrement ne semblerait avoir eu pour but que de heurter inutilement les opinions des Presbytériens, n'ait eu un double motif. D'abord il était probable qu'elle occasionerait un schisme dans l'Eglise d'Ecosse entre ceux qui prêteraient le serment et ceux qui s'y refuseraient; ce qui, en divisant les opinions, semblait devoir affaiblir l'autorité d'un corps plein de zèle pour la succession au trône dans la ligne protestante, et diminuer le respect dont il jouissait. Ensuite on prévoyait que la grande majorité des ministres épiscopaux d'Ecosse, ouvertement attachés à la famille exilée, ne prêteraient pas le Serment d'Abjuration, et pourraient par cette raison être inquiétés par les Presbytériens des cantons où ils exerçaient leurs fonctions; mais si un certain nombre de ministres presbytériens se trouvaient aussi exposés au même reproche par suite d'une semblable omission, et ne devaient leur impunité qu'à la connivence du gouvernement, il n'était pas vraisemblable qu'ils inquiéteraient les autres pour un refus dont ils seraient coupables eux-mêmes. L'expédient réussit; car quoiqu'on assure qu'un seul ministre épiscopal en Ecosse, M. Cockburn de Glascow, prêta le Serment d'Abjuration, cependant on ne fit nulle poursuite contre aucun des autres, parce qu'une grande partie des ministres de l'Eglise presbytérienne auraient été exposés à être poursuivis pour la même cause.

Un autre acte de la même session du Parlement rendit aux *patrons*, comme on les appelait, le droit de présenter des ministres pour les églises vacantes en Ecosse. Il semblait destiné, et il l'était probablement, à mettre les ecclésiastiques dans une plus grande dépendance de l'aristocratie, et à les séparer, jusqu'à un certain point, de leurs congrégations; car il n'était pas à supposer qu'elles seraient également attachées à un ministre qui devait son bénéfice à quelque grand personnage, ni qu'il exercerait sur elle la même influence que si elles l'avaient librement choisi elles-mêmes. Chaque mode d'élection a ses désavantages particuliers. La nécessité imposée au ministre qui désire de l'avancement, d'adapter son style au goût populaire, la chaleur indécente et les intrigues qui accompagnent les élections par le peuple, forment des objections sérieuses contre la permission à donner au troupeau de choisir son pasteur. D'une autre part, on peut abuser, dans ces cas particuliers, du droit de patronage, puisque la volonté d'un homme sans conscience peut forcer une congrégation à recevoir pour ministre un individu de mœurs équivoques, dénué de talens, et d'une doctrine relâchée; mais, comme le clergé presbytérien a le droit d'examiner et de rejeter le ministre présenté, sauf un appel aux cours supérieures ecclésiastiques, quoi qu'on puisse penser en théorie de la loi sur le patronage, elle n'a en pratique, et pendant plus d'un siècle, produit aucun effet tendant à diminuer le respect dont jouit l'Eglise d'Ecosse. On ne peut cependant douter que le rétablissement des droits des patrons laïques sous le règne de la reine Anne n'ait eu pour but de séparer les ministres du peuple, et de les mettre dans une plus grande dépendance de la noblesse, parmi laquelle il se trouvait proportionnellement un beaucoup plus grand nombre de Jacobites que dans le Tiers-Etat.

Toutes ces mesures, quoique tendant indirectement à favoriser le parti des Torys, qui, en Ecosse, pouvait s'appeler en général le parti de la maison de Stuart, avaient pourtant encore d'autres motifs qu'on pouvait alléguer d'une manière plausible pour les faire adopter.

Malgré le nombre certainement très-considérable des nobles écossais des basses-terres qui étaient attachés à la cause du chevalier de Saint-George, et quelle que fût leur importance, la nouvelle situation du pays avait tellement restreint leur autorité sur les classes inférieures, qu'ils ne pouvaient plus se regarder comme jouissant d'assez d'influence pour faire aucune levée d'hommes considérable, et d'ailleurs, depuis le rapport de l'Acte de Sécurité, ils n'avaient plus le pouvoir de discipliner et d'exercer leurs vassaux de manière à les rendre propres au service militaire. Tout ce qu'ils auraient pu faire, à l'aide des parens, des amis, et des individus qui étaient sous leur dépendance directe, c'eût été d'équiper quelques escadrons de cavalerie; et quand même ils auraient trouvé des hommes, ils manquaient en général d'armes, de chevaux et de tous les moyens de se mettre en campagne.

Il n'en était pas de même des clans montagnards. Ils étaient sous le commandement de leurs chefs supérieurs et de leurs capitaines, tout autant qu'ils l'avaient jamais été dans les temps plus anciens de leur histoire. Séparés de la civilisation par les montagnes sauvages au sein desquelles ils vivaient, ils parlaient encore la langue de leurs pères, en portaient le costume, en conservaient les armes, et restaient soumis au genre de gouvernement qu'ils avaient reconnu. Il est vrai que ces clans ne se faisaient plus ouvertement la guerre comme autrefois, et que deux ou trois petites garnisons de soldats, placées au milieu d'eux, mettaient assez bon ordre à leurs incursions de rapine. Les Chefs supérieurs, leurs principaux agens, et surtout les *Duinhé-Wassals*, c'est-à-dire les hommes bien nés, faisant partie de la tribu, n'étaient nullement au-dessus des derniers membres de leurs clans par l'étendue de leurs connaissances. Mais les grands Chefs, c'est-à-dire les Chefs des clans très-nombreux, étaient dans une situation toute différente. Presque tous avaient reçu une bonne éducation, avaient des manières courtoises, et quand ils étaient dans la société des basses-terres, et qu'ils en adoptaient le costume, on ne les aurait distingués de tout autre homme bien né que par cet air d'importance que prend naturellement celui qui connaît l'autorité dont il jouit. Souvent ils voyageaient en pays étrangers, et quelquefois ils y entraient au service, ne perdant jamais de vue l'instant où leur épée serait mise en réquisition pour soutenir la cause des Stuarts, auxquels ils étaient en général extrêmement attachés. Cependant l'influence du duc d'Argyle, dans les montagnes de l'ouest et dans le nord, celle du comte de Sunderland, de lord Reay, et des Chefs de Grant, de Ross, de Munro, et des autres tribus septentrionales, maintenaient leurs clans respectifs dans le parti des Whigs.

Tous ces Chefs étaient pauvres, car le produit de leurs domaines vastes, mais stériles, était entièrement employé à soutenir la force militaire de leurs clans. On n'avait à attendre aucun genre d'industrie de ceux qui les composaient ; toute occupation utile les aurait dégradés à leurs propres yeux et à ceux de leurs Chefs ; et, en s'y livrant, ils auraient cru se rendre inhabiles à s'acquitter de leurs devoirs militaires. D'une autre part, quand les Chefs sortaient de leurs montagnes, ils aimaient à dépenser autant qu'ils étaient pauvres. Ce sentiment de leur propre importance dont nous avons déjà parlé, les portait à imiter dans leurs dépenses les habitans d'un pays plus riche ; et plusieurs d'entre eux, par cette conduite inconséquente, s'exposaient à des embarras pécuniaires. L'argent était une denrée particulièrement précieuse à de pareils hommes ; et le gouvernement de la reine Anne, pendant les dernières années de son règne, distribua parmi eux trois à quatre mille livres sterling. La somme allouée à chaque Chef était d'environ trois cent soixante livres, dont on exigeait un reçu comme pour paiement d'une année de la gratification qu'il avait plu à Sa Majesté d'accorder à celui qui la recevait.

Les Chefs montagnards recevaient cet argent avec d'autant moins de scrupule qu'ils n'hésitaient pas à le regarder comme des arrhes de la paye qui leur serait allouée pour les efforts qu'ils feraient en faveur des Stuarts, auxquels ils croyaient devoir être attachés par devoir, autant qu'ils l'étaient certainement par inclination. Comme on ne pouvait douter que le montant de ces pensions ne fût employé à entretenir leur suite patriarcale et à la rendre plus nombreuse, il paraît que les Chefs furent convaincus qu'elles ne leur étaient accordées que dans ce dessein. Cet argent était mis à la disposition du comte de Mar, secrétaire d'État ; et comme il en était le distributeur, cette circonstance lui fournit le moyen d'augmenter et d'étendre son influence parmi les Chefs montagnards ; influence dont il fit ensuite usage d'une manière qui fut si fatale pour eux et pour lui-même.

Ces Chefs donnèrent une preuve du sens qu'ils attachaient à la gratification qui leur était accordée, en se réunissant, à la fin de 1713, pour présenter à la Reine une supplique à laquelle on donna le nom d'*Adresse l'épée à la main.* Dans un paragraphe, ils applaudissaient aux mesures prises pour réprimer la licence de la presse, se flattant de ne plus être scandalisés en entendant blasphémer la Divinité et calomnier la race sacrée des Stuarts avec autant de perversité que d'impunité ; dans un autre, ils exprimaient l'espoir qu'après le décès de Sa Majesté la sanction des droits héréditaires et celle du Parlement pourraient se réunir sur la personne d'un successeur de sa race. Ces insinuations étaient assez claires pour faire voir de quelle manière ils interprétaient la générosité de la Reine.

Le duc d'Argyle, dont l'influence dans les montagnes d'Ecosse était suspendue et paralysée par l'encouragement donné aux clans jacobites, dénonça au Parlement le système de ces pensions, comme étant un motif sérieux d'accusation contre les ministres, qu'il représenta comme faisant des montagnes d'Ecosse une pépinière de rébellion. Cette dénonciation amena une discussion importante.

Le duc d'Argyle dit que les montagnards écossais étant pour la plupart des Papistes invétérés ou des Jacobites déclarés, leur donner des secours pécuniaires, c'était dans le fait encourager le papisme et fomenter la rébellion. Le trésorier Oxford répondit qu'il n'avait fait à cet égard que suivre l'exemple du roi Guillaume, qui, après avoir réduit les montagnards, avait jugé à propos d'accorder des pensions annuelles aux Chefs des clans pour les maintenir en paix ; et que si l'on avait quelque reproche à faire à ce sujet au ministère actuel, ce n'était que d'avoir retranché une partie de ces gratifications. Cette allusion à l'exemple du roi Guillaume semblait fermer la porte à toute chicane sur cet objet ; et, en échappant au blâme, les ministres crurent recevoir les honneurs du triomphe. Mais comme on savait parfaitement que ces pensions étaient acquittées sous le déguisement d'une paye militaire, il était bien permis de douter que donner aux Chefs les moyens d'augmenter la force militaire de leurs clans et le nombre de leurs soldats fût un excellent moyen pour les maintenir dans l'ordre et en faire des sujets paisibles. Le système des ministres paraissait donc au total ressembler à la conduite d'une *bonne d'enfans*, qui, pour empêcher un marmot de crier, lui met un couteau entre les mains.

Ces divers indices prouvaient que les ministres, ou du moins un fort parti parmi eux, étaient favorables au Prétendant, et avaient dessein de l'appeler au trône lors du décès de la Reine. Cet événement ne pouvait alors être bien éloigné, car, avec tous les symptômes d'une santé qui succombe, Anne était harassée par les factions qui existaient parmi ses sujets, et par les divisions qui déchiraient son conseil. Toujours d'un caractère timide, en voyant sa confiance trahie, elle était devenue aussi jalouse de son autorité et aussi méfiante qu'elle avait été autrefois docile à se laisser guider sans inquiétude et sans hésitation. Beaucoup de sujets d'appréhension fatiguaient un esprit qui n'avait jamais été bien fort, et que la maladie rendait encore plus faible. Elle désirait probablement que son frère lui succédât, mais craignait que le moment où il devrait lui succéder ne fût accéléré par le zèle de ses partisans. Elle ne craignait pas moins que l'enthousiasme dont les Whigs étaient animés pour la maison d'Hanovre n'amenât en Angleterre le Prince électoral ; ce qui lui semblait la même chose que si l'on eût creusé sa fosse pendant qu'elle vivait encore. Les querelles entre Oxford et Bolingbroke divisaient son conseil, où l'on n'entendait que des reproches mutuels qui avaient lieu quelquefois même en sa présence. La Reine, naturellement très-sensible à tout oubli des égards personnels dus à son rang, était alarmée de leur violence, et offensée de la manière dont ils lâchaient les rênes à leurs passions, même devant elle.

Alarmés de la perspective prochaine d'une crise que la mort de la Reine ne pouvait manquer d'amener, les Whigs firent simultanément les préparatifs les plus énergiques pour soutenir les droits de la maison d'Hanovre à la couronne, même par la voie des armes, s'il fallait en venir là. Ils prirent surtout soin de représenter à la cour d'Hanovre les dangers qu'ils couraient, et les souffrances auxquelles ils étaient exposés par suite de leur attachement à la ligne protestante ; et ceux d'entre eux qui avaient perdu des places honorables ou lucratives ne montrèrent de modération, comme on peut le croire, ni dans leurs plaintes, ni dans le portrait odieux qu'ils tracèrent de leurs ennemis; les Torys, le duc d'Argyle et les généraux Stanhope et Cadogan, s'occupèrent activement à engager les officiers de l'armée anglaise, en qui ils osaient mettre leur confiance, à porter les soldats, en cas de besoin, à se déclarer contre le parti qui avait disgracié Marlborough, leur général victorieux, qui avait rabaissé les exploits qu'ils avaient faits sous ses ordres, et qui par là avait arrêté l'armée anglaise dans sa carrière de conquêtes. L'électeur d'Hanovre fut engagé à entrer en négociation avec la Hollande et d'autres puissances, pour en obtenir des troupes et des vaisseaux, dans le cas où il aurait besoin d'appeler la force à l'appui de ses droits pour succéder au trône de la Grande-Bretagne. Un plan fut formé pour s'emparer de la Tour de Londres au premier symptôme de danger; et les plus grands personnages du parti s'unirent ensemble par une promesse de se soutenir mutuellement pour la défense de la succession protestante.

Tandis que les Whigs prenaient de concert ces mesures énergiques et hardies, les ministres Torys, par leur désunion complète, devenaient hors d'état de profiter du terrain avantageux qu'ils occupaient, comme étant à la tête du gouvernement, et du temps que leur laissait le reste de la vie de la Reine, qui s'écoulait rapidement. La discorde entre Oxford et Bolingbroke en était venue à un tel point, que le dernier déclara franchement que s'il s'agissait de choisir entre la ruine totale de son parti et une réconciliation avec Oxford pour en acheter la sûreté, il n'hésiterait pas à prendre la première alternative. Ils envisageaient les affaires publiques sous un point de vue tout différent. Le comte d'Oxford conseillait des mesures de modération, et même un compromis ou une réconciliation avec les Whigs : Bolingbroke croyait se mieux conformer aux intentions de la Reine, en affectant le plus grand zèle pour les principes de l'Eglise anglicane; en lui donnant l'espoir que son frère lui succéderait après sa mort, et en cultivant les bonnes graces de mistress Hill, alors créée lady Masham, favorite de la Reine, près de laquelle il avait complètement supplanté lord Oxford par la supériorité de ses manières gracieuses et par la singularité de ses opinions.

La dissension entre ces deux rivaux politiques, après avoir couvé si long-temps, éclata enfin, et en vint à des hostilités ouvertes dans le mois de juillet 1714. Une conversation pleine de récriminations amères et réciproques eut lieu, en présence de la Reine, entre le lord trésorier Oxford d'une part, Bolingbroke et lady Masham de l'autre. Le résultat en fut la disgrace du lord trésorier, à qui fut retirée sa place.

Le chemin était alors ouvert à Bolingbroke, et son ambition pouvait se donner carrière. Le moment qu'il avait tant désiré, qu'il n'avait vécu que pour voir, était enfin arrivé. Ni lui, ni personne, n'avait le moindre doute qu'il ne fût élevé au rang de lord trésorier et de premier ministre. Mais que les espérances des hommes sont vaines ! La malheureuse Reine avait tant souffert de la fatigue et de l'agitation que lui avait occasionées la scène de discorde dont elle avait été témoin, qu'elle déclara qu'elle n'y survivrait pas. Sa crainte fut une prophétie. L'entretien orageux, ou pour mieux dire la querelle dont nous venons de parler, avait eu lieu le 27 juillet 1714; le 28, la Reine tomba en léthargie; le 30, on désespéra de sa vie.

Le même jour, les ducs de Somerset et d'Argyle, tous deux ennemis du ministère actuel, qu'on pourrait plutôt nommer à présent le ci-devant ministère, firent la démarche hardie de se rendre au conseil, dont les autres membres, humiliés, embarrassés et épouvantés, ne furent pas fâchés de se fortifier de leurs secours. D'après l'avis de ces deux seigneurs, le duc de Shrewsbury fut nommé trésorier, mesure dont la Reine mourante exprima sa satisfaction. Ainsi tombèrent les espérances gigantesques de Bolingbroke.

Le 1er août, la reine Anne expira. Elle fut la dernière de la race des Stuarts qui occupa le trône de la Grande-Bretagne. Elle était âgée de cinquante ans, en avait régné douze, et sa mort eut lieu dans les circonstances les plus critiques où l'empire se fût trouvé depuis la révolution.

CHAPITRE VI.

Proclamation du roi George Ier. — Ambassade du comte de Stair en France. — Son influence prévient toute opposition de la part de Louis XIV à l'accession au trône de l'électeur d'Hanovre. — Situation des partis à l'arrivée de George Ier. — Emprisonnement d'Oxford. — Accusation portée contre Bolingbroke et Ormond. — Projet d'insurrection par les Jacobites. — Le nouveau monarque repousse les avances du comte de Mar, qui se retire en Écosse. — Cavaliers écossais. — Partie de chasse de Braemar, et résolution des chefs jacobites de prendre les armes. — Tentative pour surprendre le château d'Edimbourg. — Préparatifs du gouvernement contre les insurgens jacobites.

La mort de la reine Anne trouva les Jacobites peu préparés à cet événement, et dans un état d'irrésolution, chose extraordinaire pour un parti nombreux et plein de zèle. Ils s'étaient nourris de l'espoir que la conduite sombre et mystérieuse d'Oxford tendait à favoriser son projet d'une contre-révolution, et ils regardaient les déclarations plus franches de Bolingbroke, que les Jacobites d'Ecosse apprenaient par le moyen du comte de Mar, comme dirigées plus explicitement vers le même but important.

Mais ils se trompaient sur les desseins d'Oxford, qui n'agissait à leur égard que comme il était dans son caractère d'agir envers tout le monde; et il réglait sa conduite de manière à faire croire aux Jacobites qu'il était de leur parti, tandis que son seul but était d'empêcher les factions d'en venir à des extrémités, et de gouverner tous les partis en leur donnant tour à tour des espérances qui se trouveraient définitivement illusoires.

D'une autre part, Bolingbroke était plus vif et plus décidé tant dans ses opinions que dans sa conduite, et il aurait probablement mis assez d'activité dans ses mesures en faveur du roi Jacques, s'il avait eu le pourvoir de les mûrir. Mais se trouvant le jouet d'un caprice du sort qui lui montrait un instant vacante la place à laquelle aspirait son ambition, et qui le moment d'après lui en fermait l'accès, il se trouva pris par surprise et sans être préparé. Le duc d'Ormond, sir William Windham et d'autres chefs du parti des Jacobites, partagèrent le même désavantage. Ils auraient pu à la vérité proclamer roi le chevalier de Saint-George, sous le nom de Jacques III, et se fier à leur influence sur les propriétaires Torys et sur la populace, pour exciter une insurrection générale. Quelques-uns d'entre eux étaient même portés à adopter cette mesure désespérée; et le célèbre docteur Atterbury, évêque de Rochester, offrit de se rendre à Westminster en vêtemens sacerdotaux, et d'y accomplir lui-même cette cérémonie. Mais c'eût été commencer une guerre civile, et la loi appelant la maison d'Hanovre à succéder à la couronne, les insurgens auraient commencé par se rendre coupables de haute trahison avant d'être assurés d'aucune force qui pût les protéger. Au total donc, les Jacobites et ceux qui étaient favorablement disposés à leur égard, restèrent après la mort de la Reine dans l'abattement et la confusion; attendant avec inquiétude le cours des circonstances qu'ils ne prétendaient ni gouverner ni arrêter.

Au contraire les Whigs, agissant avec un concert parfait et une fermeté peu commune, s'emparèrent des pouvoirs dont leurs adversaires étaient en possession si peu de temps auparavant, comme un régiment qui, dans une bataille, ayant pris une batterie d'artillerie de l'ennemi, la tourne à l'instant même contre lui. Ceux des conseillers privés qui étaient de ce parti imitèrent la conduite déterminée des ducs de Somerset et d'Argyle, se rendirent au conseil sans attendre qu'ils y fussent appelés, et donnèrent des ordres pour que le roi George fût proclamé sur-le-champ, ce qui fut généralement exécuté sans résistance. Le Parlement assemblé reconnut le roi George Ier comme le souverain ayant droit au trône, aux termes de l'acte qui réglait la succession à la couronne. La même proclamation eut lieu en Irlande et en Ecosse sans opposition, et le roi prit ainsi possession légale et paisible de son royaume. Il parut aussi que le voisin le plus puissant et, à ce qu'on pouvait croire, le plus grand ennemi de l'Angleterre, Louis XIV, n'avait nullement envie de favoriser aucunes manœuvres qui pourraient troubler l'électeur d'Hanovre dans sa prise de possession de la couronne. Le chevalier de Saint-George s'était hâté de faire un voyage à Paris en apprenant la nouvelle de la mort de la reine Anne; mais bien loin d'y recevoir un accueil favorable à ses vues sur la couronne britannique, il fut obligé de retourner en Lorraine avec la triste assurance que le roi de France était déterminé à exécuter le traité d'Utrecht, par un article important duquel il avait reconnu le droit de la maison d'Hanovre à succéder au trône de la Grande-Bretagne. Il est plus que probable, comme nous l'avons déjà donné à entendre, que, depuis la conclusion de ce traité, quelques intelligences privées, peut-être quelques conventions secrètes, avaient eu lieu avec Bolingbroke pour déroger aux termes précis de cet article. Mais il était évident que le pouvoir du ministre avec lequel cet arrangement avait été conclu, si toutefois il l'avait été formellement, était alors complètement anéanti. Bientôt après l'avènement du roi George au trône, les affaires de la Grande-Bretagne furent confiées à un ministre qui eut assez de sagacité pour maintenir le roi de France fidèle à ses engagemens, en envoyant à Paris un ambassadeur également distingué par ses talens comme militaire et comme diplomate, et par la chaleur de son zèle pour la succession protestante.

Cet éminent personnage était John Dalrymple, second comte de Stair, qui par son caractère mérite d'être particulièrement remarqué parmi les Ecossais célèbres de cette époque. Il était fils aîné du premier comte, plus illustre par ses talens que par ses principes, couvert d'infamie par la part qu'il avait prise au massacre de Glencoe, et vu de mauvais œil par ses concitoyens, par suite de l'adresse et des talens politiques qu'il avait fait servir à l'appui de l'Union, ayant été un agent très-utile pour la faire adopter par le Parlement écossais. Suivant les idées inspirées à la populace par ses préjugés, une fatalité semblait attachée à sa maison. Il mourut subitement pendant qu'on discutait encore le traité d'Union, et le bruit public attribua sa mort au suicide, quoique ce bruit soit la seule preuve qu'on puisse en rapporter.

Une calamité d'un genre bien cruel l'avait frappé auparavant, et c'était John, alors son second fils, qui en avait été la cause. N'étant encore qu'enfant, et jouant avec des armes à feu, il eut le malheur de tuer sur la place son frère aîné. Le malheureux enfant, cause de ce funeste événement, fut banni de la maison paternelle, sa vue étant devenue insupportable à ses parens. Ils le placèrent chez un ecclésiastique du comté d'Ayr, comme ne devant jamais revoir sa famille. Le ministre aux soins duquel il fut confié était heureusement un homme de bon sens et fort en état de bien juger les autres. L'idée qu'il se forma des moyens du jeune exilé le porta, par une suite de rapports favorables, mêlés d'intercessions, à solliciter vivement le rappel de son élève dans le sein de sa famille, dont il devint ensuite le principal ornement. Il fut pourtant long-temps à amener cette réconciliation. Lorsqu'elle fut effectuée, le jeune homme entra dans l'armée avec tous les avantages que lui assurait son rang et ceux qu'il devait au malheur qui lui était arrivé pendant son enfance, et qui l'avait forcé à se livrer sérieusement à l'étude. Il se distingua à plusieurs reprises dans les guerres de Marlborough, et particulièrement aux batailles de Ramilies, d'Oudenarde et de Malplaquet. Lord Stair s'éleva en grade en proportion de sa réputation militaire; mais il fut privé de tout commandement quand les ministres Torys, vers la fin du règne de la reine Anne, firent un nouveau cadre de l'armée, pour en exclure les officiers Whigs. A l'avènement de George Ier, il fut nommé un de ses chambellans, conseiller privé, et commandant des forces d'Ecosse en l'absence du duc d'Argyle. Peu de temps après ce grand événement, le comte de Stair, comme nous l'avons déjà dit, fut envoyé à Paris, où il remplit pendant plusieurs années les fonctions d'ambassadeur extraordinaire. Ses moyens presque miraculeux pour obtenir des informations l'y mirent en état de découvrir les plus secrètes intrigues des Jacobites, de surveiller la conduite de la cour de France, et même de lui en imposer. Quelque disposée que fût cette cour à encourager secrètement les entreprises du chevalier de Saint-George, la foi publique l'empêchait de les favoriser ouvertement, et elle se trouvait sous les yeux d'un homme d'Etat aussi actif qu'intelligent, à qui rien ne semblait rester caché et que sa réputation de courage, de talens et d'intégrité, rendait également impossible d'intimider, de tromper, ou d'influencer. On peut ajouter que sa parfaite connaissance du savoir-vivre, au milieu d'une nation chez laquelle les manières sont presque réduites en science, mit lord Stair à portée de conserver la bienveillance et les bonnes graces de ceux avec qui il traitait, même en insistant sur les objets les moins agréables au monarque français et à ses ministres, et cela avec une politesse exquise quant à la forme, quoique avec une fermeté inébranlable quant au fond. On peut croire que ce genre de diplomatie coûta des sommes considérables, prises sur les fonds destinés aux services secrets. Par les informations qu'il obtenait, lord Stair fut toujours en état de déjouer les complots des Jacobites; et satisfait de ce succès, il chercha souvent à dérober à la vengeance de sa propre cour les individus égarés qui avaient été assez téméraires pour y prendre part. Ce fut grace à l'activité de ce vigilant diplomate que George Ier dut en grande partie la neutralité de la France, ce qui ne pouvait que consolider la stabilité de son nouveau trône.

Revenons-en à notre histoire.

George Ier, ainsi tranquillement installé dans ses domaines britanniques, débarqua à Greenwich le 17 septembre, six semaines après la mort de la reine Anne. Les deux grands partis qui divisaient le royaume semblèrent en apparence également disposés à le recevoir comme leur monarque légitime, et tous deux se soumirent à son autorité, quoique avec une grande différence de sentimens et d'espérances.

Les Whigs, triomphans, étaient naturellement assurés que le roi George réserverait ses bonnes graces pour ceux qui s'étaient constamment montrés les partisans de ses droits à la couronne; et comptant sur le mérite qu'ils pouvaient s'en faire, ils désiraient exercer leur influence de manière à écarter, à écraser et à anéantir leurs ennemis politiques.

Les Torys, d'une autre part, croyaient encore possible, en renonçant à tout projet de s'opposer à l'avènement du roi George, de se présenter devant lui de manière à pouvoir commander ses égards; car le nombre, la qualité et l'importance de ceux qui composaient ce parti, qui comprenaient une grande majorité du clergé de l'Eglise anglicane, la plus grande partie des deux Universités, un nombre considérable, sinon la majorité des hommes de lois, et la masse des propriétaires du sol, rendaient leur réunion imposante. Quoique abattus et humiliés par la perte du pouvoir, ils se consolaient par l'idée qu'ils étaient trop nombreux et trop importans pour être mal accueillis par un souverain à l'avènement duquel ils ne s'étaient point opposés, et qu'au contraire ils s'étaient montrés disposés à reconnaître comme leur monarque. Ils pensaient que, par leurs démonstrations de fidélité, ils prouvaient la fausseté des bruits qui pouvaient être parvenus jusqu'à l'oreille de Sa Majesté, du manque d'attachement d'un grand nombre d'entre eux pour sa personne.

La meilleure marche politique qu'aurait pu suivre le nouveau souverain, eût été certainement de recevoir et de récompenser les services des Whigs, sans se prêter à satisfaire leurs inimitiés politiques. Il n'était pas prudent de prendre des mesures qui paraissaient pouvoir pousser au désespoir et probablement porter à la rébellion une partie considérable de ses propres sujets. Il y aurait eu plus de sagesse et de magnanimité à oublier tout ce qui s'était passé avant son avènement; — à recevoir les professions de soumission et de fidélité des Torys, sans paraître douter de leur sincérité; — à devenir ainsi le roi de la Grande-Bretagne, au lieu d'être le chef d'un parti; — à effacer le souvenir des anciennes divisions, à se montrer indifféremment le père et le maître de tous ses sujets, et à convaincre ainsi les mécontens qui pouvaient encore exister, que s'ils désiraient avoir un autre prince, ils n'avaient du moins aucune raison personnelle pour le souhaiter.

George Ier était un prince étranger, ne connaissant nullement le caractère de la nation anglaise, la constitution de ce pays, et l'esprit des partis qui le divisaient, — esprit qui, dans les momens de crise, paraît ordinairement plus violent qu'il ne l'est quand arrive une cessation d'hostilités. — On ne saurait être surpris qu'il se soit volontiers jeté entre les bras des Whigs, qui pouvaient faire valoir ce qu'ils avaient souffert pour avoir constamment soutenu ses intérêts; et que ceux qui avaient été ses fermes partisans, l'aient trouvé disposé à favoriser leurs projets de vengeance contre leurs adversaires, qu'il avait quelque raison de regarder aussi comme ses ennemis personnels. C'était un cas dans lequel le pardon aurait été politique aussi-bien que magnanime; mais le souvenir des injures et s'en venger, était plus naturel aux sentimens de la faible humanité.

Les anciens ministres semblèrent quelque temps disposés à attendre le choc de l'inimitié de leurs rivaux politiques. Le comte d'Oxford se rendit près du Roi lors de son débarquement, et, quoique reçu avec froideur, il resta à Londres, jusqu'à ce qu'il fut accusé de haute trahison par la chambre des Communes, et conduit à la Tour. Lord Bolingbroke continua à exercer ses fonctions de secrétaire d'Etat, jusqu'au moment où cette place lui fut retirée presque de force. Il fut aussi décrété d'accusation, et sa conscience lui dit probablement qu'il était coupable, car il se retira en France, et devint bientôt après secrétaire du chevalier de Saint-George. Le duc d'Ormond, seigneur que ses bonnes qualités avaient rendu populaire, brave, généreux et libéral, fut accusé de même, et de même se réfugia en France. Son destin fut particulièrement regretté, car la voix générale le disculpa d'avoir fait aucune démarche par intérêt personnel et dans la vue de son agrandissement. Plusieurs Whigs qui étaient disposés à poursuivre sans merci le mystérieux Oxford et l'intrigant Bolingbroke, eurent eux-mêmes quelque compassion pour le brave et généreux Cavalier qui avait toujours professé ouvertement les principes qui l'avaient fait agir. Plusieurs autres personnages distingués parmi les Torys furent aussi menacés de poursuites, ou en devinrent les objets, ce qui remplit tout ce parti de crainte et d'alarme, et engagea quelques-uns de ses chefs à ouvrir l'oreille aux conseils désespérés des Jacobites plus zélés, qui les exhortaient à mesurer leurs forces contre un ennemi qui se montrait implacable, et à ne pas consentir à leur ruine, sans faire au moins un effort pour se défendre. Dans tout le pays, et même dans Londres, la populace poussa de nouveau le cri : L'Eglise anglicane! et elle y mêlait les noms d'Ormond et d'Oxford, les deux principaux personnages qui étaient alors poursuivis criminellement. Il se trouva dans le clergé des gens qui, par zèle pour leur ordre, encourageaient les basses classes dans leur conduite désordonnée. On démolit et l'on brûla les chapelles des non-conformistes; on pilla les maisons de leurs ministres, et l'on commit tous les excès par lesquels se distingue la populace anglaise, dont la violence s'évapore ordinairement par ces actes de désordre et par des clameurs.

Il existait pourtant des symptômes de mécontentement d'un caractère plus sérieux que les vains hurlemens et les dévastations insensées de la populace. Bolingbroke et Ormond, qui avaient trouvé un refuge à la cour du Prétendant, et qui reconnaissaient ses droits à la couronne, entretenaient une correspondance avec les Torys d'Angleterre les plus éminens et ayant le plus d'influence; ils les excitaient à chercher, dans une insurrection générale pour la cause de Jacques III, un remède aux maux dont ils étaient menacés, tant individuellement que comme formant un parti politique. Mais l'Angleterre avait long-temps été en paix. La noblesse était opulente et peu disposée à risquer, dans le cas d'une guerre civile, de perdre sa fortune et les jouissances qu'elle lui procurait. De forts secours, donnés par la France, auraient pu rendre la proposition d'une insurrection plus acceptable; mais le succès des mesures diplomatiques de lord Stair à la cour de Louis détruisit toutes les espérances, ou n'en laissa que de bien faibles et de bien misérables. Une autre ressource se présenta à l'esprit des chefs des Jacobites; c'était d'exciter l'Ecosse à donner l'exemple de l'insurrection. Les nobles de ce pays étaient prêts à la guerre, car ils avaient eu bien des occasions de s'y familiariser pendant la vie de leurs pères et pendant la leur. On pouvait aisément les porter à prendre les armes. — Les montagnards, qui préféraient la guerre à la paix, ne manqueraient pas de se mettre en campagne; — la flamme s'étendrait dans les comtés des frontières de l'Angleterre, d'après les dispositions d'une grande partie de la noblesse; — et, dans l'humeur où la nation se trouvait en ce moment, on espérait que la conflagration deviendrait universelle. Exciter un soulèvement en Ecosse dans la vue de causer une insurrection générale dans toute la Grande-Bretagne, devint donc le principal but de ceux qui avaient quelque chose à craindre des poursuites dirigées avec tant de rigueur contre les membres du dernier ministère de la reine Anne, ou qui en étaient courroucés.

Le comte de Mar, dont nous avons parlé plusieurs fois comme étant secrétaire d'Etat pendant les dernières années de la reine Anne, et comme étant l'individu à qui le ministère avait confié la distribution des sommes accordées aux clans montagnards et l'administration générale des affaires de l'Ecosse, fut naturellement regardé comme l'homme le plus propre à conduire ses compatriotes au point où l'on voulait les faire arriver. Mar n'avait trouvé aucune difficulté à renoncer aux principes des Whigs, qu'il professait lors de l'Union, époque où il était un des secrétaires d'Etat d'Ecosse, pour adopter ceux des Torys et de Bolingbroke, qui étaient maintenant les siens. Nous ne lui faisons donc aucune injustice en supposant qu'il n'aurait pas rejeté brusquement une proposition que lui eût faite la cour de George Ier, de rentrer dans le parti des

Whigs. Du moins il est certain que lorsque les chefs des Torys eurent résolu de se soumettre à George 1er, lord Mar, en suivant l'exemple général, voulut donner des preuves de son influence et de son importance, pour se faire distinguer comme un homme dont la fidélité valait la peine qu'on se l'assurât, et qui en même temps était disposé à s'attacher au nouveau souverain. Dans une lettre adressée au roi George, tandis qu'il était en Hollande, et datée du 30 août 1714, le Comte exprime de grandes craintes que sa fidélité et son zèle pour les intérêts du roi n'aient été calomniés, puisqu'il s'était trouvé le seul des serviteurs de la reine Anne à qui les ministres de la cour d'Hanovre près celle de Londres n'eussent rendu aucune visite. Il fait ensuite valoir la fidélité de ses ancêtres, les services qu'il avait rendus lui-même lors de l'Union et lors de l'Acte de Succession ; il assure le Roi qu'il trouverait en lui un sujet et un serviteur aussi fidèle qu'aucun membre de sa famille l'avait été à la race royale précédente, et qu'il l'avait été lui-même à la feue Reine ; il le conjure de ne pas ajouter foi aux calomnies dont il a pu être l'objet, et finit par une prière fervente pour la paix et la tranquillité du règne du monarque. — Il était pourtant destiné à devenir le premier instrument des troubles qui l'agitèrent.

Mais ce n'était pas seulement sur sa demande personnelle que le comte de Mar comptait pour obtenir de la cour de George 1er une amnistie pour le passé, et peut-être des faveurs pour l'avenir. Il voulut aussi faire parade de son influence sur les Highlanders, et dans ce dessein il se procura une lettre souscrite par un certain nombre des Chefs des clans les plus importans, et qui lui était adressée comme ayant un crédit et des propriétés considérables dans les montagnes d'Ecosse. Ils l'y conjuraient d'assurer le gouvernement de leur fidélité à Sa Majesté le roi George, et de les défendre, ainsi que les Chefs d'autres clans trop éloignés pour pouvoir signer cette lettre, contre les calomnies auxquelles ils pouvaient être exposés; protestant que, de même qu'ils avaient toujours été prêts à suivre les ordres de lord Mar en obéissant à la reine Anne, ils le seraient également à servir fidèlement le roi George. Une adresse des clans, rédigée à peu près dans les mêmes termes par lord Grange, frère de Mar, fut envoyée en même temps au Comte pour être présentée au roi lors de son débarquement. En conséquence lord Mar se rendit à Greenwich, s'attendant sans doute à être reçu favorablement en présentant au nouveau monarque un acte de reconnaissance de son autorité par une partie de ses sujets qu'on supposait opposés à son avènement au trône, et qui étaient certainement les mieux préparés à troubler son nouveau règne. Lord Mar fut pourtant informé que le roi ne voulait pas agréer l'adresse des clans, alléguant qu'elle avait été fabriquée à la cour du Prétendant ; et il reçut ordre en même temps de remettre les sceaux, attendu que Sa Majesté n'avait plus besoin de ses services.

Il est presque inutile de faire des observations sur un refus si peu politique. Quoiqu'il pût être vrai que l'adresse avait été rédigée avec la sanction du chevalier de Saint-George et de ses conseillers, il n'en était pas moins de l'intérêt du roi George de recevoir avec la civilité d'usage les expressions d'hommage et de fidélité qu'elle contenait. Dans une situation semblable, le roi Guillaume n'hésita pas à recevoir, avec une apparence de confiance, la soumission des clans montagnards, quoiqu'on sût parfaitement qu'elle était faite de l'autorité expresse du roi Jacques II. Un monarque dont les droits à l'obéissance sont encore nouveaux doit, par politique, éluder toute querelle immédiate avec n'importe ceux de ses sujets qui sont disposés à l'assurer de leur fidélité. Son autorité, semblable à un arbre transplanté, est exposée à souffrir du moindre coup de vent subit, et elle doit par conséquent s'en mettre à l'abri jusqu'à ce qu'elle ait poussé d'assez fortes racines pour devenir comme incorporée avec le sol. Dans le premier cas, un ouragan soudain peut renverser l'arbre qui, dans le second, peut braver la rage d'une tempête prolongée. Il paraît du moins certain que le roi George, en refusant d'une manière dure et humiliante une adresse conçue en termes de soumission et de fidélité, et en faisant un affront au courtisan hautain qui la lui présentait, exposa son gouvernement à la cruelle alternative d'une guerre civile, et à la fatale ressource d'envoyer tant de nobles victimes à l'échafaud, qui, sous le règne précédent, n'avait jamais été teint du sang anglais répandu pour des causes politiques. Cette faute ne peut pourtant être imputée avec justice à un prince étranger qui, regardant la liste de noms celtiques qu'il lui aurait été impossible de prononcer, et qui terminait cette adresse, ne pouvait être supposé capable d'en conclure que les signataires, pris collectivement, étaient en état, presque en un clin d'œil, de mettre en campagne dix mille hommes, qui, s'ils n'étaient pas des soldats réguliers, étaient habitués à une sorte de discipline qui les mettait de pair avec des troupes de ligne. Ceux qui entouraient le Roi auraient dû l'instruire de ces faits; et puisqu'ils ne l'ont pas fait, ce sont eux qui doivent être justement accusés du sang qui coula pendant la guerre civile, et de toutes les calamités qui l'accompagnèrent.

Le comte de Mar, voyant ainsi ses avances repoussées par le nouveau monarque, en conclut nécessairement que sa perte était décidée; et avec un désir de vengeance qui, quoique rien ne pût le justifier, était du moins assez naturel, il résolut de se mettre à la tête des mécontens en Ecosse, de les exciter à se soulever à l'instant, et de payer le mépris avec lequel ses offres de service avaient été rejetées en mettant en danger le gouvernement du prince dont il avait reçu une telle insulte.

Ce fut au commencement d'août 1715 que le comte de Mar s'embarqua à Gravesend, dans le plus strict incognito, accompagné du major-général Hamilton et du colonel Hay, hommes qui avaient quelque expérience des affaires militaires. Ils partirent sur un bâtiment charbonnier, gagnant leur passage, dit-on, en travaillant à la manœuvre, afin de mieux soutenir leur déguisement. Ils débarquèrent au petit port d'Elie, sur la côte orientale du comté de Fife, qui était alors rempli de partisans de la cause jacobite. L'état de cette province, sous d'autres rapports, offrait des facilités au comte de Mar. C'est une péninsule séparée du Lothian par le Frith de Forth, et du comté d'Angus par celui du Tay ; et comme ce pays n'avait alors que très-peu de communications avec la capitale, communications qui ne sont devenues plus fréquentes que beaucoup plus tard, il semblait un district séparé du reste de l'Ecosse ; et on l'appelait quelquefois en plaisantant le royaume de Fife. La classe moyenne, au commencement du dix-huitième siècle, y était presque en totalité attachée à la religion presbytérienne ; mais il n'en était pas de même de la noblesse, qui était beaucoup plus nombreuse en ce comté que dans toute autre partie de l'Ecosse. La sécurité dont on y jouissait pendant les guerres des siècles précédens y avait introduit de bonne heure la civilisation. La valeur du sol, du moins sur les bords de la mer, y avait occasioné une grande subdivision des propriétés, et il n'y a pas de comté en Ecosse où l'on voie un si grand nombre de maisons de campagne à si peu de distance l'une de l'autre. Ces nobles étaient presque tous Torys, ou, en d'autres termes, Jacobites ; car la subdivision des Politiques appelés *Whimsicals*, ou Torys attachés à la maison d'Hanovre, quoique bien connue en Angleterre, pouvait à peine être regardée comme existante en Ecosse. Indépendamment de leurs principes, les lairds du comté de Fife étaient pour la plupart des hommes qui n'avaient pas beaucoup à perdre dans les dissensions civiles, ayant à soutenir un établissement beaucoup au-dessus du revenu de leurs domaines, lesquels étaient par conséquent grevés de dettes toujours croissantes. Ils n'en étaient donc que plus disposés à prendre part à des entreprises dangereuses. Affectant les manières des anciens Cavaliers, ils avaient l'humeur joviale, et avaient soin de ne pas laisser échapper une seule occasion de boire à la santé du Roi, acte de loyauté qui, comme les vertus d'un autre genre, trouvait en lui-même sa récompense. Parlant beaucoup et très-haut, ces Jacobites s'étaient accoutumés à croire qu'ils étaient le parti dominant; idée que les membres de toute faction particulière qui conversent exclusivement ensemble sont ordinairement assez portés à concevoir. Leur manque de connaissance du monde, l'absence totale de journaux, à l'exception de ceux qui exprimaient vivement l'esprit de leur parti, et dont ils ne cherchaient pas plus à corriger les principes qu'ils ne songeaient à rectifier les faits qu'ils avançaient, en consultant ceux qui étaient écrits dans un sens opposé, les rendaient en même temps curieux et crédules. Cette légère esquisse des lairds de Fife peut s'appliquer aussi justement aux gentilshommes campagnards jacobites de cette époque dans la plupart des comtés d'Écosse. Ils avaient des vertus qui tenaient en balance leurs fautes et leurs folies. Les principes politiques qu'ils suivaient leur avaient été transmis par leurs pères; ils se rattachaient, dans leur idée, à l'honneur de leur pays, et ils étaient disposés à les défendre avec un degré de zèle qui ne comptait pour rien les risques personnels qu'ils avaient à courir pour leur vie ou pour leurs biens en agissant ainsi. Il se trouvait aussi parmi eux des individus qui avaient des talens naturels perfectionnés par l'éducation. Mais, en général, les hommes que le comte de Mar désirait alors exciter à quelque acte soudain de rébellion étaient de ces gens francs et intrépides qu'on ne saurait accuser de voir bien loin devant eux. Ils avaient déjà partagé le mouvement d'émotion générale causé par la mort de la reine Anne, et par l'approche de la crise qu'on regardait comme devant suivre cet événement important; ils avaient lutté contre les nobles du parti des Whigs, qui leur étaient inférieurs en nombre, mais en général plus alertes et plus intelligens, relativement aux adresses des cours de justice et des juges de paix. La plupart d'entre eux avaient fait venir de pays étrangers des épées, des sabres, des carabines et des pistolets. Ils avaient acheté des chevaux propres au service militaire ; et quelques-uns avaient augmenté le nombre de leurs domestiques, en choisissant de préférence des hommes qui avaient servi dans quelqu'un des régimens de dragons licenciés par suite de la paix d'Utrecht. Cependant, malgré ces préparatifs d'insurrection, quelques-uns des hommes les plus importans du comté de Fife, aussi-bien qu'ailleurs, hésitaient à se déclarer en rébellion contre le gouvernement établi, et à faire un pas qui ne leur permettrait plus de reculer. Leur répugnance céda à l'impatience de la majorité, excitée par les bruits flatteurs, quoique prématurés, que s'empressaient de faire circuler des gens qu'on pouvait appeler les nouvellistes de la faction.

C'est un fait bien connu que, dans tout grand coup politique, il se trouve des gens qui ne sont ordinairement ni les plus sages, ni les plus importans, ni les plus estimables, qui cherchent à se procurer une importance personnelle en prétendant avoir des moyens particuliers d'information sur ce qui concerne les intérêts les plus pressans du parti, et qui, en ajoutant foi à tous les bruits qui courent sur les affaires du parti qu'ils ne servent qu'à embarrasser en s'y attachant, se montrent aussi crédules qu'infatigables à les communiquer. Lord Mar eut des entrevues avec plusieurs d'entre eux, et exalta leurs espérances par le jour avantageux sous lequel il leur fit voir les affaires politiques, comptant bien sur leurs propres additions et exagérations pour rapporter ce qu'il leur avait dit.

De tels agens, changeant en certitudes ce qui leur avait été donné comme des probabilités, fournissaient une réponse à chaque objection qui pouvait être faite par les têtes les plus prudentes de leur parti. Si quelque personne circonspecte faisait observer qu'avant une levée de boucliers il serait à propos d'attendre que les Jacobites anglais montrassent des intentions sérieuses, quelqu'un de ces nouvellistes actifs était là pour affirmer qu'une insurrection générale était sur le point d'éclater en Angleterre, et qu'on n'y attendait que l'arrivée d'une flotte française avec dix mille hommes commandés par le duc d'Ormond. Si celui à qui il parlait semblait préférer que les Français fissent une invasion en Ecosse, le même nombre d'hommes allait y débarquer sous le commandement du duc de Berwick. Des secours de toute espèce étaient libéralement promis, et toujours tels qu'on semblait les désirer; mais si quelqu'un était assez modéré pour borner ses désirs à une paire de pistolets pour son propre usage, on lui en promettait une vingtaine qu'il distribuerait à ses amis et à ses voisins. Cette espèce d'illusion mutuelle augmentait chaque jour, car ceux qui se trouvaient engagés dans la conspiration, étant intéressés à faire le plus grand nombre de prosélytes possible, coopéraient activement à inspirer aux autres les espérances par lesquelles ils soupçonnaient peut-être déjà qu'ils avaient été trompés eux-mêmes.

Il est vrai qu'en jetant un coup d'œil sur la situation de l'Europe, ces infortunés auraient dû voir que l'état de la France était loin de pouvoir faire espérer ces secours généreux qu'on la représentait si disposée à fournir, et même s'occupant déjà à les préparer. Rien n'était moins probable que l'idée que ce royaume, respirant à peine après une guerre qui l'avait mis à deux doigts de sa ruine, et jouissant d'une paix bien plus avantageuse qu'il n'avait pu l'espérer, aurait été disposé à donner un prétexte pour rompre le traité qui avait pacifié l'Europe, et pour renouveler contre la France une confédération sous les efforts de laquelle elle avait presque succombé. Cela était encore plus vrai depuis que, par la mort de Louis XIV[1] dont

---

(1) Le 1er août 1715. (*Note de l'Auteur.*)

l'ambition et la vanité insensée avaient coûté tant de sang, le gouvernement de ce royaume était entre les mains du duc d'Orléans. Si Louis eût vécu plus long-temps, il est vraisemblable que, quoiqu'il n'eût pas osé embrasser publiquement la cause du chevalier de Saint-George, ce qui était rendu évident par le refus qu'il avait fait de le recevoir à sa cour, cependant le souvenir de sa promesse à Jacques II sur son lit de mort, et le désir de causer des troubles en Angleterre, l'auraient porté à avancer quelque argent au malheureux exilé, ou à lui donner sous main quelque assistance. Mais à la mort de Louis, la politique du duc d'Orléans, qui n'était attaché au chevalier de Saint-George par aucun lien personnel, le porta à agir avec une bonne foi complète à l'égard de l'Angleterre, — à faire droit à toutes les demandes du comte de Stair, — et à arrêter dans les ports de la France tous les préparatifs que la vigilance de ce ministre y découvrait, et qu'il lui dénonçait comme ayant pour but de favoriser une insurrection des Jacobites. Ainsi, tandis qu'on représentait le chevalier de Saint-George comme obtenant de la France des secours d'argent, d'armes et de soldats, avec une profusion que les moyens de ce royaume auraient eu peine à permettre, secours qu'il aurait été difficile, d'après l'infériorité de ses forces navales, de faire passer en Angleterre, même dans les jours les plus prospères de Louis, le fait était que les ports de ce pays étaient fermés même aux efforts que le Chevalier aurait pu faire en petit par le moyen de ses ressources particulières.

Mais au contraire, on représentait en Ecosse la mort de Louis XIV comme favorable à la cause du Prétendant. Le pouvoir de la France, disait-on, était maintenant entre les mains d'un jeune prince actif et courageux, dont le cœur devait naturellement être plus ouvert à un noble esprit d'entreprise, que celui d'un vieux monarque, découragé par l'adversité, et qui par conséquent serait prêt à faire pour la cause des Jacobites tout ce que le feu Roi avait si souvent promis, et même encore davantage. En un mot la mort de Louis-le-Grand, qui avait été si long-temps l'espoir et l'appui des Jacobites, fut hardiment représentée comme un évènement favorable en ce moment de crise.

Des renseignemens pris avec un peu d'impartialité auraient dissipé des espérances fantastiques fondées sur des bruits sans fondement de secours étrangers ; cependant des fictions semblables à celles dont je viens de parler, et qui tendaient à exalter les esprits et le zèle du parti, circulaient en Ecosse parce qu'on les croyait, et étaient crues parce qu'elles circulaient ; et la noblesse des comtés de Stirling, de Perth, d'Angus et de Fife, commença à prendre les armes, et à se rassembler par petites troupes, aux pieds des monts Grampiens, attendant le résultat des négociations de lord Mar dans les montagnes.

En quittant le comté de Fife, après y avoir eu des entrevues avec les personnes qui paraissaient le plus propres à servir ses projets, Mar se rendit sur ses propres domaines de Braemar, situés sur les bords de la Dee, et il s'installa chez Farquharson d'Invercauld, qui était Chef du clan de Farquharson, et qui pouvait mettre sur pied un corps de troupes très-considérable. Il était vassal de lord Mar pour une petite partie de ses possessions, ce qui donnait au comte beaucoup d'influence sur lui. Elle ne suffit pourtant pas pour le déterminer à s'exposer, lui et son clan, aux risques d'une insurrection subite. Pour éviter les importunités à ce sujet, il partit pour Aberdeen, après avoir déclaré à Mar qu'il ne prendrait les armes que lorsque le Chevalier serait effectivement débarqué dans le royaume. Cependant il se joignit aux insurgens un peu plus tard.

Désappointé en cette occasion, Mar pensa que, comme les résolutions les plus désespérées sont ordinairement plus facilement adoptées dans de grandes assemblées, où l'on est excité par l'exemple, et où la honte empêche soit de se retirer, soit d'énoncer une opinion différente de celle des autres, ce qu'il avait de mieux à faire était de convoquer une grande réunion des Chefs et des hommes de haut rang qui professaient de l'attachement pour la famille exilée. L'assemblée se réunit sous le prétexte d'une grande chasse, qui, de la manière dont elle avait lieu dans les montagnes, était une occasion de rendez-vous général d'une nature particulière. Tous les Chefs y parurent à la tête de leurs vassaux, portant le costume des montagnards, qu'avaient même pris quelques seigneurs des basses-terres, et la fête eut lieu avec tout l'éclat d'une magnificence agreste. On forma un cercle, qu'on appelle le *tinchel*, autour d'une circonférence de plusieurs milles, dans des forêts sauvages et désertes qui n'ont d'autres habitans que les daims. A un signal donné, les chasseurs qui composent le *tinchel* marchent en avant, en rétrécissant le cercle, et chassent devant eux les daims épouvantés, et les autres animaux sauvages qui peuvent se trouver dans cette enceinte, et qui ne peuvent éviter les chasseurs qui les entourent. Etant resserrés de cette manière, ils sont poussés dans un défilé où ils sont attendus par les principaux chasseurs, qui font preuve de leur dextérité en choisissant et en tuant les daims les plus gras. Comme il fallait un grand nombre d'hommes pour former le *tinchel*, la présence des vassaux était rigoureusement exigée en cette occasion. C'était même un devoir féodal que la loi leur imposait, et ils étaient tenus de suivre leur Chef à la chasse, tout aussi-bien que de marcher sous sa bannière à la guerre, et de former la garnison de son château en cas de danger.

Une pareille occasion était infiniment favorable. L'amour général de la chasse, et la réputation qu'avait la forêt de Braemar de contenir du gibier de toute espèce, réunirent presque tous ceux qui possédaient un rang et de l'influence, et qui se trouvaient à portée du rendez-vous, sans compter beaucoup de personnes qui, quoique de moindre importance, servaient du moins à grossir le nombre. Ce grand conseil se tint vers le 26 août, et l'on peut bien penser qu'on ne s'amusa pas beaucoup à chasser, quoique ce fût le prétexte et l'excuse de la réunion.

Parmi les nobles de première distinction, on y vit, en personnes ou par représentans, le marquis d'Huntly, fils aîné du duc de Gordon; le marquis de Tulliebardine, fils aîné du duc d'Athole; les comtes de Nithsdale, Marischal, Traquair, Errol, Southesk, Carnwath et Linlithgow; les vicomtes de Kilsythe, Kenmuir, Kingston et Stormount; les lords Rollo, Duffus, Drummond, Strathallan, Ogilvy et Nairne. Parmi les Chefs de clans on distinguait Glengarry et Campbell de Glendarule, venus de la part du puissant comte de Breadalbane, et beaucoup d'autres ayant plus ou moins d'importance dans les montagnes d'Ecosse.

Lorsque ce conseil fut assemblé, le comte de Mar lui adressa la parole avec ce genre d'éloquence qui était son principal talent, et qui devait particulièrement réussir auprès des hommes fiers et zélés qui l'entouraient. Il avoua, les larmes aux yeux, qu'il n'avait que trop servi d'instrument pour accomplir entre l'Angleterre et l'Ecosse cette union qui n'avait abouti qu'à donner aux Anglais les moyens d'asservir ce dernier royaume, comme ils en avaient déjà le désir. Il représenta vivement que le prince d'Hanovre était un intrus et un usurpateur qui gouvernait par le moyen d'une faction avide de pouvoir et d'innovations; et que la seule ressource pour échapper à cette tyrannie, était de se lever hardiment pour défendre sa vie et ses propriétés, et de placer sur le trône l'héritier légitime des trois royaumes. Il déclara que, quant à lui, il était déterminé à arborer l'étendard de Jacques III, à appeler aux armes tous ceux sur qui il avait quelque influence, et à risquer sa vie et sa fortune pour cette cause; il invita tous ceux qui l'écoutaient à s'unir généreusement à lui pour cet objet. Il fut libéral dans ses promesses de secours de la France en hommes et en argent, et répéta l'histoire que deux descentes devaient avoir lieu, l'une en Angleterre, sous les ordres d'Ormond; l'autre en Ecosse, sous ceux du duc de Berwick. Il assura aussi positivement ses auditeurs de la certitude d'une insurrection générale en Angleterre; mais il insista sur ce qu'il était de nécessité absolue d'en donner l'exemple dans le Nord, et ajouta que le moment était propice puisqu'il n'y avait alors que très-peu de troupes régulières en Ecosse; finissant par dire qu'on pouvait attendre des secours de la Suède aussi-bien que de la France.

On dit que le comte de Mar, en cette mémorable occasion, montra des lettres du chevalier de Saint-George, et une commission par laquelle il le nommait son lieutenant-général et commandant en chef de ses armées en Ecosse. D'autres relations assurent, avec plus de probabilité, que Mar ne produisit d'autres lettres de créance qu'un portrait du Chevalier, qu'il baisa à plusieurs reprises en témoignage de son zèle pour l'original; et qu'à cette époque il ne prétendait pas au commandement général de l'entreprise. Tel est aussi le compte rendu de cette affaire dans un exposé rédigé par le Comte lui-même, ou du moins sous ses yeux, et il y est dit bien clairement qu'après que Mar eut levé l'étendard de la rébellion, il se passa près d'un mois avant qu'il eût pu se procurer une commission.

Le nombre de personnages de haut rang qui se trouvaient rassemblés, et l'éloquence avec laquelle on discuta publiquement des objets qui depuis long-temps occupaient les secrètes pensées de tous les cœurs, produisirent leur effet sur toute la réunion. On sentit qu'opposer des remontrances ou des objections à la proposition du comte, c'était s'exposer au reproche de lâcheté, ou au soupçon de manquer de zèle pour la cause commune. Il fut convenu que chacun retournerait chez soi, et lèverait, sous différens prétextes, toutes les forces dont il pouvait disposer, et que le 3 septembre il y aurait une seconde réunion à Aboyne, comté d'Aberdeen, afin de décider comment on se mettrait en campagne. Le marquis d'Huntly fut le seul qui refusa de prendre des engagemens pour un temps limité; et attendu son haut rang et son importance, il lui fut permis de diriger ses propres mouvemens comme bon lui semblerait.

Ainsi se termina cette célèbre partie de chasse de Braemar, qui, comme le dit le vieux barde de celle de *Chevy-Chace*, eut des suites capables de faire couler les larmes d'une génération qui était encore à naître. Il y eut une circonstance dont on parla dans le temps, qui tendait à montrer que tout le monde n'avait pas oublié que le comte de Mar, sous la garantie duquel on se hasardait à cette entreprise téméraire, était regardé par quelques personnes comme ayant le caractère trop versatile pour qu'on pût lui accorder une confiance entière. Les appartemens du château de Braemar n'étant pas aussi nombreux que les hôtes qu'on avait à y loger, il arriva, comme cela n'est pas extraordinaire en pareilles occasions, qu'un certain nombre de gentilshommes de classe secondaire ne purent avoir de lits, et furent obligés de passer la nuit autour de la cuisine; ce qui alors n'était pas regardé comme un grand inconvénient. Un domestique anglais au service du Comte ne fut nullement de cette opinion. Habitué aux aisances de la vie du sud de la Grande-Bretagne, il se promenait avec humeur dans la cuisine, en se plaignant amèrement d'être obligé de rester debout toute la nuit, quoique bien des gens fort au-dessus de lui en fissent autant, et disant que plutôt que d'être encore exposé à une telle gêne, il retournerait dans son pays et se ferait Whig. Cependant il se consola bientôt en prenant la résolution de s'en rapporter à la dextérité de son maître pour échapper à tout grand danger. — Laissons faire Mylord, dit-il; s'il le juge nécessaire, il tournera casaque aussi-bien que qui que ce soit en Angleterre.

Tandis que les gentilshommes des basses-terres assemblaient leurs escadrons, et que les Chefs montagnards levaient leurs hommes, il arriva dans la métropole de l'Ecosse un incident qui prouvait que l'esprit d'entreprise qui animait les Jacobites s'étendait jusqu'à la capitale.

Jacques lord Drummond, fils de cet infortuné comte de Perth, qui, après avoir servi Jacques VII comme chancelier d'Ecosse, avait partagé l'exil de son maître encore plus malheureux, et en avait été récompensé par le vain titre de duc de Perth, était alors à Edimbourg ; et par le moyen d'un nommé Arthur, qui avait été autrefois enseigne dans la garde écossaise, et qui était en quartier au château, il avait formé, pour surprendre cette forteresse inaccessible, un plan qui ressemblait à un des hauts faits de Thomas Randolph, ou de lord Jacques de Douglas, dit le Noir, plutôt qu'à un exploit de guerre moderne. Cet enseigne Arthur trouva le moyen de séduire, par argent et par promesses, un sergent nommé Ainslie et deux soldats. Ils devaient, lorsqu'ils seraient de garde sur les murailles qui s'élèvent du fond du précipice du côté du Nord, près de la porte des sorties, tirer en haut des échelles de corde disposées à cet effet, et garnies de grappins en fer pour les attacher au haut des murailles. On se flattait que par ce moyen une troupe de Jacobites d'élite pourrait aisément escalader les murs et se rendre maîtres de la place. Un phare placé sur une certaine partie du château, trois salves d'artillerie, et des feux allumés de montagne en montagne dans les comtés de Fife et d'Angus, devaient annoncer ce succès au comte de Mar, qui alors marcherait à la hâte à la tête des forces qu'il aurait rassemblées, pour aller prendre possession de la ville capitale et de la principale forteresse de l'Ecosse.

Il n'y eut aucune difficulté à trouver des agens pour cette entreprise importante et dangereuse. Cinquante montagnards d'élite furent appelés des domaines de lord Drummond dans le comté de Perth, et cinquante hommes furent choisis en outre parmi les Jacobites de la capitale. Ces derniers étaient des officiers réformés, des clercs, des apprentis, et d'autres jeunes gens d'une classe fort au-dessus de la populace. Drummond, autrement appelé Mac Gregor de Bahaldie, gentilhomme montagnard doué d'un grand courage, fut chargé de les commander. S'il avait réussi, cet exploit aurait donné au comte de Mar et à ses forces le commandement de la plus grande partie de l'Ecosse, et des moyens sûrs et faciles de communication avec les mécontens d'Angleterre, communications dont le manque se fit si cruellement sentir par la suite. Il aurait aussi trouvé dans cette forteresse une quantité considérable d'armes, de munitions et d'argent, ce qui lui était si nécessaire pour son entreprise. L'apathie du lieutenant-colonel Stuart, alors gouverneur du château, était si grande, que, malgré les nombreuses bévues des conspirateurs, et en dépit de l'avis positif qui lui fut donné de leur projet, la surprise fut très-près de réussir.

Les jeunes conspirateurs, enfans perdus de cette entreprise, avaient moins de discrétion que de courage. La nuit où elle devait avoir lieu, dix-huit d'entre eux étaient à boire dans un cabaret, et ils causaient avec si peu de précaution, que quelqu'un ayant demandé à l'hôtesse qui étaient ceux qui composaient cette réunion, elle fut en état de répondre que c'étaient des jeunes gens qui étaient à se faire poudrer les cheveux pour aller attaquer le château. Enfin le secret tout entier fut confié à une femme. Arthur, le guide des conjurés, avait communiqué le plan convenu à son frère, qui était médecin, et l'avait fait entrer dans le complot. Mais quand le moment de l'exécuter approcha, le docteur tomba dans une mélancolie extrême, que sa femme remarqua. Comme une autre Belvidera [1], comme une seconde Portia, elle ne lui laissa pas de repos qu'elle ne lui eût arraché son secret, et elle en fit part sur-le-champ, dans une lettre anonyme, à sir Adam Cockburn d'Ormiston, alors Lord-Juge-Clerc, qui fit passer à l'instant même cette nouvelle au château. Elle arriva

---

(1) *Venise sauvée*, d'Otway. — ED.

dans un moment si critique, que ce fut avec difficulté que le messager put y entrer; et même alors le gouverneur, ne croyant pas à cette nouvelle, ou favorablement disposé en secret pour la cause du Prétendant, se contenta d'ordonner que les rondes et les patrouilles se fissent avec un soin tout particulier, et alla se coucher.

Cependant les Jacobites qui devaient monter à l'escalade s'étaient réunis dans le cimetière de l'Eglise de l'Occident, d'où ils allèrent se poster sous les murs du château. Ils avaient une partie de leurs échelles de cordes, mais celui qui les avait fait faire sous ses yeux, un marchand d'Edimbourg, nommé Charles Forbes, et qui devait apporter ce qui en manquait encore, n'était pas arrivé. On ne pouvait rien faire sans lui; cependant, cédant à leur impatience, ils gravirent le rocher, et arrivèrent près de la muraille à l'endroit où leur complice était en sentinelle. Ils le trouvèrent prêt à remplir le rôle dont il s'était chargé, en tirant au haut des murs l'échelle qui devait les introduire dans le château. Il les engagea à se hâter, leur disant qu'il devait être relevé par la patrouille à minuit, et que, si l'affaire n'était pas terminée auparavant, il ne pourrait plus leur être d'aucun secours. Le temps s'écoulait rapidement, et Bahaldie, qui commandait les aventuriers, engagea la sentinelle à tirer l'échelle et à attacher le grappin à la muraille, afin de voir si elle était assez longue pour tenter leur entreprise. Mais il se trouva, comme ils s'y attendaient, qu'elle était trop courte de plus d'une toise. A onze heures et demie, on entendit la marche de la patrouille, qui avait commencé sa ronde plus tôt que de coutume, par suite du message du Lord-Juge-Clerc. La sentinelle s'écria alors en jurant : — Voici la patrouille dont je vous parle depuis plus d'une demi-heure; vous nous avez perdus vous et moi, et je ne puis plus vous servir. A ces mots, il leur jeta le grappin et l'échelle; dans la vue de cacher sa complicité, il tira son coup de fusil, et cria : — L'ennemi! Les Jacobites furent alors obligés de s'enfuir chacun de son côté, la patrouille tirant sur eux du haut des murailles. Douze soldats de la garde bourgeoise, qui avaient été chargés par le Lord-Juge-Clerc de faire une ronde autour du château, arrêtèrent trois jeunes gens, qui protestèrent qu'ils se trouvaient en cet endroit par hasard, et un vieillard, le capitaine Mac-Lean, officier de Jacques VII, qui s'était froissé les membres en tombant sur le rocher. Les autres s'échappèrent le long de la rive septentrionale du lac North, à travers les champs appelés alors Barefood's Parks, et sur lesquels s'élève aujourd'hui la nouvelle ville d'Edimbourg. Dans leur retraite, ils rencontrèrent leur ingénieur trop tardif; Charles Forbes, chargé de la portion d'échelles qui leur aurait été si nécessaire un quart-d'heure plus tôt. Sans son manque de ponctualité, l'avis donné au Lord-Juge-Clerc et les précautions qu'il avait prises n'auraient pas suffi pour mettre la place en sûreté. Il ne paraît pas qu'aucun des conspirateurs ait été puni, et il n'aurait pas été facile d'obtenir la preuve de leur crime. Le sergent qui avait trahi son devoir fut pendu par sentence d'une cour martiale; et le gouverneur, dont le nom qu'il portait donnait peut-être une nouvelle force aux soupçons conçus contre lui, fut destitué, et mis en prison pendant quelque temps.

Il ne fallait ni cette attaque ouverte sur le château d'Edimbourg, ni la nouvelle de la prise d'armes du comte de Mar dans les montagnes, et de l'insurrection des mécontens dans la plupart des comtés d'Ecosse, pour attirer l'attention du gouvernement du roi George sur la situation inquiétante de cette partie de ses domaines. On prit à la hâte des mesures de défense. On concentra le petit nombre de troupes régulières qui se trouvaient alors en Ecosse, pour en former un camp à Stirling, afin d'empêcher les montagnards rebelles de s'emparer du pont sur le Forth, et de s'ouvrir ainsi un chemin dans les basses-terres. Mais quatre régimens sur le pied de paix ne comptaient chacun que deux cent cinquante-sept hommes effectifs ; quatre régimens de dragons n'avaient pas, à beaucoup près, deux cents hommes chacun ; ce qui ne formait qu'un total de quinze cents hommes tout au plus.

Pour augmenter des forces si peu nombreuses, deux régimens de dragons appartenant au comte de Stair, et deux régimens d'infanterie en garnison dans le nord de l'Angleterre, reçurent ordre de se rendre au camp de Stirling avec la plus grande célérité. Les régimens d'infanterie de Clayton et de Wightman et les dragons d'Evans furent rappelés d'Irlande. Les six mille hommes de troupes auxiliaires que la Hollande s'était engagée à fournir, en cas de besoin, pour garantir le trône à la maison d'Hanovre, furent requis des Etats, qui ordonnèrent aux régimens écossais à leur service de se rendre sur la côte, mais qui s'excusèrent de les faire embarquer, attendu que l'ambassadeur de France avait désavoué de la manière la plus forte, de la part de sa cour, toute intention d'aider les factions dans la Grande-Bretagne, soit en y envoyant le Prétendant, soit en donnant des secours à ceux qui portaient les armes pour lui. Les Hollandais alléguèrent cette raison comme suffisante pour suspendre l'embarquement de ces troupes auxiliaires.

Outre ces mesures militaires, les ministres de George Ier ne furent pas long-temps sans en prendre d'autres tendant à saper la cause première des rébellions en Ecosse, c'est-à-dire l'influence féodale que l'aristocratie exerçait sur ses vassaux, ses tenanciers et tous ceux qui vivaient sous sa dépendance, et qui faisait qu'un homme puissant de ce pays, disgracié ou mécontent, avait le pouvoir d'appeler aux armes, quand il le voulait, un nombre d'individus qui, quelque peu disposés qu'ils pussent être à s'insurger contre le gouvernement, n'osaient ni ne pouvaient, sans s'exposer à de grandes pertes et à des actes d'oppression, s'opposer au bon plaisir de leur Chef suzerain.

Le Parlement passa donc, le 30 août, un acte destiné

à encourager la *loyauté*[1] en Ecosse, plante qui, depuis un certain nombre d'années, avait paru ne pas se plaire sous le climat froid et septentrional de ce pays; ou qui, du moins, si elle s'y trouvait, était d'une nature toute différente de celle qu'on connaissait sous le même nom à Westminster.

Cet acte, communément appelé l'Acte des Clans, disait : 1° que si un seigneur féodal se constituait en rébellion et s'exposait à la peine de haute trahison, tous les vassaux qui tenaient des terres de lui, et qui continueraient à être fidèles au Roi, les tiendraient à l'avenir de la couronne; 2° que si un fermier restait en paix tandis que son seigneur serait en rébellion et convaincu de haute trahison, deux années de jouissance gratuite seraient ajoutées au bail de ses terres; 3° que si le seigneur restait fidèle et paisible pendant que le vassal prendrait part à une rébellion et encourrait la peine de haute trahison, le fief ou les terres tenues par ce vassal retourneraient audit seigneur, comme si elles n'eussent jamais été séparées de ses domaines; 4° un autre article prononçait la nullité de tous actes de transmission de biens ou de substitution qui auraient été faits depuis le 1er août 1714, ou qui pourraient l'être à l'avenir, déclarant qu'ils n'empêcheraient pas la confiscation desdits biens, attendu qu'on avait eu souvent recours à de tels actes dans la seule vue d'éluder les peines portées par la loi.

Cet acte remarquable fut un grand pas, et le premier qu'on fit, pour relâcher les liens du système féodal, par suite duquel les ordres du seigneur devenaient, en quelque sorte, la loi du vassal. L'article relatif aux transmissions et substitutions de biens avait aussi une grande importance, en rendant inutiles les tentatives qu'on avait faites fréquemment pour éviter la confiscation de biens, en passant de pareils actes avant de s'engager dans une rébel-

---

[1] Dans le sens de fidélité au roi. — Ed.

lion; mais ceux qui avaient été faits à titre onéreux, c'est-à-dire pour valeur reçue, furent justement exceptés de l'application de cette loi.

Il y avait en outre un autre article qui donnait à la couronne le pouvoir de sommer toute personne suspecte en Ecosse de comparaître à Edimbourg, ou en tel autre lieu qui serait jugé convenable, pour y donner caution de fidélité, avec déclaration que, faute d'obéir à cette sommation, on serait proclamé rebelle, et puni par la confiscation de ses revenus. Immédiatement des sommations furent notifiées à tous les nobles qui avaient déjà pris les armes ou qu'on soupçonnait de favoriser la cause jacobite, depuis le comte de Mar et ses amis jusqu'à Rob-Roy Mac-Gregor, le célèbre proscrit. Cette liste contenait les noms d'environ cinquante personnes de distinction; et deux seulement, sir Patrice Murray et sir Alexandre Erskine, jugèrent à propos d'obéir à cet ordre.

Indépendamment de ces précautions générales, on prit des mesures militaires en beaucoup d'endroits, et notamment dans les villes et dans les ports de mer, pour opposer de la résistance à la rébellion à laquelle on s'attendait. Il est bon de remarquer ici qu'un grand changement s'était opéré dans la masse du peuple en Ecosse, par suite du mécontentement que lui avait inspiré la conclusion du traité d'Union. Tels étaient, à cette époque, les effets de l'orgueil mortifié, de la crainte populaire et de l'antipathie nationale, que, dans toutes les villes et dans tous les comtés, la populace se serait soulevée pour placer le Prétendant sur le trône, quoiqu'il professât la religion catholique et qu'il fût le fils [1] de Jacques VII, dont les Presbytériens de l'ouest se rappelaient avec horreur les persécutions, ainsi que celles du règne de Charles II, son prédécesseur. En conséquence, nous avons vu que ce n'était qu'en gagnant leurs Chefs par des pensions et en les trom-

(1) Le texte dit *Granson* le petit-fils; mais c'est sans doute une erreur typographique. — ED.

pant par le moyen d'espions adroits, qu'on avait retenu les Caméroniens, les plus zélés des Presbytériens, opposés à tout magistrat qui n'avait pas fait partie de la Ligue solennelle et du Covenant; ils avaient été sur le point de prendre les armes pour dissoudre le Parlement qui avait conclu l'Union, et de se déclarer pour Jacques III; mais il en fut de l'Union comme d'autres mesures politiques contre lesquelles il s'élève de violens préjugés pendant qu'on les discute. La complication de maux qu'on avait prédits était si loin de se réaliser, que les antagonistes de ce traité commençaient à être honteux d'avoir conçu de telles appréhensions. L'établissement de la taxe sur la drêche était la mesure qui avait excité les plus vives réclamations, et l'exécution en avait été suspendue par politique. Les marchands d'Edimbourg qui fournissaient des objets de luxe aux pairs d'Ecosse avaient trouvé d'autres pratiques depuis que l'aristocratie résidait à Londres, ou avaient donné un autre cours à leur industrie commerciale. L'importance imaginaire d'avoir un corps législatif écossais siégeant dans la métropole de l'Ecosse fut oubliée quand ce corps eut disparu; et l'abolition du conseil privé d'Ecosse, considérée de sang-froid, pouvait passer pour un bienfait accordé à la nation plutôt que comme une privation. En un mot, le ressentiment général excité par le traité d'Union, d'abord assez vif pour bannir toute autre idée, était un paroxisme trop violent pour qu'il fût durable. — On en sortit par degrés; et quoique ce préjugé dominât encore dans l'esprit de quelques classes, les opinions des castes inférieures avaient, en général, repris, en grande partie, leur ancien cours; et dans le sud et l'ouest, ainsi que dans la plupart des villes, on conservait encore cette horreur salutaire et habituelle contre le Diable, le Pape et le Prétendant, que la crainte pour l'indépendance de l'Ecosse avait étouffée et fait disparaître pendant un certain temps.

D'une autre part, les marchands et les citoyens d'un ordre plus élevé, qui commençaient à entretenir quelques vues éloignées de s'enrichir en se livrant au commerce des colonies et aux autres branches lucratives d'entreprise commerciale que l'Union venait de leur ouvrir, n'étaient plus disposés à voir quelque chose de tentant dans la proposition violente de Mar contre le traité ; et, de même que les classes inférieures, ils étaient beaucoup plus portés à écouter les représentations des ministres presbytériens, qui, sentant ce qu'ils avaient à attendre d'une contre-révolution, usaient de toute leur influence, et en général avec succès, pour soutenir le gouvernement existant du roi George. Les fruits de ce changement dans le caractère et les opinions des classes inférieures et moyennes devinrent bientôt manifestes dans la métropole et dans toute l'Ecose. A Edimbourg, des hommes riches et bien établis dans le monde formèrent une association pour lever des souscriptions afin d'acheter des armes et d'entretenir des troupes, et une partie des souscripteurs eux-mêmes formèrent un régiment, sous le nom de Volontaires associés d'Edimbourg, qui était composé de quatre cents hommes. La ville de Glascow, avec un pressentiment de l'éminence commerciale qu'elle devait atteindre par suite de l'Union, contribua libéralement en argent à la défense du roi George, et leva aussi un excellent régiment de volontaires. Les comtés occidentaux de Renfrew et d'Ayr offrirent quatre mille hommes, et le comte de Glascow offrit un régiment de mille hommes à ses frais. Vers les frontières, le parti des Whigs ne montrait pas moins d'activité. Dumfries se distingua en levant parmi ses habitans sept compagnies de volontaires de soixante hommes chacune : mesure d'autant plus nécessaire qu'on craignait une attaque de la part d'un grand nombre de gentilshommes catholiques et mécontens, qui résidaient dans les environs. Dans la partie orientale du Teviotdale le duc de Roxburgh, sir William Bennet de Grubet et sir John Pringle de Stitchel, formèrent quatre compagnies composées d'un nombre d'hommes proportionné à celui des armes qu'ils purent trouver. La partie supérieure de ce comté et le comté voisin de Selkirk montrèrent moins de zèle pour prendre les armes. La haine de l'Union y prévalait encore plus qu'ailleurs. La circonstance de leur voisinage de l'Angleterre contribuait probablement à y entretenir le mécontentement, en rappelant plus fortement le souvenir des longues guerres qui avaient eu lieu entre ces deux royaumes. Les prédicateurs caméroniens y avaient aussi rempli la tête d'un grand nombre de bergers de leurs doutes fantasques et chimériques relativement au droit des magistrats qui n'avaient point accepté le Covenant d'exercer leur autorité, même dans les cas où l'intérêt national l'exigeait de la manière la plus urgente. Cette doctrine était aussi raisonnable que si ces personnages scrupuleux eussent découvert qu'il était illégal d'employer l'assistance des pompiers dans un incendie, parce qu'ils n'avaient point fait partie de la Ligue solennelle et du Covenant. Ces scrupules n'étaient pas universels, et ils prenaient autant de nuances et de teintes différentes, qu'il se trouvait des prédicateurs en vogue pour les faire valoir; ils tendirent pourtant grandement à apporter des retards et des entraves aux efforts du Gouvernement pour se préparer à la défense dans ses districts. Toute la popularité du révérend Thomas Borton, éminent théologien de cette époque, ne put même lever un seul homme pour le service du Gouvernement dans toute sa paroisse d'Ettrick.

Néanmoins, malgré des exceptions partielles, la portion du peuple écossais qui n'était pas sous la dépendance immédiate de seigneurs jacobites resta en général fidèle à la Succession protestante, et montra du zèle à s'armer pour la défendre.

Ayant ainsi décrit les préparatifs de guerre de part et d'autre, nous parlerons dans le chapitre suivant du commencement de la campagne.

CHAPITRE VII.

On arbore l'étendard du chevalier de Saint-George. — Il est proclamé roi d'Écosse sous le nom de Jacques VIII, et d'Angleterre et d'Irlande sous celui de Jacques III. — Prise de Perth par les Jacobites. — Caractère de l'armée de Mar. — Incapacité de Mar comme général. — Plan d'une expédition dans les basses-terres.

Le 6 septembre 1715, les nobles, les Chefs de clans et autres seigneurs confédérés, accompagnés d'une suite aussi nombreuse de partisans qu'il leur avait été possible d'en rassembler en si peu de temps, se réunirent à Aboyne. Le comte de Mar, agissant comme général en cette occasion, déploya l'étendard royal à Castleton, dans le Braemar, et proclama le Prétendant, avec autant de solennité que le temps et le lieu le permettaient, roi d'Ecosse, sous le titre de Jacques VIII, et roi d'Angleterre, d'Irlande et de leurs dépendances, sous celui de Jacques III. Le vent était très-violent, et il abattit le globe d'or qui surmontait la lance à laquelle était attaché l'étendard; circonstance que les montagnards superstitieux regardèrent comme de mauvais augure. D'autres se rappelèrent que, par une étrange coïncidence, quelque chose de semblable était arrivé le jour fatal où le roi Charles déploya son étendard à Nottingham.

Après cette mesure décisive, les chefs des insurgens se séparèrent pour aller proclamer le roi Jacques dans les villes où ils avaient de l'influence, et pour lever toutes les forces dont chacun d'eux pouvait disposer, afin de se mettre en état de soutenir l'audacieux défi qu'ils venaient de faire au gouvernement établi.

Ce n'était pas par les moyens les plus doux possibles qu'un Chef, à cette époque, mettait en campagne sa suite de montagnards, comme on l'appelait. La plupart des vassaux étaient disposés à un genre de service auquel leur éducation et leurs habitudes les avaient préparés ; mais il y en avait d'autres qu'on n'amenait sous la bannière de leur Chef qu'à l'aide de ces sollicitations obligeantes qu'on emploie encore de nos jours pour recruter la marine [1] ; et il s'en trouvait même qui jugeaient prudent de ne pas quitter leur logis sans un degré de violence qui pourrait, en cas de besoin, leur servir d'excuse pour avoir porté les armes. Lors de cette insurrection des clans, en 1715, la croix de feu fut envoyée dans tous les districts, ou *pays*, comme on les appelait, habités par les différentes tribus. Cet emblème consistait en deux branches de bois, en forme de croix, dont un bout était brûlé, et dont l'autre était teint de sang. Les habitans transmettaient ce signal de maison en maison, avec toute la célérité possible ; et ce symbole annonçait que ceux qui ne se trouveraient pas au rendez-vous qu'on indiquait en présentant la croix, en seraient punis par le fer et le feu. Il existe une lettre interceptée de Mar lui-même à John Forbes d'Increrau, bailli de sa seigneurie de Kildrummie, qui jette un jour considérable sur la nature d'une levée féodale.

— « Vous avez bien fait, Jackie [2], lui dit-il, de ne pas venir avec les cent hommes que vous m'avez envoyés hier soir, quand j'en attendais quatre fois ce nombre. Ce serait une belle chose que mes gens se montrassent réfractaires, quand toutes les montagnes se lèvent, et que les basses-terres nous attendent pour se joindre à nous. Je vous envoie un ordre pour la seigneurie de Kildrummie, et vous le signifierez à l'instant à tous mes vassaux. S'ils obéissent sur-le-champ, ce sera une sorte de réparation ; sinon, vous pouvez leur dire de ma part qu'il ne sera pas en mon pouvoir, quand même je le voudrais, d'empêcher qu'ils ne soient traités comme ennemis par

---

(1) La *presse*. — Tr.

(2) *Jeannot* ; Jack est souvent employé familièrement pour John ; et Jackie est le diminutif écossais de Jack. — Tr.

ceux qui sont sur le point de se joindre à moi, et qu'ils peuvent compter que je serai le premier à le proposer et à l'ordonner. Faites particulièrement savoir à mes tenanciers de Kildrummie que s'ils ne viennent pas sur-le-champ armés de leur mieux, j'enverrai à l'instant un détachement pour brûler ce qu'ils regretteront d'avoir perdu. Ils peuvent croire que ce n'est pas une vaine menace. — Par tout ce qu'il y a de sacré, je la mettrai à exécution, n'importe ce que je puisse y perdre, afin que cela serve d'exemple aux autres. Vous pouvez leur dire que je les attends à cheval, équipés de leur mieux, et que je n'admettrai aucune excuse. »

Cette lettre remarquable fut écrite trois jours après que l'étendard eut été déployé. Le système de la vie sociale dans les montagnes d'Ecosse, quand on le regarde au bout d'une perspective d'années, a quelque chose d'intéressant et de poétique; mais peu de lecteurs de nos jours voudraient changer de situation avec un des tenanciers du comte de Mar dans les limites romantiques de la seigneurie de Kildrummie, où l'on était exposé à une sommation si péremptoire de prendre les armes, mise en force par des voies si douces.

S'avançant vers les basses-terres à petites journées, Mar s'arrêta dans la petite ville de Kirkmichael, et ensuite à Mouline, dans le comté de Perth, marchant avec lenteur pour donner à ses amis le temps de s'assembler pour le soutenir. En attendant, le roi Jacques fut proclamé à Aberdeen par le comte Marischal; à Dunkeld par le marquis de Tullibardine, contre les désirs de son père, le duc d'Athole; au château de Gordon, par le marquis d'Huntly; à Brechin par le comte de Panmure, riche et puissant seigneur, qui était entré dans la conspiration depuis le rendez-vous de la partie de chasse de Bracmar. La même cérémonie fut faite à Montrose par le comte de Southesk; à Dundee par Graham de Duntroon, de la famille du célèbre Claverhouse, et à qui le roi Jacques avait donné le titre de vicomte de Dundee, qu'avait porté cet homme mémorable ; et à Inverness par le laird de Borlum, communément appelé le brigadier Mac-Intosh, parce qu'il avait occupé ce grade au service de France. Cet officier joua un grand rôle pendant la rébellion, dans laquelle il eut assez d'influence pour entraîner son Chef et son clan, un peu contre les sentimens politiques du premier. Jugeant qu'Inverness était un poste important, il y laissa une garnison pour le mettre à l'abri de toute attaque de la part des Grants, des Monroes, et des autres clans Whigs des environs.

La ville de Perth devint alors un point de grande importance, comme formant la communication entre les montagnes et les basses-terres, et comme étant la capitale naturelle des pays fertiles situés sur les bords du Tay. Les citoyens y étaient divisés en deux factions, mais les magistrats, qui, à la tête d'une partie des habitans, s'étaient déclarés pour le roi George, prirent les armes, et demandèrent du secours au duc d'Athole, qui était resté soumis au monarque assis sur le trône. Le duc leur envoya trois à quatre cents montagnards d'Athole, et les habitans se crurent d'autant plus en sûreté, que le comte de Rothes, ayant rassemblé environ quatre cents hommes de milice, s'avançait du comté de Fife pour les soutenir. Cependant l'honorable colonel John Hay, frère du comte de Kinnoul, saisit l'occasion de réunir de cinquante à cent cavaliers des comtés de Stirling, de Perth et de Fife, et marcha vers la ville. Les bourgeois Torys, dont le nombre n'était pas inférieur à celui des Whigs, commencèrent à prendre courage en voyant paraître cette force, et la garnison de montagnards, sachant que, quoique le duc d'Athole restât attaché au gouvernement, son fils aîné était dans l'armée du comte de Mar, s'abandonnèrent à leur inclination, qui était décidément jacobite, et se joignirent au colonel Hay pour désarmer les bourgeois Whigs, au secours desquels ils avaient été envoyés. Ce fut ainsi que, par un concours d'incidens, Perth tomba au pouvoir des Jacobites insurgés, qui dominèrent alors sur toutes les basses-terres dans la partie orientale de l'Ecosse. Cependant comme la ville n'était que peu fortifiée, elle aurait pu être reprise par une attaque soudaine, si l'on eût fait partir un détachement, à cet effet, du camp régulier formé à Stirling. Mais le général Whetham, qui y commandait alors, n'était pas un officier actif. Il fut remplacé par le duc d'Argyle, commandant en chef de l'Ecosse, qui arriva à Stirling le 14 septembre; mais alors on n'avait plus la même facilité de reprendre Perth. Des renforts avaient été jetés à la hâte dans la ville, et elle était assurée au parti jacobite par environ deux cents hommes que le comte de Strathmore avait levés pour aller joindre le comte de Mar, et par un corps de cavalerie du comte de Fife, qui, dans le même dessein, s'était mis sous les ordres du Maître de Sinclair. Le caractère de ces deux seigneurs était remarquable.

Le comte de Strathmore, destiné à perdre la vie dans cette fatale guerre civile, n'avait qu'environ dix-huit ans; mais quoique encore si jeune, il offrait tous les traits d'un caractère brave, généreux et modeste, et sa mort prématurée détruisit les plus brillantes espérances. Il entra dans la rébellion avec tout le zèle que donne la sincérité, leva un régiment dans les basses-terres, et se distingua par son attention à remplir tous les devoirs de la vie militaire.

Le Maître de Sinclair, ainsi nommé parce qu'il était le fils aîné d'Henry, septième lord Sinclair, s'était fait une bonne réputation dans l'armée de Marlborough; mais il était surtout remarquable pour avoir tué, dans une affaire d'honneur, deux gentilshommes nommés Shaw, frères de sir John Shaw, hommes de rang et d'importance. Il fut jugé par une Cour martiale et condamné à mort; mais il s'échappa de prison, grace à la connivence du duc de Marlborough lui-même. Comme la famille du Maître de Sinclair était Tory, il obtint son pardon lorsque ce parti fut en pouvoir, en 1712. Il paraît, en 1715, avoir pris les armes avec beaucoup de répugnance, croyant la cause jacobite désespérée, et n'ayant de confiance ni dans la probité ni dans les talens du comte de Mar. C'était un homme dont la tournure d'esprit était sévère et caustique; il était satirique et méfiant, mais intelligent et sensé. Il a laissé des Mémoires qui rendent un compte curieux de la fatale entreprise à laquelle il prit part, et du succès de laquelle il paraît avoir entièrement désespéré long-temps avant qu'elle fût terminée.

La partie des forces du comte de Mar qui se trouvait dans les cantons de l'est et du nord-est de l'Ecosse était alors réunie à Perth, place la plus centrale qui fût sous son autorité. Ces forces consistaient en quatre à cinq mille hommes; mais, quoique formidables par leur courage, il leur aurait fallu beaucoup d'autres choses nécessaires pour constituer une armée; il leur manquait un général en état de les conduire, de l'argent, des armes, des munitions, de l'ordre, de la discipline, et, par-dessus tout, un but fixe et un plan de campagne. Je dirai quelques mots sur chacun de ces objets qui leur manquaient, et sur la manière dont on chercha à y pourvoir, afin de vous donner une idée de cette armée tumultueuse avant de vous détailler ce qu'elle fit et ce qu'elle ne fit pas.

Il n'y a nul doute que, du moment qu'il s'embarqua dans cette périlleuse entreprise, Mar n'eût secrètement déterminé de se mettre à la tête, et de satisfaire en même temps son ambition et sa vengeance; il ne parut pourtant pas d'abord prétendre au commandement en chef; il sembla, au contraire, disposé à le déférer à toute personne d'un rang plus élevé que le sien. Le duc de Gordon, d'après son haut rang et son grand pouvoir, aurait naturellement fixé le choix général; mais indépendamment de ce qu'il ne s'était pas mis personnellement en campagne, quoiqu'on ne doutât point que ce ne fût de son aveu que son fils avait joint les insurgés, le Duc était catholique, et l'on ne jugeait pas politique que des Papistes occupassent un rang éminent dans cette entreprise, de peur que cette circonstance n'inspirât des inquiétudes dans le parti même des insurgens, et ne devînt un sujet de reproches de la part de leurs ennemis. Enfin le Duc, étant une des personnes suspectes qui reçurent du Gouvernement une sommation de se rendre à Edimbourg, obéit à cet ordre, et il lui fut enjoint de résider dans cette ville, sur parole. Le duc d'Athole avait été un des chefs des Jacobites pendant les altercations relativement à l'Union, et il avait promis de s'insurger si les Français avaient effectué leur descente en 1707. On dit que le comte de Mar offrit de lui remettre le commandement des forces qu'il avait levées, mais le duc le refusa : il dit que si le chevalier de Saint-George eût eu dessein de le charger d'une mission dont la responsabilité était si grande, il aurait ouvert une communication directe avec lui. Il se plaignait, en outre, qu'avant de lui faire cette proposition, et par suite d'intrigues dans sa propre famille, le comte de Mar eût excité ses deux fils, le marquis de Tullibardine et lord Charles Murray, aussi-bien que son oncle lord Nairne, à prendre les armes sans son consentement, et se fût servi d'eux pour gagner les montagnards d'Athole et leur faire oublier qu'ils ne devaient recevoir des ordres que de leur seigneur légitime. Il refusa donc l'offre qui lui fut faite du commandement des forces des rebelles, et Mar le conserva, en quelque sorte, par droit de possession : comme il était brave, de haute naissance, qu'il avait des talens considérables, et que ses liaisons avec les Chefs des clans montagnards, lorsqu'il était le distributeur des gratifications de la reine Anne, lui donnaient parmi eux beaucoup de popularité, on se soumit généralement à son autorité, d'autant plus qu'on supposait d'abord qu'il ne faisait que tenir la place du duc de Berwick, dont on avait annoncé l'arrivée prochaine. Cependant le temps s'écoula, le Duc n'arriva point, et le comte de Mar continua à agir comme commandant en chef, jusqu'au moment où il fut confirmé dans ce grade, comme nous le verrons, par une commission

expresse du chevalier de Saint-George. Comme le Comte
ne connaissait pas les affaires militaires, il employa l'expérience du lieutenant-général Hamilton et de Clephane
de Carslogie, qui avaient servi durant la dernière guerre;
mais quoiqu'ils eussent tous deux du courage, du zèle et
des talens militaires, ils ne pouvaient prêter à leur commandant ce qui lui manquait, la faculté de former un plan
de campagne et de le suivre avec détermination.

Il faut ajouter que les sommes que levaient parmi eux
et que lui fournissaient les plus riches de ses partisans
n'étaient qu'une bien pauvre ressource. Plusieurs des insurgés n'étaient pas sans moyens; mais quand les fonds
dont ils s'étaient munis furent épuisés, ils furent obligés
de retourner chez eux pour s'en procurer d'autres, et
quelques-uns s'en firent une excuse pour faire des absences
plus longues et plus fréquentes que la discipline ne le permettait; mais les montagnards et les habitans des basses-terres de rang inférieur ne pouvaient ni subsister ni être
maintenus dans les bornes de la discipline, sans une paye
régulière quelconque. Lord Southesk donna cinq cents
livres sterling et le comte de Panmure pareille somme,
pour fournir aux besoins du moment. On sollicita et l'on
obtint aussi des secours de divers individus bien disposés
pour la cause jacobite, mais à qui leur âge ou leurs infirmités ne permettaient pas de faire un service personnel.
Il se trouva sans doute en outre bien des gens qui crurent
qu'un sacrifice d'argent était un acte de prudence; car, si
l'insurrection réussissait, ils auraient le mérite de l'avoir
aidée; et dans le cas contraire, la loi contre la haute trahison ne pouvait atteindre ni leur personne, ni leurs
biens. Par-dessus tout, les insurgens avaient grand soin
de s'emparer des fonds qui étaient entre les mains des collecteurs des taxes et autres officiers publics, et de lever
huit mois d'imposition partout où leur présence leur donnait de l'autorité. Enfin, des sommes considérables qui
leur arrivèrent de France diminuèrent leurs besoins à

cet égard; et lord Drummond fut nommé trésorier de l'armée.

Les armes et les munitions manquaient aux insurgens. Les clans montagnards, à la vérité, étaient passablement munis de leurs armes nationales ; mais les fusils des habitans des basses-terres étaient dans le plus mauvais état, et la plupart hors de service. Le succès d'une expédition remédia, jusqu'à un certain point, à ce déficit important.

Le puissant comte de Sutherland était du nombre des Chefs septentrionaux qui, au milieu de la défection générale, étaient restés fidèles à George Ier. Dès qu'il apprit la nouvelle de l'insurrection, il se rendit par mer à son château de Dunrobin pour y armer ses vassaux. Un bâtiment fut chargé de mousquets et d'autres armes, et partit de Leith pour le pays du Comte. Le vent se trouvant contraire, le maître du navire jeta l'ancre à Burntisland, dans le Frith-de-Forth, sur la côte du comté de Fife, où il était né, afin de profiter de cette occasion pour voir sa femme et ses enfans avant son départ.

Le Maître de Sinclair, dont nous avons déjà parlé, et qui jouissait d'une grande influence sur les bords du Frith, où les biens de sa famille étaient situés, fut informé de cette circonstance, et proposa, pour se saisir de ces armes, un plan qui annonçait du talent et de l'activité, premier symptôme qu'en eussent donné les insurgens. Le Maître de Sinclair, à la tête d'environ quatre-vingts cavaliers, et emmenant un grand nombre de chevaux de somme, partit de Perth à la nuit tombante, et, pour déjouer les espions, se rendit à Burntisland par un chemin détourné. Son arrivée à ce petit port eut tout l'effet d'une surprise complète ; et quoique le bâtiment fût hors du port, et dans la rade, il l'aborda avec des barques, et se rendit maître de toutes les armes, au nombre de trois cents. Mar, comme cela avait été convenu, protégea le retour du détachement en faisant avancer un corps de cinq cents montagnards jusqu'à Auchtertoole, à mi-chemin entre Perth et Burntisland. En cette occasion, le Maître de Sinclair, ancien officier, parfaitement au fait de la discipline militaire, fut cruellement contrarié par la conduite désordonnée des volontaires qu'il commandait. Il ne put obtenir d'eux aucune précaution de vigilance, ni les empêcher de s'attrouper dans les cabarets pour y boire. Lors de leur retour, plusieurs d'entre eux se séparèrent du corps sans permission, soit pour aller dans leurs maisons qui se trouvaient voisines de la route, soit pour se donner le plaisir de tourmenter les ministres presbytériens qui demeuraient sur leur chemin. Quand il arriva à Auchtertoole, le désordre fut encore plus grand. Le détachement de montagnards, dont un grand nombre étaient des vassaux de Mar lui-même, venus des bords de la Dee, avait rompu ses rangs, s'était dispersé dans les environs et s'occupait à piller les fermes. Quand Sinclair eut chargé un officier montagnard d'aller leur ordonner de cesser une telle conduite et de rejoindre leur corps, ils refusèrent d'obéir; et le seul moyen qu'il trouva pour les rappeler, fut de faire répandre le bruit que les dragons de l'ennemi approchaient. Alors ils se réunirent avec une promptitude merveilleuse, et ils se laissèrent reconduire à Perth avec les armes dont on venait de s'emparer, et qui servirent d'autant à remédier au manque qu'on en éprouvait dans l'armée des insurgens.

Mais ce qui y manquait encore plus que les armes, c'était un général capable de concevoir un plan de campagne convenable à sa situation et au caractère de ses troupes, et de l'exécuter avec fermeté, promptitude et décision. Les généraux Hamilton et Gordon, qui se trouvaient dans l'armée de Mar, avaient quelque expérience militaire, mais nullement ce génie qui combine les manœuvres d'une campagne et qui les exécute; Mar lui-même, comme nous l'avons déjà dit, paraît n'avoir pas même connu la partie purement mécanique de la profession des armes. Il semble avoir pensé que la principale partie de sa besogne était terminée quand l'insurrection fut une fois déclarée, que cela une fois fait, les choses marcheraient d'elles-mêmes, et le nombre des rebelles s'accroîtrait au point qu'il deviendrait impossible de leur résister. Il savait que la plus grande partie des Jacobites du Lothian oriental étaient prêts à monter à cheval ; il en était de même de ceux des comtés de Dumfries et de Lanark ; mais ils étaient séparés de son armée par le Frit-de-Forth, et auraient probablement besoin de son secours pour les protéger pendant qu'ils rassembleraient leurs vassaux. Montrose ou Dundee, avec la moitié des forces que Mar commandait déjà, auraient marché sans hésiter sur Stirling, et auraient forcé le duc d'Argyle, qui n'avait pas encore tout-à-fait deux mille hommes, au combat ou à la retraite, ce qui aurait ouvert les basses-terres et les frontières aux opérations des insurgés. Mais telle était la réputation du Duc, que Mar résolut de ne l'attaquer que lorsqu'il aurait reçu tous les renforts qu'il pouvait espérer du nord et de l'ouest, dans l'espoir qu'une immense supériorité de forces contrebalancerait les talens militaires reconnus de son illustre ennemi.

Comme cependant il était essentiel aux projets du comte de Mar de répandre dans les basses-terres l'incendie de la rébellion, il ne voulut pas que la contrainte qu'imposaient à ses mouvemens les forces et la position d'Argyle l'empêchât de tenter à tout hasard de faire passer un détachement considérable de son armée dans le Lothian, pour soutenir et encourager ses partisans de l'autre côté du Frith. Son projet était de rassembler sur le Frith, sur la côte du comté de Fife, des barques et de petits bâtimens, et de s'en servir pour transporter une division de son armée, qui, débarquant sur tel point de la côte du Lothian oriental que le vent rendrait le plus favorable, s'unirait aux mécontens partout où ils se trouveraient en force. Mais avant de parler du sort de cette expédition, nous laisserons Mar et son armée, pour suivre les progrès de l'insurrection dans le sud de l'Ecosse et dans l'Angleterre, où elle avait déjà éclaté.

CHAPITRE VIII.

Progrès de l'insurrection dans le midi de l'Écosse. — Catastrophe dans la famille d'Hepburn de Keith. — Soulèvement des Jacobites de la frontière occidentale sous Kenmure, et de ceux du nord de l'Angleterre sous Forster. — Jonction du parti de Kenmure avec celui de Forster. — Mar reçoit des renforts à Perth, son quartier-général. — Retard dans l'insurrection des clans de l'occident. — Délais de Mar. — Descente de Mac-Intosh dans le Lothian. — Jonction de Mac-Intosh avec Kenmure et Forster à Kelso. — Ils tiennent conseil pour déterminer leur plan d'opérations.

Les bruits d'une invasion de la part de la France et du débarquement prochain du roi Jacques avec une armée étrangère, des armes, des munitions, et de l'argent en abondance, dans le dessein de récompenser ses partisans et de châtier ses ennemis; les mêmes nouvelles exagérées de mécontentement général et d'insurrection en Angleterre, qui avaient déjà fait prendre les armes au nord de l'Ecosse, produisirent aussi leur effet sur ceux qui professaient les principes jacobites dans la partie méridionale de ce pays et sur les frontières d'Angleterre, où il se trouvait encore un grand nombre de familles catholiques et autres, dévouées à la famille exilée. Avant que les espérances suscitées par ces rumeurs favorables se fussent évanouies, arriva la nouvelle plus véritable que le comte de Mar avait arboré l'étendard de Jacques dans les montagnes; bientôt après, qu'il s'était emparé de la ville de Perth; enfin, qu'un grand nombre de seigneurs du premier rang, et jouissant d'une influence considérable, s'étaient joints à lui, et que son armée augmentait tous les jours.

Ces rapports donnèrent une impulsion naturelle au zèle de gens qui, s'étant long-temps déclarés sujets fidèles de la famille des Stuarts, rougissaient de rester dans l'inaction, quand de nobles efforts se faisaient pour sa restauration par ce qu'on disait être, et ce qui était en effet un parti très-fort, et une armée beaucoup plus nombreuse que celles qu'avaient commandées Montrose ou Dundee, et composée principalement de troupes de la même espèce que celles à la tête desquelles ils avaient remporté leurs victoires. Le pays fut donc agité, dans la plupart de ses cantons, par ces commotions qui annoncent la guerre civile. Les évènemens se succédaient rapidement, comme pour décider ceux qui hésitaient encore, et encourager les esprits timides. Les mesures actives que prit le gouvernement en faisant arrêter les personnes suspectes en Angleterre et dans la partie méridionale de l'Ecosse obligèrent les Jacobites prononcés à exposer ou leur personne aux dangers de la guerre civile, ou leur réputation à la honte d'avoir oublié, dans le moment du besoin, toutes les protestations qu'ils avaient faites dans un temps de paix et de sécurité.

Chacun, suivant son caractère, se décida d'après ces considérations. Les uns se soumirent à l'emprisonnement pour assurer leur vie et leur fortune ; les autres se déterminèrent à tirer l'épée hors du fourreau, et à tout risquer pour soutenir leurs principes avoués. Ceux qui prirent ce dernier parti, plus honorable, ou peut-être plus imprudent, commencèrent à quitter leurs domiciles, et à se réunir en corps assez nombreux pour résister aux efforts des magistrats ou des soldats chargés de les arrêter. La guerre civile commença par un évènement fort tragique dans une famille avec les descendans de laquelle votre grand-père a été long-temps intimement lié, et dont je donne le détail d'après la tradition qu'ils en ont conservée, quoique la plupart des histoires du temps en fassent aussi mention.

Entre autres familles de distinction du Lothian oriental, celle de M. Hepburn de Keith était particulièrement dévouée aux intérêts de la maison de Stuart, et il résolut d'employer tous ses moyens au soutien de cette cause, dans la lutte qui approchait. Il avait plusieurs fils, avec lesquels, et avec tous les hommes à son service, il avait résolu de se joindre à une troupe qu'on allait lever dans le Lothian oriental, et qui devait être sous le commandement du comte de Winton. M. Hepburn de Keith étant très-respecté dans tout le comté, on jugea important de l'empêcher de donner un exemple qui, selon toute apparence, serait généralement suivi. En conséquence M. Hepburn d'Humbie et le docteur Sainclair d'Hermandston résolurent de mettre en arrestation le laird de Keith, et marchèrent vers sa maison avec un détachement de cavaliers de milice dans la matinée du 8 octobre 1715. C'était précisément ce matin que Keith avait choisi pour entrer en campagne, ayant fini tous ses préparatifs la soirée précédente. Le déjeuner avait réuni toute la famille pour la dernière fois, et l'on remarqua qu'une des filles de Keith avait l'air plus triste et plus affligée que le départ même de son père et de ses frères pour une expédition éloignée et dangereuse ne semblait devoir l'occasioner, à une époque où le beau sexe mettait dans ses opinions politiques autant d'enthousiasme que les hommes.

Il ne fut pas difficile de décider miss Hepburn à expliquer la cause de ses craintes. Elle avait rêvé qu'elle voyait le plus jeune de ses frères, jeune homme de grande espérance et généralement estimé, tué d'un coup de feu par un homme dont les traits étaient encore présens à sa mémoire, et étendu mort sur le plancher de l'appartement dans lequel la famille était assemblée en ce moment. Les femmes l'écoutèrent avec attention, et se mirent à raisonner sur ce rêve; les hommes en rirent, et tournèrent en ridicule le rêve et la rêveuse. Les chevaux étaient sellés, et l'on venait de les amener dans la cour, quand on vit une troupe d'hommes à cheval s'avancer sur un terrain découvert qui faisait face à la maison, et qu'on appelait la plaine de Keith. On ferma la porte, et quand le docteur Sinclair, qui montrait le plus d'activité dans cette affaire, eut annoncé le motif de son arrivée, on lui demanda la justification de ses ordres. Il remit par une fenêtre un mandat du marquis de Tweeddale, lord-lieutenant du comté. Keith le lui rendit avec mépris, et lui déclara qu'il se défendrait. Il monta à cheval, et sortit avec ses fils et ses gens, déterminé à se frayer un chemin. Déchargeant un pistolet en l'air, il courut sur le docteur l'épée à la main; la milice fit feu, et le plus jeune de ses fils fut tué sur la place. La sœur vit cette catastrophe d'une fenêtre, et jusqu'à la fin de sa vie elle persista à dire que celui qui avait tué son frère avait tous les traits de l'individu qu'elle avait vu en rêve. Le corps fut porté dans la salle où l'on venait de déjeuner; et Keith, après avoir payé ce cruel tribut au démon de la guerre civile, partit avec ses gens pour aller joindre les insurgés. Le docteur Sainclair fut généralement blâmé de s'être laissé emporter par l'esprit de parti au point d'en venir personnellement à des voies hostiles contre un si proche voisin, un ami qu'il voyait familièrement. Il se justifia en disant que son intention était d'éviter à Keith les suites fatales de la démarche à laquelle son zèle inconsidéré pour les Stuarts allait l'entraîner, lui et toute sa famille. Mais le docteur Sainclair aurait dû prévoir qu'un homme plein de courage et de fierté, ayant les armes à la main, résisterait à cette manière impérieuse de lui ouvrir les yeux sur la témérité de sa conduite; et celui qui emploie la violence pour faire des prosélytes en religion ou en politique doit être responsable des suites qu'elle peut avoir.

M. Hepburn et les fils qui lui restaient se joignirent aux Jacobites des environs, formèrent une troupe de cinquante à soixante hommes, et se rendirent vers la frontière occidentale où un rassemblement considérable était en armes pour la même cause. A la tête des insurgés du

Lothian oriental était le comte de Winton, jeune seigneur âgé de vingt-cinq ans, affligé, disait-on, par une maladie d'esprit intermittente qui approchait de la démence. Sa vie avait été marquée par quelques traits de singularité étrange, tels que celui d'avoir vécu long-temps en France, occupé à faire le forgeron, sans avoir aucune communication avec son pays ou sa famille. Mais si l'on juge de lui par sa conduite pendant la rébellion, lord Winton paraît avoir montré plus de bon sens et de prudence que la plupart de ceux qui prirent part à cette malheureuse affaire.

Cette insurrection du Lothian se confondit bientôt dans les deux principaux soulèvemens qui eurent lieu dans le sud, l'un dans les comtés de Dumfries et de Galloway en Ecosse, l'autre dans ceux de Northumberland et de Cumberland en Angleterre.

Sur la frontière occidentale de l'Ecosse, il se trouvait un grand nombre de familles qui professaient non-seulement les opinions politiques des Jacobites, mais la religion catholique romaine. Par conséquent un double lien les attachait à l'héritier de Jacques II, qu'on pouvait justement regarder comme ayant sacrifié ses trois royaumes à sa foi religieuse. Parmi ce nombre, le comte de Nithisdale, représentant en sa personne deux nobles familles, celle de lord Herries et celle de lord Maxwell, pouvait être considéré comme le chef naturel du parti. Mais William, vicomte de Kenmure, du comté de Galloway, protestant, fut préféré pour chef du parti, parce qu'on ne jugeait pas prudent de mettre des Catholiques trop en avant dans cette affaire, de crainte que leur promotion ne causât du scandale. Beaucoup de seigneurs des environs étaient disposés à exposer leur vie et leur fortune aux mêmes risques que Nithisdale et Kenmure consentaient à courir. Le dernier était un homme de bon sens et de résolution, versé dans les affaires de la vie civile, mais tout-à-fait étranger à l'art militaire.

Au commencement d'octobre, le plan d'insurrection

s'était tellement mûri, que les seigneurs du Galloway, du Nithisdale et de l'Annandale, résolurent de faire un effort soudain pour s'emparer de la capitale du comté de Dumfries. Cette ville était protégée d'un côté par le Nith, mais de tous les autres elle pouvait être regardée comme ouverte. Cependant le zèle des habitans et de la noblesse des environs fit échouer une entreprise qui aurait fait honneur aux armes des insurgens. Le lord-lieutenant et ses substituts rassemblèrent la milice du comté, et en firent entrer à Dumfries des détachemens considérables, pour coopérer, s'il était nécessaire, à la défense de cette place. Le prévôt, Robert Corbett, réunit les citoyens, se mit à leur tête, et les harangua dans un style fait pour leur inspirer de la confiance : il leur rappela qu'il y allait de leurs lois et de leur religion, et que leur cause ressemblait à celle des Israélites, quand Josué les avait conduits contre les habitans païens de la terre de Chanaan.

« Néanmoins, dit le modeste prévôt de Dumfries, moi qui suis votre chef, quoique indigne, comme je ne puis prétendre avoir une mission divine, comme celle du fils de Nun, je ne prends pas sur moi de vous recommander l'extermination de vos ennemis, comme une révélation spéciale l'ordonna au juge d'Israël. Au contraire, je vous supplie ardemment d'user avec clémence de la victoire qui vous est assurée, et de vous souvenir que les hommes égarés qui portent les armes contre vous, n'en sont pas moins vos concitoyens et vos frères. » — Ce discours qui, au lieu de fixer l'esprit des auditeurs sur les chances douteuses d'un combat, ne faisait que leur parler de la manière dont ils devaient user de la victoire, produisit le plus grand effet pour donner de l'encouragement à la troupe de l'intelligent prévôt. Elle sortit de la ville avec les auxiliaires qui étaient venus à son secours, et prit position pour couvrir Dumfries.

Lord Kenmure partit de Moffat, avec environ cent cinquante cavaliers, le mercredi 3 octobre, dans l'intention d'occuper Dumfries. Mais quand il vit que les amis du gouvernement avaient fait de tels préparatifs pour le recevoir, il sentit sur-le-champ qu'il ne pouvait avec un peloton de cavalerie, emporter de vive force une ville dont les habitans étaient déterminés à la resistance. Les Jacobites retournèrent donc à Moffat, d'où ils battirent en retraite sur Langholm et Hawick. De là ils se mirent en marche vers l'orient, pour se joindre aux gentilshommes du Northumberland qui avaient pris les armes pour la même cause, et sur lesquels notre attention doit maintenant se porter.

Un projet d'insurrection, très-dangereux et très-vaste, avait certainement existé en Angleterre peu de temps après la mort de la Reine; mais le gouvernement y avait fait de tous côtés de si grands efforts, que tous les mouvemens avaient été prévenus ou réprimés. On supposait que l'université d'Oxford voyait de très-mauvais œil l'avènement au trône de la maison d'Hanovre, et dans cette ville, comme à Bath et dans d'autres places de l'occident, on saisit une quantité considérable d'armes, de chevaux et de munitions. La plupart des gentilshommes Torys qu'on soupçonnait de nourrir des intentions dangereuses furent arrêtés, ou se rendirent d'eux-mêmes à la première sommation du gouvernement. De ce nombre fut sir William Wyndham, un des principaux chefs du parti de l'Eglise anglicane.

Dans les comtés de Northumberland et de Cumberland, les Torys, plus éloignés de l'action du gouvernement, se décidèrent aisément à s'insurger. Les nouvelles qu'on apprenait de l'armée de Mar eurent en outre une grande influence pour les porter à prendre cette résolution; car quoique le Comte fût à la tête d'une force assez nombreuse pour songer à des exploits plus importans qu'il n'en fit jamais, la renommée exagérait considérablement le peu de succès qu'il obtenait. L'infortuné comte de Derwentwater, qui joua un rôle si éminent dans cette courte rébellion, était lié par le sang à la famille exilée ; sa femme portait jusqu'au fanatisme son dévouement à la cause des Stuarts ; et la religion catholique qu'il professait lui aurait fait regarder presque comme un crime de rester paisible spectateur de ce qui se passait. Thomas Forster de Bamborough, membre du parlement pour le comté de Northumberland, était également Jacobite prononcé ; comme il était membre de l'Eglise anglicane, il fut choisi pour commandant en chef de cette insurrection, par la même raison que lord Kenmure avait été préféré au comte de Nithisdale pour commander les levées écossaises. Des mandats d'arrêt ayant été décernés contre le comte de Derwentwater et M. Forster, ils se cachèrent, et passèrent quelques jours chez leurs amis du Northumberland, jusqu'au moment où les principaux Torys du nord purent se réunir pour tenir un conseil général chez M. Fenwick de Bywell. Comme ils prévirent que, s'ils étaient arrêtés et interrogés séparément, ils auraient peine à se défendre de manière à se mettre à l'abri des peines de la haute trahison, ils résolurent de se réunir en corps, et de voir quelle chance la fortune pouvait leur réserver. Dans ce dessein, ils se donnèrent rendez-vous à un endroit nommé Greenrig, où Forster arriva avec une vingtaine de cavaliers ; de là, ils allèrent sur le haut d'une montagne nommée Waterfalls, où ils furent joints par lord Derwentwater. Ce renfort porta leur nombre à près de soixante cavaliers, et avec ce faible corps ils se rendirent dans la petite ville de Rothbury, et allèrent de là à Warkworth, où ils proclamèrent roi Jacques III. Le 10 octobre ils marchèrent vers Morpeth, où de nouveaux renforts les mirent au nombre de trois cents cavaliers, qu'ils ne dépassèrent jamais. Quelques-uns d'entre eux restèrent indécis jusqu'au dernier moment, entre autres John Hall d'Otterburn. Il assistait à une assemblée des sessions de trimestre, qui se tenait à Alnwick, et où l'on discutait les mesures à prendre pour réprimer la rébellion ; mais il en sortit avec tant de précipitation pour aller joindre la fatale réunion de Waterfalls, qu'il y laissa son chapeau sur un banc.

Les insurgens ne pouvaient lever de soldats d'infanterie, quoiqu'il s'en présentât beaucoup, parce qu'ils manquaient d'armes pour les équiper, et d'argent pour les payer. Ce manque d'infanterie fut la principale cause qui les empêcha d'attaquer sur-le-champ la ville de Newcastle, ce qui avait d'abord fait partie de leur plan. Mais cette ville, quoique n'étant pas régulièrement fortifiée, était entourée d'un mur en pierres fort élevé, et garni de vieilles portes. Les magistrats, qui étaient zélés pour le gouvernement, firent murer les portes, levèrent un corps de cent volontaires pour la défense de la ville, et les bateliers occupés au commerce de charbon sur la Tyne en offrirent un pareil nombre pris parmi eux. Au bout d'un jour ou deux, le général Carpentery arriva avec une partie de ses forces, à la tête desquelles il attaqua ensuite les insurgens. Après que Newcastle eut reçu ce dernier renfort, les *gentlemen*, nom qu'on donnait à la cavalerie de Forster, perdirent tout espoir de surprendre cette ville. Un succès momentané qu'obtinrent leurs armes à cette époque pourrait s'appeler un rayon de bonheur qui brilla et s'éclipsa en un instant. Ce fut un exploit d'un gentilhomme nommé Lancelot Errington, qui, par un adroit stratagème, réussit à s'emparer du petit fort ou château sur Holy Island, qui aurait pu être utile aux insurgés pour maintenir leurs communications avec l'Ecosse. Mais avant qu'Errington eût pu recevoir les secours d'hommes et de provisions qui lui étaient nécessaires, le gouverneur de Berwick envoya un détachement de trente soldats et d'une cinquantaine de volontaires, qui, traversant les sables à eau basse, attaquèrent le petit fort, et l'emportèrent le sabre à la main. Errington fut blessé et fait prisonnier, mais il réussit ensuite à s'échapper.

Ce contre-temps, et la nouvelle que des troupes s'avançaient au secours de Newcastle, décidèrent Forster et ses compagnons à se réunir au vicomte Kenmure et autres seigneurs écossais armés pour la même cause. Le messager anglais trouva Kenmure près d'Hawick, dans le moment où sa petite troupe, forte d'environ deux cents hommes, avait presque renoncé à son entreprise. Cependant en recevant la proposition de Forster, ils résolurent d'aller le joindre à Rothbury.

Le 19 octobre, les deux corps d'insurgés firent leur jonction en cette petite ville, et ils examinèrent réciproquement leur état et leurs équipemens militaires avec une attention mêlée d'espérances et de crainte. En général, la tenue des deux troupes était la même ; mais les Ecossais semblaient mieux préparés pour l'action, étant montés sur de vigoureux chevaux propres à une charge ; et quoique faibles du côté de la discipline, ils étaient armés de ces sabres à poignée qui couvrait la main, alors si communs dans toute l'Ecosse. Les Anglais, de leur côté, montaient des chevaux de race, plus propres à une chasse qu'à une bataille ; ils manquaient de selles militaires et surtout de sabres et de pistolets, de sorte que les Ecossais étaient portés à douter si des hommes si bien équipés pour la fuite, et si imparfaitement préparés pour le combat, ne prendraient pas le parti le plus sûr, à la première rencontre, et ne les laisseraient pas dans l'embarras. Leur manque de sabres particulièrement, du moins de sabres affilés, propres au service de la cavalerie, est prouvé par une anecdote. On dit que lorsqu'ils entrèrent dans la ville de Wooler, leur officier commandant leur donna l'ordre : — Messieurs, vous qui avez des sabres, tirez-les ! Sur quoi un de ceux qui le suivaient lui répondit assez pertinemment : — Et que feront ceux qui n'en ont pas ? Lorsque Forster, par le moyen d'un de ses capitaines, nommé Douglas, se fut ouvert une communication directe avec Mar et son armée, le messager déclara que les Anglais auraient donné volontiers des chevaux de vingt-cinq guinées, prix considérable à cette époque, pour des sabres semblables à ceux que portaient généralement les montagnards.

On peut aussi faire remarquer ici que, des quatre compagnies commandées par Forster, deux, celles qu'avaient levées lord Derwentwater et lord Widrington, étaient, comme celles des Ecossais, composées de gentilshommes, de leurs parens et de leurs domestiques ; mais la troisième et la quatrième différaient considérablement des autres par leur composition. L'une était commandée par John Hunter, fermier sur les frontières, mais qui y joignait le métier de contrebandier. L'autre avait pour chef ce même Douglas, dont nous venons de parler, et qui était remarquable par sa dextérité à savoir se procurer des armes et des chevaux, métier qu'on dit qu'il ne fit pas seulement pendant la rébellion. Dans les compagnies de ces deux derniers officiers, il s'était introduit plusieurs personnes de peu de réputation, des gens qui avaient passé leur vie à faire la contrebande, ou à voler des chevaux, suivant l'ancienne pratique des frontières. Ces individus, d'un caractère suspect et équivoque, combattirent pourtant avec un courage déterminé aux barricades de Preston.

Les mouvemens de Kenmure et de Forster furent bientôt décidés par la nouvelle qu'un détachement de l'armée de Mar avait passé le Frith-de-Forth pour venir les joindre ; ce qui nous oblige à retourner à l'insurrection du nord, qui cherchait alors à s'étendre jusqu'à celle qui avait éclaté sur les frontières, et à s'y rattacher. Il faut observer ici que le comte de Mar, dès le premier moment de son arrivée à Perth, ou du moins dès qu'il y eut été joint par une force disponible, avait eu le dessein de faire passer le Frith par un détachement, pour l'envoyer dans le Lothian, afin d'engager les Jacobites de ce pays à s'insurger, et il s'était proposé d'en donner le commandement au Maître de Sinclair. Mais comme cette division de ses forces aurait considérablement affaibli son armée, et l'aurait peut-être exposé à la visite désagréable du duc d'Argyle, Mar ajourna son projet, jusqu'à ce qu'il eût reçu des renforts. Il en entrait alors en quantité dans Perth.

Du côté du nord, le marquis d'Huntly, un des seigneurs les plus puissans de la confédération, joignit l'armée avec près de quatre mille hommes d'infanterie et de cavalerie, montagnards et habitans des basses-terres. Le comte Marischal avait amené la veille son contingent, consistant environ en quatre-vingts cavaliers. L'arrivée de ces deux seigneurs sema dans le camp quelques germes de dissension. Marischal, loin de montrer la prudence qui devait être le partage de son âge mûr, et avec toute l'indiscrétion d'un jeune homme, donna un juste sujet d'offense à Huntly en cherchant à le priver d'une partie de ses soldats.

Voici quelle en fut l'occasion : les Mac-Pherson, clan composé d'hommes vigoureux et endurcis à la fatigue, qu'on appelait dans la langue des montagnes Mac-Vourigh, et qui avait pour Chef Cluny Mac-Pherson, tenaient quelques possessions de la famille Gordon, et par conséquent ils s'étaient naturellement placés en cette occasion sous la bannière du marquis d'Huntly; quoiqu'on pût dire avec vérité qu'ils n'étaient pas, en général, les vassaux les plus traitables. Marischal chercha à déterminer ce clan à quitter Huntly pour se placer sous ses ordres, alléguant que, comme les Mac-Pherson s'étaient toujours piqués d'être une branche distinguée de la grande confédération nommée le Clan Chattan, il en était le Chef naturel, puisqu'il portait le nom de Keith. Mar donna, dit-on, quelque appui à cette prétention, dont la singularité offre un trait curieux du tableau des affaires dont ces insurgés s'occupaient. On prétendit que ce qui avait porté Mar à prendre un parti dans ce débat, était le désir qu'il avait qu'on ne se fît pas une trop haute idée du pouvoir d'Huntly, et du nombre des hommes qui étaient sous ses ordres. Quoi qu'il en soit, les Mac-Pherson trouvèrent dans les terres qu'ils tenaient de la famille Gordon de meilleures raisons pour rester attachés au Marquis, qu'ils n'en apercevaient dans les argumens étymologiques de Marischal, et ils refusèrent d'abandonner la bannière sous laquelle ils s'étaient mis en campagne.

Une autre circonstance contribua à dégoûter promptement Huntly d'une entreprise dans laquelle il ne pouvait espérer de rien gagner, et qui mettait en danger des domaines dignes d'un prince, et un titre de Duc. Indépendamment d'environ trois escadrons de gentilshommes, dont la plupart portaient son nom, bien montés et bien armés, il avait levé un escadron d'une cinquantaine de cavaliers, qu'il appelait cavalerie légère, quoique totalement incapable du *service de petite guerre* que ce nom indique. Un écrivain satirique les décrit comme étant de grands lourdauds, gauches, portant des bonnets, n'ayant point de bottes, et montés sur de petits bidets à longue queue, avec un cavesson sur le nez ; le cavalier étant de beaucoup le plus grand des deux animaux. Ces cavaliers étranges devinrent un objet de risée pour les habitans plus civilisés des contrées plus méridionales ; ce qui n'est pas surprenant ; mais il ne l'est pas davantage que leur commandant et eux-mêmes aient conçu du ressentiment de cette incivilité ; ressentiment qui, peu à peu, dégénéra en froideur pour le parti au milieu duquel ils avaient reçu cet outrage.

Indépendamment de ces forces septentrionales, Mar attendait aussi de puissans secours du nord-ouest, où se trouvaient les tribus appelées par excellence — les Clans, pendant cette insurrection. Les chefs de ces familles avaient promis sans difficulté de se trouver au rendez-vous qui avait été convenu lors de la partie de chasse de Braemar; mais aucun d'eux, à l'exception de Glengarry, n'avait été très-empressé à se souvenir de sa promesse. Un contemporain dit de ce Chef puissant, qu'il aurait été difficile de dire si son caractère tenait davantage du lion, du renard, ou de l'ours ; car il était au moins aussi astucieux et aussi bourru qu'il était courageux. Quoi qu'il en soit, ses défauts et ses bonnes qualités étaient d'accord avec son caractère, qui attirait plus d'admiration que celui d'aucun autre Chef qui eût pris part à l'insurrection de Mar. Il arma ses montagnards, et les conduisit vers les *braes* [1] de Glenorchy, où, après y être resté huit jours, il fut joint par le capitaine de Clanranald et par sir John Mac-Lean, qui arrivaient, le premier avec les Mac-Donalds de Moidart et d'Arisaig, le second avec un régiment portant son nom, de l'île de Mull. Un détachement de ces clans commença la guerre par une tentative pour surprendre la garnison d'Inverlochy. Ils réussirent à s'emparer de quelques ouvrages avancés, et firent prisonniers les soldats qui les défendaient; mais leur attaque principale échoua, la garnison étant sur ses gardes.

Cependant, quoique les hostilités fussent en quelque sorte commencées, ces levées occidentales étaient encore loin d'être complètes. Stewart d'Appin et Cameron de Lochiel ne remuaient pas encore, et les vassaux du comte de Breadalbane, dont cet homme singulier avait promis le secours, se faisaient également attendre. Probablement ces clans, qui étaient voisins du duc d'Argyle, et dans lesquels il se trouvait beaucoup de Campbells, ne se souciaient guère de déplaire à ce seigneur puissant et respecté. Un autre membre formidable de la conspiration, habitant aussi l'extrémité du nord-ouest de l'Ecosse, était le comte de Seaforth, chef des Mac-Kenzies, qui pouvait mettre en campagne de deux à trois mille hommes portant son nom, et celui de Mac-Rae, qui était aussi chef de plusieurs autres clans dépendant de lui. Mais il fut également empêché de prendre les armes et de rejoindre Mar, par les opérations du comte de Sutherland, qui, ayant pris le commandement en chef de quelques clans du nord, disposés en faveur du gouvernement, — comme les Monroes,

[1] Mot écossais signifiant en général une colline ou les bords d'une rivière; mais quand il est joint au nom d'un pays, d'un district, il en désigne la partie supérieure. — Tr.

sous leur Chef Monro de Foulis ; les Mac-Kays, sous lord Rae ; le clan populeux et puissant des Grants, — et ayant réuni ses propres vassaux, avait assemblé une petite armée avec laquelle il se porta vers le pont d'Alness. Etant ainsi à la tête d'un corps de douze à quinze cents hommes, Sutherland prit une telle position sur les limites du territoire de Seaforth, que celui-ci ne pouvait ni réunir ses vassaux, ni marcher vers le sud pour joindre Mar, sans laisser ses domaines exposés à être ravagés. Seaforth se préparait pourtant à marcher aussitôt que les circonstances le permettraient ; car tandis qu'il faisait face au comte de Sutherland avec environ dix-huit cents hommes, il envoya sir John Mac-Kenzie de Coull prendre possession d'Inverness, le brigadier Mac-Intosh qui l'occupait, étant en marche vers le sud pour joindre le comte de Mar à Perth.

Ce fut ainsi que, par suite d'une circonstance ou d'une autre, le soulèvement des clans de l'occident fut considérablement retardé ; et Mar, dans le plan duquel il n'entrait pas de faire aucune tentative avant d'avoir réuni toutes les forces qu'il pouvait espérer, fut ou se crut obligé de rester à Perth long-temps après qu'il se trouva à la tête d'une armée suffisante pour attaquer le duc d'Argyle et se frayer un chemin vers le midi de l'Ecosse ; et alors la nouvelle de ses succès, celle de la défaite ou de la retraite du Duc, et l'espoir du butin, auraient décidé ces Chefs tardifs, qui, dans l'ouest de l'Ecosse, délibéraient encore s'ils se joindraient à lui ou non. Mar essaya pourtant de les déterminer par des argumens d'une autre nature, tels qu'il pouvait en employer, et il dépêcha le général Gordon pour accélérer ces levées, avec des instructions particulières pour s'emparer du château du duc d'Argyle à Inverary, et des armes qu'on disait y être déposées. On supposa ensuite qu'il entrait quelque animosité personnelle dans le projet formé par le Comte de commencer ainsi des hostilités directes contre son grand antagoniste ; mais on doit dire en l'honneur du général rebelle qu'il résolut de ne pas donner l'exemple d'employer le fer et le feu, et qu'il ordonna au général Gordon de menacer, s'il le fallait, d'incendier le château d'Inverary, mais de ne pas en venir à cette extrémité, pour quelque cause que ce fût, sans de nouveaux ordres. Indépendamment du désir qu'il avait de s'emparer du dépôt d'armes qu'on disait exister dans cette place, son but était probablement d'occasioner une rupture complète entre le duc d'Argyle et les clans voisins, ce qui aurait nécessairement diminué beaucoup l'influence du Duc. Nous verrons bientôt jusqu'à quel point ce système paraît avoir réussi.

Pendant que ces événemens se passaient, Mar fut informé du soulèvement partiel qui avait eu lieu dans le Northumberland, et de la disposition à de semblables mouvemens qui se manifestait dans diverses parties de l'Ecosse. On aurait pu croire que ces nouvelles l'auraient enfin porté à sortir de l'espèce de blocus dans lequel le petit corps du duc d'Argyle retenait une armée si supérieure en nombre. Si Mar jugeait que les forces rassemblées à Perth sous ses ordres ne suffisaient pas pour attaquer une troupe moins forte de plus de moitié, il lui restait un plan de manœuvre qui pouvait lui donner encore plus d'avantage sur Argyle. Il pouvait ordonner au général Gordon, quand il aurait réuni les clans des comtés de l'ouest, qui ne pouvaient pas composer moins de quatre mille hommes, au lieu de s'amuser devant Inverary, de marcher vers le gué de Frew, où l'on peut traverser le Forth près de sa source, au-dessus de Stirling. Un tel mouvement aurait menacé le Duc du côté de l'ouest, tandis que du côté du nord Mar se serait avancé lui-même contre lui, et aurait tâché de se rendre maître du pont de Stirling, qui n'était que faiblement gardé. La cavalerie insurgée de lord Kenmure aurait pu aussi coopérer à ce plan d'opérations, en avançant de Dumfries vers Glascow, et en menaçant l'ouest de l'Ecosse. Il est évident que le duc d'Argyle sentait le danger de voir ses communications coupées avec les comtés occidentaux, où le gouvernement avait beaucoup de partisans zélés, car il avait donné ordre à cinq cents hommes de se rendre de Glascow à son camp de Stirling; et le 24 septembre, il ordonna à tous les régimens de milice et de volontaires de l'ouest de l'Ecosse, de marcher à Glascow, comme étant le point central le plus avantageux pour protéger le pays et couvrir son camp : enfin il établit des garnisons dans le village de Drymen, et dans diverses maisons voisines du gué de Frew, pour empêcher ou retarder la descente des montagnards dans les basses-terres par cette voie. Mais les habitudes belliqueuses des montagnards les mettaient bien au-dessus des nouvelles recrues des basses-terres, qu'ils auraient probablement traitées avec peu de cérémonie.

Cependant le comte de Mar, loin d'adopter un plan si décisif, résolut de soutenir Kenmure et Forster, en suivant son premier plan d'envoyer un détachement à leur secours, au lieu de faire marcher toutes ses forces vers les basses-terres. Il pensait qu'il leur suffirait de leur donner l'aide et la protection d'une forte troupe d'infanterie pour les mettre en état de se renforcer et d'augmenter leur nombre, tandis que cette mesure lui permettrait de rester tranquille à Perth pour y attendre le résultat définitif de ses intrigues dans les montagnes, et de celles qu'il avait entamées à la cour du chevalier de Saint-George. Il y avait beaucoup de dangers manifestes à faire le mouvement projeté. Il fallait traverser un grand bras de mer; et si l'on tentait le passage dans les environs de Dunfermline ou d'Inverkeithing, où la largeur en était moindre, il était à craindre que le rassemblement des barques et la marche des troupes qui devaient composer le détachement ne fît assez de bruit dans le pays pour donner l'éveil au duc d'Argyle, qui, soupçonnant ce qu'on voulait faire, enverrait probablement un corps de ses dragons pour surprendre et couper le détachement à son arrivée sur la rive méridionale du Forth. D'une autre part, effectuer le passage sur la partie du Frith plus voisine de la mer, où il se trouvait un plus grand nombre de barques, et où il était plus facile de les rassembler plus secrètement, c'était exposer le détachement au danger d'un passage de quinze à dix-huit milles gardé par des bâtimens de guerre avec leurs chaloupes et leurs barques, auxquels les officiers de douanes de chaque port de mer, étaient tenus de transmettre tous les renseignemens qu'ils pouvaient avoir sur les mouvemens des rebelles. Il ne restait que le choix des difficultés ; il fut résolu que le passage du Frith se ferait à Pittenweem, à Crail, et autres endroits situés sur la côte orientale du comté de Fife.

Les troupes destinées à cette entreprise furent le propre régiment de Mar, comme on l'appelait, composé des Farquharsons et d'autres habitans des rives de la Dee, — celui des Mac-Intoshs, — ceux de lord Strathmore, de lord Nairne et de lord Charles Murray, — tous montagnards, excepté le régiment de lord Strathmore, consistant en habitans des basses-terres. Le tout formait environ deux mille cinq cents hommes ; car dans l'armée rebelle les cadres des régimens étaient peu nombreux. Mar contenta les Chefs en donnant à chacun d'eux une commission de colonel, avec la satisfaction de former un bataillon de ses propres vassaux, quelque faible que fût leur nombre.

L'expédition projetée fut organisée avec quelque adresse. Des troupes considérables de cavalerie parcoururent le comté de Fife dans tous les sens, proclamant roi Jacques VIII, et levant les contributions tant sur les amis que sur les ennemis de leur cause, mais dans une proportion fort différente, faisant aux derniers des demandes beaucoup plus fortes, et les forçant avec plus de rigueur à y satisfaire. Ces mouvemens avaient pour but de distraire, par des bruits divers, l'attention des Whigs et celle du duc d'Argyle, et de couvrir le véritable dessein de Mar d'envoyer un détachement au-delà du Frith. Dans le même projet, quand ils ne purent cacher plus long-temps leurs intentions, les rebelles cherchèrent à dérober aux bâtimens anglais la connaissance de l'endroit où ils avaient dessein de tenter le passage. Mar jeta une garnison dans le château de Burntisland, et parut très-affairé à rassembler des barques dans ce petit port. Ces démonstrations engagèrent les bâtimens anglais à filer du câble ; et se plaçant devant Burntisland, ils commencèrent une canonnade à laquelle répondit une batterie que les rebelles avaient dressé sur le port extérieur, mais sans qu'on se fît beaucoup de mal de part ni d'autre.

Par le moyen de cette ruse, Mar fut en état de faire passer secrètement les troupes destinées à l'expédition à Pittenween, Ely, Craig, et autres petits ports si nombreux sur cette côte. Il en donna le commandement à Mac-Intosh de Borlum, dont il a déjà été parlé, communément appelé le brigadier Mac-Intosh, gentilhomme montagnard qui avait appris l'art de la guerre régulière au service de la France. C'était un soldat brusque et hardi ; mais on prétend qu'il dégradait le caractère militaire par un amour du pillage qui aurait été plus excusable dans un rang inférieur de l'armée. Il est pourtant possible que cette accusation soit fausse ou exagérée.

Les bâtimens de guerre anglais ne reçurent avis du projet de Mar, ou ne s'aperçurent de l'embarquement des troupes, que lorsqu'il était trop tard pour s'y opposer. Cependant ils levèrent l'ancre dès que la marée le permit et mit à la voile pour couper la flottille des insurgens ; mais ils ne réussirent qu'à s'emparer d'une seule barque, montée par environ quarante montagnards. Quelques bâtimens de transports furent pourtant forcés de regagner la côte du comté de Fife ; et les barques sur lesquelles se trouvait le régiment de lord Strathmore, et quelques autres contenant des montagnards, furent obligées d'aborder à l'île de May, dans l'embouchure du Forth, où ils furent bloqués par les bâtimens anglais. Le jeune Comte, plein de bravoure, se retrancha sur cette île et adressa un discours à ses soldats pour leur rappeler la fidélité qu'ils devaient à leur cause, promettant de leur en donner l'exemple en exposant sa personne partout où le péril serait le plus grand, et en regardant comme un honneur de mourir au service du prince pour lequel il avait pris les armes. Bloqué dans une île presque déserte, ce jeune seigneur éprouva de nouvelles difficultés par suite de la jalousie et des querelles qui survinrent entre les montagnards et ses propres troupes, levées dans les basses-terres du comté d'Angus. Leur animosité en vint au point que ses soldats résolurent de saisir quelque occasion pour quitter l'île sur leurs barques, et d'abandonner les montagnards à leur destin. Mais Strathmore rejeta cette proposition avec un mépris indicible, et il ne voulut quitter sa pénible situation que lorsque le vent et la marée lui permirent de reconduire en sûreté sur la côte d'où il était parti tous ceux qui avaient partagé son infortune.

Pendant ce temps, la plus grande partie du détachement destiné à faire une descente dans le Lothian, au nombre d'environ seize cents hommes, avait réussi dans cette entreprise désespérée. Leur débarquement s'effectua à North-Berwick, Aberlady, Gulan et autres places de la côte méridionale du Frith. De là ils marchèrent sur Haddington, où ils opérèrent leur jonction; ils se reposèrent une nuit, jusqu'à ce qu'ils eussent appris quel avait été le destin de ceux de leurs compagnons qui n'avaient pas encore paru. Nous n'avons aucun moyen de savoir si Mac-Intosh avait reçu des ordres précis sur ce qu'il devrait faire quand il se trouverait dans le Lothian. Les dépêches de Mar nous portent à conclure que ses instructions étaient de marcher sur-le-champ vers la frontière, pour se réunir à Kenmure et à Forster. Mais ses ordres devaient lui avoir laissé une grande latitude, puisqu'il était presque impossible de les rédiger d'une manière assez précise pour prévoir toutes les circonstances dans lesquelles il pouvait se trouver, et par conséquent l'exécution devait en avoir été laissée à sa discrétion. La surprise fut pourtant grande, même dans la petite armée du brigadier, quand, au lieu de marcher vers le sud, comme elle s'y attendait, elle reçut ordre de faire volte face, et d'avancer rapidement sur la capitale.

Mar appela ensuite ce mouvement une méprise du brigadier ; mais il fut probablement occasioné par les avis que Mac-Intosh reçut de ses amis d'Edimbourg pour l'informer qu'en faisant une marche forcée, il pourrait s'emparer de la capitale avant qu'elle pût être secourue par le duc d'Argyle, qui en était à trente milles. Le succès d'une telle surprise aurait nécessairement jeté le plus grand éclat sur les armes des insurgens, et aurait été suivi d'un avantage plus solide, celui de se procurer une grande quantité d'armes et d'argent, sans parler de la facilité d'intercepter les communications entre le duc d'Argyle et le sud. Il est également probable que Mac-Intosh pouvait s'attendre à voir éclater une insurrection à Edimbourg; à la nouvelle de sa marche sur cette ville. Quels que fussent ses motifs et son espoir, il s'avança vers la métropole, avec sa petite force, le 14 octobre 1715, et ce mouvement excita une alarme universelle.

Le lord prévôt de cette ville, nommé Campbell, était un homme plein de jugement et d'activité. Dès qu'il eut appris que les montagnards étaient arrivés à Haddington, il en envoya avis au duc d'Argyle, et faisant prendre les armes aux gardes de la ville, aux miliciens et aux volontaires, il avisa à toutes les mesures possibles pour défendre la capitale, qui, quoique entourée d'un grand mur, était loin d'être à l'abri d'un coup de main. Le duc d'Argyle, sentant tous les avantages que les insurgens retireraient de la possession même temporaire de la métropole, résolut, en cette occasion comme en plusieurs autres, de suppléer par l'activité au petit nombre de ses troupes. Il fit monter deux cents hommes d'infanterie sur des chevaux de somme, prit avec eux trois cents dragons d'élite, se mit à leur tête, et fit une marche forcée de Stirling pour secourir Edimbourg. Sa rapidité fut telle, qu'il entra dans la ville par la porte de l'ouest à environ dix heures du soir, presqu'au même instant que Mac-Intosh arrivait à l'endroit où sont aujourd'hui situées les casernes de Piershill, à un mille de la porte du levant de la capitale. Ce fut ainsi que la métropole, qui semblait devoir être la proie du premier occupant, fut sauvée par la promptitude du duc d'Argyle. Son arrivée répandit une joie universelle parmi les amis du gouvernement, qui passèrent d'un sentiment bien voisin du désespoir à l'extrémité opposée de la joie et du triomphe. La ville avait été renforcée pendant la journée par divers détachemens de cavalerie de milice du Midlothian, et du comté de Berwick, et par des volontaires dont le nombre augmenta considérablement quand on apprit la nouvelle de l'arrivée du duc d'Argyle, moins à cause du nombre de troupes qui l'accompagnaient, que de la confiance générale qu'inspiraient ses talens et son caractère.

Les ennemis qui s'avançaient ne furent pas à l'abri du charme que jetait sur tout ce qui l'entourait la présence d'Argyle; mais ce charme fut pour eux une influence funeste, et l'espoir de succès qu'avait conçu leur Chef se changea en désir de pourvoir à la sûreté de son petit détachement, pour lequel il avait probablement d'autant plus d'inquiétude, que, suivant toutes les apparences, on exagérait le nombre des forces du Duc, et qu'elles consistaient principalement en cavalerie, dont les montagnards avaient à cette époque une terreur superstitieuse. D'après ces considérations, le brigadier Mac-Intosh quitta la route d'Edimbourg à l'endroit nommé Jock's-Lodge, et se dirigea vers Leith, où il entra sans opposition. Il trouva dans la prison de cette place les quarante hommes de son détachement qui avaient été pris pendant le passage du Frith, et qu'il remit en liberté. Les montagnards s'emparèrent ensuite de l'argent et des provisions qu'ils trouvèrent à la douane. Après ces préliminaires, ils traversèrent le pont, et occupèrent les restes d'une citadelle bâtie par Cromwell pendant son usurpation. C'était un fort carré, avec cinq demi-bastions et un fossé. Les portes en étaient démolies, mais les remparts étaient en assez bon état ; et sans perdre un seul instant, le brigadier barricada tous les endroits accessibles avec des poutres, des planches, des charrettes, des tonneaux remplis de pierres et autres matériaux semblables. Les bâtimens qui étaient dans le port lui fournirent des canons qu'il planta sur les remparts, et il se prépara, aussi bien que les circonstances le permettaient, à une résistance désespérée.

Le lendemain matin, le duc d'Argyle se présenta devant le poste fortifié occupé par les montagnards, avec ses trois cents dragons, ses deux cents hommes d'infanterie et environ six cents hommes, miliciens et volontaires, nouvelles levées. Parmi ces derniers on voyait plusieurs membres du clergé, qui croyaient que, dans une guerre de cette nature, leur caractère sacré n'était pas incompatible avec les armes. Le Duc somma les troupes qui occupaient la citadelle de se rendre, sous peine de haute trahison, leur déclarant que si elles le mettaient dans la nécessité de faire venir du canon, ou qu'elles tuassent un seul de ses soldats en cherchant à se défendre, il ne leur accorderait aucun quartier. Un gentilhomme montagnard, nommé Kinackin, lui répondit avec hardiesse, du haut des remparts, « qu'ils se moquaient de ses menaces ; qu'ils étaient prêts à se défendre contre son attaque ; qu'ils ne voulaient ni faire, ni recevoir quartier ; et que s'il croyait pouvoir forcer leur position, il était le bien-venu à l'essayer. »

Le Duc, après ce défi, fit avec grand soin la reconnaissance de la citadelle, et vit que l'assaut qu'il se proposait d'y donner souffrait de grandes difficultés : il fallait que ses troupes avançassent cent toises environ avant d'arriver aux défenses de la place, et pendant tout ce temps elles seraient exposées au feu d'un ennemi qui était à couvert. Un grand nombre de ceux qui auraient dû concourir à cette attaque ne connaissaient nullement la discipline militaire, et n'avaient jamais vu le feu. Les montagnards, quoique peu accoutumés à échanger des décharges de mousqueterie en rase campagne, étaient d'excellens tireurs, postés derrière une muraille ; et leurs claymores et leurs poignards paraissaient devoir être formidables pour défendre une brèche ou une barricade, où le combat devait avoir lieu, en quelque sorte, corps à corps : il fallait y ajouter que le Duc n'avait ni canons, ni mortiers, ni artilleurs pour les servir. Toutes ces raisons décidèrent Argyle à retarder une attaque dont le résultat était si incertain, jusqu'à ce qu'il y fût mieux préparé. Les volontaires désiraient vivement un assaut ; mais le révérend historien de cette rébellion [1] nous dit que lorsqu'on leur eut fait comprendre que le poste d'honneur leur appartenait de droit comme volontaires, c'est-à-dire qu'ils devaient marcher à l'attaque au premier rang, ils approuvèrent de tout leur cœur les motifs du Duc pour ajourner l'entreprise. Argyle retourna donc à Edimbourg pour se préparer à attaquer la citadelle le lendemain avec de l'artillerie.

Mais Mac-Intosh ayant échoué dans son projet de se rendre maître de la capitale, son intention n'était pas de rester dans les environs ; il quitta la citadelle de Leith à neuf heures, et conduisit son détachement, dans le plus profond silence, le long des sables, jusqu'à Seaton-House, château fort situé à environ dix milles d'Edimbourg, appartenant au comte de Winton, et entouré de hautes murailles. Il fit à grand bruit des dispositions pour s'y fortifier et s'y approvisionner, comme s'il eût eu dessein d'y rester quelque temps. Le duc d'Argyle, avec sa promptitude ordinaire, s'apprêta à attaquer Mac-Intosh dans ses nouveaux retranchemens ; il envoya chercher des artilleurs au camp de Stirling, et fit préparer quelques canons du château d'Edimbourg, avec lesquels il se proposait de mar-

[1] M. Patten.

cher sur Seaton-House pour en déloger les rebelles. Il fut encore interrompu dans ce projet par des exprès que le général Whetham, qui commandait en l'absence du Duc, lui envoya coup sur coup de Stirling, pour lui donner l'avis, peu agréable, que Mar, avec toute son armée, était en marche sur Stirling, espérant trouver l'occasion d'écraser le peu de troupes qui y restaient, et qui n'excédaient pas mille hommes.

Dès qu'il reçut cette nouvelle, le Duc, laissant deux cent cinquante hommes de son détachement sous les ordres du général Wightman, pour exécuter le plan de déloger les montagnards de leur forteresse de Seaton, retourna à la hate, avec le faible reste de sa troupe, à Stirling, où sa présence était fort nécessaire. Mais avant de parler des évènemens qui eurent lieu de ce côté, nous suivrons encore Mac-Intosh et sa troupe pendant quelques journées de leur marche.

Le samedi 15 octobre, un corps de dragons et de volontaires vint reconnaître les environs de Seaton-House. Mais comme les montagnards firent une sortie avec hardiesse, le parti venu d'Edimbourg se croyant trop faible pour hasarder une action, battit en retraite du côté de cette ville, et les rebelles rentrèrent dans le fort. Le lundi 17 octobre, on parut avoir des vues d'attaque plus sérieuses contre Seaton. Lord Rothes, lord Torphichen et d'autres officiers marchèrent contre ce château, avec trois cents volontaires et les troupes que le duc d'Argyle avait laissées pour déloger Mac-Intosh. Mais, dans cette troisième tentative comme dans les deux autres, on ne jugea pas prudent d'attaquer les opiniâtres montagnards, attendu qu'une défaite, à si peu de distance de la capitale, aurait eu nécessairement des suites auxquelles il eût été téméraire de s'exposer. Les troupes du gouvernement retournèrent donc pour la troisième fois à Edimbourg sans avoir eu d'autre engagement avec l'ennemi, que quelques coups de fusils tirés de part et d'autre.

Mac-Intosh ne crut pourtant pas que la prudence lui permît de laisser à ses ennemis l'occasion de l'attaquer de nouveau dans sa position présente. Il avait envoyé au général Forster une lettre qui, étant arrivée à l'instant où les amis engagés avec lui dans cette entreprise malavisée délibéraient s'ils n'y renonceraient pas, les détermina à rester sous les armes, et à se réunir à ces montagnards qui avaient traversé le Frith à si grand risque, pour venir les joindre. Forster et Kenmure répondirent donc au message de Mac-Intosh, en lui proposant de se réunir à ses forces à Kelso ou à Coldstream, comme il le jugerait convenable. Les lettres que le brigadier avait reçues de Mar depuis qu'il avait passé le Frith, aussi-bien que ses premières instructions, le chargeaient de faire sa jonction avec les insurgés des frontières. Il accepta donc leur proposition, et désigna Kelso pour lieu de rendez-vous. Sa première marche le conduisit au village de Longformachus, où il arriva dans la soirée du 19 octobre. On peut mentionner ici que dans le cours de cette journée on passa devant Hermandston, demeure du docteur Sinclair, que Mac-Intosh, avec quelque chose de l'ancien esprit vindicatif des montagnards, avait la plus grande envie de faire brûler, en revanche de la mort du jeune Hepburn de Keith. On le détourna d'en venir à cette extrémité; mais la maison fut pillée par les montagnards de lord Nairne, qui montrèrent une grande activité pour infliger ce genre de punition. Sir William Bennet de Grubet, qui avait occupé Kelso au nom du gouvernement, avec quelques soldats de milice et quelques volontaires, apprenant que quinze cents montagnards avançaient contre lui du côté du levant, tandis que cinq à six cents cavaliers, les forces réunies de Kenmure et de Forster pouvant monter à ce nombre, descendaient des montagnes de Cheviot, renonça au projet de défendre Kelso. Abandonnant les barricades qu'il avait fait construire dans ce dessein, il se retira vers Edimbourg avec sa petite troupe, emportant avec lui la plus grande partie des armes dont il s'était muni.

La cavalerie de Forster et de Kenmure étant partie de Wooler, arriva à Kelso quelques heures avant les montagnards, qui avaient quitté Dunse la même matinée. Les cavaliers écossais qui en faisaient partie, traversèrent la ville sans faire halte, pour aller au-devant de Mac-Intosh jusqu'à Ednam-Bridge, marque d'égard qu'ils crurent due à la bravoure avec laquelle le brigadier et ses montagnards étaient venus à leur secours à travers tant de dangers. Les forces réunies, quand on les passa en revue à Kelso, se trouvèrent monter à environ six cents hommes de cavalerie, et quatorze cents d'infanterie, car la désertion avait enlevé à Mac-Intosh quelques soldats. Ils entrèrent dans la ville en triomphe, et s'emparèrent du peu d'armes que sir William Bennet y avait laissées. Ils proclamèrent Jacques VIII sur la place du marché de cette belle ville, et assistèrent à l'office divin, — du moins les officiers, — dans l'église de la vieille Abbaye, où un ministre, qui avait refusé le serment, prêcha un sermon sur le droit héréditaire, dont le texte était : *Le droit du premier-né est le sien,* Deutéron.; ch. XXI, v. 17. Les Chefs tinrent alors un conseil général sur ce qu'ils devaient faire dans l'intérêt de l'insurrection. Ils avaient à choisir entre deux lignes de conduite ; l'une était appuyée par les gentilshommes écossais, l'autre par les insurgés du nord de l'Angleterre.

Suivant le premier plan d'opérations, on proposait de faire avancer les forces réunies vers l'ouest, le long des frontières, et d'occuper chemin faisant les villes de Dumfries, d'Ayr, et même de Glascow. On ne s'attendait, sur ces différens points, à aucune résistance que les troupes réunies ne fussent en état de surmonter. En arrivant dans l'ouest de l'Ecosse, on proposait d'ouvrir le passage des défilés, dont la défense était principalement confiée à quelques corps de milice et de volontaires, aux forces très-considérables des clans du comté d'Argyle, qui étaient déjà assemblés sous le général Gordon. Avec l'armée bien supérieure du comte de Mar en face, et avec les forces de Mac-Intosh, de Kenmure et de Forster, en arrière et sur son flanc gauche, on regardait comme impossible que, malgré tous ses talens, le duc d'Argyle pût persister à conserver son poste important de Stirling. D'après toutes les chances il devait être entièrement chassé de l'ancien royaume, comme on aimait à appeler l'Ecosse.

Ce plan de campagne offrait deux avantages. D'abord, il tendait à concentrer les forces des rebelles, qui, séparées comme elles l'étaient, et divisées dans tout le royaume, avaient jusqu'alors été tenues en échec et neutralisées, comme l'armée de Mar par le duc d'Argyle, ou forcées à battre en retraite devant les forces du gouvernement, et à changer de quartiers pour pourvoir à leur sûreté; ce qui avait été le destin de Forster et de Kenmure. En second lieu, la base sur laquelle ce plan reposait était fixe et solide. L'armée de Mar d'un côté, gordon avec les clans de l'autre, étaient des corps de troupes existant et sous les armes, et il ne se trouvait en campagne, pour le gouvernement, aucun parti assez fort pour les empêcher d'effectuer la jonction dont il s'agissait.

Malgré ces avantages, les insurgés anglais insistaient fortement pour qu'on adoptât une marche toute différente, en portant de nouveau la guerre en Angleterre, d'où ils avaient été si récemment forcés à se retirer. Au premier coup d'œil, cette proposition avait un air de hardiesse et de courage, et si on l'eût adopté, et qu'on eût agi avec concert et résolution, elle aurait offert une chance considérable de succès. Les dragons et la cavalerie assemblés à Newcastle sous le général Carpenter ne formaient qu'un corps de mille hommes, et avaient été très-fatigués par des marches forcées. Les insurgens, soutenus par Mac-Intosh et son infanterie, auraient pu réussir, par une marche soudaine, à attaquer Carpenter dans son camp, ou à le combattre en rase campagne. Dans tous les cas, la grande supériorité de leur nombre aurait obligé le général anglais soit à hasarder une action avec un grand désavantage, soit à battre en retraite. Dans l'une ou l'autre supposition, les gentilshommes du Northumberland seraient restés maîtres de leur province natale, et auraient pu s'emparer de Newcastle, et interrompre le commerce de charbon [1]. Enfin, les grands domaines et l'influence de lord Derwentwater et d'autres seigneurs les avaient mis à portée d'augmenter leurs forces d'autant de soldats d'infanterie qu'ils auraient pu en armer; et sans infanterie les nobles qui avaient pris les armes ne pouvaient être regardés que comme une ame sans corps, ou une poignée sans épée ; mais Forster et ses amis ne voulurent pas consentir à une mesure en faveur de laquelle on pouvait alléguer tant de raisons, et perdaient le temps en de vaines discussions : ils restèrent à Kelso du 22 au 27 octobre. Alors il devint impossible de mettre ce plan à exécution ; car ils apprirent que, tandis qu'ils délibéraient encore, le général Carpenter agissait, et que sa petite armée, s'étant reposée et ayant reçu des renforts, s'était avancée jusqu'à Woler pour les chercher et leur livrer bataille.

Forster et les officiers anglais insistèrent alors sur un autre plan, qui aurait encore fait de l'Angleterre le théâtre de la campagne. Ils proposèrent d'éviter la bataille que le général Carpenter paraissait disposé à leur livrer, en marchant à l'ouest le long des frontières d'Ecosse, de tourner ensuite vers le sud pour entrer dans le comté de Lancastre, où ils assuraient leurs confédérés écossais que leurs amis étaient prêts à s'insurger, au nombre de vingt mille hommes tout au moins, ce qui suffirait pour les mettre en état de marcher sur Londres, en dépit de toute opposition.

En cette occasion importante les insurgés anglais donnaient une preuve décidée de cette espèce de crédulité qui dispose les hommes à ajouter foi, d'après les plus

---

[1] Afin de gêner l'approvisionnement de la ville de Londres, qui tire de là tout le charbon nécessaire à sa consommation. — Tr.

faibles apparences, aux nouvelles qui flattent leurs espérances et leurs opinions, et qui porta Addison à appeler les jacobites de cette époque une race d'hommes qui vivaient dans un songe, qui se nourrissaient journellement de fictions et d'illusions; et à les comparer au vieux chevalier obstiné de Rabelais, qui avalait tous les matins une chimère pour son déjeuner.

Les seigneurs écossais, et particulièrement lord Winton, ne furent pas convaincus par les raisonnemens de leurs amis du midi, et ils ne paraissent pas avoir partagé leurs vives espérances d'un soulèvement général dans le comté de Lancastre. En conséquence, ils s'opposèrent fortement à tout mouvement dans cette direction. La seule détermination certaine que prirent donc les rebelles, au milieu de la division de leur conseil, fut qu'ils s'avanceraient vers l'ouest, le long de la frontière, marche qui les mettait également sur leur route, soit qu'ils se décidassent définitivement à gagner la partie occidentale de l'Écosse, soit qu'ils préférassent entrer dans le comté de Lancastre. On verra dans la suite de cette histoire les progrès et la fin de cette expédition malencontreuse.

CHAPITRE IX.

Le comte de Mar reste à Perth dans l'inaction. — Il prend la résolution de marcher sur Stirling. — Il se met en marche, abandonne son plan, et retourne à Perth. — Surprise d'un détachement jacobite à Dunfermline. — Argyle reçoit des renforts. — Arrivée à l'armée de Mar, de Seaforth, du général Gordon avec les clans de l'ouest et de Breadalbane. — Les deux armées se trouvant complètement renforcées n'ont plus de prétexte pour retarder les opérations actives.

Il faut que nous retournions maintenant à l'armée du comte de Mar, qui doit être considérée comme le centre et le foyer de l'insurrection. La possession même des comtés de Fife et de Kinross lui avait été contestée, jusqu'à un certain point, par les partisans du gouvernement. Le comte de Rothes avait mis dans son château de Lesly, près de Falkland, une garnison composée de quelques dragons et de quelques volontaires, et il déployait beaucoup d'activité à harasser les détachemens de cavalerie que Mar envoyait dans le pays pour proclamer Jacques VIII, et lever les contributions et les taxes publiques. Dans une de ces occasions, le 28 septembre, il surprit sir Thomas Bruce, pendant qu'il faisait cette proclamation dans la ville de Kinross, et le fit prisonnier. Le comte de Rothes maintint cette garnison dans son château jusqu'à ce que l'armée de Mar devînt assez forte pour l'obliger à l'abandonner. Mar n'en continua pas moins à éprouver de temps en temps des échecs, même dans les promenades militaires auxquelles il occupait les gentilshommes qui composaient sa cavalerie. Il est vrai qu'en général ces échecs n'avaient d'autre cause que le manque de discipline de ce genre de troupes, et leur négligence en montant la garde, ou en remplissant d'autres devoirs semblables, auxquels leur rang et leurs habitudes ne les avaient pas accoutumés.

La seule manœuvre importante que tenta le comte de Mar, fut le passage du Frith par le brigadier Mac-Intosh, dont les détails ont été donnés dans le chapitre précédent. Les suites furent de nature à forcer le général lui-même à prendre sur-le-champ des mesures actives. Ce n'était pas de cette manière qu'il avait paru jusqu'alors disposé à se distinguer, mais les circonstances le rendaient indispensable.

Il arriva que le second jour après le départ de Mac-Intosh du comté de Fife, on fit une revue générale, dans le voisinage de Perth, des troupes qui se trouvaient dans cette ville. Le frère du comte Marischal, James, qui fut ensuite le célèbre maréchal de camp Keith, galopa le long de la ligne, répandant quelques uns de ces bruits favorables éphémères, dont l'un succédait à l'autre, et qu'on pouvait appeler les alimens qui nourrissaient l'insurrection, ou plutôt peut-être les soufflets qui en attisaient la flamme. Les nouvelles apocryphes de ce jour étaient que sir William-Windham avait surpris Bristol, et l'occupait au nom du roi Jacques III, et que sir William-Blacket s'était emparé de Berwich, — nouvelles qui furent reçues avec de grandes acclamations, qui n'auraient rien eu d'extraordinaire si les faits eussent été vrais.

Mais les principaux personnages de l'insurrection furent bientôt rappelés de ces visions à une triste réalité. Une assemblée des lords, des chefs de clans, et des commandans de corps, fut convoquée, et l'on prit un soin tout particulier d'en exclure tous ceux qui n'avaient qu'un rang inférieur. Mar se présenta devant cette espèce de conseil de guerre, la figure alongée, et annonça que le brigadier Mac-Intosh s'étant jeté, contre ses ordres, dans la citadelle de Leith, y était investi par le duc d'Argyle. Il leur mit sous les yeux la lettre qu'il avait reçue du brigadier, qui disait que quelques heures décideraient de son destin, mais qu'il était résolu à faire son devoir jusqu'au bout : il y exprimait aussi sa crainte qu'on n'amenât contre lui des canons et des mortiers. Le comte de Mar dit qu'il regardait ce détachement comme perdu, mais ajouta qu'il serait possible d'opérer une diversion en sa faveur, en faisant une feinte vers Stirling. Cette proposition fut appuyée par le général Hamilton, qui dit que ce mouvement pouvait faire du bien, et qu'il n'en pouvait résulter aucun mal.

Ce mouvement étant déterminé, Mar s'avança, avec un corps nombreux d'infanterie, jusqu'à Auchterarder, et poussa même deux escadrons de cavalerie jusqu'à Dunblane, ce qui avait bien l'air d'une attaque projetée contre le camp de Stirling. On dit que l'avis du général Hamilton était que l'infanterie prît possession d'un défilé qui est la continuation de la route à partir de l'extrémité septentrionale du pont de Stirling, en traversant quelques terrains bas et marécageux, et qu'on appelle la Longue-Chaussée. Les rebelles une fois en possession de ce long et étroit défilé, il aurait été aussi difficile pour le duc d'Argyle d'arriver à eux, qu'il l'était pour eux de l'atteindre. La nécessité de garder le pont même, avec le peu de forces qu'il commandait, aurait ajouté aux difficultés d'Argyle, et aurait donné au général Gordon et aux clans de l'ouest, qu'on croyait alors réunis à Dunbarton, une occasion facile de s'avancer sur Stirling par Drymen et le lac de Monteith, en gardant possession, pendant toute leur marche, de hauteurs élevées, favorables aux opérations des montagnards. De cette manière, le duc d'Argyle aurait été placé entre deux feux, et aurait couru le plus grand risque de voir couper les renforts qu'il attendait avec impatience tant d'Irlande que de l'ouest de l'Écosse.

Mar n'avait qu'une objection à faire à un plan de campagne si simple, et qui pouvait produire tant d'effet, c'était le manque de provisions. Un tel argument était en soi-même une honte pour un général qui avait été si long-temps en quartiers dans les environs du Carse de Gowrie[1], et surtout à la fin de l'automne, époque où toutes les granges sont pleines, sans s'être assuré des moyens de subsistance pour son armée, seulement pendant quelques jours. Le général Hamilton combattit cette objection, et démontra même qu'on pouvait se procurer des approvisionnemens. Mar eut l'air de céder à ses raisonnemens, mais après avoir été avec l'infanterie de son armée jusqu'à Ardoch, il fit faire halte tout-à-coup, et défendit qu'on fît le mouvement proposé sur la Longue-Chaussée, alléguant que Marishal et Linlithgow s'étaient déclarés contre ce projet. Il paraît probable que l'affaire approchant de sa crise, Mar sentait plus profondément son ignorance, à mesure que les talens militaires devenaient

---

(1) *Carse* est un mot écossais qu'on emploie pour désigner des terres basses et fertiles, situées en général sur les bords d'une rivière. — Tr.

plus nécessaires, et que craignant d'adopter une marche par laquelle il aurait pu maîtriser les évènemens, il cherchait tous les moyens de retarder l'instant de prendre une décision, dans l'espoir qu'à la longue les circonstances deviendraient favorables d'elles-mêmes.

Pendant ce temps, la nouvelle de la marche du comte de Mar jusqu'à Auchterarder et Dunblane, rappela le duc d'Argyle à son camp de Stirling, comme nous l'avons déjà dit, laissant un détachement de sa cavalerie, les milices et les volontaires, pour attaquer Mac-Intosh et ses agiles montagnards, qui leur échappèrent, d'abord en se défendant à Seaton, et ensuite en marchant sur Kelso. Argyle prit sur-le-champ de nouvelles mesures défensives contre Mar, en établissant des barricades sur le pont de Stirling, et en rompant celui qui se trouvait sur le Teith, au village de Doune. Mais la présence de son antagoniste à si peu de distance de lui suffit pour déterminer le comte de Mar à se retirer avec toutes ses forces dans ses anciens quartiers à Perth, et à y attendre la suite des évènemens.

L'instant d'une crise approchait alors rapidement. Mar n'avait plus de rapport avec le détachement de Mac-Intosh, qui devait suivre séparément sa bonne ou sa mauvaise fortune. Le comte avait aussi été averti d'une manière peu agréable que les excursions par lesquelles il avait coutume de se procurer des fonds, et de maintenir la terreur de ses armes, n'étaient pas sans quelques inconvéniens. Un détachement d'environ quatre-vingts cavaliers et de trois cents montagnards d'infanterie, la plupart vassaux du marquis d'Huntly, fut envoyé à Dunfermline pour lever les contributions. La route directe de Perth à Dunfermline est infiniment plus courte, mais ces troupes avaient ordre de prendre le chemin du château Campbell, ce qui reculait considérablement la distance, sans autre motif apparent que d'insulter la garnison que le duc d'Argyle y entretenait, en passant sous ses murs. Quand le détachement fut arrivé à Dunfermline, Gordon de Glenbucket, qui commandait les montagnards, les conduisit dans la vieille Abbaye, dont la situation est forte, et y plaça une sentinelle. Il prit ensuite ses quartiers dans la ville et y posta aussi un factionnaire. Le major Graham, commandant la cavalerie, prit la précaution inutile d'en faire autant à la tête du pont, mais sans aucun autre moyen pour éviter une surprise. Tous ceux qui composaient son escadron ne songèrent qu'à se loger de leur mieux, et avec cette négligence totale de discipline qui leur était ordinaire. Aucun d'eux ne savait précisément où il retrouverait son cheval, et l'on n'était convenu d'aucun rendez-vous pour se réunir en cas d'alarme. Les officiers s'attablèrent et se firent servir du vin. Pendant cette confusion générale, l'honorable colonel Cathcart, qui fut ensuite lord Cathcart, était près de la ville avec un gros de cavalerie, et il obtenait des renseignemens exacts sur tout ce qui s'y passait, par le moyen des espions qu'il avait dans l'intérieur.

Le 24 octobre, vers cinq heures du matin, il entra dans la ville avec deux détachemens de ses dragons, l'un à cheval, l'autre à pied. La surprise fut complète, et les cavaliers jacobites en souffrirent en proportion. Plusieurs furent tués ou blessés, une vingtaine furent faits prisonniers, et cette perte fut d'autant plus sentie que tous étaient gentilshommes, et la plupart riches propriétaires. Les assaillans ne perdirent pas de temps dans cette entreprise, et ils se retirèrent aussi promptement qu'ils étaient arrivés. Le voisinage de l'infanterie montagnarde qui était dans l'Abbaye était une bonne raison pour accélérer leur départ. Cette petite affaire parut considérable dans une guerre qui avait été jusqu'alors si peu marquée par des incidens militaires. L'arrivée des prisonniers à Stirling, et la liste de leurs noms, procurèrent de l'éclat à la tactique du duc d'Argyle, et peu d'honneur à celle du comte de Mar. D'une autre part on fit circuler à Perth des bruits divers sur la perte que Cathcart avait soufferte dans l'action, sur les hommes qui avaient été enterrés pendant la nuit, et les chevaux qui étaient retournés à Stirling sans cavaliers. Ceux même qui avaient fait partie de l'expédition à Dunfermline ajoutèrent foi comme les autres à cette relation, toute fabuleuse qu'elle était ; car la confusion avait été si générale, que personne ne savait quel avait été le destin de ses camarades. Mais dans le fait, la liste des accidens arrivés au détachement du colonel Cathcart ne contenait qu'un homme dont la joue avait été entamée, et un cheval blessé. Cette petite affaire devint un sujet de pasquinades et de chansons dans l'armée de Perth, et augmenta le dégoût que le marquis d'Huntly avait déjà conçu pour cette entreprise.

A cette époque, trois régimens d'infanterie et les dragons d'Evans avaient rejoint le duc d'Argyle, qui se trouva alors assez fort pour mettre en campagne des détachemens, sans craindre d'affaiblir sa propre position. Il envoya à Kilsythe un bataillon d'infanterie avec un escadron de dragons pour surveiller les mouvemens de Forster et de Kenmure, dans le cas où ils voudraient pénétrer dans l'ouest de l'Écosse avec la totalité ou une partie de leurs forces.

Le comte de Mar était aussi sur le point de recevoir les derniers renforts qu'il pouvait attendre, et dont les retards qu'avait éprouvés leur arrivée avaient été la cause ou du moins l'excuse de son inaction. Les différentes causes de ce délai avaient enfin été écartées de la manière suivante. On doit se rappeler que Seaforth avait en face de lui lord Sutherland à la tête de ses vassaux et des clans whigs de Grant, Monro, Ross et autres. Mais presqu'à cette même époque, le comte de Seaforth fut rejoint par sir Donald, Mac-Donald de Skye avec sept cents montagnards de son clan, et un nombre de Mac-Kinnons, Chisholms et autres, qui portaient le total de sa troupe à environ quatre mille hommes. Le comte de Sutherland, voyant que ces forces étaient beaucoup plus considérables que celles qu'il pouvait y opposer, se retira vers le détroit de Bonar, qui sépare le comté de Ross de celui de Sutherland, le traversa, et rentra dans ses domaines. Seaforth n'éprouvant plus alors aucune opposition à ses mouvemens, marcha sur Inverness, et après y avoir laissé une garnison, alla joindre à Perth le comte de Mar, à l'armée insurgée duquel ses troupes firent une addition formidable.

Les clans de l'ouest étaient les derniers renforts que Mar eût encore à espérer; et ces renforts étaient importans, non seulement par le nombre de leurs soldats, mais par la renommée militaire dont ils jouissaient par-dessus tous les autres montagnards, tant à cause de leur zèle pour la cause jacobite, que par suite de leur bravoure. Mais Mar avait gêné les mouvemens du général Gordon, qui devait lui amener cette partie de ses forces, en le chargeant d'une mission qui devait le retenir quelque temps dans le comté d'Argyle. Ses instructions lui enjoignaient spécialement de prendre le château d'Inverary, principale résidence du duc d'Argyle, et d'y mettre garnison. Les clans, et surtout ceux de Stuart d'Appin et de Caméron de Lochiel, quoique professant des opinions politiques contraires à celles du duc, respectaient ses talens, et avaient une grande estime pour sa personne. Ils avaient donc de la répugnance à se faire une querelle personnelle avec lui en attaquant son château; et ces chefs se tinrent à l'écart, et tardèrent à rejoindre les autres. Cependant quand Glengarry et Clanronald eurent levé leurs clans, ils eurent moins de scrupules. Pendant ce temps Campbell de Finnab était chargé de la tâche difficile de tenir les assaillans en échec jusqu'à ce que le duc d'Argyle eût reçu les renforts qu'il attendait d'Irlande. Le comte d'Islay, frère cadet du duc, se joignit bientôt à lui; et à l'aide de sir James Campbell d'Auchinbreck, environ mille hommes étaient réunis pour défendre Inverary, quand quatre à cinq mille se présentèrent devant le château pour l'attaquer. On conclut une sorte de traité, par suite duquel les clans insurgés consentirent à sortir du pays d'Argyle. En conséquence, ils descendirent par Strathfillan, et marchèrent vers le château de Drummond, qui était dans le voisinage de Perth, et à une petite journée du quartier-général de Mar.

Nous ne devons pas oublier un autre membre important de l'insurrection, le comte de Breadalbane, cet homme d'état implacable qui avait été l'auteur du massacre de Glencoe. Il avait été chargé par le roi Guillaume, en 1689, d'assurer et de maintenir la paix parmi les montagnards; et maintenant dans sa vieillesse, il s'imagina que son intérêt était de contribuer à la troubler. Lorsqu'il fut sommé de comparaître à Édimbourg, comme suspect, il se procura un certificat signé par un médecin et un ministre, et conçu en termes pathétiques, dans lequel il était représenté comme un vieillard infirme, accablé de tous les maux qui sont la suite d'un âge avancé. Aucune de ses infirmités ne l'empêcha pourtant de se rendre près du comte de Mar, le lendemain même du jour où ce certificat fut signé. On suppose que Breadalbane reçut des sommes considérables du comte, qui connaissait parfaitement le seul moyen de se le rendre favorable. Néanmoins il se passa long-temps avant que ce seigneur cauteleux prît un parti décisif, et l'on crut qu'il avait dessein d'aller à Stirling, et de se réconcilier avec le duc d'Argyle, chef de la branche aînée de sa maison. Breadalbane n'en fit pourtant rien; au contraire il se montra dans la ville de Perth, où le costume étrange et les manières singulières de ce vieillard extraordinaire attirèrent l'attention générale. Il avait le caractère observateur et satirique au plus haut degré, et semblait rire intérieurement de tout ce qui lui paraissait ridicule, sans souffrir que sa physionomie trahît ses sentimens secrets, à moins qu'on ne l'observât avec une attention peu commune. Au milieu des embarras multipliés qu'éprouvaient les insurgés, le seul avis qu'il leur donna fut de se procurer une presse sans perdre de temps, et de faire imprimer des gazettes.

Que ce conseil fût donné en plaisantant, ou sérieusement, Mar le suivit. Il fit venir une presse d'Aberdeen, afin de faire circuler les nouvelles plus rapidement et plus loin par cet agent actif de la renommée. Elle fut confiée aux soins de Robert Freebairn, un des imprimeurs de feu la reine Anne, que ses principes avaient décidé à joindre l'armée insurgée. Il fut principalement employé à propager plus que jamais, par le moyen de son art, les illusions qui avaient dans l'origine occasioné l'insurrection, et qui la soutenaient en grande partie. On peut en donner pour exemple que, tandis que Mar ignorait quel était le destin de Forster, de Kenmure, et du détachement de montagnards sous les ordres de Mac-Intosh, on publiait hardiment qu'ils étaient maîtres de Newcastle, et qu'ils balayaient tout devant eux, et que les Jacobites des environs de Londres avaient pris les armes en si grand nombre, que le roi George avait trouvé nécessaire de se retirer de la capitale.

Il ne paraît pas que le comte de Breadalbane ait été aussi franc en accordant aux rebelles l'appui de ses forces militaires, qui était puissant et étendu, qu'en leur donnant l'avis de se servir de la presse pour faire impression sur l'esprit public. Son âge le dispensait de porter les armes personnellement; et il est probable que son expérience et ses observations judicieuses ne lui firent voir dans leurs conseils que bien peu de chose qui promît un résultat favorable de leur entreprise, quoique certainement appuyée par une force armée considérable. Un corps de quatre à cinq cents hommes de son clan, commandé par Campbell de Glendarule, parent du comte, joignit la troupe commandée par le général Gordon; mais environ quatre cents qui, en apparence, avaient pris part à l'entreprise tentée contre Inverary, et qui s'étaient formés en corps pour ce dessein, se dispersèrent, et retournèrent chez eux sans avoir rejoint l'armée de Mar.

Toutes les forces se trouvant alors réunies des deux côtés, il semblait inévitable que les éclairs et le tonnerre de la guerre civile partissent enfin des nuages qui couvraient depuis si long-temps l'horizon du malheureux royaume d'Écosse.

CHAPITRE X.

Motifs du comte de Mar pour entreprendre l'insurrection. — Causes qui lui font échoir en partage le commandement de l'armée. — Les armes et munitions destinées à l'armée jacobite sont interceptées. — Adresses au chevalier de Saint-George et au duc d'Orléans par l'armée de Perth. — Mécontentement de quelques uns des principaux seigneurs de l'armée de Mar. — Plan de Mar. — Départ de Mar de Perth et d'Argyle de Stirling. — Les armées se rencontrent près de Dunblane. — Conseil de guerre tenu par Mar. — Bataille de Sheriffmuir.

J'ai attendu jusqu'à cet endroit de l'histoire d'Écosse, pour essayer d'examiner les causes de la rébellion et la manière dont elle fut conduite, et pour expliquer, s'il est possible, l'indolence du général et des chefs des insurgens, qui, s'étant décidés à une tentative si désespérée, et ayant levé des forces si considérables, ne se trouvaient guère plus avancés dans leur entreprise au bout de deux mois, qu'ils ne l'étaient dans le cours de la deuxième semaine.

Si nous passons en revue toute la conduite du comte de Mar, du commencement à la fin, nous sommes portés à conclure que l'insurrection de 1715 fut entreprise avec autant de précipitation que de témérité. Il ne paraît pas que Mar ait eu aucune communication à ce sujet avec la cour du chevalier de Saint-George avant la mort de la reine Anne. Cet évènement le trouva libre de se recommander aux bonnes grâces du roi George, et de lui prouver son influence sur les chefs montagnards, en se faisant charger par eux de présenter au roi une adresse annonçant leur soumission, et une fidélité égale à la sienne. Ces offres de services, comme nous l'avons déjà dit, ayant été rejetées d'une manière dure et insultante, le ministre disgracié en conclut que sa perte était déterminée; et son ressentiment privé, qui, en toute autre circonstance, n'aurait produit aucune explosion, éclata malheureusement au milieu des combustibles qu'un sentiment général d'adhésion à la famille exilée avait préparés en Écosse.

Lorsque Mar arriva de Londres dans le comté de Fife, le bruit courut qu'il avait avec lui cent mille livres sterling en argent comptant; — des instructions écrites par le chevalier de Saint-George lui-même, et une commission par laquelle il le nommait lieutenant-général et commandant en chef de ses forces en Écosse. Mais quoique ces bruits fussent répandus dans le public, des rapports plus exacts assurent qu'au commencement de cette entreprise Mar ne prétendit prendre aucune autorité sur les autres seigneurs de son rang, et ne donna d'autre preuve de mission du chevalier de Saint-George que son portrait. On fit parade d'un coffre-fort, qu'on disait contenir une somme considérable, et appartenir au comte de Mar, mais on ne croyait pas qu'il s'y trouvât plus de trois mille livres, si même il renfermait cette somme. Quant au point important du choix d'un général pour commander en chef, lorsqu'il fut question de ce projet, dans l'origine, à la cour de Saint-Germain, il se rattachait à la descente du duc d'Ormond en Angleterre, et à celle du duc de Berwick en Écosse, où les talens bien connus de ce dernier auraient dirigé toute l'affaire. On ne peut guère douter qu'après avoir commencé son insurrection, Mar, par le moyen de ses agens en Lorraine, n'ait fait tous ses efforts pour inspirer au chevalier une opinion favorable; et le succès inattendu de son entreprise, au point où elle était parvenue, et les forces considérables qu'il avait été en état de rassembler, lui donnaient quelques droits à sa confiance. En attendant, il était nécessaire qu'il y eût un général pour remplir *ad interim* les devoirs de cette place. Mar, comme je vous l'ai dit, offrit le commandement au duc d'Athole, qui refusa de prendre part à cette affaire. Huntly, d'après son pouvoir, d'après le rang dont il jouissait déjà, et celui dont il avait l'expectative, aurait pu réclamer l'autorité suprême, mais sa religion y mettait obstacle. Seaforth était bien loin, et n'arriva que tard. Les prétentions de ces seigneurs au premier rang étant mises à l'écart, il était tout naturel que Mar prît lui-même le commandement d'une insurrection qui n'avait eu lieu qu'à son instigation. Il était agréable aux montagnards, comme ayant été le canal par lequel leur avaient été transmises les marques de la générosité de la reine Anne ; il avait aussi des partisans parmi la noblesse des basses-terres, à cause de sa libéralité à l'égard de plusieurs de ses membres qui étaient venus le joindre, et dont les biens et les revenus n'étaient pas proportionnés à leur rang ; circonstance qui n'avait peut être pas peu contribué à les décider à se jeter à corps perdu dans une entreprise si désespérée. Ce fut ainsi que Mar prit en main le bâton de général, parce qu'il ne se trouvait aucun autre qui pût y prétendre.

De même que beaucoup d'hommes dans sa situation, il n'était pas porté à se méfier de ses propres moyens pour exercer avec avantage l'autorité dont il se trouvait investi presque par hasard ; ou, s'il nourrissait quelque doute à ce sujet, il pouvait considérer ses fonctions militaires comme n'étant que temporaires, puisque, d'après toute la teneur de sa conduite, il paraît qu'il attendait de France un chef militaire de profession, et à qui il aurait pu remettre le commandement avec honneur. Cette attente peut expliquer le soin avec lequel le général jacobite s'abstenait de toute opération offensive, et le désir ardent qu'il montrait de grossir son armée autant qu'il était possible, plutôt que de hasarder l'entreprise qui promettait le plus de succès.

Il est probable que ce qui encouragea Mar à conserver son autorité militaire, qui dut le mettre quelquefois dans l'embarras, ce fut de s'y voir confirmé par Ogilvie de Boyne, messager spécial du chevalier de Saint-George, qui, flatté de l'état favorable des affaires en Écosse, conféra au comte de Mar, pour la forme, le commandement qu'il avait si long-temps exercé de fait, et qui, disait-on, lui envoya des lettres-patentes l'élevant à la dignité de duc de Mar. On parla fort peu de ce dernier honneur, mais la commission de Mar, comme général en chef, fut lue en tête de chacun des corps qui avaient pris part à l'insurrection.

On pourrait être surpris que le bâtiment à bord duquel était venu M. Ogilvie, porteur de cette commission, n'eût apporté ni hommes, ni argent, ni approvisionnemens. La raison paraît en avoir été que le chevalier de Saint-George avait dépensé antérieurement tous les fonds qu'il avait lui-même à sa disposition, ou qu'il pouvait emprunter des cours étrangères favorables à ses prétentions, en équipant un grand nombre de bâtimens chargés d'une grande quantité d'armes et de munitions, et qui devaient partir du Havre-de-Grâce et de Dieppe. Mais le comte de Stair ayant bientôt découvert leur destination, fit des remontrances à la cour de France sur un procédé si peu d'accord avec les articles d'Utrecht; sir George Byng, avec une escadre de vaisseaux de guerre, bloqua les ports de France, dans le dessein d'attaquer les bâtimens s'ils mettaient à la voile; et le duc d'Orléans, régent du royaume, donna sur-le-champ des ordres pour empêcher l'armement et le départ des navires destinés au service du chevalier de Saint-George. Ainsi furent interceptées les armes et les munitions qui devaient être envoyées aux insurgens, et toutes les dépenses faites pour cette expédition projetée furent entièrement perdues. Cela explique d'une manière satisfaisante pourquoi le prince exilé ne put guère envoyer à ses partisans en Écosse que de belles paroles et des brevets.

Cependant le comte de Mar et les seigneurs et nobles qui s'étaient embarqués dans son entreprise, quoique trompés dans leurs vives espérances, sous l'influence desquelles elle avait été conçue, et voyant que la mort de Louis XIV et la prudence de celui qui avait succédé à son pouvoir leur ôtaient tout espoir de secours étrangers, désiraient pourtant être encouragés par la présence du chevalier de Saint-George lui-même à la tête de l'armée qu'ils avaient rassemblée en son nom et pour sa querelle. Ils rédigèrent donc une adresse au roi Jacques VIII, comme on le nommait, pour le prier de se rendre en Écosse, et d'entretenir, par sa présence, la flamme du dévouement à sa personne, qu'ils représentaient comme éclatant de toutes parts dans ce royaume; lui garantissant sa sûreté personnelle sur leur vie et leur honneur, et insistant sur les effets favorables que devait produire leur entreprise, s'il se mettait lui-même à leur tête. Ils en rédigèrent une seconde pour le régent, le duc d'Orléans. Ils le priaient, s'il ne lui plaisait pas d'aider l'héritier de la maison de Stuart dans ce moment de crise de son destin, de lui permettre du moins de revenir dans son pays natal, pour partager le sort de ses fidèles sujets, qui portaient les armes pour lui. Le style de cette adresse était assez extraordinaire, car on semblait y considérer le chevalier de Saint-George comme étant dans une prison, et le régent de France comme en gardant la clef. Ces deux adresses furent néanmoins signées par tous les hommes de qualité qui se trouvaient à Perth; mais ces fiers Hidalgos montrèrent un grand ressentiment quand ils surent qu'on avait permis à M. Robert Freebairn, imprimeur du roi, de la souscrire avec eux. Ces pièces, après avoir été signées, furent confiées aux soins de l'honorable major Hay, ayant pour secrétaire l'historien

Abercromby, et qui fut chargé de se rendre auprès du chevalier de Saint-George, à la cour de Lorraine, et partout où il pourrait être, et de lui représenter les désirs des signataires. Le choix de l'ambassadeur et le secret qui fut observé sur l'objet de sa mission furent regardés comme blâmables par les individus faisant partie de l'armée, qui croyaient que, les mesures à adopter intéressant le bien général, ils avaient quelque droit d'être informés de la manière dont cette négociation devait se conduire. Mar fit partir ensuite deux autres envoyés chargés de la même mission. Le premier fut sir Alexandre Erskine d'Alva, qui fit naufrage à son retour; l'autre, un agent plein d'adresse, nommé Charles Forbes.

Le comte de Mar ne s'était pas élevé au faîte du pouvoir dont il jouissait alors sans être exposé à la malveillance et aux interprétations défavorables qui accompagnent ordinairement l'autorité. Le Maître de Sinclair, homme dont le caractère était également acariâtre et sévère, s'était montré, dès l'origine, mécontent de la manière dont on conduisait l'insurrection; et comme la plupart des hommes ayant les mêmes dispositions; il paraît avoir été plus prompt à remarquer les fautes et à les blâmer, qu'à aider à les réparer. Le comte d'Huntly semble aussi avoir eu à se plaindre du comte de Mar, et l'avoir regardé avec aversion et méfiance. Les montagnards eux-mêmes n'étaient pas tout-à-fait disposés à se fier à lui comme général. Quand Glengarry, un de leurs chefs les plus habiles, joignit l'armée à Perth, il désirait que les clans de l'ouest restassent séparés de ceux qui étaient d'abord assemblés à Perth, et agissent de concert avec les forces du comte d'Huntly; il fut même proposé à Sinclair de se joindre à cette espèce d'association, ce qui aurait, de fait, divisé l'armée en deux sections. Glengarry se laissa pourtant dissuader de ce projet, et quoiqu'on dise que les argumens qu'on employa pour le décider à y renoncer furent principalement ceux du vin et de la bonne chère, il n'en est pas moins vrai que son retour aux devoirs d'un soldat fut un acte de raison et de sagesse.

Le comte de Mar, au milieu de ses autres occupations, désirant préparer une place d'armes pour la résidence du chevalier de Saint-George, quand il arriverait, comme on s'y attendait, essaya de couvrir Perth par des fortifications, de manière à mettre cette ville à l'abri d'un coup de main. Le général Hamilton conduisit quelque temps ces travaux, mais ensuite ils furent entièrement abandonnés à un Français qui avait été maître à danser et maître en fait d'armes, et dont les lignes de défense firent l'amusement des Anglais quand ils en furent en possession.

Avant de reprendre ma narration, je dois vous dire que, dans ce même mois d'octobre, si fertile en évènemens, tandis que tant de mouvemens militaires se passaient en Écosse, le duc d'Ormond fut chargé par le chevalier de Saint-George de débarquer sur la côte d'Angleterre avec des armes et des munitions. On tira trois coups de canon pour servir de signal aux Jacobites, qu'on s'attendait à voir accourir en foule vers le rivage, le nom d'Ormond jouissant alors parmi eux d'une très grande popularité. Mais comme nulle réponse ne fut faite à ce signal, le vaisseau reprit le large et retourna en France. Si le duc fût débarqué, le parti jacobite se serait trouvé dans la situation singulière d'avoir en Angleterre un général sans armée, et en Écosse une armée sans général en état d'en remplir les fonctions.

Nous approchons maintenant de la catastrophe de ces commotions intestines. Le comte de Mar, au commencement de novembre, avait reçu tous les renforts qu'il pouvait espérer, quoiqu'il soit douteux qu'il eût beaucoup augmenté la force de son armée, ou rendu plus facile la tâche de forcer la position du duc d'Argyle ou de la tourner, à cause du temps qu'il avait passé dans l'inaction.

A la vérité le nombre de ses soldats s'était accru, mais il en était de même de ceux du duc d'Argyle ; de sorte que les deux armées avaient entre elles la même proportion qu'auparavant. C'était un désavantage pour les montagnards ; car lorsque les soldats indisciplinés ont à lutter contre des troupes régulières, celles-ci doivent toujours avoir une supériorité proportionnée à leur nombre sur le champ de bataille ; et il devient vraisemblable que les manœuvres décideront du sort de la journée. En outre, la désertion avait diminué beaucoup l'armée de Mar pendant son séjour à Perth. Les montagnards, avec l'impatience et l'indolence d'un peuple à demi civilisé, s'ennuyaient également de rester dans l'oisiveté, et d'être occupés aux travaux des fortifications ou à la routine journalière de l'exercice et des parades. Un grand nombre retournèrent chez eux pour mettre en sûreté ce qu'ils avaient épargné de leur paie, et le butin qu'ils avaient pu faire dans les basses-terres. Une semblable désertion était regardée par les clans comme parfaitement légale, et l'autorité des chefs était insuffisante pour la prévenir.

Les plans du comte de Mar ne paraissent même pas avoir été fixés d'une manière plus certaine, quand il se détermina enfin à l'importante démarche de faire un mouvement en avant. Il devait faire trois fausses attaques contre l'armée du Duc en même temps : l'une, sur la Longue-Chaussée et le pont de Stirling ; l'autre, au gué de l'Abbaye ; et la troisième, au gué de Drip-Coble, à un mille et demi au-dessus de cette ville. En se montrant sur tant de points à la fois, Mar pouvait espérer d'occuper tellement l'attention du Duc, qu'il pourrait lui-même passer la rivière au gué de Forth avec son principal corps d'armée ; mais comme le duc d'Argyle ne lui donna pas le temps de faire ces mouvemens, on ne peut savoir si Mar en avait réellement l'intention.

Il est pourtant certain que le projet général de Mar était de gagner, s'il était possible, les gués du Forth, à l'endroit où ce fleuve sort du lac de Hard, et de passer ainsi du côté du sud. Pour arriver à cette partie du fleuve, il fallait faire une marche de deux jours à travers un pays stérile et montagneux. Ni Mar ni ses conseillers ne connaissaient parfaitement la route ; et ils n'avaient d'autre guide que le célèbre Rob-Roy Mac-Gregor, auquel ils disaient eux-mêmes qu'on ne pouvait accorder de confiance, et qui, dans le fait, était en communication constante avec le duc d'Argyle, son patron, à qui il faisait part des mouvemens de Mar. On dit aussi que ce proscrit ne connaissait les gués que pour les avoir passés avec des bestiaux des montagnes ; ce qui n'était pas à beaucoup près les connaître sous un point de vue militaire. Ce fut probablement dans la vue d'obtenir les renseignemens que Rob-Roy pouvait donner sur cet objet, que Mar, dans une lettre du 4 novembre, se plaignit de ce que ce fameux proscrit n'était pas venu à Perth, où il désirait beaucoup avoir une entrevue avec lui.

Mais quand même Mar et son conseil militaire auraient parfaitement connu les gués du Forth, ils ne pouvaient savoir dans quelle situation ils les trouveraient en y arrivant. Ils pouvaient être fortifiés et défendus par le duc d'Argyle ou par un détachement de son armée ; ils pouvaient même être impraticables à cette époque avancée de l'année, car, dans tous les temps, l'eau y est très profonde, et les rend très difficiles à passer. Enfin avant d'y arriver il fallait que Mar et son armée trouvassent le moyen de traverser le Teith, rivière presque aussi large et aussi profonde que le Forth, et sur laquelle le Duc avait détruit le pont de Doune, sur lequel on la passait ordinairement.

Telles étaient les difficultés qui s'opposaient aux insurgens, et elles sont d'un genre qui prouve combien on manquait d'intelligence dans un camp où il devait se trouver bien des gens de Meinteith et de Lennox connaissant parfaitement le pays que l'armée montagnarde avait à traverser, et qui auraient pu y faire des reconnaissances malgré les petites garnisons de milice et de volontaires de l'ouest que le Duc avait placées à Gartartan et dans d'autres maisons des environs d'Aberfoil. Mais la volonté du ciel n'était pas que les insurgés avançassent assez loin dans leur expédition pour éprouver les inconvéniens qui auraient résulté des difficultés que nous venons de détailler. Le duc d'Argyle, quoique inférieur en forces, prit, en brave soldat, la résolution de sortir de son camp à la tête des troupes, telles et quelles, qu'il avait à sa disposition, et d'arrêter la marche des insurgés, en leur livrant bataille avant qu'ils eussent le temps d'arriver sur les rives du Forth. Dans ce dessein, il rappela ses garnisons et ses avant-postes, et ayant rassemblé une armée qui ne se montait pas tout-à-fait à quatre mille hommes, il marcha de Stirling vers Dunblane dans la matinée du samedi 12 novembre.

Le 10 du même mois, le comte de Mar était sorti de ses quartiers de Perth, et s'était avancé jusqu'à Auchterarder, où l'infanterie fut logée pendant que la cavalerie fut placée dans les environs.

Mais pendant cette nuit, l'armée montagnarde fut diminuée par deux désertions considérables. L'une fut celle de tout le clan de Fraser, montant à quatre cents hommes. Il n'avait rejoint l'armée de Mar que tout récemment, sous les ordres de Fraser de Fraserdale, qui avait épousé la fille de l'ancien chef de ce clan. Mais justement à cette époque l'héritier mâle de cette famille, le célèbre Fraser de Lovat, arriva dans le nord, et donna des ordres pour rappeler le clan de Fraser de l'armée du roi Jacques VIII, pour les ranger sous les drapeaux de George Ier. Les Fraser, croyant que leur devoir envers leur chef passait avant ce qu'ils devaient à l'un ou à l'autre monarque, et reconnaissant dans le chef mâle le droit de les commander de préférence au mari de l'héritière dans la branche féminine, obéirent unanimement aux ordres du premier, et abandonnèrent le corps, l'armée et la cause qu'ils avaient embrassée.

L'autre désertion fut celle de deux cents montagnards venus à la suite du comte d'Huntly, qui se plaignaient d'avoir été surchargés de ce qu'on appelle devoirs de corvée. Ainsi diminuée, l'armée, après avoir été passée en revue par son général, se remit en marche dans l'ordre suivant : le Maître de Sinclair, avec l'escadron du comté de Fife et deux escadrons de la cavalerie d'Huntly, formait la tête de l'avant-garde; les clans de l'ouest les suivaient, d'abord les Mac-Donalds, sous leurs différens chefs, Clan-Ranald, Glengarry, sir Donald Mac-Donald, Keppoch et Glencoe. Venaient ensuite les vassaux de Breadalbane, avec cinq régimens composés des clans ci-après : les Mac-Leans, sous leur chef John Mac-Lean ; les Camerons, sous Lochiel; les Stewarts, commandés par Appin, et ce qui restait des troupes d'Huntly, de Strathdon et de Glenlivet, sous les ordres de Gordon de Glenbucket. Ces montagnards, formant un corps d'élite, étaient pleins d'enthousiasme, et comptaient tellement sur le succès, qu'ils se vantaient que leur division de l'armée de Mar serait plus que suffisante pour faire face au duc d'Argyle et à toutes les forces qui étaient sous ses ordres. Le général Gordon commandait toute l'avant-garde des montagnards.

Le reste de l'armée, commandé par Mar en personne, assisté du général Hamilton, suivait la division d'avant-garde; et il fut décidé que l'arrière-garde ne s'avancerait que jusqu'à Ardoch, tandis que l'avant-garde pousserait en avant jusqu'à Dunblane, ville que l'armée avait occupée lorsqu'elle était sortie de Perth pour la première fois, et qui est à huit milles à l'ouest d'Ardoch, où l'arrière-garde devait faire halte.

La cavalerie qui était en tête de la première colonne s'avançait suivant les ordres qu'elle avait reçus, quand un jeune homme boiteux, courant aussi vite que son infirmité le lui permettait, annonça au Maître de Sinclair, qui commandait le corps des éclaireurs, qu'il était envoyé par la femme du laird de Kippendavie, dont le mari était dans l'armée jacobite, pour informer le comte de Mar que le duc d'Argyle traversait en ce moment la ville de Dunblane. Un tel avis, quoique la vue du messager inspirât des doutes, méritait quelque attention. Un détachement fut envoyé en avant pour faire une reconnaissance, un exprès fut dépêché à Mar, qui était à six ou sept milles en arrière, et le général Gordon examina les environs avec soin pour y chercher une position forte, afin d'y placer ses troupes. Ils avaient en face la rivière d'Allan, et le Maître de Sinclair proposa de la traverser, et d'occuper quelques fermes qu'on voyait sur l'autre rive, et où les soldats pourraient trouver des rafraîchissemens, et les chevaux des fourrages. Mais le général Gordon pensa avec raison que passer une rivière à la chute de la nuit serait un mauvais préparatif au combat pour des corps d'infanterie qui devaient rester en plein air jusqu'au matin, par une forte gelée du milieu de novembre. Enfin la discussion se termina parce qu'on aperçut sur la rive gauche de la rivière deux fermes où l'on put placer les chevaux, quoique dans une situation où l'on aurait été écrasé par une attaque subite, avant de pouvoir sortir des enclos où les hommes étaient entassés comme des bestiaux, plutôt que logés comme des soldats. Pour prévenir une telle catastrophe, le général Gordon posta des avant-gardes et des vedettes, et fit faire des patrouilles avec toutes les précautions militaires d'usage. Peu de temps après qu'ils eurent pris leurs quartiers pour la nuit, lord Southeik et la cavalerie du comté d'Angus apportèrent la nouvelle que Mar arrivait avec le corps d'armée principal. Effectivement le comte parut au bivouac de son avant-garde à neuf heures du soir.

De nouveaux avis leur furent envoyés par lady Kippendavie, qui semblait être aussi bien informée qu'elle était exacte à faire part à l'armée des insurgens de ce qu'elle apprenait, et singulière dans le choix de ses messagers. Cette fois-ci elle dépêcha une vieille femme pour les instruire que les ennemis s'approchaient d'eux. Les détachemens envoyés en reconnaissance par Sinclair revinrent bientôt, et confirmèrent cette nouvelle.

Toute l'armée de Mar étant alors rassemblée dans un cercle fort étroit, les soldats dormirent sur leurs armes, enveloppés de leurs plaids, souffrant moins de la rigueur du froid que ne l'aurait probablement fait une armée de toute autre partie de l'Europe.

Le dimanche 13 novembre, au point du jour, l'armée des insurgens se rangea sur deux lignes de bataille dans la plaine au-dessus de l'endroit où ils avaient passé la nuit. Il n'y avait pas long-temps qu'ils avaient pris cette position, quand ils aperçurent un fort escadron de cavalerie sur une hauteur au sud de leurs lignes. C'était le duc d'Argyle qui, avec quelques officiers-généraux, s'était avancé pour reconnaître la position et les mesures de l'ennemi. Il n'y réussit qu'imparfaitement à cause des inégalités du terrain qui le séparait de l'armée de Mar.

Pendant ce temps, Mar, bien convaincu qu'il était en présence de l'ennemi, convoqua un conseil composé des nobles, des officiers-généraux, des chefs de clans, et des commandans de corps. On convient qu'en cette occasion il leur adressa un discours propre à les animer. Mais tous n'étaient pas également disposés à l'entendre, car il se trouvait déjà quelques personnages d'importance dont les principaux semblent avoir été Huntly et Sinclair, qui, désespérant du succès de la cause pour laquelle il s'étaient déclarés, désiraient ouvrir une communication avec le duc d'Argyle pour savoir s'il était autorisé à accepter leur soumission, et à leur accorder leur pardon, au prix de l'engagement qu'ils contracteraient de vivre paisiblement sous le gouvernement existant. Cependant ils ne parlaient de ce projet qu'entre eux et tout bas ; car ils sentaient en même temps que le moment de la crise était arrivé, et qu'il fallait obtenir la paix le fer à la main, afin de pouvoir, en remportant la victoire, proposer des conditions honorables; tandis que s'ils faisaient un pas en arrière, il ne leur serait plus possible de maintenir en corps d'armée leurs levées de montagnards, ni d'ouvrir une négociation à la tête d'une force assez imposante pour obtenir une capitulation favorable.

Quand donc le comte de Mar eut rappelé aux officiers qui l'entouraient l'injustice faite à la famille royale, et l'oppression qu'avait soufferte l'Écosse sous le joug de l'Angleterre; quand il les eut conjurés de ne pas laisser échapper l'occasion qu'ils avaient si long-temps désirée, mais d'attaquer sur-le-champ l'ennemi avec cette ardeur que leur cause et leurs griefs devaient leur inspirer, ses paroles éveillèrent dans l'âme de ses auditeurs une énergie semblable à la sienne. Le comte d'Huntly demanda seulement si une bataille gagnée pourrait, dans les circonstances où ils se trouvaient, assurer leurs droits et ceux de leur pays; et s'il y avait quelque espoir de secours étrangers pour les mettre en état de résister aux armes de l'Angleterre et de ses alliés. Le comte de Mar, dit-il, pouvait sans doute transmettre toutes ces informations, puisqu'il avait tout récemment reçu une lettre de lord Bolingbroke; et il demanda qu'on en donnât communication au conseil.

La circonstance critique du moment, et l'enthousiasme que le discours de Mar avait excité dans toute l'assemblée, permirent à Mar de se dispenser de faire attention à des questions auxquelles il aurait pu trouver difficile de répondre. Glissant sur l'interruption d'Huntly, il proposa la question au conseil en ces termes: — Combattre, ou non? — Chefs, nobles, officiers, tous répondirent par le cri universel: Combattre! Et la nouvelle de leur résolution étant parvenue aux deux lignes qui étaient rangées en bataille, fut accueillie par de vives acclamations; les chapeaux et les toques furent jetés en l'air, et la joie générale parut un présage assuré d'une prompte victoire, même à ceux qui auparavant étaient dans le doute et l'incertitude.

Ce fut avec ces transports que l'armée de Mar avança vers l'ennemi. Les deux lignes qu'elle formait sur la plaine furent rompues chacune en deux colonnes, de sorte que ce fut en quatre colonnes qu'elle continua sa marche, descendant la hauteur qu'elle avait d'abord occupée, traversant un marécage que la gelée de la nuit avait rendu praticable pour la cavalerie aussi bien que pour l'infanterie, et montant la colline qui était en face, et d'où le duc d'Argyle examinait les mouvemens des insurgés. Du moment que le duc vit l'extrémité de l'aile de Mar faire un quart de conversion sur la droite pour exécuter le mouvement que nous venons de décrire, il comprit aussitôt que leur dessein était de profiter de leur supériorité numérique pour l'attaquer en même temps de front et sur le flanc gauche. Il descendit à la hâte de la hauteur, au pied de laquelle ses troupes étaient rangées en bataille, afin de les disposer de manière à faire échouer le projet des ennemis, et à les conduire sur la hauteur. Il rangea sa petite armée, d'environ quatre mille hommes, en s'étendant considérablement sur la droite, plaçant à cette aile trois escadrons de cavalerie, et autant à la gauche de sa ligne de front, le centre étant composé de six bataillons d'infanterie. Chaque aile de la cavalerie était soutenue par un escadron de dragons. La seconde ligne était composée de deux bataillons au centre, et d'un escadron de dragons à chaque aile. Dans cet ordre, et ayant sa droite considérablement avancée contre la gauche de l'ennemi, de manière à pouvoir dérober son aile gauche à une attaque de flanc, le Duc monta la hauteur sans apercevoir l'ennemi, qui avait quitté les terrains élevés, et qui marchait à sa rencontre de l'autre côté de la même hauteur qu'il montait en ce moment. Les montagnards, comme nous l'avons déjà dit, s'avançaient sur quatre colonnes vers la droite.

Chaque colonne d'infanterie était suivie d'un corps de cavalerie qui devait, quand elle se déploierait en ligne, prendre position sur son flanc. Les montagnards marchaient, ou plutôt couraient vers l'ennemi avec tant d'empressement, que les chevaux, à l'arrière-garde, étaient au galop. Les deux armées montaient ainsi la hauteur en colonnes, et elles se rencontrèrent, en quelque sorte sans s'y attendre, sur le sommet, se trouvant sur quelques points à portée de pistolet, avant d'avoir su qu'elles étaient en présence. Toutes deux cherchèrent donc en même temps à se former en ligne de bataille, et il y eut quelque confusion de part et d'autre. Par exemple, deux escadrons de cavalerie des insurgés se trouvèrent au centre de l'aile droite au lieu d'être placés sur le flanc, comme on en avait l'intention, et comme les règles de l'art militaire l'exigeaient. Cette découverte fut pourtant de peu d'importance pour les montagnards, qui inspiraient la terreur par l'impétuosité de leur attaque, tandis que la force des troupes régulières consistait dans la fermeté de leur discipline.

Ce fut en ce moment qu'un vieux chef, attendant avec impatience l'ordre de charger, et voyant les soldats anglais se mettre en bon ordre, devint furieux de voir passer l'instant favorable, et fit l'exclamation mémorable : — Oh! que n'avons-nous Dundee pour une heure!

L'aile gauche du Duc était commandée par le général Whitham, qui ne paraît s'être distingué ni par le courage ni par le talent. La droite de la ligne de Mar, formée à la hâte, était composée des clans de l'ouest, les Mac-Donalds, les Mac-Leans et les vassaux de Breadalbane. Le vieux capitaine Livingstone s'approcha. C'était un vétéran qui avait servi dans l'armée du roi Jacques avant la révolution; et en jurant avec énergie, il demanda au général Gordon qui commandait l'aile droite, d'attaquer sur-le-champ. Le général hésita, mais les chefs et les clans furent saisis de l'enthousiasme du moment. Un gentilhomme nommé Mac-Lean, qui vécut jusqu'à un grand âge, décrivit ainsi l'attaque par son clan, et l'on ne peut douter que l'attaque générale n'ait eu lieu de la même manière. Lorsque le clan eut été rangé dans le meilleur ordre, les plus nobles, les plus braves et les mieux armés étant à la première ligne [1], sir John Mac-Lean se plaça à leur tête, et dit à voix haute : — Messieurs, voici un jour que nous avons long-temps désiré de voir. Vous voyez là-bas Mac-Callanmore [2] pour le roi George, — ici Mac-Lean pour le roi Jacques. — Dieu protège Mac-Lean et le roi Jacques ! — Chargez, messieurs !

Les membres de son clan firent alors une très courte prière, enfoncèrent leur toque sur leur tête, jetèrent bas leur plaid qui comprenait aussi alors le philabeg [3], et fondirent sur l'ennemi, faisant feu irrégulièrement : jetant ensuite leurs fusils, tirant leurs claymores, et poussant de grands cris, ils se précipitèrent au milieu des baïonnettes. Les troupes régulières de l'aile gauche d'Argyle répondirent à cette attaque furieuse des montagnards par un feu soutenu qui fut très meurtrier. Parmi ceux qui en furent victimes fut le brave et jeune chef de Clan-Ranald, qui tomba mortellement blessé. Sa chute arrêta un

---

[1] L'existence seule de ce régiment offrait une preuve de l'attachement des clans à leurs chefs. Les terres sur lesquelles ce clan vivait dans l'île de Mull étaient devenues la propriété du duc d'Argyle, et son chef résidait presque toujours en France, où il vivait d'une pension que la reine Anne lui avait accordée. Il ne trouva pourtant aucune difficulté à y lever sept à huit cents hommes, malgré l'opposition de leur chef actuel : tant le droit patriarcal était supérieur aux prétentions féodales. (*Note de l'auteur.*)

[2] C'était le nom qu'on donnait au duc d'Argyle dans les montagnes d'Écosse. — Tr.

[3] Les montagnards portaient de longues chemises, qui étaient arrangées d'une manière particulière en semblables occasions. (*Note de l'auteur.*) — Le *plaid* était le manteau ou vêtement de dessus des montagnards, et l'étoffe s'en appelait *tartan*. Le *philabeg* était une espèce de jupon court qui leur descendait à mi-cuisse. — Tr.

instant l'impétuosité de ceux qui le suivaient ; mais Glengarry, dont il a été si souvent parlé, sortant des rangs, agita sa toque autour de sa tête, et s'écria : — Vengeance ! vengeance ! — La vengeance pour aujourd'hui, le deuil pour demain !... Les montagnards continuant alors leur attaque furieuse, se jetèrent au milieu des troupes régulières, enfoncèrent leur ligne sur tous les points, la rompirent, y mirent le désordre, et firent un grand carnage parmi des hommes moins actifs qu'eux, et chargés d'un pesant mousquet, qui, dans un combat irrégulier ou corps à corps, a rarement été de grande défense contre un sabre. L'extrême gauche de l'armée d'Argyle fut aussi mise en déroute avec une grande perte, car les montagnards n'accordaient pas de quartier. Mais les troupes du centre, sous le général Wightman, rentrèrent en ligne, et il semblerait que la cavalerie des rebelles aurait dû alors les charger en flanc ou en arrière, la fuite de Whitham et de l'aile gauche ayant dû les mettre à découvert. Deux escadrons de cette cavalerie, commandés par Drummond et Marischal, se mirent à la vérité à la poursuite des soldats que les montagnards avaient dispersés ; mais celle du comte d'Huntly, et celle du comté de Fife, sous les ordres du Maître de Sinclair, restèrent dans l'inaction sur le champ de bataille, sans prendre part au combat. Il semblerait que ces escadrons étaient tenus en respect par les dragons de la seconde ligne d'Argyle, qui n'avait pas pris la fuite comme la première, mais qui faisait sa retraite en bon ordre, en face de l'ennemi.

A l'aile droite et au centre les choses se passaient tout différemment. L'attaque des montagnards y fut aussi furieuse que celle de leur droite ; mais leurs ennemis, quoiqu'un peu ébranlés, maintinrent leur terrain avec une résolution admirable ; et le duc d'Argyle détacha le colonel Cathcart avec un corps de cavalerie, en le chargeant de traverser un marécage que la gelée avait rendu praticable, et d'attaquer les montagnards en flanc, tandis qu'ils marchaient à la charge. Cette manœuvre arrêta et déjoua leur attaque rapide; et quoique les Camerons, les Stewarts et d'autres clans de haute renommée formassent l'aile gauche de l'armée de Mar, elle fut mise en déroute, ainsi que toute sa seconde ligne, par le mouvement habile du duc d'Argyle, et par la fermeté des troupes qu'il commandait : mais sa situation était très dangereuse, car les fuyards étant au nombre de cinq mille, la probabilité était qu'ils se rallieraient, et qu'ils anéantiraient le petit corps du Duc, qui ne consistait qu'en cinq escadrons de cavalerie, soutenus par Wightman avec trois bataillons d'infanterie, qui avaient composé jusqu'alors le centre de son armée. Argyle prit la détermination hardie de poursuivre les fuyards avec la plus grande vigueur, et il réussit à les pousser jusque sur les bords de l'Allan, où ils avaient passé la nuit précédente. Les insurgés firent de fréquentes haltes, et furent aussi souvent attaqués et mis en déroute ; on le remarqua particulièrement du corps de cavalerie qui portait l'étendard de Jacques, et qu'on appelait l'escadron de la Restauration; ceux qui le composaient firent des attaques répétées et vigoureuses, dans lesquelles ils ne furent repoussés que par le poids supérieur de la cavalerie anglaise. Ce fut dans une de ces charges réitérées que le jeune et vaillant comte de Strathmore perdit la vie, tandis qu'il cherchait en vain à rallier son régiment du comté d'Angus ; il fut tué par un soldat de dragons, après lui avoir fait quartier. Le comte de Penmure fut aussi blessé, et fût fait prisonnier par les royalistes; mais il fut tiré de leurs mains par son frère, M. Henry Maule.

Le champ de bataille présentait alors un aspect singulier. Dans chacune des deux armées, l'aile gauche était rompue et en déroute, l'aile droite victorieuse et à la poursuite des fuyards. Il ne paraît pas que Mar ait fait aucune tentative pour profiter de son succès sur la droite. Le général Whitham avait à la vérité abandonné le champ de bataille à ses ennemis, et s'était enfui presque jusqu'au pont de Stirling. Les montagnards victorieux ne se donnèrent pas la peine de le poursuivre ; mais ayant traversé la scène de l'action, ils montèrent sur une hauteur nommée Stony-Hill de Kippendavie, où ils restèrent en groupes, l'épée à la main. Une cause de leur inaction en ce moment critique peut s'attribuer à ce qu'ils avaient jeté leurs armes à feu, suivant leur coutume quand ils font une charge : une autre était certainement le manque d'aides-de-camp actifs pour porter des ordres ; et une troisième, le caractère des montagnards, qui ne sont pas toujours disposés à l'obéissance. Ce qui est certain, c'est que si l'aile droite victorieuse des insurgés avait poursuivi le duc d'Argyle en arrière pendant qu'il s'avançait vers l'Allan, elle l'aurait placé dans le plus grand danger, puisque tous ses efforts suffisaient à peine pour empêcher le ralliement de la multitude d'ennemis qu'il avait devant lui ; on dit aussi qu'une partie des montagnards montra quelque répugnance à combattre. On assure que ce fut particulièrement le cas du célèbre Rob-Roy, qui, comme il est bon de le remarquer, était sous la dépendance du duc d'Argyle, à qui, pendant toute la durée de l'insurrection, il était dans l'habitude de faire part de tout ce qui se passait dans le camp de Mar. Un fort détachement de Mac-Gregors et de Mac-Phersons était sous les ordres de ce proscrit : et quand il reçut ordre de les conduire à la charge, il répondit avec beaucoup de sang-froid : — S'ils ne peuvent y marcher sans moi, ils ne peuvent y marcher avec moi. On dit qu'un nommé Alister Mac-Pherson, dit Clan-Vourigh, homme hardi, et qui exerçait l'ancienne profession de Rob-Roy, celle de marchand de bestiaux, impatient de l'inaction dans laquelle celui-ci les retenait, tira sa claymore et cria aux Mac-Phersons de le suivre. — Halte-là, Sandie ! lui dit Rob-Roy : s'il s'agissait de conduire un troupeau de moutons, vous pourriez y connaître quelque chose ; mais comme il s'agit de conduire des hommes, c'est à moi d'en décider. — S'il s'agissait de conduire dans les montagnes un troupeau de moutons de Glen-Angus, répliqua Alister, la question pour vous, Rob, serait qui s'y mettrait, non le dernier, mais le premier. Les deux champions furent presque sur le point de se battre, mais pendant ce temps l'occasion d'avancer fut perdue.

Le duc d'Argyle étant de retour, après avoir poursuivi l'aile gauche de ses ennemis, se trouva en contact avec leur aile droite, qui, victorieuse comme nous l'avons dit, s'était postée sur la hauteur de Kippendavie. On fit quelques démonstrations mutuelles d'attaque; mais le combat ne se renouvela de part ni d'autre, et les deux armées montrèrent une disposition semblable à effectuer leur retraite. Mar, abandonnant une partie de son artillerie, recula jusqu'à Auchterarder, et de là se retira à Perth. Chacun des deux généraux prétendit avoir remporté la victoire; mais comme Mar, à compter de ce jour, renonça à toute idée de faire un mouvement vers l'ouest, son but peut se considérer comme ayant été complètement manqué. Argyle au contraire recueillit les fruits de la victoire en conservant la position par laquelle il défendait les basses-terres, et en fermant aux insurgés toutes les avenues par où ils auraient pu y entrer.

Le nombre des morts dans la bataille de Sheriffmuir fut considérable. Sept à huit cents hommes furent tués du côté des rebelles, et les royalistes doivent en avoir perdu cinq à six cents. Le sang noble y coula comme le sang plébéien. Une troupe de volontaires, au nombre d'environ soixante, parmi lesquels se trouvaient les ducs de Douglas et Roxburghe, les comtes Haddington, Lauderdale, Loudon, Belhaven et Rothes, combattirent bravement, quoiqu'on puisse douter qu'il fût d'une bonne politique de risquer cette *troupe dorée*. Dans tous les cas, c'était une preuve que les temps étaient bien changés, puisque le duc de Douglas, dont les ancêtres auraient pu lever une armée aussi nombreuse que les deux qui combattaient sur le champ de Sheriffmuir, servait comme simple soldat, accompagné seulement de deux ou trois serviteurs. Ce corps de volontaires se comporta d'une manière digne du rang de ceux qui le composaient. Un grand nombre d'entre eux furent blessés, et le comte de Forfar fut tué.

La perte du comte de Strathmore et du jeune Clan-Ranald fut un coup fatal pour l'insurrection. Le dernier était un militaire accompli. Il avait appris son métier dans les troupes françaises, et il était plein de zèle pour la cause de Jacques. — Ma famille, répondit-il quand Mar l'invita à venir le joindre, a toujours été, en pareilles occasions, la première à se montrer sur le champ de bataille, et la dernière à le quitter. Comme il sortait des rangs, mortellement blessé, le comte de Mar le rencontra, et lui demanda pourquoi il n'était pas en front. — J'ai eu ma part, lui répondit le chef mourant, et il tomba mort devant son commandant. Un grand nombre de ses vassaux quittèrent l'armée par suite de sa mort.

Ainsi commença et se termina une mêlée confuse dont un faiseur de ballades contemporain dit avec vérité : — Il n'y a rien de certain, si ce n'est qu'il y a eu une bataille, et j'en ai été témoin.

CHAPITRE XI.

Retraite de Mar à Perth, laissant Argyle maître du champ de bataille. — Dissension parmi les troupes de Forster et de Kenmure. — Forster rentre en Angleterre, et y est reconnu comme général des forces du chevalier. — Dans le dessein d'attaquer Liverpool, il marche à Preston, où son armée est bloquée par le général Willis, et, après quelque opposition, se rend à discrétion. — Les prisonniers d'un rang distingué envoyés à Londres. — Évasion de Forster, de Mac-Intosh, et d'Hepburn de Keith. — Exécution de Derwentwater et de Kenmure. — Évasion de Nithisdale. — Pardon accordé aux autres nobles après un long emprisonnement.

La bataille, ou pour mieux dire la mêlée de Sheriffmuir ayant été terminée par l'approche de la nuit, les deux partis eurent le temps de reconnaître leurs pertes réciproques pendant le cours de cette journée. Le compte des insurgés fut aisé à faire. Les montagnards, sur leur droite, s'étaient conduits avec leur courage ordinaire et avaient soutenu la réputation qu'ils avaient acquise autrefois sous Montrose, et plus récemment quand ils avaient été commandés par Dundee. Mais sous tout autre rapport les résultats de la bataille étaient défavorables à leur parti. Une grande partie de leurs meilleurs soldats étaient partis sans congé, comme c'était leur usage invariable, pour aller voir leur famille, ou pour mettre en sûreté leur petite part de butin, que quelques uns avaient augmentée en pillant les bagages de leur propre armée. Cette désertion avait éclairci les rangs même de ces clans qui avaient été victorieux; et les montagnards de la division vaincue avaient des raisons beaucoup meilleures pour suivre l'exemple qui leur était donné. L'armée, dans la matinée, était composée de huit à dix mille hommes, et à la fin du jour il en manquait environ quatre mille. Quelques chefs de haute qualité avaient eu l'honneur de donner l'exemple de la retraite, et l'on dit en particulier qu'Huntly et Seaforth furent les premiers fuyards de haut rang qui arrivèrent à Perth, et qu'ils mirent le découragement parmi leurs nombreux soldats, en fuyant du champ de bataille. Il était donc inutile aux insurgens, au milieu du découragement et de la diminution de leur armée, de livrer une seconde bataille, ou de chercher à faire une nouvelle tentative pour passer le Forth, ce qu'ils n'avaient pu faire avec le double du nombre de soldats qui leur restaient.

Mais indépendamment des suites de la désertion, l'armée des insurgés avait à lutter contre d'autres difficultés. L'imprévoyance du général avait été si grande et si impardonnable, qu'il était parti d'un des districts les plus fertiles de l'Écosse, pour entrer dans un canton comparativement stérile, sans prendre plus de provisions qu'il n'en fallait pour deux ou trois jours; et il n'était pas plus chargé de munitions. Il était donc évident que les insurgés n'étaient pas en état de renouveler la tentative dans laquelle ils venaient d'échouer, et Mar n'avait d'autre alternative que de reconduire son armée dans ses anciens quartiers à Perth, pour y attendre que quelque évènement inespéré inspirât le courage de faire un nouvel effort. En conséquence, comme on l'a déjà dit, ayant passé la nuit qui suivit l'action dans les enclos des fermes d'Auchterarder, il retourna à Perth le lendemain matin. Le duc d'Argyle, de son côté, ayant reculé jusqu'à Dunblane avec les troupes qu'il commandait lui-même, et y ayant été rejoint par tous ceux des fuyards de son aile gauche qu'il fut possible de réunir, passa toute la nuit sous les armes, s'attendant à renouveler le combat le lendemain.

En approchant du champ de bataille le lundi 14 novembre, le duc d'Argyle le trouva abandonné par l'ennemi, qui avait laissé à sa disposition ses morts et ses blessés, ainsi que l'honneur de la journée, dont les principaux trophées furent quatorze étendards et six pièces de canon de campagne que Mar avait amenées par une bravade inutile, puisqu'il n'avait ni munitions ni artilleur pour les servir. Parmi les gentilshommes qui périrent en cette occasion, des deux côtés, plusieurs étaient distingués par leur caractère comme par leur naissance. Le corps du jeune et brave comte de Strathmore fut trouvé sur le champ de bataille, gardé par un vieux et fidèle domestique, qui, lorsqu'on lui demanda quel était le corps qu'il gardait avec tant de soin, fit cette réponse frappante : — C'était un homme hier !

Le comte de Mar avait tâché de se préparer une rentrée triomphante dans Perth, par une espèce de gazette, dans laquelle il prétendait avoir remporté la victoire à l'aile droite et au centre, affirmant que si l'aile gauche et la seconde ligne se fussent comportées comme la droite et le reste de la première ligne, la victoire aurait été complète; mais il ne put ranimer l'ardeur de ses partisans, dont un grand nombre commençaient à désespérer tout de bon de leur situation, la grande supériorité de leur nombre sur le champ de bataille de Sheriffmuir n'ayant pu leur assurer une victoire décidée.

Cependant bien des bruits se répandaient parmi les insurgés sur des succès prétendus remportés par Forster et ses troupes sur le général Carpenter en Angleterre, et l'on fit des feux de joie et des réjouissances pour ces victoires supposées, dans un moment où, dans le fait, Forster et Kenmure étaient totalement défaits, leurs soldats dispersés, et eux-mêmes prisonniers.

Vous ne devez pas oublier que les forces du général Forster se composaient des troupes de cavalerie levées sur les frontières du Northumberland par le comte de Derwentwater, et autres, réunis à des gentilshommes des comtés de Galloway et de Dumfries sous les ordres de lord Kenmure, et aux Jacobites du Lothian, ayant pour chef le comte de Winton : le tout formant un corps de cinq à six cents cavaliers; à quoi il faut ajouter environ quatorze cents montagnards, c'étaient ceux qui avaient traversé le Frith par ordre du comte de Mar, et qui étaient commandés par Mac-Intosh de Borlum. Il faut aussi vous rappeler qu'il régnait dans cette petite armée de grandes différences d'opinion sur la route qu'elle devait suivre. Les Anglais persistaient dans l'illusion qu'ils n'avaient qu'à se montrer dans l'ouest de l'Angleterre pour attirer tout le pays sous leurs étendards, tandis que les Écossais, tant montagnards qu'habitans des basses-terres, désiraient marcher sur Dumfries, et après s'être emparés de cette ville, se rendre dans l'ouest de l'Écosse, et ouvrir une communication entre eux et l'armée principale sous les ordres de Mar; manœuvre par laquelle ils espéraient raisonnablement pouvoir déloger Argyle de son poste de Stirling.

Ne sachant quel parti prendre, et menacés par le général Carpenter, qui marchait contre eux de Newcastle vers Kelso, à la tête de mille hommes de cavalerie, les insurgés quittèrent cette dernière ville, où le brigadier Mac-Intosh les avait rejoints, et se dirigèrent vers Jedburgh, non sans une ou deux fausses alarmes. Ils eurent pourtant l'avantage de gagner de vitesse le général Carpenter, et les Anglais devinrent encore plus impatiens de rentrer dans leur pays pour faire soulever les Jacobites de l'ouest. Les montagnards, apprenant que ce plan avait enfin été adopté, se séparèrent de la cavalerie aussitôt qu'on se mit en marche, et se rangeant sur une plaine au-dessus de la ville d'Hawick, déclarèrent que si les insurgés voulaient marcher contre l'ennemi, ils combattraient jusqu'à la mort, mais qu'ils n'iraient pas en Angleterre pour être privés de leur liberté, et réduits à l'état d'esclaves, comme l'avaient été leurs ancêtres du temps de Cromwell. Quand la cavalerie se rangea en lignes, comme pour les attaquer, les montagnards armèrent leurs mousquets et se préparèrent à l'action, disant que s'ils devaient être sacrifiés, ils préféraient du moins mourir dans leur pays. Les montagnards mécontens ne voulurent écouter que le comte de Winton, qui se joignit à eux pour demander qu'on marchât à l'ouest pour porter secours au comte de Mar, à qui, dans le fait, ils auraient rendu un grand service en empêchant Argyle de concentrer ses forces; car le Duc n'aurait pu rappeler un régiment de cavalerie qu'il avait à Kilsythe, si les insurgés du sud avaient menacé ce point. Les montagnards se mirent enfin en marche, en déclarant qu'ils accompagneraient l'armée tant qu'elle resterait en Écosse, qu'ils retourneraient sur leurs pas si elle entrait en Angleterre.

Cependant les habitans de Dumfries, se voyant de nouveau menacés par les troupes rebelles, prirent une attitude de résistance, sortirent de la ville, et occupèrent une position en face de la place, à laquelle ils firent à la hâte quelques fortifications. En même temps ils reçurent des nouvelles du général Carpenter, qui était arrivé à Jedburgh, et qui leur mandait que s'ils pouvaient se défendre seulement six heures, il serait alors à portée d'attaquer les ennemis en arrière.

La nouvelle que les habitans de Dumfries se préparaient à défendre leur ville, que les rebelles avaient en face, tandis que Carpenter se disposait à opérer sur leurs derrières, porta M. Forster et ses amis à renouveler, avec les plus fortes instances, la proposition d'entrer en Angleterre, assurant leurs confédérés du nord, qu'ils avaient reçu des lettres qui leur promettaient une insurrection générale. Les Écossais, vaincus par la persévérance de leurs compagnons anglais, et ne pouvant croire que des hommes voulussent se tromper eux-mêmes ou tromper les autres par des espérances illusoires, quand ils étaient occupés d'une entreprise si importante, se rendirent enfin à leurs remontrances. En conséquence, lorsqu'on fut arrivé à Ecclefechan, sur la route de Dumfries, l'avis des Anglais prévalut. On fit halte en ce village, on tourna vers le sud, et l'on se dirigea vers Langholm, dans l'intention d'entrer dans l'ouest de l'Angleterre.

Le comte de Winton était si opposé à cette détermination, qu'il quitta l'armée avec une partie considérable de sa troupe, et il parut quelque temps avoir renoncé à l'entreprise. Cependant, honteux de se détacher si brusquement d'une cause qu'il avait embrassée par des motifs de devoir et de conscience, il changea de dessein, et rejoignit le corps principal. Mais quoique ce jeune et malheureux seigneur se fût rangé de nouveau sous ce fatal étendard, on remarqua que depuis ce temps il cessa de prendre intérêt aux discussions et aux délibérations de son parti, et qu'il recherchait avec une sorte de légèreté insouciante tous les amusemens frivoles que le hasard pouvait lui présenter, et dont on n'aurait pas cru que pouvait s'occuper un homme engagé dans une entreprise importante et dangereuse.

L'opinion des montagnards sur ce changement de marche et sur le but de leur expédition fut encore différente de celle de leurs compagnons. Un grand nombre consentirent pourtant à marcher vers l'Angleterre; d'autres, au nombre de quatre cents, quittèrent définitivement l'armée, dans l'intention de retourner dans leurs montagnes par les districts de l'ouest et par les sources du Forth. Ils auraient pu y réussir, si la difficulté de trouver des provisions ne les eût obligés à se diviser en petits détachemens, dont plusieurs furent faits prisonniers par les paysans, qui, dans ces districts, étaient principalement des Caméroniens, et habitués à l'usage des armes.

Le reste de l'armée, affaiblie par cette désertion, se rendit à Brampton, près de Carlisle, où M. Forster, produisant sa commission à cet effet, se fit reconnaître comme général des forces du roi Jacques en Angleterre. Il est possible que le désir d'obtenir le commandement suprême de l'armée l'ait porté à insister plus vivement pour que la marche en fût dirigée vers son pays natal. Son premier exploit en sa nouvelle qualité parut jeter de l'éclat sur son entreprise; cependant le succès en fut dû aux craintes du parti opposé, plutôt qu'à une manifestation extraordinaire de courage du général jacobite et de sa petite armée.

Il faut remarquer que la milice à cheval du Westmoreland et des parties septentrionales du comté de Lancastre avait été appelée pour marcher contre les rebelles; et le *posse comitatûs* [1] du Cumberland, montant à douze mille hommes, s'y était joint à Penrith, par ordre de Lonsdale, shérif de ce comté. Mais ce n'était qu'une populace in-

---

(1) Littéralement, « le pouvoir du comte, » c'est-à-dire tous les hommes en état de porter les armes, au-dessus de l'âge de quinze ans. — Tr.

disciplinée, mal armée, encore plus mal équipée ; et sans attendre l'attaque de la cavalerie ou des montagnards, elle se dispersa de tous côtés, laissant le champ de bataille couvert d'armes et d'un nombre considérable de chevaux. Lonsdale, universellement abandonné, et n'ayant autour de lui qu'une vingtaine de ses propres serviteurs, fut obligé de prendre la fuite, et se réfugia dans le vieux château d'Appleby.

En traversant le Cumberland et le Westmoreland, on ne vit guère cet enthousiasme pour la cause jacobite, que les officiers anglais avaient fait attendre à leurs confédérés. Manchester, en cette occasion comme dans une autre plus récente, fut la première ville dont les habitans parurent disposés à prendre part à l'insurrection, et à former une compagnie dans ce dessein. Les insurgens apprirent à Lancastre leurs dispositions amicales, qui les encouragèrent à avancer. Il était bien temps que leurs amis les joignissent, car ils entendaient parler tous les jours de troupes qui étaient en marche pour les attaquer et les entourer. De leur côté, ils résolurent de s'étendre afin de recueillir plus facilement de nouvelles forces, et ayant passé de Lancastre à Preston, ils conçurent le projet de se rendre maîtres du pont de Warrington, dans la vue de s'emparer aussi de Liverpool.

Tandis qu'ils projetaient une attaque contre ce célèbre port de mer, que ses habitans se préparaient à défendre avec beaucoup de vigueur, les forces du gouvernement qui s'étaient assemblées autour d'eux avançaient contre eux de différens côtés.

Il semble étrange que, tandis qu'ils avaient un parti nombreux d'amis dans le pays, une grande partie des propriétaires, et une portion très considérable de la populace, les insurgés se soient pourtant laissé si complètement surprendre. Mais l'esprit d'illusion qui s'était emparé d'eux, et qui caractérisait toutes leurs démarches, fut aussi remarquable en cette occasion que dans d'autres.

Pendant que Forster et ses compagnons songeaient à propager le feu de l'insurrection dans Manchester et dans Liverpool, le général Willis, qui commandait au nom du roi George dans le comté de Chester, avait pris des mesures pour l'éteindre entièrement. Ce général, plein d'activité, envoya des ordres à plusieurs régimens, principalement de cavalerie et de dragons, en garnison dans les comtés voisins, pour qu'ils se trouvassent le 10 novembre au pont de Warrington, où il se proposait de se mettre à leur tête, et d'empêcher les rebelles d'avancer vers Manchester. Willis entra en même temps en communication avec le général Carpenter, qui, d'un pas infatigable, avait suivi les insurgés depuis leur sortie du Northumberland, et qui maintenant revenait sur eux.

Ces nouvelles tombèrent comme un coup de foudre sur l'armée de Forster. Forster n'avait à choisir qu'entre des difficultés. Il fallait ou qu'il marchât en avant, et qu'il disputât au major général Willis le passage de la Ribble, rivière qui couvre Preston, ou qu'il restât dans une ville ouverte, et qu'il la défendît à l'aide des fortifications, des barricades et des batteries qu'on pouvait préparer en quelques heures.

Le premier de ces partis avait ses avantages. Le pont sur la Ribble était long, étroit, et aurait pu être défendu d'autant mieux qu'on y aurait placé un détachement de cent montagnards d'élite, sous les ordres de John Farquharson d'Invercauld, chef qui s'était fait une grande réputation par son courage et son jugement. Quoique le général Willis approchât très près du pont, on aurait pu compter sur cet officier comme étant sûr de maintenir son poste jusqu'à ce qu'on lui eût envoyé du secours de la ville. Au-delà du pont s'étendait un long chemin étroit bordé de haies, qui rendait plus facile de se défendre, surtout contre la cavalerie. Tout cela était en faveur de la défense du pont ; mais d'une autre part, si Forster avait fait sortir de Preston ses gentilshommes, il les aurait exposés au choc impétueux des troupes disciplinées, et ils n'étaient ni armés ni montés de manière à le soutenir. Ce fut probablement cette raison qui détermina le chef jacobite à se défendre dans Preston même, plutôt qu'en face de cette ville. Les insurgés prirent à cet effet des mesures judicieuses, et les suivirent avec zèle et courage. Quatre barricades furent construites à la hâte. Le comte de Derwentwater, mettant son habit bas, encourageait les soldats au travail tant par son exemple que par sa libéralité; et les travaux furent promptement terminés.

La première de ces barricades était située un peu au-dessous de l'église, et était protégée par les gentilshommes volontaires qui étaient rangés dans le cimetière. La défense en était commandée par le brigadier Mac-Intosh. La seconde, formée au bout d'une rue étroite, était défendue par lord Charles Murray. La troisième, nommée la barricade du moulin à vent, avait pour défenseur le laird de Mac-Intosh, chef de ce nom. La dernière bornait la rue conduisant du côté de Liverpool, et elle était bien gardée par Hunter, le maraudeur du Northumberland et ses affidés. Chaque barricade était appuyée par deux pièces de canon, et les maisons des deux côtés de la rue étaient occupées par des pelotons d'insurgés, de manière à faire pleuvoir la mort sur les assaillans par un feu de flanc. Le général Willis, ayant reconnu avec soin ces travaux de défense, résolut de les attaquer.

Le samedi 12 novembre, veille du jour où fut livrée la bataille de Sheriffmuir, le général Willis commença ses opérations contre la ville de Preston par une double attaque. Il donna un assaut furieux à la barricade placée dans la rue au-dessous de l'église; mais on lui opposa un feu si redoutable, tant de derrière la barricade que des maisons voisines, que les assaillans furent repoussés avec une grande perte. Il paraît que pour l'aider à défendre son poste, le brigadier Mac-Intosh avait appelé à lui quelques soldats, qui avaient été postés dans la rue conduisant à

Wigan. Cette circonstance facilita au régiment de Preston (bien connu comme étant l'ancien Caméronien, et faisant partie des forces de Willis) le moyen de pénétrer par cette avenue, et de s'emparer de deux maisons qui dominaient sur la ville, d'où ils firent aux insurgés plus de mal qu'ils n'en souffrirent sur tous les points d'attaque. La barricade où lord Murray commandait fut aussi vivement attaquée et vigoureusement défendue ; mais l'officier jacobite ayant reçu un renfort de cinquante volontaires, sa résistance finit par réussir. Les capitaines Hunter et Douglas défendirent aussi avec un courage désespéré la barricade qui leur était confiée ; et l'attaque du poste où se trouvait le chef de Mac-Intosh fut également fatale aux assaillans.

Quand les soldats de Willis abandonnèrent leurs divers points d'attaque, ils mirent le feu, suivant leurs ordres, aux maisons qui se trouvaient entre eux et les barricades. A l'aide de la lumière que répandait cette conflagration, les escarmouches continuèrent pendant la nuit, et si le temps n'eût été extraordinairement calme, la ville de Preston, qui était la scène de cette action, aurait été entièrement incendiée.

Quoique les insurgés eussent eu l'avantage dans toutes les attaques, il était évident que, ne pouvant recevoir aucun secours, se trouvant enfermés dans les rues d'une ville éclairée par les flammes, et n'ayant que peu de troupes pour se défendre sur une circonférence étendue, il ne fallait rien moins qu'un miracle pour les sauver. Le général Willis, tout en dirigeant l'attaque des barricades, avait en même temps fait garder tous les passages par où cette troupe de victimes aurait pu s'échapper. Parmi ceux que le désespoir porta à tenter une sortie, plusieurs furent taillés en pièces, et il n'y en eut qu'un très petit nombre qui parvinrent à se frayer un chemin à travers les rangs ennemis.

Dans la matinée du 13, la situation de Forster et de son

armée devint encore plus désespérée. Le général Carpenter, qui les avait poursuivis si long-temps, arriva avec de tels renforts, composés principalement de cavalerie, qu'il compléta le blocus de la place, et ne laissa aux assiégés aucun espoir d'évasion ou de secours. Willis, comme n'ayant qu'un grade inférieur, offrit de remettre la conduite du siège à son officier supérieur ; mais le général Carpenter refusa généreusement de prendre le commandement, en disant que Willis méritait l'honneur de finir une affaire qu'il avait si heureusement commencée. Ce dernier général suivit donc ses opérations avec tant d'activité que le blocus de la ville fut achevé, et que le destin des rebelles devint inévitable.

La perspective d'une ruine dont rien ne pouvait les sauver, produisit des effets différens sur les malheureux insurgés enfermés dans Preston, suivant leur caractère particulier ; de même que l'approche d'un danger imminent agit d'une manière différente sur les animaux domestiques et sur les bêtes sauvages, quand ils sont réduits à l'extrémité : — la terreur inspire aux premiers la soumission, tandis que le désespoir, quand les autres sont aux abois, les arme d'une résistance plus furieuse. Les gentilshommes anglais commencèrent à songer à la possibilité de sauver leur vie, et à se flatter de l'espoir qu'ils pourraient retourner dans leurs foyers, et continuer à jouir de leurs domaines ; tandis que les montagnards et la plupart des insurgés écossais, même ceux du plus haut rang, s'écrièrent qu'il fallait faire une sortie et mourir en hommes d'honneur, le sabre à la main, plutôt que de devoir la vie à une basse soumission.

Telle étant la différence de leur façon de penser sur les mesures à prendre, les Anglais prirent la résolution de capituler dans tous les cas ; et Oxburg, catholique irlandais, qui avait appris le métier des armes à Forster, sortit de la ville pour traiter d'une reddition avec les généraux anglais. L'envoyé fut reçu avec froideur, et on lui donna à entendre très distinctement qu'on n'accepterait qu'une reddition sans condition, avec la seule promesse qu'il ne s'ensuivrait aucune exécution immédiate. Il rentra dans la ville, et quand on eut appris quelle mission il avait été remplir auprès des ennemis, le général Forster fut sur le point d'être tué d'un coup de pistolet par un gentilhomme écossais, nommé Murray. Il ne dut la vie qu'à la main d'un ami, qui releva le bout de cette arme à l'instant où le coup partait.

Le capitaine Dalzel, frère du comte de Carnwath, sortit alors de la ville, au nom des Écossais, mais ne put obtenir une réponse plus favorable. Cependant on gagna du temps, et les principaux chefs eurent le loisir de réfléchir que le gouvernement pourrait se contenter de faire quelques exemples, tandis que la plus grande partie des insurgens échapperait du moins à la peine capitale; et la confiance que chacun avait en sa bonne étoile le portait à espérer qu'il serait de ce nombre. Après que les Écossais, et particulièrement les montagnards, eurent persisté quelque temps dans la résolution de faire résistance, ils se trouvèrent enfin obligés de se rendre aux mêmes conditions que les Anglais, c'est-à-dire sous la seule promesse qu'ils ne seraient pas mis à mort à l'instant même. Leurs chefs furent livrés comme otages; et enfin, après avoir montré la plus grande répugnance à remettre leurs armes, ils acceptèrent la capitulation, si l'on peut employer ce terme. Il paraît certain qu'en se rendant ainsi à discrétion, la plus grande partie s'attendait au moins à avoir la vie sauve.

Lorsqu'elle eut mis bas les armes, la malheureuse garnison fut enfermée dans une des églises et traitée avec beaucoup de rigueur, les insurgens ayant été dépouillés et maltraités par la soldatesque[1]. Environ quatorze cents

---

[1] Les habits galonnés des gentilshommes tentèrent les soldats anglais de commettre cet outrage. Les prisonniers furent obligés d'arracher la serge qui gar-

hommes de tout rang furent compris dans la reddition ; il se trouvait dans ce nombre environ deux cents domestiques qui avaient suivi leurs maîtres lorsqu'ils avaient pris les armes; environ trois cents gentilshommes volontaires ; les autres étaient les montagnards du brigadier Mac-Intosh. Six des prisonniers furent condamnés à être fusillés, en vertu de la loi martiale, comme ayant une commission militaire du gouvernement contre lequel ils portaient les armes, et ce ne fut pas sans difficulté que le crédit des amis de lord Charles Murray lui obtint un sursis. On n'eut pas beaucoup de merci pour les simples soldats, dont le seul crime était d'avoir fait ce qui était à leurs yeux leur premier devoir, c'est-à-dire d'avoir obéi à leurs chefs. Un très grand nombre subit le destin qui lui avait inspiré tant de répugnance pour entrer en Angleterre, et fut déporté dans les colonies d'Amérique.

Les prisonniers les plus importans furent envoyés à Londres, où on les fit entrer avec une sorte d'apparat qui déshonora moins les victimes que les âmes basses qui avaient formé le plan de ce triomphe ignoble, et qui en jouissaient. Pour contrebalancer l'influence des Torys de la populace, dont les actes de violence, en brûlant les chapelles, etc., avaient eu un caractère formidable et très criminel, le gouvernement avait adopté le plan d'ex-

---

nissait les bancs de l'église, pour s'en couvrir par décence. Une tradition de famille a conservé le fait suivant : un gentilhomme volontaire, faisant partie des escadrons écossais, reçut un coup de feu dans le corps à une barricade. On le regardait comme mortellement blessé, et il était étendu dans un des bancs de l'église, un de ses camarades lui soutenant la tête avec affection, et s'attendant à chaque instant à recevoir son dernier soupir. Après avoir beaucoup souffert, un effort de la nature fit sortir du corps du blessé un fragment du drap écarlate de son gilet, que la balle y avait fait entrer. Celui qui le soutenait, fort étonné de ce phénomène, et étant du nombre de ces gens qui ne peuvent s'interdire une plaisanterie, même dans les circonstances les plus fâcheuses, lui dit : « Par ma foi, Walter, je suis bien aise que vous ayez dans le corps un magasin de bon drap ; puisqu'il en est ainsi, je voudrais que vous fissiez un nouvel effort pour en faire sortir de quoi me faire une paire de culottes, car j'en ai grand besoin. » Le blessé guérit ensuite de sa blessure. (*Note de l'auteur.*)

citer et d'entretenir un esprit semblable de tumulte parmi la portion du peuple qu'on appelait ou qui s'appelait le parti de la Basse Église [1]. L'esprit du parti des factions roule souvent sur les marques de distinction les plus frivoles. Les Torys ayant montré un goût particulier pour l'*ale*, comme étant un breuvage national et véritablement anglais, leurs associations parlementaires prenaient le titre de clubs d'octobre et de mars ; de même les Whigs des classes inférieures prirent sous leur protection la bière, qui se distingue de l'ale, suivant le docteur Johnson, en ce qu'elle est plus vieille ou moins forte ; et l'on établit des cabarets tenus par des hôtes professant les principes orthodoxes des Whigs, où cette liqueur protestante et révolutionnaire se distribuait libéralement. Ils furent bientôt remplis d'une foule de pratiques dont les poings et les bâtons étaient aussi prêts à attaquer les partisans de la Haute Église et d'Ormond, que les Torys étaient disposés à défendre ceux-ci. Ce fut pour la satisfaction des habitués de ces cabarets ou *maisons-à-pot*, comme on les appelait, que l'entrée des prisonniers faits à Preston, dans la capitale, eut lieu avec les honneurs dérisoires d'un cortège triomphal.

Les prisonniers, dont la plupart étaient des hommes de bonne naissance et ayant reçu de l'éducation, furent garrottés comme les plus vils criminels quand ils approchèrent de la capitale. Ce fut à Barnet que cette cérémonie eut lieu. A Highgate, ils rencontrèrent un détachement nombreux de grenadiers à cheval et un corps d'infanterie, précédés par un certain nombre de citoyens décemment vêtus qui poussaient de grandes acclamations pour donner l'exemple à la populace. On plaça des cordes sur les chevaux que montaient les prisonniers, et dont chacun était conduit par un soldat. Forster, homme d'une excel-

---

[1] C'est-à-dire le parti des Non-Conformistes, qu'on nommait la Basse-Église, par opposition à l'église anglicane, qu'on appelait *High-Church*, ou la Haute-Église. — Tr.

lente famille, et qui était encore membre du Parlement pour le comté de Northumberland, fut traité de la même manière que les autres. Un rassemblement considérable des affidés des cabarets les suivait en frappant sur des bassinoires, par allusion aux bruits vulgaires sur la naissance du chevalier de Saint-George [1]. Ce fut avec cette indigne pompe triomphale que les prisonniers, exposés aux injures et aux insultes de toute espèce, traversèrent les rues de la capitale, et furent conduits dans les prisons de Newgate, de Marshalsea et autres de la métropole.

En conséquence de cet accroissement subit du nombre de prisonniers, un changement très extraordinaire eut lieu dans la discipline habituelle de ces tristes demeures. Lorsque le parti de l'église anglicane commença à se remettre de l'étonnement avec lequel il avait vu l'insurrection réprimée, il ne put jeter les yeux avec beaucoup de satisfaction sur la conduite passive qu'il avait tenue pendant la guerre, si l'on peut donner ce nom à cette courte lutte, et il chercha alors à la réparer en fournissant abondamment aux prisonniers, qui étaient regardés comme des martyrs de leur cause, de l'argent et des provisions parmi lesquelles le vin n'était pas oublié. Le beau sexe est toujours porté à la compassion, et certainement il l'était plus que jamais en cette occasion où les objets de la pitié étaient en grande partie de jeunes et vaillans Cavaliers souffrant pour une cause qu'il avait appris à considérer comme sacrée. Il en résulta que les prisons regorgeaient de vin et de bonne chère; et les prisonniers les plus jeunes et les plus inconsidérés ne pensèrent qu'à se réjouir, et noyèrent dans le vin les pensées plus sérieuses que leur situation aurait dû leur inspirer. Lord Derwentwater dit lui-même de ses compagnons qu'ils auraient été mieux placés à Bridewell que dans une prison d'État. L'argent, dit-on, circulait si abondamment parmi eux, que, tandis

---

[1] On prétendait que le chevalier de Saint-George était le fils d'un meunier; qu'on l'avait introduit dans le lit de la reine dans une bassinoire. — TR.

qu'on trouvait difficilement dans les rues de la monnaie pour une guinée, rien n'était plus facile que de changer dans les prisons les pièces d'or et d'argent. Un jeune et beau montagnard, plein de vivacité, que les pamphlets du temps nomment Bottair, mais qui était de la famille de Butter du comté d'Athole, fit une telle impression sur les belles dames qui venaient fournir aux besoins des prisonniers jacobites, que quelques réputations se trouvèrent en péril par excès d'attention pour cet objet favori de la compassion du beau sexe.

Quand une pluie d'or tombe sur une prison, le geôlier ordinairement ne manque pas de s'en assurer la plus grande part. Ceux des prisonniers qui désiraient un lit séparé ou un logement tant soit peu commode, eurent à l'acheter à un taux équivalant à quelques années de loyer des plus belles maisons de Saint-James-square ou de Piccadilly. Des donjons, dont le nom seul indiquait le caractère sombre, comme l'Antre-du-Lion, le Demi-Jour et autres, furent loués à des prix extravagans, et furent remplis de prisonniers qui y faisaient bonne chère.

Ces espèces de bacchanales se célébraient avec d'autant plus de gaieté, que presque tous avaient conservé l'espoir que le fait qu'ils s'étaient rendus à discrétion servirait de protection à leur vie. Mais quand de nombreux décrets d'accusation de haute trahison eurent été rendus contre eux, des projets d'évasion commencèrent à les occuper, et l'argent qu'ils avaient à leur disposition, les amis qu'ils comptaient à l'extérieur, et la construction générale des prisons, rendaient cette entreprise plus facile qu'on n'aurait dû le croire. Ainsi, le 10 avril 1716, Thomas Forster s'échappa de Newgate à l'aide de fausses clefs; et tout étant préparé pour sa fuite, il arriva heureusement en France. Le 10 mai suivant, le brigadier Mac-Intosh, dont nous avons si souvent parlé, saisit l'occasion de s'échapper de la manière suivante, avec quatorze de ses compagnons, la plupart Ecossais. Le brigadier, ayant trouvé moyen de se débarrasser de ses fers, et étant descendu vers onze heures du soir, se plaça près de la porte de la prison, et tandis qu'on l'ouvrait pour laisser rentrer un domestique à cette heure, ce qui n'est pas un exemple favorable de la discipline d'une prison, il terrassa le geôlier, et s'évada avec ses compagnons, dont quelques uns furent arrêtés de nouveau dans les rues, parce qu'ils ne savaient où aller.

Du nombre des prisonniers qui s'évadèrent avec Mac-Intosh, était Robert Hepburn de Keith, le même individu dans la famille duquel était arrivé l'évènement déplorable rapporté dans le huitième chapitre de ce volume.

Par un effort de vigueur il avait lié les bras du porte-clefs, et s'était ensuite enfui dans la rue sans être poursuivi ; mais il ne savait où fuir, ni où trouver un lieu de refuge. Il savait que sa femme et sa famille étaient à Londres ; mais comment les découvrir dans une si grande ville, et probablement sous un nom emprunté? Tandis qu'il était agité par cette incertitude, et qu'il craignait de faire la moindre question, quand même il aurait su ce qu'il devait demander, il vit à une fenêtre donnant sur la rue une ancienne pièce de vaisselle d'argent qui appartenait depuis long-temps à sa famille, et qu'on appelait le *tankard* de Keith. Il en conclut sur-le-champ que sa femme et ses enfans devaient occuper ce logement ; et y étant entré sans faire aucune question, il fut reçu dans leurs bras. Ils étaient instruits de son projet d'évasion, et ils s'étaient logés aussi près de la prison qu'ils l'avaient pu, afin de lui offrir un lieu de refuge le plus voisin possible ; mais ils n'avaient osé le faire avertir de l'endroit où ils logeaient, et ils avaient mis ce vase d'argent à une fenêtre, dans l'espoir qu'il pourrait frapper ses yeux. Il réussit à passer en France.

Les seigneurs qui s'étaient mis à la tête de l'insurrection furent alors appelés à rendre compte de leur crime. La chambre des Communes rendit des décrets d'accusation contre le comte de Derwentwater et lord Widdrington en Angleterre, et contre les comtes de Nithisdale, de Winton et de Carnwath, le vicomte de Kenmure, et lord Nairne, en Ecosse. Tous plaidèrent *coupables* (guilty), à l'exception du comte de Winton, qui se *déclara innocent* (not guilty).

Lord Derwentwater et lord Kenmure furent exécutés le 24 février 1715 (*vieux style*). Le comte de Derwentwater, qui, dans sa vie privée, était un homme aimable, hospitalier, généreux, brave et humain, révoqua sur l'échafaud l'aveu qu'il avait fait qu'il était coupable, et mourut avec fermeté en avouant les principes politiques pour lesquels son sang allait couler. Lord Kenmure, homme tranquille et modeste, partagea le destin de Derwentwater, et montra la même fermeté. Une tradition prétend que le corps de lord Derwentwater fut transporté dans le Westmoreland avec grande pompe, mais que le cortège ne marchait que de nuit, et s'arrêtait pendant le jour dans des chapelles consacrées à l'exercice de la religion catholique, où le service funèbre de cette église était célébré sur le corps du défunt, jusqu'à ce que l'approche de la nuit permît qu'on se remît en route; et que les restes de cet infortuné seigneur furent déposés dans la sépulture de ses ancêtres à Dilstone-Hall. Ses grands biens furent confisqués au profit de la couronne, et ils appartiennent aujourd'hui à l'hôpital de Greenwich.

Charles Ratcliff, frère du comte de Derwentwater, et destiné à partager son sort bien des années après, sauva sa vie en ce moment, en s'évadant de prison.

Mais ce qui attira surtout l'attention du public, fut l'évasion du comte de Nithisdale, qui devait avoir le même destin que Derwentwater et Kenmure.

On avait fait les plus vives intercessions, et sous toutes les formes possibles, pour sauver la vie de ces malheureux seigneurs et de leurs compagnons d'infortune, mais elles avaient été inutiles. Lady Nithisdale, femme du comte condamné, aussi hardie qu'attachée à son mari, s'étant en vain jetée aux pieds du monarque régnant pour implorer sa merci en faveur de son époux, imagina, pour le sauver, un plan du même genre que celui qu'exécuta depuis ce temps madame Lavalette en France. Elle fut admise dans la Tour pour voir son mari, le dernier jour qu'il avait à vivre d'après sa sentence. Elle avait avec elle deux femmes qui étaient dans sa confidence. L'une portait sur elle un double vêtement de femme. Elle fut renvoyée, dès qu'elle eut quitté celui de dessus. La seconde donna au comte ses vêtemens, et mit elle-même ceux que la première venait de quitter. Enveloppé d'une grande mante, et jouant le rôle de femme de chambre, le comte, un mouchoir appuyé sur ses yeux, comme une personne accablée d'affliction, passa au milieu des sentinelles, sortit de la Tour, et s'échappa en France. On frémit, en voyant que, d'après la rigueur de la loi, la vie de cette femme héroïque fut considérée comme responsable de celle du mari qu'elle avait sauvé; mais elle réussit à se cacher.

Lord Winton fut aussi condamné à mort, mais il s'évada également de la Tour. Comme Charles Ratcliff s'était déjà échappé de prison vers la même époque, on peut en conclure que les geôliers ne montraient pas beaucoup de vigilance en cette occasion, ou que les prisonniers trouvaient le moyen de l'endormir. Le comte de Carnwath, lord Widdrington et lord Nairne, après un long emprisonnement, obtinrent grâce de la vie, par suite d'un bill d'amnistie générale.

Quant aux individus de rang inférieur, une vingtaine des plus déterminés des prisonniers de Preston furent exécutés, les uns en cette ville, les autres à Manchester, et quatre ou cinq à Tyburn. Parmi ceux-ci, l'exécution de William Paul, ecclésiastique, véritable ami, comme il s'en vantait, de l'Eglise anti-révolutionnaire d'Angleterre, fit une forte impression sur tout ce qui composait ce parti.

Ainsi se terminèrent la rébellion et ses conséquences, en ce qui concernait l'Angleterre ; nous devons maintenant jeter un coup d'œil sur ses dernières scènes en Ecosse.

CHAPITRE XII.

L'arrivée des troupes hollandaises à l'aide du gouvernement, la nouvelle de la reddition de Preston, et la défection du clan de Fraser pour passer dans le parti des Whigs, tout tend à décourager l'armée jacobite. — Un conseil général des chefs jacobites se dissout sans en venir à aucune détermination, un parti voulant capituler, tandis que Mar désire maintenir l'armée sur pied jusqu'à l'arrivée du chevalier. — Une offre de soumission conditionnelle est faite à Argyle et rejetée. — L'arrivée du chevalier ne peut rendre le courage à ses adhérens. — Effort d'Argyle pour mettre fin à la rébellion. — Il marche vers Perth. — Joie des montagnards jacobites à la perspective d'une autre bataille. — Leur fureur et leur désespoir en apprenant qu'on a dessein de battre en retraite. — La retraite est résolue.

Nous avons laissé les insurgens au moment où la nouvelle fâcheuse de la fin de la campagne de Forster avec ses auxiliaires montagnards, aux barricades de Preston, ne leur était pas encore parvenue. Dès l'instant qu'ils l'apprirent, ils perdirent pour toujours tout espoir d'une insurrection générale en Angleterre, ou d'obtenir quelques avantages en ce pays.

Les troupes régulières qui avaient été retenues en Angleterre pour s'opposer aux insurgens du nord de ce royaume étaient libres désormais d'entrer en Écosse, et Mar ne pouvait plus compter qu'Argyle resterait dans l'inaction faute de soldats. D'ailleurs, les États des Provinces-Unies avaient alors, d'après les remontrances du général Cadogan, fait partir pour l'Angleterre les troupes auxiliaires que le traité les obligeait à fournir en cas d'invasion, et trois mille hommes avaient déjà débarqué à Deptford. Les trois autres mille hommes de troupes hollandaises qui devaient aborder dans des ports du nord avaient été dispersés par une tempête et étaient entrés à Harwich, à Yarmouth et en d'autres ports, ce qui détermina le gouvernement à donner ordre à ceux qui étaient à Deptford, comme étant la partie la plus disponible de cette force auxiliaire, de marcher sur-le-champ vers l'Écosse.

Des évènemens également défavorables aux rebelles se passaient dans le nord de l'Écosse; et avant d'en suivre les progrès, il est à propos de rapporter quelques traits de la vie de Simon Fraser, un des personnages les plus remarquables de son temps.

Sa naissance le rendait l'héritier le plus proche, dans la ligne masculine, du domaine de Lovat et du titre de chef des Frasers, titre qui n'était pas purement honorifique, puisque ce clan comprenait de sept cents à mille hommes en état de porter les armes. Cependant le dernier chef avait laissé une fille en mourant, et Simon désirait, en l'épousant, réunir à ses prétentions au titre de chef et au domaine de Lovat celles de cette jeune personne. Comme il n'avait pas une bonne réputation, et qu'il passait pour être ruiné, la veuve du chef défunt, dame de la maison d'Athole, était contraire à cette union, et sa répugnance trouvait un appui dans sa puissante famille. Audacieux, doué d'une profonde dissimulation, et ayant gagné l'affection de la classe inférieure des montagnards, Simon ne trouva pas de difficulté à obtenir l'assistance d'un fort parti des Frasers, composé principalement d'hommes qui n'avaient rien à perdre, pour l'aider à exécuter le projet d'enlever la jeune héritière. Elle lui échappa pourtant; mais sa mère, veuve du feu lord Lovat, tomba en son pouvoir. N'ayant pas plus de prévoyance que de principes, Fraser s'imagina qu'en épousant cette dame au lieu de sa fille, il s'assurerait, par le moyen de son douaire considérable, quelque droit légal au domaine. Dans cette vue, il força lady Lovat à l'épouser, et fit valoir ses droits, comme son mari prétendu, avec la violence la plus brutale. Attendu cet outrage aussi abominable qu'atroce commis envers une dame veuve de son proche parent, et sœur du puissant marquis d'Athole, des *lettres de feu et de sang* furent décernées contre Fraser et ses adhérens; et ayant été proscrit par la haute cour de justice, il fut obligé de s'enfuir en France. Là, il chercha à gagner les bonnes grâces de la cour de Saint-Germain, en affectant le plus grand zèle pour la cause jacobite, et en prétendant jouir d'une grande influence sur les chefs montagnards, et pouvoir rendre au parti de grands services auprès d'eux. Le chevalier de Saint-George et le roi de France connaissaient le caractère infâme de cet homme, et se méfièrent de la proposition qu'il leur fit d'exciter une insurrection dans les montagnes d'Écosse. Marie d'Est, plus crédule, fut disposée à se fier à lui, et il fut envoyé en mission près des jacobites, dont il découvrit sur-le-champ le secret au duc de Queensberry, comme nous l'avons dit, chapitre 1er de ce volume. Sa double trahison ayant été découverte, Simon Fraser, à son retour en France, fut enfermé à la Bastille, où il resta long-temps. Sorti enfin de cette prison, il attendit le moment où il pourrait s'occuper de ses propres intérêts et faire valoir ses prétentions au titre de chef du clan de Fraser, et au domaine de Lovat, en se déclarant pour le parti politique qui lui paraîtrait devoir le mieux servir ses projets.

Le moment semblait alors arrivé où, par suite de l'insurrection de Mar, une guerre ouverte était déclarée entre les deux partis. Sa cousine, l'héritière de Lovat, avait épousé Mac-Kensie de Fraserdale, qui, agissant comme chef du clan de sa femme, avait appelé les Frasers aux armes, et conduit un corps de cinq cents hommes sous les étendards du chevalier de Saint-George. Tandis qu'ils étaient à Perth, Simon Fraser arriva en Écosse, et y parut comme un de ces monstres marins d'augure sinistre, dont les bonds dans les vagues annoncent la tempête. Il se montra d'abord à Dumfries, et il y offrit ses services personnels aux citoyens qui avaient pris les armes pour résister à l'attaque dont les menaçaient Kenmure, Nithisdale et leurs compagnons. Il n'inspira pourtant aucune confiance aux habitans de Dumfries, qui furent même tentés de le retenir prisonnier, et qui ne lui permirent de s'avancer vers le nord que sur l'assurance que leur donna le marquis d'Annandale, que sa présence y serait utile au roi George et à sa cause, ce que l'évènement vérifia.

Simon Fraser arriva dans le comté d'Inverness, et se hâta de former une alliance intime avec Duncan Forbes, frère de John Forbes de Culloden, et ami prononcé du gouvernement. Forbes était un jurisconsulte très habile, et aussi juste que religieux. En toute autre circonstance il aurait probablement dédaigné de s'associer à un proscrit désespéré, souillé des crimes de rapt et de meurtre, et coupable d'une double trahison; mais la circonstance était critique, et ne permettait de refuser aucun secours qui paraissait pouvoir être utile. Simon Fraser obtint son pardon, et fut en faveur; jamais l'influence du système patriarcal ne se manifesta par un exemple plus remarquable qu'en sa personne. Il avait, comme nous l'avons dit, une réputation complètement infâme, et il était dans l'état et la situation d'un aventurier du plus bas ordre. Mais la portion du clan la plus nombreuse de beaucoup était disposée à penser que le titre de chef descendait à l'héritier de la ligne masculine, et par conséquent on préféra les droits de Simon à ceux de Fraserdale, qui n'était chef du clan que comme époux de l'héritière. Les ordres de Fraser, qui prit alors le nom de Lovat, arrivèrent au clan dans la ville de Perth; ils furent respectés comme étant ceux du chef légitime, et les Frasers n'hésitèrent pas à abandonner la cause du chevalier de Saint-George, et à marcher vers le nord pour se placer sous les ordres du patriarche de la ligne masculine qui leur était rendu, et qui s'était déclaré pour l'autre parti. Ce changement était d'autant plus remarquable, qu'en fait d'opinion personnelle, la plupart des Frasers étaient Jacobites. Nous avons déjà dit que la défection des Frasers eut lieu le matin même où Mar sortit de Perth pour marcher vers Dunblanc; et l'absence d'un clan hardi et belliqueux, le 12 novembre, ne fut pas un faible désavantage pour le parti qu'il avait abandonné.

Peu de temps après, les opérations de ce clan, sous son nouveau chef, devinrent directement hostile à la cause jacobite. Sir John Mac-Kenzie de Coul, au moment de la marche du comte de Seaforth vers Perth, avait été laissé avec quatre cents Mac-Kenzies en garnison à Inverness, qu'on peut appeler la capitale des montagnes du nord. Jusqu'alors sa tâche avait été fort aisée, mais elle paraissait en cet instant devoir devenir plus difficile. Agissant d'après un plan concerté entre lui et Duncan Forbes, Lovat assembla son clan, et, avec ceux des Monros, des Ross et des Grants, qui avaient toujours été attachés à la cause des Whigs, il attaqua Inverness avec tant de succès, qu'il se rendit maître de cette place, que sir John Mac-Kenzie se trouva forcé d'évacuer sans avoir fait une résistance sérieuse. Le comte de Sutherland, qui était encore sous les armes, s'avança aussi alors, après avoir traversé le Frith de Murray, et une force considérable se réunit sur les derrières des rebelles, dans une position qui menaçait les domaines d'Huntly, de Seaforth et de plusieurs autres des principaux chefs de l'armée de Mar.

Ces divers évènemens tendirent de plus en plus à jeter de l'abattement dans l'esprit des nobles et des chefs de clans qui étaient dans l'armée jacobite. Le résultat incertain, ou, pour mieux dire, défavorable de l'affaire de Sheriffmuir, avait découragé ceux qui s'attendaient à une victoire décisive qui leur permettrait, sinon d'arriver à leur premier et principal but, du moins de se montrer des ennemis assez redoutables pour que le gouvernement crût devoir leur accorder des conditions honorables de conciliation.

Bien des gens réfléchis prévoyaient donc alors la ruine inévitable de leur entreprise; mais le général, le comte de Mar, ayant formellement invité le chevalier de Saint-George à venir se mettre lui-même à la tête de l'armée d'insurrection, se trouvait dans la nécessité, pour son propre honneur, et pour se réserver la chance favorable de l'impulsion que la présence de ce prince pouvait donner à ses affaires, de tenir ses troupes assemblées, pour protéger la personne du chevalier, s'il acceptait cette invitation périlleuse; et, comme elle avait été faite avant la bataille de Sheriffmuir, la probabilité était qu'elle serait acceptée. Dans cet embarras, il désira engager, par tous les moyens possibles, ceux qui s'étaient enrôlés sous ce fatal étendard à ne pas l'abandonner.

Dans ce dessein, il proposa un serment militaire au nom du roi Jacques VIII; engagement qui, tout solennel qu'il est, a rarement eu plus de force qu'une nécessité urgente qui contraint à le violer. Mais la plupart des gentilshommes engagés dans cette affaire, ne voulant pas se mettre dans l'impossibilité d'obtenir des conditions, si le cas l'exigeait, refusèrent de contracter cette obligation additionnelle. Il eut recours alors à l'expédient d'une association, et il convoqua un conseil général des principaux membres de l'armée. C'était la quatrième fois qu'une telle réunion avait lieu depuis le commencement de l'insurrection : la première, lorsque le détachement de Mac-Intosh s'était trouvé en péril; la seconde, pour souscrire une invitation au chevalier de Saint-George de venir joindre l'armée; et la troisième, sur le champ de bataille de Sheriffmuir.

Le marquis d'Huntly, qui était déjà à peu près déterminé à prendre des mesures séparées, refusa de se rendre à cette assemblée, mais il envoya un projet d'association qu'il était disposé à souscrire, et qui semblait admettre que les insurgés pourraient faire leur paix séparément. Mar le rejeta avec mépris, et dit que ce projet pourrait être fort bon s'il s'y trouvait du bon sens et s'il était rédigé en bon anglais. Il proposa alors le projet qu'il avait préparé lui-même, et par lequel les signataires consentaient à rester en armes et à n'accepter aucunes conditions que sous l'autorité du roi, et d'après le consentement de la majorité des gentilshommes qui portaient les armes en ce moment. Le Maître de Sinclair et beaucoup des gentilshommes des basses-terres s'opposèrent à cette mesure. Ils se plaignirent que la phrase, « Sous l'autorité du roi », pût être regardée comme donnant le pouvoir de décider ce qu'ils avaient à faire, au comte de Mar, comme général du roi, qui avait jusqu'alors conduit les affaires d'une manière dont ils n'avaient que peu de raison d'être satisfaits. Le Maître de Sinclair demanda quels individus seraient admis à voter comme constituant la majorité des gentilshommes présens à l'armée, et si ce droit serait accordé à tous ceux qui étaient compris sous cette dénomination générale, ou seulement à ceux qui pourraient être choisis par le général. Sir John Mac-Lean répondit avec hauteur qu'à moins qu'on n'accordât au commandant en chef quelque liberté de choix, les huit cents hommes composant son régiment devaient être admis à voter, attendu que chaque Mac-Lean était gentilhomme. Mar chercha à calmer les mécontens. Il convint que les affaires du roi n'étaient pas dans la situation où il aurait voulu les voir, mais il soutint qu'elles étaient loin d'être désespérées, et il ajouta qu'il avait encore des espérances, tout en refusant en même temps de répondre aux questions qu'on lui fit sur leur nature. Il fut pourtant accablé de questions. On lui rappela qu'il ne pouvait avoir dessein de rester à Perth, quand le duc d'Argyle, renforcé par six mille Hollandais, marcherait contre lui d'un côté, et que Sutherland, avec les clans du nord qui avaient épousé la cause du gouvernement, s'avancerait de l'autre; et on lui demanda où il se proposait de se poster pour faire résistance. Il nomma Inverness, et désigna le comté de Murray comme suffisant pour procurer des subsistances à une armée considérable. Mais Inverness, s'il n'était déjà pris, était dans un péril imminent; et le comté de Murray, quoique fertile, avait trop peu d'étendue pour ne pas être bientôt épuisé. L'opinion générale parut être que si l'on était pressé par les forces du gouvernement, on n'aurait d'autre ressource que de reculer dans les cantons stériles des montagnes. Le Maître de Sinclair demanda en quelle saison de l'année on trouvait dans les montagnes les fourrages et autres choses nécessaires à la cavalerie. Glengarry fit une réponse bizarre, mais fort intelligible : On en trouve en toute saison dans les montagnes, dit-il, — quand on a la précaution d'en apporter avec soi.

Le principal argument de Mar fut de faire sentir à ceux qui n'étaient pas de son avis la honte dont ils se couvriraient en abandonnant le roi au moment où il était sur le point de confier sa personne à leur fidélité. Ils répliquèrent qu'il connaissait seul les mouvemens du roi; qu'ils n'en avaient aucune assurance assez positive pour les déterminer à laisser échapper les occasions qui pourraient se présenter de sauver leurs personnes, leurs familles et leurs biens de la ruine qui les menaçait, uniquement par quelques scrupules pointilleux d'une fidélité qui ne pouvait être d'aucune utilité réelle pour le roi. Ils se plaignirent d'avoir été engagés à se mettre en campagne par des promesses de troupes, d'armes, de munitions, d'argent, et d'un général habile, — le tout devant venir de France; ces promesses ayant été entièrement fausses, ils ne voulaient pas être retenus sous les armes par des bruits des mouvemens du roi; bruits qui pouvaient être également trompeurs, puisqu'ils partaient de la même source. En un mot, le conseil de guerre se sépara sans avoir pris aucune résolution; et à compter de cette époque, il s'établit dans l'armée un parti d'opposition à l'administration du comte de Mar, parti dont les membres se déclarèrent d'avis d'entrer en négociation avec le duc d'Argyle, et qu'on désignait au quartier-général sous le nom de grondeurs et de mutins.

Ils eurent une réunion chez le Maître de Sinclair, et ouvrirent une communication avec Mar, insistant sur l'inutilité complète de toute la résistance qu'ils pourraient faire, sur l'épuisement de leurs munitions, de leurs provisions, de leurs fonds; sur l'impossibilité de tenir bon jusqu'à ce qu'ils eussent gagné les montagnes, et d'y faire subsister leurs chevaux s'ils se jetaient dans ces lieux sauvages. Ils lui déclarèrent qu'ils ne désiraient pas se séparer de l'armée; que tout ce qu'ils voulaient savoir était s'ils pouvaient obtenir une capitulation honorable pour tous ceux qui avaient pris les armes, protestant que si on leur proposait des conditions déshonorantes, ils étaient décidés à combattre jusqu'à la mort, plutôt que de les accepter.

Tandis que tels étaient les sentimens des gentilshommes des basses-terres, découragés par leur manque total de succès et par la perspective d'une ruine prochaine, les chefs et les clans montagnards n'avaient nulle envie de traiter avec le parti ennemi. Leur caractère belliqueux faisait que la campagne était pour eux une jouissance, et la solde que Mar leur payait avec libéralité était, tant que le paiement continua, une considération importante pour des gens si pauvres. Enfin leur opinion générale, fondée sur la convention faite avec leurs ancêtres, après la guerre de 1688 à 1689, était qu'au pis-aller, ils pourraient se retirer dans leurs montagnes, et que le gouvernement, plutôt que d'encourir une perte d'hommes et d'argent pour les subjuguer, serait charmé de leur accorder la paix à telles conditions qu'ils voudraient, et ne leur refuserait peut-être pas de les payer pour y consentir. Une autre classe de personnes, qui avaient de l'influence dans un camp si singulier, étaient les nobles, c'est-à-dire les hommes de haute qualité qui avaient pris parti pour cette cause. La plupart d'entre eux avaient de grands titres, mais une fortune dérangée, et leur patrimoine était grevé de dettes. Mar les avait traités de bonne heure avec distinction et préférence, attendu que leur nom faisait honneur à la cause pour laquelle leur influence personnelle ne pouvait être qu'un faible appui. Ils avaient été élevés dans l'armée d'insurrection à un rang qui n'était que nominal, et la paie qu'ils recevaient ne leur était pas moins agréable que la leur ne l'était aux montagnards. On peut aussi supposer qu'ils étaient plus particulièrement informés que les autres des motifs qu'avait Mar pour attendre le roi à chaque instant, et ils pouvaient, avec un courage digne de leur naissance, être disposés à souffrir tous les maux de la guerre plutôt que d'abandonner leur monarque au moment où, d'après leur propre invitation, il venait se confier à leur fidélité. Ces seigneurs soutenaient donc les mesures et l'autorité du commandant en chef, et rejetaient toute proposition tendante à traiter.

Cependant, malgré leur appui et celui des chefs montagnards, Mar se trouva forcé d'écouter les représentations des mécontens, au point de consentir qu'on s'adressât au duc d'Argyle pour savoir s'il pouvait accorder une capitulation. Il régnait si peu de confiance entre le général et ses officiers, que ceux-ci insistèrent pour nommer un des délégués qui devaient être envoyés à Stirling pour entrer en négociation. Définitivement on chargea de l'offre conditionnelle de soumission le lieutenant-colonel Lawrence, l'officier du plus haut rang qui eût été fait prisonnier à l'affaire de Sheriffmuir. Le colonel, conformément à l'engagement qu'il en avait pris, rapporta une réponse à la proposition de soumission. Le duc d'Argyle n'était pas autorisé par la cour à traiter avec les insurgens en corps, mais seulement avec les individus qui pourraient se soumettre; mais sa grâce avait promis d'envoyer à la cour le duc de Roxburghe pour solliciter des pouvoirs pour une pacification générale. La comtesse de

Murray, dont le second fils, François Stewart, avait pris part à la rébellion, entama une négociation plus privée, et reçut la même réponse, avec cette addition que le duc d'Argyle ne voulut pas même l'entendre prononcer le nom de Mar, en faveur duquel elle avait essayé de faire quelques intercessions.

Après cet accueil défavorable fait à une proposition de soumission, il ne fut pas difficile d'exciter le ressentiment de ceux qui étaient partisans déclarés de la guerre contre le parti moins nombreux de ceux qui désiraient la paix. Les montagnards, dont le caractère impétueux s'irritait aisément, furent encouragés à insulter et à maltraiter les habitans des basses-terres, particulièrement ceux qui étaient à la suite du marquis d'Huntly, arrachant les cocardes placées à leurs chapeaux, et leur reprochant d'être des lâches et des traîtres. Le Maître de Sinclair fut publiquement menacé par Farquharson d'Inverey, vassal montagnard du comte de Mar; mais la férocité bien connue de son caractère, et l'habitude qu'il avait d'être toujours armé, semblent lui avoir servi de protection.

Vers cette époque, il se trouvait parmi les principaux associés du comte de Mar, d'autres individus qui commençaient à désirer de quitter son camp. Huntly, mécontent des insultes faites à ses vassaux et de la situation désespérée des affaires à Perth, se préparait alors à se retirer dans son pays, alléguant que sa présence y était nécessaire pour la défense des domaines de sa famille, qui se trouvaient menacés par la marche du comte de Sutherland vers le sud. Les mouvemens du même comte, et ceux des clans des Ross, des Mac-Kays, des Frasers, des Grants et autres, alarmèrent aussi Seaforth pour la sûreté de ses domaines du Kintail; et il quitta Perth pour marcher vers le nord, afin de défendre ses propriétés, ainsi que les femmes, les familles et les foyers de ceux de ses vassaux qui l'avaient suivi. L'armée de Mar perdit ces deux chefs à l'instant où il allait être assailli par les forces que le gouvernement avait réunies. Des individus isolés se découragèrent aussi et renoncèrent à l'entreprise. Il y eut plus d'un homme de considération qui se retira chez lui après la bataille de Sheriffmuir, s'assit au coin de son feu, et se fiant à la clémence du gouvernement, renonça au métier de faiseur de roi. D'autres, conjointement ou séparément, avaient déjà pris le même parti, et ceux qui, étant plus connus, ou s'étant montrés plus actifs, n'osaient rentrer chez eux, cherchaient, dans les ports de l'orient de l'Écosse, les moyens de passer en pays étranger. Le Maître de Sinclair, après un échange de menaces et de bravades mutuelles avec Mar et ses amis, quitta le camp de Perth et alla joindre Huntly dans le nord. Il passa ensuite aux Orcades, et de là en pays étranger.

Au milieu de cette défection graduelle, mais croissante, le comte de Mar, par suite de son système politique, se vit obligé, à tout évènement, de rester à Perth, puisqu'il savait, ce que les autres avaient refusé de croire sur son témoignage, que le chevalier de Saint-George devait être bientôt attendu dans son camp.

Ce prince infortuné dès l'enfance se trouva, à l'époque où cette lutte avait lieu en sa faveur, entièrement hors d'état d'aider ses partisans. Il avait été expulsé de France par le duc d'Orléans, et même les armes et les munitions qu'il s'était procurées, à l'aide du peu de fonds qui lui appartenaient ou à ses amis, ou qu'il devait à la munificence de ses alliés, avaient été interceptées dans les ports de France. N'ayant donc plus aucun moyen de leur envoyer des secours, il résolut généreusement, ou par désespoir, de hasarder sa propre personne, et de vivre et de mourir avec eux. Comme soldat, le chevalier de Saint-George avait montré du courage en plusieurs autres occasions; c'est-à-dire il s'était approché du champ de bataille aussi près qu'on le permet ordinairement aux personnes de son importance. Il était bien fait, avait des manières courtoises et agréables; mais, sous tout autre rapport, ses talens n'étaient pas distingués, et il ne différait pas de la classe ordinaire des personnages élevés, dont les désirs, les espérances et les sentimens sont sous l'influence et le contrôle de quelque ministre favori, qui délivre son maître de l'embarras incommode d'avoir à penser lui-même aux grandes affaires. L'arrivée d'un chef doué des qualités extérieures que Jacques possédait, aurait pu exciter un enthousiasme général au commencement de l'insurrection, mais ne pouvait la relever quand elle tombait en ruines. La présence inattendue du capitaine à bord d'un navire à demi naufragé, ne saurait rétablir les voiles qui n'ont pu résister à la tempête, ou en rapprocher les planches séparées qui y laissent entrer les vagues.

Le chevalier ayant traversé la Normandie déguisé en marin, s'embarqua à bord d'un petit navire qui avait été autrefois un bâtiment corsaire, armé et monté aussi bien que le temps le permettait, et ayant une cargaison d'eau-de-vie. Le 22 décembre 1715, il débarqua à Peterhead, n'ayant avec lui qu'un cortège de six gentilshommes, le reste de sa suite et ses équipages devant le suivre sur deux petits bâtimens. Il n'en arriva qu'un seul en Écosse, le second fit naufrage. Le comte de Mar, le comte Marischal, et trente autres personnes de qualité, sortirent de Perth, pour aller baiser la main du prince pour la cause duquel ils portaient les armes. Ils le trouvèrent à Fetteresso, attaqué d'un accès de fièvre, — fâcheuse maladie à porter sur un champ de bataille. Tandis que le clergé épiscopal du diocèse d'Aberdeen félicitait Jacques, et se félicitait lui-même de l'arrivée d'un prince élevé, comme Moïse, comme Joseph et comme David, à l'école de l'adversité, son général avait à lui apprendre la triste nouvelle que son éducation à cette école sévère n'était pas encore terminée. Le chevalier de Saint-George apprit alors pour la première fois la fâcheuse nouvelle qu'un mois avant son arrivée, il avait été décidé qu'on abandonnerait Perth, jusqu'alors le quartier-général, et qu'aussitôt que les ennemis commenceraient à avancer, on serait dans la nécessité de se retirer au milieu des montagnes.

Cet accueil était tout différent de celui auquel s'attendait le prince. Cependant on espérait encore que la nouvelle de l'arrivée du chevalier pourrait rendre une nouvelle vie à sa cause expirante, rappeler les amis qui avaient abandonné l'étendard sous lequel ils s'étaient d'abord réunis, et en encourager de nouveaux à se rassembler autour de lui. A tout évènement, la chose méritait bien qu'on en fît l'épreuve. Pour que sa présence produisît plus d'effet, Jacques se montra avec l'appareil de la royauté en traversant Brechin et Dundee, et il fit son entrée dans Perth avec une affectation de majesté.

Il nomma ensuite un conseil privé, auquel il adressa un discours dans lequel il ne se trouvait rien de bien encourageant pour ses partisans. En dépit d'un air forcé d'espérance et de confiance, il n'était que trop évident que le langage du prince était plutôt celui du désespoir. Il ne pouvait raisonnablement compter sur des secours étrangers en hommes, en armes ou en argent. — Il était venu en Écosse, dit-il, uniquement pour que ceux à qui il ne plaisait pas de faire leur devoir n'eussent pas le droit de chercher une excuse dans son absence. Il lui échappa quelques mots de mauvais augure, en ajoutant que les infortunes n'avaient rien de nouveau pour lui, puisque, depuis le berceau, toute sa vie n'en avait été qu'une suite continuelle, et qu'il était disposé, si telle était la volonté de Dieu, à voir se réaliser, dans toute leur étendue, les menaces de ses ennemis. Ces paroles n'avaient rien d'encourageant, mais elles contenaient les sentimens véritables d'un esprit abattu. Le grand conseil, auquel ce discours était adressé, y répondit par la déclaration d'une ferme résolution de combattre le duc d'Argyle; et il est incroyable combien cette détermination obtint de popularité dans l'armée, quoiqu'elle fût réduite au quart de ce qu'elle avait été. La nouvelle de l'arrivée du chevalier de Saint-George fut communiquée à Seaforth, à Huntly, et aux autres seigneurs importans qui avaient naguère entouré son étendard ; mais ils n'y firent aucune attention, et ne revinrent pas le joindre. Il n'en continua pas moins à jouer le rôle de souverain. Six proclamations furent publiées au nom de Jacques VIII, roi d'Écosse, troisième de ce nom en Angleterre. La première ordonnait des actions de grâces générales pour son heureuse arrivée dans ses domaines des Iles Britanniques. — La seconde commandait d'offrir des prières pour lui dans toutes les églises. — La troisième autorisait le cours des monnaies étrangères. — La quatrième convoquait la Convention des États d'Écosse. — La cinquième enjoignait à tous les hommes en état de porter les armes de joindre son étendard. — Enfin, la sixième fixait le 23 janvier pour la cérémonie de son couronnement. On publia aussi une lettre du comte de Mar relativement au roi, comme il y est nommé, dans laquelle, avec un heureux choix d'expressions, il l'appelle *le plus beau* gentilhomme pour la personne et les manières, — doué *des plus beaux* talens et de la plus grande capacité pour les affaires, — et *le plus bel* écrivain que lui, lord Mar, eût jamais vu ; en un mot, un roi propre, sous tous les rapports, à rendre heureux le peuple écossais, si ses sujets étaient dignes de lui.

Mais au milieu de ces annonces flatteuses, parut un ordre d'un genre tout différent. Un édit du roi Jacques ordonna la destruction du village d'Auchterarder et d'autres hameaux entre Stirling et Perth, maisons, grains et fourrages, pour que l'ennemi ne pût y trouver de logemens quand il avancerait. En conséquence, ce village et plusieurs hameaux furent livrés aux flammes, et les habitans, vieillards, femmes, enfans, infirmes, furent chassés de leurs demeures dans un des hivers les plus rigoureux qu'on eût éprouvés depuis long-temps, même dans ces froides régions. Il y a tout lieu de croire que l'alarme qui suivit cette mesure violente contrebalança toute espérance de temps plus heureux que pouvaient exciter les proclamations ampoulées du candidat à la royauté nouvellement arrivé.

Tandis que les insurgens de Perth cherchaient à voir quel effet pourraient produire des proclamations adulatrices, on prenait des mesures actives d'un genre tout différent. Le duc d'Argyle était resté à Stirling depuis la bataille du 12 novembre, et réunissait peu à peu les moyens d'éteindre complètement le feu de la rébellion. Son désir secret était probablement qu'elle pût se terminer sans nouvelle effusion du sang de ses concitoyens égarés, par une dissolution spontanée. Mais le manque d'un train d'artillerie de siège, et l'extrême sévérité de la saison, lui servaient d'excuses pour s'abstenir d'opérations actives. Cependant le Duc paraît avoir été soupçonné par le gouvernement de mettre de la lenteur dans ses opérations, et peut-être d'avoir conçu quelque idée d'étendre son pouvoir et son influence en Écosse, en traitant les rebelles avec clémence, et en leur laissant le temps de se soumettre. On était d'autant plus porté à le croire, qu'Argyle avait été l'antagoniste déclaré de Marlborough, alors capitaine général, et qu'il ne pouvait espérer que ses mesures seraient jugées favorablement par un ennemi politique et personnel. L'intervention d'une partie des ministres du roi d'Angleterre, qui s'étaient déclarés contre la mise en jugement des lords rebelles, avait été punie par la perte de leurs places; et malgré le service qu'il avait rendu en arrêtant avec trois mille hommes la marche d'une armée quatre fois plus nombreuse, les mesures de temporisation d'Argyle donnaient à la malveillance un prétexte, que le message qu'il envoya au gouvernement par le duc de Roxburghe pour recommander une amnistie, tendit peut-être à justifier.

Il n'avait pourtant négligé aucune occasion pour circonscrire la portion du pays occupée par les rebelles, et pour préparer les moyens de les vaincre complètement. Les vaisseaux de guerre anglais qui étaient dans le Frith, et qui agissaient d'après les ordres du Duc, avaient chassé les forces de Mar du château de Burntisland, et les troupes du roi s'étaient établies dans une grande partie du comté de Fife, dont l'armée rebelle avait été auparavant en pleine et entière possession.

Cependant les troupes auxiliaires hollandaises commençant à arriver au camp de Stirling, et l'artillerie destinée au siège de Perth étant retenue dans la Tamise par des vents contraires, un train d'artillerie de campagne fut envoyé de Berwick à Stirling afin qu'on ne perdît pas plus de temps. Le général Cadogan, ami intime de Marlborough, fut aussi dépêché de Londres pour presser les opérations les plus actives; et si les délais d'Argyle lui avaient été inspirés par la pitié pour les insurgens, il fut alors forcé de prendre les mesures les plus énergiques.

Le 24 janvier, la marche de Stirling sur Perth commença, quoique une gelée très forte, suivie d'une grande chute de neige, rendît les opérations de l'armée lentes et difficiles. Le 31 du même mois, les troupes d'Argyle traversèrent l'Earne sans opposition, et s'avancèrent jusqu'à Tullibardine, à huit milles de Perth.

D'une autre part, la confusion régnait au quartier-général des rebelles. Le chevalier de Saint-George avait exprimé le plus grand désir de voir les petits rois, comme il appelait les chefs montagnards, et leurs clans; mais tout en paraissant admirer leur costume singulier et leur tournure martiale, il fut étonné de trouver leur nombre tellement inférieur à ce qu'on lui avait fait attendre, qu'il exprima l'appréhension d'avoir été trompé et trahi. La vue de ce prince n'excita pas beaucoup d'enthousiasme parmi ses partisans. Il était grand et maigre; ses traits et ses yeux étaient abattus par sa maladie récente, et sa physionomie manquait de ce feu qui doit caractériser le chef d'une entreprise hasardeuse, ou pour mieux dire désespérée. Il parlait avec lenteur, était difficile à aborder, et semblait prendre peu d'intérêt aux revues de ses soldats et à leurs exercices militaires. Les montagnards, frappés de sa ressemblance à un automate, demandaient s'il pouvait parler. En un mot, il y avait un désappointement général, causé peut-être par l'état d'inquiétude et d'accablement dans lequel on le voyait, plutôt que par un manque naturel de courage en ce malheureux prince. Son attachement extrême à la religion catholique rappelait aussi à ceux de ses partisans qui professaient le culte réformé, la bigoterie de famille qui avait coûté à son père son royaume ; et ils étaient peu satisfaits du refus qu'il faisait de se joindre à leurs prières et à leurs actes de religion, et de la ponctualité avec laquelle il observait tous les rites de l'église catholique.

Cependant les montagnards, quoiqu'en petit nombre, attendaient avec une ardeur qui allait presque jusqu'à la joie la bataille désespérée qu'ils regardaient comme prochaine; et quand ils apprirent, le 28 janvier, qu'Argyle était réellement en marche vers Perth, cette nouvelle parut être pour eux l'annonce d'une fête plutôt que celle d'un combat où toutes les probabilités leur étaient contraires. Les chefs s'embrassaient, buvaient à la santé les uns des autres ; les cornemuses jouaient des airs guerriers, et les soldats se préparèrent à l'action avec cet air de vivacité qu'un peuple belliqueux montre toujours à l'approche d'une bataille.

Mais quand un bruit leur apprit que malgré tous les préparatifs dont ils s'étaient occupés, le dessein du général était de se retirer devant l'ennemi sans combattre, ces hommes, habitués à avoir une si haute idée de la prouesse de leurs ancêtres, et sentant qu'ils ne leur étaient pas inférieurs, passèrent de l'indignation à la fureur, et ils assaillirent leurs principaux officiers dans les rues de toute espèce de reproches.—Que pouvons-nous faire? leur répondit, faute de mieux, un de ces officiers, confident de Mar. — Ce que nous pouvons faire? s'écria un montagnard indigné. Laissez-nous faire ce qu'on voulait que nous fissions quand on nous a fait prendre les armes. Pourquoi le roi est-il venu ici? Est-ce pour voir ses sujets massacrés comme des chiens sans frapper un coup pour leur vie et leur honneur? Quand on alléguait la sûreté de la personne du roi comme un motif pour battre en retraite, ils répondaient : — Confiez-nous sa sûreté; et s'il veut mourir en prince, il verra qu'il y a en Écosse dix mille hommes disposés à mourir avec lui.

Telles étaient les exclamations générales qu'on entendait dans le camp; et celles qui avaient lieu dans le conseil du chevalier n'étaient pas moins violentes. Plusieurs militaires expérimentés furent d'avis que, quoique Perth fût une ville ouverte, cependant c'était un poste assez sûr pour qu'une armée ne pût l'enlever par un coup de main à une garnison déterminée à le défendre; la force de la gelée et la quantité de neige qui était tombée, empêchait qu'on ouvrît une brèche; tout le pays environnant était dévasté; l'armée du duc d'Argyle était composée en grande partie d'Anglais et d'étrangers qui n'étaient pas habitués à la dureté du climat de l'Écosse; et ils exprimaient un vague espoir que si le général du gouvernement tentait une attaque contre la ville, il recevrait un échec qui rétablirait la balance entre les deux partis. On leur répondit que non seulement la supériorité du nombre et l'avantage de la discipline étaient du côté de l'armée royale, mais que la garnison de Perth manquait de provisions et de munitions, et que le duc d'Argyle avait assez de troupes pour faire le blocus de cette ville, et s'emparer de Dundee, d'Aberdeen et de tous les comtés au nord du Tay que les insurgens avaient occupés jusqu'alors, tandis que le chevalier, enfermé dans Perth, verrait ses ennemis en possession de tous les environs, jusqu'à ce qu'il lui devînt impossible de leur échapper. Enfin il fut décidé dans le conseil du chevalier de Saint-George qu'essayer de défendre Perth serait un acte de désespoir. Pour réconcilier l'armée avec ce projet de retraite, on fit courir le bruit qu'on avait dessein de faire halte à Aberdeen ; qu'on y serait joint par un corps de troupes considérable qu'on attendait de l'étranger, et qu'on reviendrait vers le sud sous de meilleurs auspices. Mais il était secrètement bien entendu que le dessein était d'abandonner une entreprise à laquelle ceux qui en avaient conçu le projet pouvaient appliquer les vers du poète :

> Nous avons pris le casque en un fatal moment ;
> Avancé pleins d'ardeur, reculé follement.

CHAPITRE XIII.

Retraite de l'armée jacobite. — Évasion du chevalier et du comte de Mar à bord d'un navire à Montrose. — Dispersion de l'armée jacobite. — Incapacité de Mar comme général. — Arrivée d'Argyle à Londres. — Accueil qu'il reçoit à la cour. — Il est privé de tous ses emplois. — Causes de cet acte d'ingratitude du gouvernement anglais. — Jugement des prisonniers jacobites à Carlisle. — Désarmement des Montagnards. — Vente des biens confisqués. — Plan de Charles XII, roi de Suède, pour la restauration des Stuarts. — Expédition envoyée par le cardinal Alberoni dans le même dessein. — Bataille de Glenshiel. — L'entreprise est abandonnée.

Quels que fussent les bruits qui couraient parmi les soldats, les principaux chefs avaient résolu de commencer une retraite à la tête d'une armée mécontente, dégradée à ses propres yeux, se méfiant de ses officiers, et capable, si la méfiance venait à se changer en fureur, d'enlever son roi et son général pour les emmener dans ses montagnes, et y faire une guerre irrégulière à la manière des clans.

Le 28 janvier, le bruit de l'approche du duc d'Argyle donna l'alarme à Perth ; et il est remarquable que, quoique les officiers-généraux, au milieu de la confusion qui régnait, n'eussent donné aucun ordre pour les mesures à prendre en cas de cet évènement probable, cependant les clans, avec une sagacité d'instinct, prirent d'eux-mêmes les postes les plus forts pour résister à toute attaque; et malgré un désordre momentané, on entendait les soldats s'encourager mutuellement en se disant les uns aux autres : — Cela ira assez bien. Le malheureux prince était loin de montrer la même ardeur que ses partisans. On remarqua qu'il avait l'air abattu, qu'il versait des larmes, et on l'entendit dire qu'on l'avait fait venir, non pour lui donner une couronne, mais pour le conduire au tombeau. — Les pleurs, dit le prince Eugène quand il apprit cette circonstance, ne sont pas le moyen de conquérir un royaume.

Ce fut au milieu de ce conflit de sentimens que la retraite commença. Le 30 janvier, anniversaire de la décapitation de Charles Ier, et par conséquent, jour de mauvais augure pour son petit-fils, l'armée des montagnards passa le Tay sur la glace qui couvrait alors ce fleuve, quoique rapide et profond. Un corps de dragons du duc d'Argyle prit bientôt après possession de la ville; mais le temps était si rigoureux et la marche des rebelles si régulière, qu'il fut impossible d'envoyer contre eux une avant-garde de force suffisante pour les inquiéter dans leur retraite.

Lorsque les rebelles furent arrivés au port de Montrose, le bruit se répandit parmi les montagnards que le roi, comme on l'appelait, le comte de Mar et quelques autres de leurs principaux chefs, allaient les abandonner et s'enfuir par mer. Pour tranquilliser les troupes, on donna ordre de continuer la marche vers Aberdeen; la voiture et les chevaux du chevalier de Saint-George furent amenés devant la porte de son logement, et ses gardes montèrent à cheval comme prêts à marcher. Mais avant l'heure fixée pour le départ, Jacques quittant secrètement son appartement, se rendit dans celui du comte de Mar, et tous deux prirent un sentier détourné pour gagner le bord de la mer, où une barque les attendait afin de les conduire à bord d'un petit bâtiment qui avait été préparé pour les recevoir. La sûreté de ces deux personnages étant assurée, on envoya des barques à terre pour en ramener lord Drummond et quelques autres gentilshommes, la plupart faisant partie de la maison du chevalier. Ce fut ainsi que le fils de Jacques II quitta encore une fois les rives de son pays natal, où, en cette dernière occasion, il ne semblait être venu que pour pourvoir à la sûreté de son général.

Le général Gordon s'acquitta de la tâche, aussi triste que difficile, de conduire à Aberdeen les restes découragés de l'armée des montagnards; lord Marischal l'aida à accomplir ce devoir, en se mettant à la tête de l'arrière-garde. Il est probable que la rage des soldats, en se voyant abandonnés, se serait portée à quelques actes d'insubordination et de violence; mais l'approche des forces du duc d'Argyle, en diverses colonnes, qui les menaçaient, prévint cette catastrophe. Une lettre close, qui devait être ouverte à Aberdeen, contenait les ordres secrets du chevalier pour le général Gordon et son armée. Quand on l'ouvrit, on vit qu'elle contenait des remerciemens à ses fidèles serviteurs, l'annonce que le désappointement l'avait obligé à se retirer chez l'étranger, et la permission à ses adhérens, soit de rester en corps et de traiter avec l'ennemi, soit de se disperser suivant que les circonstances paraîtraient l'exiger. Les soldats apprirent en même temps qu'ils cesseraient de recevoir leur paie.

Un transport général de douleur et d'indignation suivit cette annonce. Un grand nombre d'insurgés jetèrent leurs armes avec désespoir, en s'écriant qu'ils avaient été abandonnés et trahis, et qu'ils étaient maintenant laissés sans roi et sans général. Les clans se divisèrent en différens corps et marchèrent vers les montagnes, où ils se dispersèrent pour regagner chacun son vallon héréditaire.

Les gentilshommes montagnards ou des basses-terres qui se trouvaient à l'armée se cachèrent dans les montagnes ou s'avancèrent dans des comtés plus au nord, où des bâtimens, envoyés de France pour les recevoir, en conduisirent une grande partie sur le continent.

Ainsi se termina la rébellion de 1715, sans avoir même le triste éclat d'une défaite. Elle fut fatale à beaucoup d'anciennes et illustres familles d'Écosse, et paraît avoir été une entreprise au-dessus des talens de l'homme que le hasard ou sa présomption en avait créé le chef. Ce serait injuste pour la mémoire du malheureux Mar de ne pas l'acquitter de tout reproche de lâcheté ou de trahison ; mais son génie le rendait plus propre aux intrigues d'une cour qu'aux travaux d'une campagne. Il semble avoir partagé complètement les espérances chimériques qu'il inspirait à ses partisans, et avoir compté sur l'assistance que le duc d'Orléans ne put ou ne voulut pas lui accorder. Il crut aussi que le royaume était tellement disposé à la rébellion, qu'il ne fallait qu'allumer une étincelle pour produire un incendie général : en un mot, il mit sa confiance en ce qu'on appelle le chapitre des accidens. Avant la bataille de Sheriffmuir, son inaction semble avoir été impardonnable, puisqu'il souffrit que le duc d'Argyle, en prenant une ferme attitude, en imposât à une force quatre fois plus nombreuse et la neutralisât. Mais après cet évènement, persister dans cette entreprise était un acte de démence, puisque chaque moment de retard l'approchait davantage du bord du précipice ; cependant il invita même le chevalier à partager les dangers et la honte d'une retraite inévitable. En un mot, toute l'histoire de cette insurrection démontre que rien ne peut être plus malheureusement combiné qu'une entreprise audacieuse sous un chef irrésolu.

Le comte de Mar dirigea ensuite, pendant quelques années, les affaires d'État du chevalier de Saint-George, prétendu ministre d'un prétendu cabinet. Au commencement de 1721, il perdit la confiance de son maître ; et il passa le reste de sa vie dans la retraite en pays étrangers. Ce seigneur infortuné était homme de goût, et en imaginant des moyens d'embellir Édimbourg, capitale de l'Écosse, il montra plus de talent qu'il ne l'avait fait en cherchant à changer le gouvernement. On lui doit la première idée de plusieurs améliorations qui eurent lieu en cette ville dans des temps plus modernes.

Le duc d'Argyle ayant pris les mesures les plus actives pour éteindre les restes du feu de la rébellion, en dispersant les corps qui étaient encore sous les armes, ordonna à des colonnes mobiles de traverser les montagnes dans tous les sens, pour recevoir la soumission de ceux qui voulaient s'humilier, ou employer la force contre tout ce qui ferait résistance. Il arriva à Édimbourg le 27 février, et les magistrats, qui n'avaient pas oublié sa marche hardie pour secourir cette ville, quand elle avait été menacée par le brigadier Mac-Intosh, le reçurent avec magnificence. De là, il se rendit à Londres, où George Ier lui fit un accueil distingué.

Et maintenant vous désirez sans doute savoir par quels nouveaux honneurs, par quelle augmentation de pouvoir ou de richesse, le roi d'Angleterre récompensa l'homme que son génie avait mis en état de faire tête à un nombre quadruple du sien, et qui avait retenu sur la tête de Sa Majesté la couronne au moins d'un de ses royaumes, au moment où elle chancelait sur sa tête. Je vous répondrai brièvement. Très peu de temps après la fin de la guerre, le duc d'Argyle fut privé de tous ses emplois. Il faut chercher la cause de cet acte extraordinaire d'ingratitude dans la haine personnelle que lui portait le duc de Marlborough ; dans la fierté hautaine du duc d'Argyle, qui faisait de lui un membre incommode et inflexible d'un cabinet ministériel ; et peut-être dans quelque appréhension de l'influence personnelle et croissante de ce grand homme en Écosse, son pays natal, où il était universellement aimé et respecté, même par un grand nombre de ceux contre lesquels il avait combattu.

On croit en outre que la disgrâce du duc à la cour se rattachait, jusqu'à un certain point, à une disposition législative, d'une justice fort équivoque, qu'on adopta pour le jugement des prisonniers d'État. Nous avons déjà parlé des procédures criminelles d'après lesquelles des prisonniers faits à Preston furent exécutés. Ceux qui avaient été pris les armes à la main, à Sheriffmuir et ailleurs en Écosse, auraient dû, d'après les lois anglaises et écossaises, être jugés dans le pays où le crime de haute trahison avait été commis. Mais les hommes de loi d'Angleterre se souvenaient des procédures qui avaient eu lieu en 1707, époque où il avait été impossible d'obtenir des grands jurys d'Écosse un décret d'accusation qui aurait permis de mettre en jugement les prisonniers. Les liaisons étroites d'alliance et d'amitié qui régnaient même entre les familles dont les principes étaient le plus opposés, comme Whigs et Torys, faisaient que le parti victorieux en Écosse ne se souciait pas de servir d'instrument pour accabler les vaincus, et était disposé à leur fournir quelques subterfuges pour se sauver, même aux dépens d'une stricte justice. Pour obvier aux difficultés d'obtenir une condamnation, difficultés qui auraient pu encourager par la suite à d'autres actes de haute trahison, il fut résolu que les prisonniers écossais seraient traduits en justice en Angleterre, quoique leur crime eût été commis dans leur propre pays. Cette marche était sans doute extrêmement commode pour la poursuite ; mais il reste à savoir où de pareilles innovations s'arrêteront, quand un gouvernement prend sur lui de changer le cours ordinaire des procédures légales, pour rendre plus certaine la condamnation des coupables. La cour d'*Oyer* et *Terminer* siégea pourtant à Carlisle, et elle aurait pu avec autant de raison tenir ses séances à Land's End, dans le Cornouailles ou dans les îles de Scilly. Mais on usa envers les accusés d'une modération étudiée, qui semblait leur annoncer que s'ils s'abstenaient de récuser la juridiction de la cour, ils seraient traités avec indulgence. Un grand nombre furent mis en liberté ; et quoique vingt-quatre d'entre eux eussent été jugés et condamnés, pas un seul ne fut exécuté. On assure que le duc d'Argyle, comme Écossais, et comme un de ceux qui avaient travaillé à l'Union, s'était déclaré, dans le conseil de Sa Majesté, contre une innovation qui semblait être une infraction à cette mesure, et que le mécontentement qu'on en conçut contribua à la chute de son pouvoir à la cour.

On distribua libéralement des actes de grâce à tous ceux qui s'étaient séparés des insurgés avant la fin de la rébellion. On pardonna en général aux chefs montagnards et à leurs clans, après leur soumission, et à condition qu'ils feraient la remise de leurs armes. Mais cette convention ne reçut qu'une exécution simulée ; les chefs ne remirent que des armes hors de service, tandis qu'ils conservèrent et cachèrent avec grand soin toutes les autres. Les clans qui étaient restés fidèles au gouvernement firent au contraire une remise complète, et ils s'en trouvèrent ensuite dépourvus quand ce même gouvernement eut besoin de leur secours.

Cependant les principes des Jacobites continuaient à fermenter dans l'intérieur du pays, et ils y étaient entretenus par les exilés nombreux, hommes d'un haut rang et de grande influence, qui avaient fui de la Grande-Bretagne par suite d'un décret de proscription. Pour réprimer leurs manœuvres et intimider les autres, les biens des proscrits furent déclarés confisqués au profit de la couronne, et la gestion en fut confiée à des administrateurs, pour être vendus au profit du trésor public. Le revenu annuel de tous ces biens, quoique comprenant ceux d'une quarantaine de familles de rang et de considération, ne s'élevait pas à trente mille livres sterling. Ces biens confisqués furent ensuite achetés du gouvernement

par une grande compagnie mercantile de Londres, qui
s'était établie dans l'origine pour fournir de l'eau à toute
la ville, en la tirant de la Tamise. Mais cette entreprise
ayant manqué sous l'administration des spéculateurs, les
fonds que possédait cette compagnie reçurent divers emplois tout différens, d'après les facilités que lui en donnait sa charte. Entre autres spéculations, celle d'acheter
les biens confisqués fut une des plus hardies ; et si la compagnie eût maintenu son crédit, c'eût été une des opérations les plus lucratives qu'elle eût jamais faites. Mais le
produit réel de cette immense étendue de bois et de déserts, habités par des tenanciers qui n'étaient disposés à
reconnaître pour propriétaires que les héritiers des anciennes familles, et qui vivaient dans des cantons éloignés, où le pouvoir des lois était entravé par les privilèges féodaux, et ne pouvait être qu'une faible protection
pour les intrus, ne fut pas à beaucoup près suffisant pour
payer les intérêts des dettes que la compagnie avait contractées. Les acquéreurs furent donc souvent obligés de
louer les terres aux amis et aux parens de ceux sur qui
elles avaient été confisquées, et qui faisaient passer aux
propriétaires exilés les moyens de subsister dans le pays
étranger où leurs erreurs et leurs infortunes les avaient
forcés à se réfugier. Les affaires de la compagnie d'York-
Building, qui était devenue, de cette manière singulière,
propriétaire de biens d'une étendue immense en Écosse,
se dérangèrent ensuite tout-à-fait, par suite de l'infidé-
lité ou de l'extravagance de ses administrateurs. Elle fit
de temps en temps des tentatives pour vendre ses biens
d'Écosse, mais elle n'y put réussir, ou n'en obtint qu'un
vil prix. Les capitalistes montraient de la répugnance à
acheter les domaines confisqués, et en deux ou trois occasions les familles qui en avaient été dépossédées furent en
état de les racheter à très bon marché. Mais dans la seconde partie du dix-huitième siècle, quand on commença
à mieux comprendre la valeur de ce genre de propriété,

des acquéreurs se présentèrent à l'envi les uns des autres, sans être retenus par les scrupules qui bien des années auparavant avaient empêché de mettre des enchères contre les héritiers de l'ancien propriétaire. Chaque nouveau domaine qu'on mettait en vente rapportait un prix plus élevé, quelquefois même dix fois plus haut que celui auquel il avait été vendu dans l'origine ; et après plus d'un siècle d'insolvabilité, toutes les dettes de la compagnie furent complètement acquittées. Si elle avait pu conserver ses propriétés, ou si, comme on l'avait une fois tenté, on avait pu substituer d'autres personnes aux droits de la compagnie, le gain qu'elle aurait fait eût été immense.

Avant de passer à des objets moins intéressans, je dois parler ici de deux plans conçus en pays étranger, sans l'espoir de faire renaître en Écosse la guerre civile de 1715. Deux ans après cette époque de troubles, le baron Gorz, ministre de Charles XII, roi de Suède, homme dont les desseins politiques étaient aussi chimériques que les projets de conquête de son maître, forma le plan d'une confédération pour détrôner George 1er, et replacer sur le trône l'héritier de la maison de Stuart. Son maître impétueux était indigné contre George, parce qu'il s'était mis en possession des villes de Bremen et de Verden. L'ancien ennemi de Charles, le czar Pierre, était disposé à favoriser aussi ce projet ; et le cardinal Alberoni, alors ministre tout-puissant du roi d'Espagne, le soutenait de tout son pouvoir. Ce plan était que dix mille hommes feraient une descente en Écosse, sous le commandement de Charles XII en personne, le succès de cette entreprise devant être confiée à sa réputation redoutée de courage et de détermination. Il pourrait être amusant de rechercher les suites probables de ce projet, si le Suédois à tête de fer s'était mis à la tête d'une armée de montagnards enthousiastes, doués d'un courage aussi romanesque que le sien. On pourrait douter que cette audace d'esprit égale de part et d'autre eût été un lien d'affection entre le chef et ses troupes; celles-ci n'auraient-elles pas été aliénées de leur commandant par l'habitude qu'avait Charles d'exercer une autorité despotique? Mais ces recherches nous écarteraient trop du chemin que nous devons suivre. Cette conspiration fut découverte par les espions du gouvernement français, alors allié avec l'Angleterre, et toute possibilité de mettre à exécution le projet qu'on avait formé s'évanouit par suite de la mort de Charles XII devant Frederickshall en 1718.

Mais quoique ce projet eût échoué, l'entreprenant Alberoni n'en continua pas moins à nourrir l'espoir d'effectuer une contre-révolution dans la Grande-Bretagne, à l'aide des forces de l'Espagne. Le chevalier de Saint-George fut invité à se rendre à Madrid en 1719, et il y fut reçu avec tous les honneurs dus au roi d'Angleterre. Six mille soldats, avec des armes pour douze mille, furent mis à bord de dix vaisseaux de guerre, et placés sous les ordres du duc d'Ormond. Mais la fortune et les élémens déjouèrent tous ses efforts en faveur de la malencontreuse maison de Stuart. La flotte essuya, à la hauteur du cap Finistère, une tempête terrible qui la repoussa en Espagne, et qui déconcerta toute l'entreprise. Une bien faible partie de cette expédition, consistant en deux frégates parties de Saint-Sébastien, et chargées de trois cents hommes, avec quelques armes, quelques munitions et quelque argent, arriva à sa destination dans l'île de Lewis. Les chefs exilés qui se trouvaient à bord étaient le marquis Tullibardine, le comte Marischal et le comte de Seaforth.

Nous n'avons pas eu occasion de parler de Seaforth depuis qu'il avait quitté l'armée de Mar en même temps que le marquis d'Huntly, afin de s'opposer au comte de Sutherland qui, voyant le succès que Lovat avait obtenu à Inverness, s'était remis en campagne pour le gouvernement. Quand les deux chefs jacobites furent arrivés sur leur territoire, ils virent que le comte de Sutherland avait une telle force, et que les affaires de leur parti offraient un aspect si désespéré, qu'ils se décidèrent à contracter avec Sutherland l'obligation de se soumettre au gouvernement. Huntly tint sa parole; il ne rejoignit jamais les rebelles, et sa soumission lui valut son pardon. Mais le comte de Seaforth prit de nouveau les armes dans son île de Lewis vers la fin de février 1716. — On envoya contre ce chef réfractaire un détachement de troupes régulières, commandé par le colonel Cholmondely, qui subjugua ceux qui étaient sous les armes. Seaforth s'échappa en France, passa ensuite en Espagne où il résida quelque temps, et on le renvoya en 1719 dans son pays natal, pour profiter de l'assistance qu'un chef si puissant pouvait donner au projet d'invasion.

En arrivant dans son île de Lewis, Seaforth leva promptement quelques centaines de montagnards, et traversa la mer pour passer à Kintail, dans le dessein de donner une nouvelle impulsion à l'insurrection. Il y ajouta quelques troupes aux levées de son clan, mais avant qu'il eût pu rassembler une force considérable, le général Wightman marcha contre lui avec un corps de troupes régulières d'Inverness, renforcé par les Monro, les Ross et autres clans fidèles des montagnes du Nord.

Il trouva Seaforth en possession d'un défilé nommé Strachells, près de la grande vallée de Glenshiel. Un combat irrégulier s'en suivit; on tiraillla et on escarmoucha beaucoup; mais Seaforth et les Espagnols conservèrent le défilé. George Monro le jeune, de Culcairn, reçut, dans cette action, une blessure qui le mit hors de combat. Comme l'ennemi continuait à tirer sur lui, le chef blessé ordonna à son domestique, qui était resté près de lui, de l'abandonner à son destin, et d'informer son père et ses parens qu'il était mort honorablement. Le fidèle serviteur fondit en larmes, et demandant à son maître comment il pouvait supposer qu'il le laisserait en cette situation, il se jeta sur son corps de manière à le garantir des balles de l'ennemi, et reçut, en cette position, plusieurs blessures, dont il préserva son maître. Ils furent tirés tous deux de ce péril imminent par un sergent de la compagnie de Culcairn, qui avait juré sur son *dirk* [1] de sauver son chef.

La bataille ne fut que légèrement contestée, mais l'avantage resta aux Mac-Kenzies, qui ne perdirent qu'un seul homme, tandis que du côté des troupes du gouvernement, plusieurs furent tués et blessés. Wightman fut forcé de se retirer sans avoir délogé l'ennemi, et laissa ses blessés sur le champ de bataille, où les vainqueurs, dit-on, en achevèrent plusieurs à coups de *dirk*. Mais quoique les Mac-Kenzies eussent obtenu un succès partiel, il n'était pas de nature à les encourager à persévérer dans leur entreprise, d'autant plus que leur chef, lord Seaforth, ayant été sérieusement blessé, ne pouvait plus diriger leurs efforts. Ils résolurent donc de se disperser dès que la nuit tomberait; et ce qui acheva de les y décider, fut que plusieurs de leurs alliés n'étaient pas disposés à livrer un nouveau combat. Par exemple, un chef avait prêté son clan à Seaforth pour le service de cette journée, mais sous la condition expresse que, quel que fût le résultat de la bataille, il se retirerait avant le lendemain matin; ce secours momentané n'étant regardé que comme un bon office de voisinage à l'égard de lord Seaforth.

Le comte blessé, Tullibardine et Marischal s'échappèrent sur le continent. Les trois cents Espagnols mirent bas les armes le lendemain, et se rendirent prisonniers. On peut appeler l'affaire de Glenshiel la dernière étincelle du feu de la grande rébellion de 1715, qui s'éteignit heureusement faute d'alimens. Un bruit vague que le comte Marischal était de nouveau débarqué en Écosse, fut pourtant sur le point d'exciter un certain nombre des plus zélés Jacobites à se mettre encore une fois en campagne; mais

---

(1) *Dirk* ou *poignard*. Le serment sur le dirk était regardé comme inviolable. — Tr.

cette nouvelle fut contredite avant qu'ils eussent eu le temps de faire une démarche si téméraire.

CHAPITRE XIV.

Plan pour une pacification plus efficace des montagnes, et pour l'amélioration de ce pays, exécuté sous la surintendance du maréchal de camp Wade. — Routes dans les montagnes. — Taxe sur l'ale. — Opposition à cette taxe en Écosse. — Désordres à Glascow. — On y met ordre. — Les brasseurs d'Édimbourg refusent de continuer à brasser de l'ale. — La cour de session les force à reprendre leur profession. — Décadence du jacobitisme. — Affaire de Porteous.

On pouvait s'attendre, après que les fondemens du trône avaient été tellement ébranlés par l'orage de 1715, que le gouvernement examinerait sérieusement les causes qui rendaient les clans montagnards si dangereux à la tranquillité publique, et qu'il prendrait quelques mesures pour empêcher qu'on ne fît de leur valeur toujours active un instrument de ruine pour eux-mêmes et pour les autres. En effet, le ministère anglais recourut, sans perdre de temps, aux moyens plus rigoureux et plus faciles de la force militaire, qui est nécessairement, et qui doit être le remède le plus immédiat en pareil cas, quoiqu'il soit loin d'être le plus efficace à la longue. La loi qui ordonnait le désarmement des montagnards, éludée en bien des cas, avait pourtant été assez généralement exécutée pour occasioner des plaintes générales de vols qui se commettaient par des troupes de gens armés, tandis qu'on n'avait dans le pays aucun moyen de leur résister. Ces plaintes n'étaient pas sans fondement, mais elles étaient exagérées par Simon Fraser, maintenant lord Lovat, ainsi que par d'autres, qui désiraient obtenir des armes pour leurs vassaux, afin de pouvoir s'en servir pour leurs propres desseins.

En conséquence, en 1724, le maréchal de camp Wade,

officier habile et expérimenté, reçut la mission d'aller inspecter avec attention l'état des montagnes d'Écosse, et d'en faire son rapport, en indiquant les meilleures mesures à prendre pour mettre la force du côté des lois, et protéger ceux qui étaient sans défense; sur les voies de communications qu'on pouvait ouvrir dans le pays; en un mot, sur tous les moyens qui pouvaient amener la paix dans des cantons si long-temps agités. En 1725 le même officier fut chargé d'une seconde mission pour le même objet. Par suite du rapport du maréchal, diverses mesures importantes furent prises. Le clan de Mac-Kenzies avait pendant bien des années refusé de payer au collecteur nommé par le gouvernement les revenus des biens confisqués sur Seaforth. Ils en faisaient le paiement à un receveur choisi parmi eux, qui en transmettait ouvertement le montant au comte exilé. On mit ordre à cet état de choses; ce clan fut forcé de livrer ses armes, et le gouvernement lui fit remise des loyers arriérés qu'il avait envoyés à Seaforth, en lui pardonnant généreusement sa fidélité à son chef. D'autres clans se soumirent et firent, du moins ostensiblement, la reddition de leurs armes, quoique les clans ennemis du gouvernement eussent soin de conserver un grand nombre de celles qui étaient dans le meilleur état. Un bâtiment armé fut stationné à Lochness pour commander les rives de ce grand lac. Des casernes furent construites en certains endroits, rebâties en d'autres, et remplies de troupes régulières.

On eut de nouveau recours à une autre mesure d'une utilité fort douteuse et qu'avait employée le roi Guillaume, mais que George Ier avait discontinuée. C'était l'établissement de compagnies indépendantes pour maintenir la paix dans les montagnes, et détruire les bandes de brigands qui exerçaient si audacieusement un métier de déprédation. Ces compagnies, composées de montagnards vêtus et armés à leur manière, furent placées sous les ordres de gens bien disposés en faveur du gouvernement, ou supposés l'être, et jouissant d'une grande influence dans les montagnes. On disait avec raison qu'une semblable milice connaissant la langue et les mœurs du pays, ferait plus que dix fois le même nombre de troupes régulières pour arrêter le brigandage. Mais, d'une autre part, l'expérience avait prouvé que les soldats composant de pareils corps, soit par esprit de clan, soit par tout autre motif, fermaient les yeux sur ces vols, ou entraient en composition avec les délinquans. Leurs officiers avaient été accusés d'en imposer au gouvernement par de faux états de revue. Par-dessus tout, la foi douteuse même de ces chefs, malgré leurs démonstrations d'attachement au gouvernement, rendait le rétablissement de la garde Noire, comme on l'appelait pour la distinguer des troupes régulières qui portaient l'uniforme national rouge, une mesure très précaire. Cependant on y recourut, et six compagnies furent formées sur ce principe.

Le maréchal Wade avait aussi le pouvoir de recevoir les actes de soumission des proscrits et autres individus qui avaient mérité punition pour avoir pris part à la rébellion, et de leur accorder leur pardon ; ce qu'il fit à l'égard de plusieurs. Il donna aussi la permission de porter des armes aux bouviers, aux marchands de bois et de bestiaux, et autres individus occupés de quelque commerce du même genre, pour qu'ils pussent défendre leurs personnes et leurs propriétés. Dans toute sa conduite à l'égard des montagnards, on peut distinguer en général un caractère d'humanité et de bon sens. Il acquit quelque popularité, même en exécutant des ordres qui excitaient parmi eux autant de mécontentement que de méfiance.

Pendant ce temps, les Écossais jacobites, soit par les lettres qu'ils écrivaient des pays étrangers, soit par le moyen d'agens habiles qui parcouraient le pays à ce dessein, faisaient tout ce qui était en leur pouvoir pour contrarier et déjouer les mesures qu'on prenait pour faire des montagnards de paisibles cultivateurs. Ils faisaient envisager sous les couleurs les plus odieuses la loi qui ordonnait le désarmement de ce peuple, quoique, dans le fait, il soit difficile d'ajouter au sentiment de honte et de dégradation que doit éprouver un peuple libre quand on le prive de tout moyen de défense personnelle. Et ce n'était pas une nouveauté pour eux que la doctrine pratique que, si les parties intéressées pouvaient déjouer cette tentative pour les priver de leurs droits naturels et de leur propriété légitime, soit par une remise d'armes illusoire, soit par des protestations qui pussent engager le gouvernement à les laisser en possession de leurs armes, soit en obtenant une permission de les conserver, soit en devenant membres des compagnies indépendantes, ce ne serait pas un déshonneur pour des hommes opprimés d'opposer l'astuce à la force, et d'éluder des demandes injustes et déraisonnables auxquelles ils n'avaient aucun moyen pour résister ouvertement. Le succès des mesures adoptées par le maréchal Wade ne fut donc qu'apparent; et tandis qu'il se vantait que les montagnards, au lieu de marcher armés de fusils, de sabres, de *dirks* et de pistolets, se rendaient maintenant aux églises, aux marchés et aux foires, un bâton à la main, il ignorait combien de milliers d'armes débarquées des frégates espagnoles en 1719, ou introduites dans le pays de toute autre manière, étaient conservées dans des cavernes et dans d'autres refuges, pour y avoir recours quand l'occasion s'en présenterait. Mais la tâche la plus difficile du maréchal Wade, et celle qu'il exécuta avec le succès le plus complet, fut l'établissement de routes militaires dans les régions montueuses et désolées du nord, assurant aux troupes régulières un libre passage à travers un pays dont on pouvait dire, quand il était tel que l'avait créé la nature, que chaque montagne était une forteresse naturelle, chaque vallée un défilé. Les routes, comme on les appelait, n'avaient été jusqu'alors dans toutes les montagnes que des sentiers tracés par les pieds des hommes et par ceux des bestiaux qu'ils chassaient devant eux, coupés par des rochers, des marécages, des torrens, et par tous les accidens d'un pays inaccessible, où un étranger, même sans éprouver aucune opposition, aurait désespéré de pouvoir continuer son chemin solitaire ; mais où le passage d'un corps de troupes régulières, avec de la cavalerie, de l'artillerie et des bagages, était absolument impossible. Par le travail des soldats employés sous le maréchal Wade, ces sentiers se changèrent en d'excellentes routes, qui, depuis ce temps, ont ouvert des communications libres et faciles entre toutes les parties des montagnes d'Écosse.

Deux de ces grandes routes entrent des basses-terres dans les montagnes, l'une à Crieff, près de Stirling ; l'autre à Dunkeld, à peu de distance de Perth. Tournant autour des montagnes en différens sens, ces deux embranchemens se réunissent à Dalnacardoch. De là une seule route conduit à Dalwhinny, où elle se divise encore en deux. L'une s'avance au nord-ouest à travers la Garviemore, et au-dessus du défilé effrayant de Corryarick, jusqu'à un nouveau fort construit par le maréchal Wade, et nommé le fort Auguste. La seconde s'étend de Dalnacardoch vers le nord jusqu'aux casernes de Ruthven, dans le Lochaber, et de là à Inverness. De cette ville elle se dirige presque plein ouest, à travers l'île, joignant ainsi le fort Auguste à Inverness, et allant ensuite jusqu'au fort William dans le Lochaber, en traversant le pays habité par les Camérons, les Mac-Donalds de Glengarry et autres clans regardés comme les plus mal disposés à l'égard de la famille régnante.

On ne doit pas supposer que les montagnards de cette époque virent avec indifférence détruire ainsi les défenses naturelles de leur pays, et les lieux sombres et sauvages qui avaient défié l'approche des Romains, rendus accessibles presque de tous côtés aux troupes régulières du gouvernement. On peut présumer qu'ils éprouvèrent ce qu'éprouveraient les habitans d'un pays protégé par une citadelle imprenable en la voyant démantelée, et que le coup qu'ils sentirent en voyant leurs vallées ouvertes à une force ennemie, ou du moins étrangère, leur fut aussi sensible que celui qui leur fut porté quand on leur demanda la remise des armes de leurs pères. Mais ces sentimens ont passé comme les circonstances qui les avaient fait naître; et les routes militaires établies dans les montagnes continueront à être un avantage inappréciable pour les pays qu'elles traversent, quoiqu'on n'en ait plus besoin pour prévenir le danger d'une insurrection ; et elles seront long-temps un monument public de patience et d'habileté, qui n'est pas indigne des anciens Romains. Ce fut aussi à la manière des Romains que des soldats réguliers furent employés à ce travail pénible, et une légère addition à leur paie fit qu'ils se chargèrent sans regret de cette tâche. Cette expérience réussit si bien, qu'on peut être surpris que les travaux publics n'aient pas été plus souvent exécutés par des moyens semblables.

Le gouvernement et ses amis prirent encore d'autres mesures de la nature la plus louable pour améliorer la condition des montagnards. Mais comme les effets qu'elles devaient produire ne pouvaient se développer qu'avec le secours du temps, on ne s'en occupa qu'avec une sorte d'insouciance. Ces mesures avaient rapport à l'éducation de cette population à demi sauvage, et aux soins à prendre pour élever la génération nouvelle dans des principes de morale et de religion ; mais la loi rendue à ce sujet par le parlement ne produisit presque aucun effet. La société pour la propagation de la connaissance du Christianisme dans les montagnes d'Écosse et dans les îles qui en dépendent, fit des efforts qui suppléèrent, jusqu'à un certain point, à ceux qui auraient dû être faits par la nation : elle fonda des chapelles et des écoles, et fit, pour éclairer le peuple de ce pays, plus que n'avait jamais fait aucun prince qui eût régné en Écosse ou sur l'Écosse.

Tandis que le maréchal Wade s'occupait à rétablir la paix dans les montagnes, et à les rendre accessibles aux forces militaires, il s'éleva dans les basses-terres un sujet de mécontentement qui menaça d'avoir des suites sérieuses. Le gouvernement avait alors conçu le désir que le revenu de l'Ecosse devînt une source productive pour le trésor public ; car il avait à peine suffi jusqu'alors pour les services publics et pour payer et entretenir les troupes nécessaires à la tranquillité générale. Il souhaitait donc avoir un excédant de revenu, et les Jacobites faisaient méchamment courir le bruit que c'était principalement afin de trouver des fonds en Ecosse pour fournir à une dépense d'environ dix guinées par semaine qu'on payait à chaque membre écossais du parlement, pour l'indemniser des frais de son séjour à Londres. Cette dépense avait été supportée jusqu'alors par le revenu général de l'Etat ; mais à présent, disaient les Jacobites, sir Robert Walpole avait annoncé aux membres écossais qu'il fallait qu'ils trouvassent quelque moyen pour fournir cette somme sur le revenu de l'Ecosse, ou qu'ils adoptassent ceux qui seraient proposés ; sans quoi, suivant une phrase très expressive, ils devraient s'arranger à l'avenir de manière à se procurer à leurs frais des jarretières pour attacher leurs bas.

Ce fut donc dans la vue d'augmenter les revenus publics en Ecosse, qu'on résolut d'imposer une taxe de six pence par baril sur toute l'*ale* brassée dans ce pays. Le gouvernement, voyant se manifester une opposition déterminée à ce projet, réduisit la taxe à trois pence par baril, c'est-à-dire à la moitié du taux auquel il avait d'abord projeté de la fixer. Les membres écossais consentirent à cette proposition ainsi modifiée ; mais elle n'en fut pas vue pour cela de meilleur œil en Ecosse, car elle tendait à augmenter le prix d'une boisson d'usage journalier ; et les principales villes d'Ecosse, excitées par les discours de ceux qui avaient intérêt à enflammer l'esprit de la populace, se préparèrent à résister à cette imposition.

Glascow, qui s'était fait tellement remarquer en 1715 par sa fidélité au gouvernement, était alors à la tête de cette conspiration; et le 23 juin, jour auquel le nouveau droit devait commencer à être perçu, le peuple de cette ville déclara unanimement qu'il ne se soumettrait pas à le payer. Des monceaux de pierres furent placés aux portes des brasseries et des magasins de drèche, et l'on avertit les commis de l'excise de ne pas s'aviser d'en approcher. Dès que ces symptômes alarmans se manifestèrent, deux compagnies d'infanterie, commandées par le capitaine Bushell, furent envoyées d'Edimbourg à Glascow pour prévenir de plus grands désordres. Quand les soldats arrivèrent, ils trouvèrent que la populace s'était emparée de la maison de garde, et elle leur en refusa l'entrée. Le prevôt de la ville, homme timide, ou favorisant les mutins, obtint du capitaine Bushell qu'il enverrait ses soldats aux casernes sans occuper la maison de garde, ou tout autre poste propre à servir de rendez-vous en cas d'alarme. Peu de temps après, la violence de la populace augmentant encore, sa fureur se dirigea contre Daniel Campbell de Shawfield, qui représentait dans le parlement cette ville et les bourgs qui l'entourent. Sa maison, la plus belle alors de Glascow, fut totalement détruite; et la foule étant entrée dans la cave, sa rage puisa de nouveaux alimens dans le vin qu'elle y trouva. Tout cela se passa sans la moindre opposition, quoique le capitaine Bushell eût offert le secours de ses soldats pour rétablir le bon ordre.

Le lendemain, le prevôt se hasarda à faire enfoncer la porte de la maison de garde, et les soldats reçurent ordre de s'y rendre. On arrêta aussi une couple de mutins. A ces symptômes qui annonçaient la renaissance de l'autorité, la populace battit l'alarme, se rassembla en corps plus nombreux et plus formidable que jamais, et entourant les deux compagnies de Bushell, les accabla d'injures, les assaillit à coups de pierres, et les força enfin à faire feu. Neuf hommes furent tués et plusieurs autres blessés. Les mutins, sans être épouvantés, sonnèrent le tocsin, forcèrent la porte du magasin d'armes de la ville, s'emparèrent de tous les fusils qu'ils purent trouver, et continuèrent à attaquer les soldats. A la prière, et d'après les ordres du prevôt, le capitaine Bushell se mit en retraite vers le château de Dunbarton, poursuivi et insulté par la populace jusqu'au tiers du chemin.

Dans la chaleur du ressentiment naturel excité par cette formidable insurrection, le lord Avocat, qui était alors le célèbre Duncan Forbes, marcha sur Glascow à la tête d'une armée considérable de cavalerie, d'infanterie et d'artillerie. De sérieuses menaces furent faites aux mutins, et les magistrats furent sévèrement réprimandés comme ayant manqué à leur devoir. Mais le sang-froid et la sagacité du lord Avocat prévirent que, dans l'état d'inflammation où se trouvait l'esprit public, il lui serait bien difficile de trouver un jury qui déclarât coupables ceux des mutins qu'il pourrait traduire en justice. L'affaire se termina donc avec moins de bruit qu'on n'aurait pu s'y attendre, d'autant plus qu'on s'était assuré que l'émeute n'avait aucun but politique; et que, quoique la populace de Glascow eût été aigrie et enflammée par les Jacobites, elle ne s'était portée à ces excès que par suite de la résolution bien prise de continuer à boire son *ale* sans payer aucune taxe.

Les habitans de la métropole virent l'établissement de cet impôt avec plus d'indifférence que ceux de Glascow. Quoique cette exaction leur déplût vivement, ils n'y opposèrent qu'une force d'inertie; et les principaux brasseurs menacèrent de renoncer à leur profession, et de ne plus brasser d'ale pour la consommation du public, si la taxe était continuée. Les lords de la cour de session déclarèrent, par un acte de *Sederunt*, que les brasseurs n'avaient pas le droit de quitter leur métier. Les brasseurs, en réplique, essayèrent de démontrer qu'ils ne pouvaient être légalement forcés à continuer une profession qu'ils ne pouvaient plus exercer sans y perdre : la cour ordonna que leur pétition serait brûlée par l'exécuteur des hautes œuvres, et les assura qu'ils n'auraient d'autre alternative que de continuer l'exercice de leur profession ou d'être mis en prison. Quatre d'entre eux furent effectivement emprisonnés; ce qui ébranla considérablement la fermeté de ces réfractaires. Enfin, réfléchissant que la perte tombait en définitive non sur eux, mais sur le public, il reprirent leurs occupations ordinaires, et payèrent tranquillement la taxe imposée sur la boisson qu'ils brassaient.

L'Union ayant alors commencé à produire jusqu'à un certain point des effets avantageux, le parti jacobite perdit peu à peu une grande partie de l'influence qu'il avait eue sur l'opinion publique et qu'il avait due aux préventions générales qui régnaient contre cette mesure, et au dégoût inspiré par la manière dont elle avait été conduite. En conséquence, le fait historique dont je crois à propos de vous parler en ce moment n'a aucun rapport avec la politique des Whigs et des Torys, et doit être regardé seulement comme une preuve forte et puissante du sang-froid, de la fermeté et de la résolution que peuvent montrer les Écossais pour concerter et exécuter un projet de vengeance.

Les côtes du comté de Fife, couvertes de petites villes et de petits ports de mer, étaient naturellement fréquentées par des contrebandiers qui avaient constamment avec les officiers de l'excise des altercations quelquefois accompagnées d'actes de violence. Wilson et Robertson, hommes d'un rang inférieur, mais qui s'étaient distingués dans le métier de la contrebande, avaient supporté une grande perte par suite d'une saisie de marchandises prohibées. De la contrebande au vol il n'y a pas loin. Ces deux hommes volèrent le receveur de l'excise pour s'indemniser de la perte qu'ils avaient faite. Ils furent mis en jugement devant la cour criminelle et condamnés à mort.

Ces deux criminels, après leur sentence de mort, étant dans la prison d'Édimbourg, parvinrent à se procurer une lime, à l'aide de laquelle ils se débarrassèrent de leurs fers, et coupèrent une des barres de leur fenêtre. Un d'eux au moins aurait pu s'échapper sans l'obstination de Wilson. Cet homme, très corpulent, insista pour essayer le premier la brèche qu'ils venaient de pratiquer, et il se trouva resserré entre les barreaux de manière à ne pouvoir ni avancer ni reculer. La découverte de leur tentative en fut la conséquence, et des précautions furent prises pour qu'ils ne pussent en faire d'autres. Wilson se reprocha amèrement de n'avoir pas permis à son compagnon de faire le premier essai, car celui-ci étant plus maigre et plus mince, les barres ne lui auraient opposé aucun obstacle. Avec une générosité digne d'un homme qui aurait mené une meilleure vie, il résolut d'indemniser son camarade, à tout risque, du tort qu'il lui avait fait.

C'était alors la coutume à Edimbourg que les criminels condamnés à mort fussent conduits, sous bonne escorte, dans une église tenant à la prison, pour y assister au service divin. Wilson et Robertson y furent donc conduits sous la garde de quatre soldats de la garde de la ville. Quand le service fut fini, Wilson, qui était un homme vigoureux, saisit tout-à-coup un soldat de chaque main, cria à son compagnon de s'enfuir, et retint un troisième soldat en prenant avec les dents le collet de son habit. Robertson renversa le quatrième, sauta par-dessus les bancs de l'église, et l'on n'en entendit plus parler dans Édimbourg. La populace, à l'imagination de laquelle le crime pour lequel ces deux hommes avaient été condamnés à mort, n'offrait rien d'horrible, fut frappée de la générosité et de l'oubli de soi-même qu'indiquait la conduite de Wilson, et prit tant d'intérêt à son sort, qu'un bruit général se répandit qu'elle ferait une tentative pour le sauver au moment de l'exécution. Pour prévenir, comme c'était leur devoir, toute émeute de cette espèce, les magistrats ordonnèrent à un détachement des gardes de la ville, espèce de *maréchaussée*, ou de *gens d'armes* armés et disciplinés comme soldats, de protéger l'exécution.

Le capitaine de ce détachement était le célèbre John Porteous, dont le nom ne sera pas oublié en Écosse de long-temps. Cet homme, dont le père était bourgeois et citoyen d'Édimbourg, avait servi dans l'armée de ligne, ce qui avait été une recommandation en sa faveur auprès des magistrats, lorsqu'ils avaient voulu, en 1715, donner à leur garde civique un caractère militaire plus effectif. Comme officier de police très actif, Porteous s'était nécessairement trouvé bien des fois en collision avec la canaille de la ville ; et comme il se montrait sévère dans la manière dont il réprimait et châtiait de légers délits et de petites émeutes, il était, comme c'est l'ordinaire des personnes de sa profession, souverainement haï et détesté par la populace. Elle l'accusait aussi d'abuser de l'autorité qui lui était confiée en protégeant les extravagances des hommes riches et puissans, tandis qu'il était inexorable quand il s'agissait de punir la licence des pauvres. Porteous avait en outre sa bonne part de l'orgueil de sa profession, et il semble avoir été déterminé à prouver que le corps qu'il commandait suffisait, sans autre assistance, pour mettre ordre à toute émeute qui pourrait avoir lieu à Édimbourg. D'après cette raison, il regarda comme une sorte d'affront que les magistrats, à l'occasion de l'exécution de Wilson, eussent ordonné au régiment de Moyle de se tenir sous les armes dans les faubourgs, pour prêter main-forte si la garde de la ville ne suffisait pas pour maintenir l'ordre. Il est probable, d'après ce qui s'ensuivit, que les hommes commandés par Porteous partageaient la jalousie de leur chef contre les troupes régulières, et son antipathie pour la populace, avec laquelle ils étaient souvent en hostilité ouverte, par suite des fonctions qu'ils remplissaient.

L'exécution de Wilson eut lieu le 14 avril 1736, à la

manière accoutumée, sans aucune interruption, sans même que rien en menaçât. Le criminel, conformément à sa sentence, resta pendu jusqu'à ce qu'il fût mort; et ce ne fut que lorsque la corde eut été coupée, que la populace, suivant son usage ordinaire, commença à vomir des injures contre l'exécuteur, à l'insulter et à lui jeter des pierres, et elle en jeta même contre les gardes de la ville. Aux autres exécutions, ils avaient eu coutume d'endurer de pareilles insultes avec une patience louable; mais en cette occasion, ils étaient dans un tel état d'irritation, qu'ils oublièrent leur modération ordinaire, et ils répondirent aux volées de pierres par une volée de mousqueterie qui tua et blessa plusieurs personnes. Tout en se retirant vers la maison de garde, la populace les poursuivant en les chargeant d'exécrations, quelques soldats qui étaient au dernier rang, firent volte-face, et tirèrent de nouveau. En conséquence de cet acte de violence inutile et non autorisé, et pour donner aux habitans d'Édimbourg satisfaction du sang qui avait été si imprudemment répandu, les magistrats avaient dessein de mettre Porteous en jugement sous l'autorité du lord prevôt, comme grand shérif de la ville. Mais les hommes de loi qu'ils consultèrent leur ayant dit que cette juridiction pourrait être récusée, Porteous fut accusé de meurtre devant la haute cour criminelle. Il nia qu'il eût jamais donné ordre de faire feu, et il fut prouvé que le fusil qu'il portait n'avait pas été déchargé. D'une autre part, au milieu des dépositions confuses et contradictoires qui furent faites par tant de personnes qui avaient vu les mêmes évènemens de différens endroits, et peut-être avec des sentimens différens, il se trouva des témoins qui déclarèrent avoir vu Porteous prendre le mousquet d'un de ses soldats, et faire feu sur la foule. Un jury composé d'habitans de la ville courroucés, envisagea l'affaire sous le point de vue le plus défavorable à l'accusé, et le déclara coupable de meurtre. Le roi George II était alors sur le continent, et la régence du royaume était principalement entre les mains de la reine Caroline, femme du plus grand talent, et naturellement disposée à tenir aux prérogatives de la couronne. Il parut à sa majesté et à ses conseillers que, quoique la conduite de Porteous et de ses soldats eût été certainement téméraire et répréhensible, cependant, vu les circonstances qui y avaient donné lieu, on ne pouvait à beaucoup près y trouver un crime de meurtre. Le capitaine Porteous, en s'acquittant d'un devoir dont il avait été chargé par une autorité légale, avait été sans aucun doute attaqué sans aucune provocation de sa part; il avait donc eu le droit de se défendre, et s'il y avait eu excès dans les moyens auxquels il avait eu recours, cependant un acte de violence motivé sur la nécessité d'une défense personnelle, ne pouvait être regardé comme un *meurtre*, quoique ce pût être un *homicide*. D'après ces considérations, la régence ordonna un sursis à l'exécution de Porteous, ce qui était le préliminaire d'un pardon auquel on aurait peut-être mis quelques conditions.

Quand la nouvelle de ce sursis arriva à Édimbourg, elle y fut reçue avec une sombre et générale indignation. Ceux qui avaient perdu la vie par le feu des gardes de la ville n'étaient pas des gens de la dernière classe du peuple; car la plupart des soldats, émus par un sentiment d'humanité naturel, avaient tiré par dessus la tête des mutins, et en agissant ainsi ils n'avaient occasioné que de plus grands malheurs; car les fenêtres étant garnies d'une foule de spectateurs, leurs balles avaient tué quelques personnes de condition. Un grand nombre de personnes de tout rang désiraient donc que la vie de Porteous servît d'expiation pour le sang qui avait été si témérairement versé par les soldats qui étaient sous ses ordres. Il sembla s'élever une opinion générale défavorable au malheureux condamné; et sans pouvoir en remonter positivement à la source, on entendit des menaces publiques que le sursis ne sauverait pas Porteous de la vengeance des citoyens d'Édimbourg.

Le 7 septembre, veille du jour qui avait été fixé pour son exécution, était enfin arrivé, et Porteous, comptant sortir bientôt de prison, avait donné à dîner à quelques amis, quand la fête fut interrompue d'une manière fort étrange. Édimbourg était alors entouré de murs à l'est et au sud; du côté de l'ouest cette ville était défendue par le château, et du côté du nord par un lac appelé le *Nort-Loch*. Les portes se fermaient régulièrement chaque soir et étaient gardées. Il était à peu près l'heure où on les fermait, quand un rassemblement tumultueux commença à se former dans le faubourg appelé Portsbourg, quartier qui avait toujours été habité par des ouvriers, et en général par des personnes de condition inférieure. La populace continua à s'attrouper, et pour rendre le rassemblement plus nombreux, on battit d'une caisse qu'on avait prise à l'homme qui exerçait les fonctions de tambour dans ce faubourg. Se trouvant assez forts pour commencer à exécuter leur projet, les mutins s'emparèrent de la porte de l'ouest, la clouèrent et la barricadèrent. Suivant alors Cowgate, et gagnant High-Street par les nombreuses petites rues qui sont entre ces deux principales rues de la vieille ville, ils se rendirent maîtres de la porte de Cowgate et de celle de Netherbow; et ainsi, à l'exception du côté du château, ils isolèrent entièrement la ville des forces militaires qui étaient en quartiers dans les faubourgs. Ils attaquèrent alors les gardes de la ville, dont quelques uns étaient de service suivant l'usage. Ils leur prirent leurs armes, et les chassèrent de la maison de garde, mais sans les maltraiter autrement, quoiqu'ils vissent en eux les agens de l'acte de violence dont ils se plaignaient. Ils s'emparèrent des hallebardes, des haches du Lochaber, des mousquets et autres armes qu'ils trouvèrent dans la maison de garde; et une bande nombreuse se dirigea vers la porte de la prison, tandis qu'un autre corps se rangea avec beaucoup de régularité en face des Luckenbooths. Les magistrats, avec la force qu'ils purent rassembler, firent un effort pour disperser la multitude. Ils furent vigoureusement repoussés, mais sans plus de violence qu'il n'en fallait pour prouver que la populace était ferme dans son dessein, quoiqu'elle voulût l'accomplir en faisant le moins de mal possible à qui que ce fût, et en se contentant d'une victime. Cette entreprise aurait pu se trouver interrompue, si les soldats du régiment de Moyle fussent entrés dans la ville du côté de la Canongate où ils étaient en quartier, ou si la garnison du château en fût descendue. Mais ni le colonel Moyle, ni le gouverneur du château, ne se soucièrent d'intervenir dans cette affaire, sur leur propre responsabilité, et personne n'osait leur porter une réquisition par écrit de la part des magistrats.

Cependant les mutins demandaient à grands cris, à la porte de la prison, que Porteous leur fût livré; et comme l'entrée leur en fut refusée, ils se préparèrent à enfoncer les portes. La porte extérieure, comme cela devait être pour l'usage auquel elle servait, était telle qu'elle résista aux furieux, quoiqu'ils employassent pour la forcer des marteaux de forge et des leviers de fer. Ils eurent enfin recours au feu; et des barils à goudron avec tels autres combustibles qu'on put trouver ayant été allumés, les flammes firent bientôt à la porte une brèche à travers laquelle le geôlier leur en jeta les clefs. Ils y entrèrent alors sans plus de difficulté. Sans s'inquiéter du destin des autres détenus, qui naturellement profitèrent de cette occasion pour s'échapper, les mutins, ou leurs chefs, ne songèrent qu'à chercher Porteous. Ils le trouvèrent caché dans le tuyau de la cheminée de son appartement; une grille qui la traversait, comme c'est l'usage dans les prisons, l'ayant empêché de monter plus haut. Ils en arrachèrent leur victime, et lui ordonnèrent de se préparer à subir la mort qu'il avait méritée. Ils ne firent pas la moindre attention à ses prières pour obtenir merci, ni aux offres qu'il leur fit pour racheter sa vie. Cependant au milieu de cet esprit de vengeance obstiné, il n'y avait que peu de tumulte, et pas plus de violence qu'il n'en fallait pour venir à bout de leur dessein. Ils permirent à Porteous de confier à un ami l'argent et les papiers qu'il avait, pour en faire la remise à sa famille. Un des mutins, homme qui avait l'air grave et respectable, se chargea, en sa qualité d'ecclésiastique, de lui administrer les consolations spirituelles que pouvait exiger la situation d'un homme qui n'avait plus que quelques minutes à vivre. Il fut conduit de la prison sur le Grassmarket, qui, étant le lieu ordinaire des exécutions et l'endroit où ce malheureux avait tiré sur le peuple, ou ordonné à ses soldats de le faire, avait été choisi pour lui faire subir la peine de mort. Ils s'y rendirent avec une sorte de cortège, gardés par une troupe de mutins armés de mousquets, de haches et autres armes qu'ils avaient prises dans la maison de garde, tandis que d'autres portaient des torches et des flambeaux. Porteous était au milieu d'eux, et comme il refusait de marcher, il fut porté par deux hommes sur ce qu'on appelle en Écosse le coussin du roi, deux personnes se prenant les mains l'une de l'autre en croisant les bras, de manière à former une espèce de siège sur lequel une troisième peut s'asseoir. Ils avaient un tel sang-froid que lorsqu'une de ses pantoufles lui tombait du pied, ils s'arrêtaient jusqu'à ce qu'on l'eût ramassée et qu'on la lui eût remise.

Les citoyens d'une classe supérieure regardaient de leurs fenêtres cette scène extraordinaire ; mais la terreur les aurait empêchés d'y intervenir, quand même ils en auraient eu la volonté. En descendant de West-Bow, qui conduit à la place d'exécution, les mutins ou conspirateurs, — nom qui convient peut-être mieux à des hommes de ce caractère, — se munirent d'un rouleau de corde en forçant la porte de la boutique d'un marchand qui en vendait, et ils laissèrent en même temps une guinée pour en payer le prix : précaution qui ne se serait guère présentée à l'esprit de gens de la dernière classe, dont le rassemblement paraissait entièrement composé. Un cri demanda un gibet, afin que Porteous mourût suivant toutes les formes légales. Mais comme cet instrument de mort se gardait dans une partie éloignée de la ville, et qu'il aurait fallu perdre du temps pour l'aller chercher, on pendit l'infortuné à la perche d'un teinturier, aussi près qu'il était possible de la place ordinaire des exécutions. Les efforts que le malheureux fit pour se sauver ajoutèrent encore à ses tortures, car ayant réussi à saisir des deux mains la perche à laquelle il était suspendu, on les lui frappa à coups de canon de fusil et de hache pour la lui faire lâcher, de sorte qu'il souffrit plus que de coutume dans les convulsions qui terminèrent sa vie.

Quand Porteous fut mort, les mutins se dispersèrent, retirèrent sans bruit et sans désordre tous les postes qu'ils avaient placés pour empêcher qu'on ne les interrompît dans leurs opérations, et laissèrent la ville si tranquille, que sans les restes du feu qui avait été employé contre la porte de la prison, sans les armes qui étaient éparses çà et là dans la rue, partout où ils les avaient jetées, et sans le corps de Porteous qu'ils laissèrent suspendu à l'endroit où il était mort, il ne serait resté aucun signe visible annonçant qu'une explosion si violente de fureur populaire venait d'avoir lieu.

Le gouvernement, fort offensé de ce mépris audacieux de son autorité, chargea les conseils de la couronne de la tâche de chercher à découvrir les mutins avec le plus grand soin. J'ai sous les yeux en ce moment le rapport de M. Charles Erskine, alors solliciteur général, et il prouve les efforts qu'il fit pour remonter à la source des bruits nombreux qui accusaient divers individus d'avoir pris part à cette scène nocturne de violence. Mais tous ces bruits, approfondis avec attention, se trouvèrent sans fondement, et il fut évident qu'on devait les regarder comme des mensonges volontaires envoyés de l'étranger pour tromper ceux qui s'occupaient de cette recherche, et leur donner le change ; ou du moins que c'étaient de vagues rumeurs sans authenticité, que font naître de pareilles commotions, comme les bulles d'air qui s'élèvent sur la surface de l'eau troublée. Le gouvernement offrit une récompense de deux cents livres pour la découverte de quelque personne que ce fût ayant pris part à cette émeute, mais ce fut sans aucun succès.

Un seul individu fut prouvé avoir fait partie du rassemblement, et les circonstances dans lesquelles il se trouvait le mettaient hors de l'atteinte de tout châtiment. C'était un domestique attaché au service d'une dame de qualité, et qui avait une intelligence très bornée. Sa maîtresse l'ayant chargé d'une commission dans Édimbourg, il avait tellement bu qu'il avait perdu le peu de bon sens qu'il avait. Dans cet état, il se mêla avec les mutins, et l'un d'eux lui mit en mains une hallebarde. Mais les témoins qui déposèrent de ce fait, déclarèrent aussi que l'accusé ne pouvait se tenir sur ses jambes sans être soutenu par les mutins, et qu'il était totalement hors d'état de savoir dans quel dessein ils étaient rassemblés, et par conséquent d'approuver leur crime et de les aider à le commettre. Il fut donc acquitté, au mécontentement encore plus grand du ministère et de la reine Caroline, qui considéraient cette émeute et l'impunité dont elle était suivie, comme une insulte personnelle à son autorité.

Un *bill* fut préparé et présenté au Parlement pour la punition de la ville d'Édimbourg. On proposait de révoquer la charte de la ville, d'en démolir les murs, d'en supprimer la garde, et de déclarer le prevôt incapable d'exercer aucunes fonctions publiques. Une longue enquête eut lieu en cette occasion, et grand nombre de personnes furent interrogées à la barre de la chambre des pairs, sans que leur interrogatoire jetât le moindre jour sur cet attroupement, et sur les individus qui l'avaient dirigé. Les dispositions pénales de ce bill furent vigoureusement combattues par le duc d'Argyle, Duncan Forbes et autres, qui représentèrent qu'il était injuste de frapper de déshonneur la ville d'Edimbourg, à cause de l'insolence d'une populace effrénée, qui, profitant d'un moment de sécurité, avait troublé la tranquillité publique et commis un meurtre abominable. A mesure que les esprits se refroidirent, les dispositions pénales disparurent du bill, et la seule qui resta fut une amende de deux mille livres sterling que la ville fut condamnée à payer à la veuve du capitaine Porteous. Comme elle avait déjà reçu d'autres faveurs de la ville, elle donna sa quittance finale moyennant quinze cents livres, et ainsi tout fut fini en ce qui concernait la ville d'Edimbourg.

Mais comme si une fatalité s'était attachée à cette affaire, il s'était glissé dans le bill un article qui obligeait les ministres de l'Église d'Écosse à lire en chaire, une fois par mois, pendant le cours d'une année, une proclamation pour inviter leur auditoire à faire tout ce qui serait possible pour découvrir les meurtriers du capitaine Porteous, ou quelqu'un d'entre eux, et les traduire en justice. Ils devaient aussi faire mention de la récompense promise par le gouvernement à quiconque procurerait la condamnation des assassins. Un grand nombre de ministres écossais furent mécontens de cette obligation qui leur était imposée, et la regardèrent comme une tentative indécente pour faire partir de la chaire une clameur de haro, et surtout comme un empiètement du gouvernement sur l'autorité spirituelle de l'Église, ce qui, suivant leur opinion, était tomber dans l'hérésie des Erastiens. En outre, ils ne considéraient pas comme un objet indifférent, que les ministres, en lisant la proclamation du corps législatif, fussent obligés de donner aux évêques le nom de lords spirituels, assemblés en parlement. Cette épithète semblait reconnaître le rang légal désavoué par tous les vrais calvinistes. Cette querelle fut d'autant plus violente qu'elle suivait immédiatement un schisme qui venait d'avoir lieu dans l'Eglise, relativement au sujet si fécond du patronage, qui avait retranché de la communion de l'Eglise d'Ecosse cette classe nombreuse de non-conformistes, généralement appelés *Seceders* [1]. Les esprits s'échauffèrent mutuellement, et il éclata des dissensions violentes entre les ministres qui lurent la proclamation et ceux qui s'y refusèrent. Cette controverse, comme beaucoup d'autres, eut son instant, pendant lequel on ne parla guère d'autre chose, et avec le temps ce sujet devint usé et s'oublia.

L'origine de l'attroupement qui fut suivi de la mort de Porteous continua long-temps à exercer la curiosité de ceux qui se souvenaient de cet évènement; et d'après le mélange extraordinaire de prudence et d'audace qu'on remarque dans la conception et l'exécution de ce projet, et le secret impénétrable avec lequel toute l'entreprise fut conduite, le public était très porté à croire qu'il s'était trouvé parmi les acteurs de cette scène des hommes d'un rang et d'un caractère fort au-dessus de la populace qui en composait les agens ostensibles. On rapportait des histoires décousues et imparfaites d'hommes déguisés en femmes ou en artisans, et dont la tournure annonçait un sexe et des manières qui n'étaient pas ce que leur costume portait à croire. D'autres riaient de ces récits, comme étant des exagérations sans fondement, et soutenaient que la populace, à qui Porteous était devenu odieux par suite de ses fonctions officielles, était la classe qui avait dû le plus vraisemblablement concevoir et exécuter le plan de ce meurtre, et que le secret si merveilleusement gardé en cette occasion devait s'attribuer à la fidélité constante des Écossais les uns envers les autres quand ils sont engagés dans une cause qui leur est commune. On ne sut, et probablement on ne saura jamais rien de certain à ce sujet, mais c'est un fait bien connu que plusieurs jeunes

---

[1] C'est-à-dire ceux qui se séparent. — TR.

gens quittèrent l'Écosse par crainte des enquêtes qu'on faisait sur les évènemens de la nuit ; et pendant la première jeunesse de votre grand-père, la voix de la renommée désignait des individus qui, long-temps absens de ce pays, y étaient revenus après avoir fait leur fortune dans les Indes orientales et occidentales, comme des hommes qui avaient passé en pays étranger par suite de la mort de Porteous. On me raconta une histoire de l'origine de cette conspiration, ayant tant de plausibilité, et en même temps si simple et si naturelle, que, quoique les preuves qu'on en donnait fussent bien loin de suffire, après un examen approfondi, pour établir le fait d'une manière positive, je ne puis m'empêcher de la regarder comme le compte le plus probable qu'on puisse rendre de cette affaire mystérieuse. On assurait qu'un homme qui avait long-temps joui d'une excellente réputation, et qui avait été charpentier et garde-forestier d'un riche gentilhomme du comté de Fife, avait avoué sur son lit de mort, non-seulement qu'il avait été un des acteurs dans la scène du meurtre de Porteous, mais même qu'il avait fait partie du petit nombre de ceux qui en avaient conçu et dirigé le plan en secret. Douze individus du village de Path-Head, — tel était, disait-on, le récit fait par cet homme, — avaient juré la mort de Porteous, autant pour tirer vengeance de celle de Wilson, avec lequel la plupart d'entre eux avaient été unis par les liens de l'amitié et associés à son commerce illicite, que pour venger celle des personnes qui avaient été tuées lors de son exécution. Cette troupe vindicative traversa le Forth à différens gués, et se réunit dans un endroit isolé près d'Edimbourg, où elle distribua les rôles de tous ceux qui devaient prendre part à cette scène tragique. Ayant ainsi commencé leur entreprise, elle se vit bientôt secondée par la populace de la ville, dont l'esprit était dans cet état de fermentation qui la disposait à suivre l'exemple de quelques hommes déterminés. En questionnant à ce sujet les membres de la famille du défunt, on les trouva disposés à traiter l'histoire de cet aveu comme une fiction ; et ils dirent que, quoiqu'il fût d'un âge qui semblait venir à l'appui de ce conte, et qu'il fût parti du pays très peu de temps après la mort de Porteous, bien loin d'avoir avoué qu'il y eût pris aucune part, il avait toujours protesté de son innocence, quand on le soupçonnait d'en avoir été le complice, ce qui arrivait quelquefois. Au surplus le bruit dont nous venons de parler, quoique probablement inexact dans beaucoup de circonstances, semble rendre compte d'une manière très vraisemblable de cette émeute, en l'attribuant aux projets de vengeance de quelques hommes déterminés dont l'exemple fut promptement suivi par la populace, les esprits étant dans cet état d'irritation qui les disposait à prendre feu à la première étincelle.

Cette scène extraordinaire et mystérieuse m'a paru être la seule circonstance qui puisse vous intéresser, comme appartenant exclusivement à l'histoire d'Ecosse pendant les années qui suivirent immédiatement la guerre civile de 1715, et celles qui précédèrent la dernière explosion du jacobitisme en ce pays, en 1745.

CHAPITRE XV.

Situation des basses-terres. — Propriétaires et fermiers. — État des connaissances. — Mauvais effet des sermens exigés pour remplir des fonctions publiques. — Décadence de l'autorité féodale des propriétaires. — Situation des montagnes. — Influence des chefs sur leurs clans. — Cameron de Lochiel et Fraser de Lovat. — Impopularité des deux premiers George et de l'administration de Walpole. — Mariage du chevalier de Saint-George. — Petites intrigues parmi ses adhérens. — Caractère du prince Charles-Édouard. — Résolution du prince Charles d'essayer sa fortune en Écosse. — Il s'embarque, — et aborde à Moidart. — Note. — Conduite du prince Charles.

Après que la soumission temporaire des montagnards, en 1720 et années suivantes, eut été en apparence rendue complète par l'établissement de garnisons, la formation de routes militaires, et la remise de leurs armes faite en général par les clans les plus ennemis du gouvernement, l'Écosse jouit d'un certain degré de repos intérieur, sinon de prospérité. Pour juger de la nature de ce calme, il faut envisager la situation du pays sous deux points de vue, c'est-à-dire en ce qui concerne les montagnes et les basses-terres.

Dans les basses-terres, un degré supérieur d'amélioration commençait à se faire remarquer par suite de l'influence générale de la civilisation, plutôt que par l'effet d'aucune disposition législative spéciale. Les anciennes lois qui confiaient à l'aristocratie l'administration de la justice, continuaient à être une cause de pauvreté parmi les paysans du pays. Tout propriétaire d'un domaine considérable jouissait du pouvoir d'un baron ou seigneur haut-justicier ; et par le moyen d'un substitut, qui était ordinairement son facteur, ou l'administrateur de ses biens, il exerçait le droit de rendre la justice, tant au civil qu'au criminel, dans tous les environs. Dans la classe la plus ordinaire des contestations judiciaires, une des parties était ainsi constituée juge de sa propre cause ; car dans toutes les difficultés entre le propriétaire et le tenancier, la question se décidait dans la cour du baron, et le premier, par le moyen d'un substitut complaisant, possédait de fait le pouvoir judiciaire. La nature des engagemens contractés entre le propriétaire et le cultivateur de ses terres rendait fort dure la situation du dernier. Les fermiers tenaient ordinairement leurs fermes d'année en année ; et d'après la pauvreté générale du pays, ils ne pouvaient payer qu'une faible rente en argent. Les propriétaires, qui faisaient ordinairement des efforts pour donner de l'éducation à leurs enfans, et pour les établir dans le monde, avaient aussi des besoins, et ils employaient des expédiens indirects pour assujettir leurs tenanciers à des services d'une nature qui les assimilait presque aux anciens serfs des temps féodaux. Ainsi le tenancier était obligé de faire moudre son grain au moulin du baron, et de payer, pour la mouture, un droit très fort, quoiqu'il eût pu le faire moudre ailleurs plus commodément et à meilleur marché. Quelquefois il était aussi obligé à prendre sa bière à la brasserie de son propriétaire. Presque toujours il était tenu de s'acquitter de certains services, de transporter son charbon, de lui préparer sa provision de tourbe, et de se livrer à d'autres travaux de la même nature. De cette manière, il était souvent appelé pour labourer le champ du laird, quand le sien aurait eu besoin de recevoir lui-même un labour. En un mot, il était privé de cette liberté de faire le meilleur usage possible de ses moyens de travail, qui est l'âme de l'agriculture.

Cependant, quoique les lairds écossais eussent en main des moyens d'oppression, une attention judicieuse à leurs propres intérêts chez les uns, et sans doute un sentiment de justice chez les autres, les empêchaient d'abuser de leurs droits de manière à nuire à leurs fermiers. La coutume de donner des fermes en bail à leurs fils cadets ou à d'autres proches parens, tendait aussi à maintenir les fermiers dans un rang au-dessus de celui des simples paysans, avec lesquels, sans cela, ils auraient été confondus; et comme les propriétaires écossais vivaient à cette époque avec économie, et en termes d'amitié avec leurs tenanciers, il y avait moins d'exemples d'oppression ou de mauvais traitement qu'on n'aurait pu le supposer, d'après un système qui était radicalement vicieux, et qui, si les propriétaires eussent été plus rapaces, et que l'administration de leurs biens eût été confiée à un simple facteur ou à un *middleman*[1], qui aurait voulu en tirer tout ce qu'il

---

[1] On appelle *middleman* en Irlande, c'est-à-dire « homme intermédiaire, » celui qui prend à loyer toute une ferme d'un propriétaire pour la sous-louer en détail à d'autres individus, qui la subdivisent encore ; et chacun voulant gagner sur son marché, il en résulte qu'après bien des subdivisions, celui à qui la terre reste enfin est obligé d'en payer un prix beaucoup au-dessus de sa valeur. — Tr.

était possible, aurait amené un degré de détresse qui paraît n'avoir jamais eu lieu en Écosse. En général, les deux parties étaient pauvres, et elles unissaient leurs efforts pour supporter patiemment leur indigence.

Les fils cadets des gentilshommes passaient ordinairement en pays étrangers pour suivre quelque profession qui pût leur faire acquérir promptement de la fortune, ou du moins des moyens d'existence. Les colonies offraient à un grand nombre des moyens d'avancement. D'autres cherchaient fortune en Angleterre, où le caractère plus calme et plus prudent de leur nation, aidé par l'assistance que tout Écossais arrivé à un état de prospérité était toujours disposé à accorder à son compatriote luttant pour y parvenir, les conduisait souvent au succès. Les fils aînés des grands propriétaires écossais étaient en général, comme en France, destinés au barreau ou aux armes, de sorte que, de manière ou d'autre, ils pouvaient faire quelque addition au patrimoine de leur famille. Le commerce devenait graduellement plus étendu. Celui des colonies avait ouvert lentement à Glascow des sources d'industrie qui devenaient plus fécondes avec le temps; cette ville entreprenante étant si convenablement située pour le commerce avec l'Amérique septentrionale, dont elle obtint de bonne heure une portion considérable.

L'Église d'Ecosse offrait aussi un asile honorable à ceux qui étaient disposés à tourner leurs pensées de ce côté. A la vérité, elle ne pouvait, sous aucun rapport, procurer l'opulence, mais elle assurait le nécessaire aux besoins modérés d'un ecclésiastique utile, et un degré d'influence sur l'esprit des hommes, qui, pour une âme généreuse, est au-dessus de la fortune. La situation respectable du ministre et l'importance qu'elle lui donnait dans la société, faisaient qu'il se résignait à sa pauvreté; mal qui était peu sensible dans un pays où peu de gens pouvaient s'appeler riches.

Les connaissances littéraires n'y étaient pas cultivées

avec le même soin que dans le royaume voisin. Mais quoiqu'il fût rare de trouver un gentilhomme écossais et même un ministre ou un avocat profondément versés dans les études classiques, il l'était encore davantage de rencontrer dans les premiers rangs de la société des hommes qui n'eussent pas une teinture générale des belles-lettres ; et de voir même dans les dernières classes, grâce au système d'éducation paroissiale, des individus qui ne sussent lire, écrire et compter. Un certain degré de pédantisme était même considéré comme un signe caractéristique national; et si ce n'était qu'une preuve d'un savoir limité, les Ecossais qui allaient en pays étranger, ou en Angleterre, qu'ils regardaient comme un pays étranger, y trouvaient l'avantage de pouvoir lutter avec des connaissances supérieures contre les individus de leur classe dans toute autre contrée. Thomson, Mallet, et d'autres littérateurs, se contentèrent de recevoir en Angleterre la récompense de leurs travaux ; et si nous en exceptons les poèmes d'Allan Ramsay, loués par ses compatriotes, mais que les Anglais n'ont jamais goûtés ni compris, la littérature écossaise brilla peu à cette époque, comparée à celle de Gawin Douglas et de Dunbar. Au total la situation de l'Ecosse pendant le commencement du dix-huitième siècle fut comme celle d'un arbre nouvellement transplanté, assez fort pour se maintenir sur son nouveau terrain, mais trop affecté par la violence récente de son changement de position, pour développer avec liberté les principes de sa croissance.

La principale cause qui retarda l'amélioration de l'état de l'Écosse fut l'influence fatale de l'esprit de parti politique. On ne paraît avoir fait aucun effort pour guérir les blessures encore vives que la guerre civile de 1715 avait laissées après elle. Le parti en faveur ne manqua pas, comme c'est l'usage invariable, de représenter ceux qui en étaient exclus comme les plus dangereux ennemis du roi qui était sur le trône, et de la constitution en vertu de laquelle il régnait ; et ceux qui étaient notés comme Jacobites, se confirmèrent dans leurs sentimens, en se voyant privés de tout espoir de protection et d'emplois. Presque toutes les places lucratives étaient fermées à ceux qui étaient soupçonnés d'entretenir de semblables opinions, par la nécessité qui leur était imposée non-seulement de prêter serment de fidélité au gouvernement établi, mais de le faire en termes qui dénonçaient et condamnaient expressément les sentimens politiques de ceux qui lui étaient opposés. Des hommes doués d'une fierté honorable ne pouvaient se résoudre à prêter des sermens qui les obligeaient à désavouer et à condamner publiquement les opinions qu'avaient professées leurs pères et leurs proches parens, quoiqu'ils sentissent peut-être eux-mêmes l'illusion des principes alors proscrits, et qu'ils fussent secrètement disposés à y renoncer. Les hommes de la première classe, une fois devenus suspects, étaient ainsi exclus du barreau et de l'armée, qui, comme nous l'avons dit, étaient les professions qu'embrassaient les fils aînés des gentilshommes. Il en résulta nécessairement que les fils des familles jacobites prirent du service chez l'étranger, resserrèrent ces liaisons avec la famille exilée, qui, sans cela, se seraient dissoutes d'elles-mêmes, et furent affermis dans leur esprit de parti par les mesures mêmes qu'on prenait pour l'anéantir. Dans le rang immédiatement au-dessous, beaucoup de jeunes gens de bonnes familles se décidèrent à renoncer aux privilèges de leur naissance, et à exercer des métiers mécaniques, dont ils pouvaient s'occuper sans prêter des sermens qui leur étaient odieux.

Il fut heureux pour la paix du royaume, que, quoique beaucoup de propriétaires fussent encore imbus des principes du jacobitisme, ils n'eussent plus cette influence qui avait fourni si long-temps à leur activité les moyens d'inquiéter le gouvernement ; car, quoique les droits féodaux subsistassent encore, quant à la forme, il était alors plus difficile à un seigneur d'appeler aux armes les vassaux qui tenaient des terres de lui, comme à charge de service militaire. Les diverses confiscations de biens qui avaient eu lieu avaient été un avis sérieux donné aux grandes familles telles que celles de Gordon, d'Athole, de Seaforth et autres, pour qu'elles ne levassent pas inconsidérément l'étendard de la rébellion. D'une autre part, les dispositions de l'acte sur les clans, et d'autres statuts, permettaient aux vassaux de ne pas obéir à la sommation de joindre la bannière de leur chef, sans courir le risque, comme autrefois, de voir confisquer leurs fiefs. L'influence de la noblesse de seconde classe et des propriétaires sur les fermiers et les cultivateurs du sol n'était pas moins diminuée que celle des grands seigneurs. Quand les propriétaires, ce qui était alors général dans toutes les basses-terres, devinrent déterminés à tirer de leurs terres la plus forte rente qu'ils pouvaient en obtenir, les fermiers ne se trouvèrent pas dans une situation assez aisée et assez tranquille pour qu'ils dussent en outre suivre leurs maîtres à la guerre. On doit aussi remarquer que, quoique beaucoup de gentilshommes, surtout au nord du Tay, fussent épiscopaux, ce qui était presque la même chose que d'être jacobites, une grande partie des classes inférieures était presbytérienne, quant aux formes de son culte, et Whig quant à ses principes politiques, et par conséquent opposée à la contre-révolution qui était le but de ses propriétaires. Dans le sud et l'ouest, l'influence de la religion établie était générale parmi les nobles et les paysans.

Le sentiment de mécontentement occasioné généralement dans toute l'Écosse par le souvenir de l'Union avait disparu avec la génération de ceux qui s'y étaient livrés, et les effets heureux de ce traité, quoique arrivant à pas lents, se faisaient évidemment sentir à leurs descendans. Les basses-terres, qui sont de beaucoup la partie la plus riche et la plus importante de l'Écosse, étaient donc disposées à la paix; d'autant plus que ceux qui auraient eu quelque intérêt à exciter de nouveaux troubles n'en avaient plus, à beaucoup près, les mêmes moyens.

Il faut aussi faire attention que les habitans des basses-terres, à cette époque, étaient en général sans armes, et n'avaient pas l'habitude de s'en servir. L'acte de sécurité, au commencement du dix-huitième siècle, avait servi d'excuse pour introduire en Écosse une grande quantité d'armes, et pour en apprendre l'usage à la population. Mais cet acte d'armement général était presque tombé en désuétude; et, à l'exception de la milice, qui avait ses officiers et une sorte de discipline, le maniement des armes était totalement négligé dans les basses-terres d'Écosse.

Les montagnes étaient dans une situation toute différente; et d'après l'opiniâtreté avec laquelle leurs habitans conservaient le costume, la langue, les manières et les coutumes de leurs pères, ils ressemblaient à leurs ancêtres qui avaient vécu bien des siècles auparavant, beaucoup plus qu'aucune autre nation de l'Europe. Il est vrai que ce n'étaient plus des barbares ignorans et incorrigibles, point de vue sous lequel on devait les envisager presque jusqu'à la fin du seizième siècle. La civilisation s'était approchée de leurs montagnes. Leurs manières avaient éprouvé l'influence des étrangers armés dont les forteresses tenaient en échec leur courage. Ils étaient obligés de se soumettre aux lois, et, du moins en apparence, de respecter ceux qui en étaient les organes. Mais le système patriarcal subsistait encore, avec les bons et les mauvais effets attachés à son influence. Le chef était encore le capitaine en temps de guerre, le juge et le protecteur en temps de paix. Tous les revenus de la tribu, tirés d'un grand nombre d'objets sans grande valeur, produit d'un travail grossier, étaient versés dans la bourse du chef, et lui servaient à exercer une hospitalité sauvage qui s'étendait jusqu'au membre le plus pauvre de son clan. Le but de chaque chef était encore d'augmenter, par tous les moyens possibles, le nombre des hommes de sa tribu en état de porter les armes ; et par conséquent il n'hésitait pas à encourager sur ses domaines l'accroissement excessif d'une population fainéante et belliqueuse qui ne connaissait d'autre travail que la guerre et la chasse, d'autres lois que les ordres du chef.

Il est vrai que, dans le dix-huitième siècle, on n'entend plus parler de chefs prenant les armes pour leur propre cause, et se livrant les uns aux autres des batailles rangées ; ils ne se mettaient plus, comme autrefois, à la tête de bandes de maraudeurs, pour aller ravager et piller les basses-terres ou le territoire des clans voisins. Les *creaghs* ou incursions avaient lieu d'une manière moins ouverte et moins avouée qu'auparavant, et elles étaient souvent réprimées par les soldats des troupes de ligne en garnison dans les forts, ou par ceux des compagnies indépendantes appelées la garde Noire. Cependant on savait parfaitement que dans les domaines ou pays, comme on les appelait, des grands chefs, on souffrait qu'il existât, sous les conditions bien entendues, quoique non avouées, de fidélité d'une part, et de protection de l'autre, parmi des forêts impénétrables et de sombres vallées, des troupes de bandits prêts à exécuter tous les ordres du chef qui leur accordait un refuge, et disposés, au moindre signe de sa part, qu'ils savaient comment interpréter, à le venger de ses griefs réels ou imaginaires. Ce fut ainsi que le célèbre Rob-Roy, au commencement du dix-huitième siècle, tout proscrit qu'il était, fut en état de se soutenir contre tous les efforts de la famille de Montrose, grâce à la protection secrète qu'il recevait de celle d'Argyle qui lui accordait, comme on le disait alors, « l'eau et le bois, » c'est-à-dire un asile sur les lacs et dans les forêts de ses domaines.

Le cours des évènemens doit avoir opéré de grandes innovations dans cet état primitif des choses. Les jeunes mon tagnards riches reçurent leur éducation dans des écoles d'Angleterre ou des basses-terres ; et adoptant peu à peu les idées de ceux avec qui ils étaient élevés, dûrent apprendre à attacher moins de prix à leur pouvoir solitaire et patriarcal, qu'au moyen de faire une dépense et d'afficher une magnificence qui distinguaient ceux qui les entouraient. Cette nouvelle passion, avec le temps, se serait trouvée peu d'accord avec l'accomplissement des devoirs que la tribu attendait et exigeait de son chef ; et les nœuds qui les unissaient ensemble, quelque serrés qu'ils fussent, devaient se relâcher à la longue. Le révérend M. Rae, historien de la Rébellion de 1715, nous apprend que, même de son temps, des causes de la nature de celles que nous venons d'indiquer, commençaient déjà à opérer, et que quelques chefs, avec le *spaghlin*, c'est-à-dire l'air d'importance qui n'est pas extraordinaire à la race Celte, se livraient à des dépenses de luxe auxquelles leurs revenus ne pouvaient suffire, et qui commençaient à saper leur pouvoir patriarcal et leur autorité sur leurs clans.

Mais l'action de ces causes, naturellement lente, devint presque imperceptible, si elle ne fut pas tout-à-fait arrêtée par une forte impulsion contraire, donnée par les sentimens de jacobitisme qui étaient communs à tous les chefs des montagnes de l'occident. Ces chefs et leurs parens avaient pour la plupart été élevés en pays étranger, ou y avaient servi, et avaient des relations intimes avec la famille exilée, qui n'oubliait rien de ce qui pouvait lui assurer l'attachement d'hommes en état de la servir. Les communications entre cette famille et les montagnes d'Écosse avaient lieu constamment et sans interruption, et elles servirent beaucoup sans aucun doute à maintenir le système patriarcal dans toute son intégrité. Chaque chef se regardait comme destiné à s'élever bien haut par suite de la part qu'il pourrait être en état de prendre à la lutte importante qui devait un jour rétablir sur le trône la maison de Stuart ; et cette part serait plus ou moins grande, suivant le nombre d'hommes à la tête desquels il pourrait se mettre en campagne. Cette perspective, que leur ardeur leur faisait paraître prochaine, était un motif qui réglait la conduite des chefs montagnards, qui influait sur toute leur vie, et dont l'effet naturel fut de diriger leur attention, à l'envi les uns des autres, à resserrer les liens qui les attachaient à leurs clans, et qui sans cela se seraient graduellement relâchés.

Mais quoique presque tous les chefs s'efforçassent de maintenir leurs vassaux en état d'entrer en campagne, et de soutenir la cause de l'héritier de la famille Stuart, le caractère individuel de chacun d'eux modifiait les moyens qu'il employait pour arriver à ce but commun à tous; et je ne puis vous en présenter un contraste plus frappant que dans la manière dont le pouvoir patriarcal était exercé par Donald Cameron de Lochiel et par le fameux Fraser de Lovat.

Le premier était un des hommes les plus honorables et les mieux intentionnés qui eussent jamais joui du pouvoir patriarcal. Il était petit-fils de ce sir Ewan Dhu, ou sir Evan le Noir, du temps de Cromwell, et dont je vous ai raconté plusieurs histoires dans un des volumes précédens de cette histoire [1]. Loin d'encourager les rapines

---

(1) J'y ai dit que sir Ewan Dhu vécut jusqu'à une extrême vieillesse, et qu'il tomba enfin dans une sorte de seconde enfance, et qu'on le berçait comme un enfant pour l'endormir. Mais j'ai eu lieu de penser depuis ce temps que cette dernière partie de la tradition est une exagération. Ce vieux chef se servait d'une invention qu'on emploie quelquefois de nos jours pour les malades, et qui leur permet de se retourner dans leur lit. Ce fut certainement quelque méprise sur l'emploi de ce mécanisme, qui fit courir le bruit qu'on le berçait dans un berceau. Il était en parfaite possession de toutes ses facultés en 1715, et il exprima beaucoup de regret de ce que son clan, les Camerons, qui étaient à l'aile gauche de l'armée du comte de Mar, eût été obligé de prendre la fuite en cette occasion. Les Camerons, dit-il, étaient alors plus nombreux que de son temps, mais ils étaient devenus beaucoup moins belliqueux. C'était une tache que ce clan effaça promptement. D'après les documens conservés dans sa famille, il paraît que sir Ewan conserva jusqu'à sa mort l'expression hardie du commandement, qui donnait de la dignité à ses traits, la force du bras et un ressentiment profond des injures. Un

qu'on reprochait depuis long-temps aux habitans du Lochaber, il fit les plus grands efforts pour y mettre fin par des châtimens sévères; et tout en protégeant ses vassaux et ses alliés, il ne souffrait pas qu'ils fissent aucune injures aux autres. Il encourageait parmi eux tous les genres d'industrie auxquels il pouvait obtenir d'eux qu'ils s'appliquassent, et en général il réunissait à l'ardeur et à la fierté d'un chef montagnard, le bon sens et l'intelligence d'un gentilhomme anglais riche et bien élevé. Quoique son domaine ne produisît guère que sept cents livres de revenu annuel, ce chef célèbre mit en campagne quatorze cents hommes pour la Rébellion, et se distingua honorablement par les efforts qu'il fit en toute occasion pour adoucir les rigueurs de la guerre, et pour détourner les insurgens de tous actes d'une violence vindicative.

Il faut tracer un tableau tout différent en parlant de lord Lovat, qu'une ambition désordonnée porta à jouer le rôle de chef montagnard dans sa plus grande étendue, quoiqu'il ne s'inquiétât que de faire servir à son intérêt personnel le pouvoir dont il jouissait en cette qualité. Son hospitalité était sans bornes, mais elle était appuyée sur une économie mesquine. Sa table était entourée de Frasers, qu'il appelait tous ses cousins; mais il avait soin que le repas dont il les régalait fût proportionné, non à l'égalité supposée entre les convives et leur hôte, mais à leur degré de véritable importance. Ainsi le vin de Bordeaux ne passait pas une certaine marque faite sur la table; on servait quelque boisson moins chère à ceux qui étaient assis au-delà, et les cousins qui étaient au bas-bout de la table n'avaient que de l'ale. Mais on la buvait à la table du chef, et cela dédommageait du reste. Lovat avait un domaine dans les basses-terres, et il y pressurait

---

officier anglais, qui était venu du fort William pour le voir, s'étant servi de quelques expressions que le vieux chef prit en mauvaise part, il le regarda fièrement, et lui dit: Si vous aviez prononcé ces mots quelques mois plus tôt, vous n'auriez pas vécu assez long-temps pour les répéter. (*Note de l'auteur.*)

ses tenanciers sans pitié, pour maintenir sa troupe armée de montagnards. Il connaissait parfaitement toutes les singularités du caractère de ce peuple, et il savait comment en tirer parti. Il savait quels étaient ceux qu'il lui convenait de cajoler; il avait connu leurs pères, il se rappelait les hauts faits de leurs ancêtres, et était prodigue de complimens et d'éloges. Si quelque homme riche offensait Lovat, ou si, ce qui était la même chose, il avait quelque prétention douteuse à alléguer contre lui, et qu'il fût déterminé à la faire valoir, on aurait cru que toutes les plaies d'Égypte fondaient à la fois sur cet infortuné. On brûlait sa maison, on enlevait ses bestiaux, on coupait les jarrets à ses chevaux; et si ceux qui commettaient ces actes de violence étaient arrêtés, la prison d'Inverness n'était jamais assez forte pour les garder jusqu'à ce qu'ils eussent été punis : ils parvenaient toujours à en sortir. Avec les gens de basse classe, il faisait moins de cérémonie. On voyait souvent paraître contre eux des témoins qui les accusaient de quelque crime imaginaire, et les victimes de lord Lovat étaient condamnées à la déportation.

Nous ne pouvons être surpris qu'un homme du caractère de Lovat jouât aussi le rôle de tyran domestique, mais il serait difficile de s'imaginer jusqu'à quel point d'énormité il poussa ses excès en ce genre. Après son retour en Ecosse, en 1715, il fut marié deux fois; d'abord, en 1717, à une fille du laird de Grant, dont il eut deux fils et deux filles. Sa seconde femme, ou pour mieux dire sa troisième, fut une Campbell, parente de la famille d'Argyle. On présume qu'il l'épousa dans la vue de s'assurer l'amitié de cette famille puissante. Se trouvant trompé dans cette attente, il fit tomber son ressentiment sur sa pauvre femme, qu'il enferma dans une tourelle de son château, ne lui donnant ni la nourriture, ni les vêtemens, ni rien de ce qui était convenable à sa condition, et ne lui permettant ni de sortir ni de recevoir personne.

Des bruits sinistres se répandirent sur le traitement que ce chef audacieux faisait éprouver à sa femme, qui avait ainsi disparu de la société. Elle avait une amie intrépide qui prenait assez d'intérêt à elle pour surmonter toute crainte de danger personnel. Cette amie se rendit au château de Downie afin de s'assurer par elle-même dans quelle situation s'y trouvait lady Lovat. Elle s'arrangea pour y arriver sans être attendue, de manière à ne laisser à Lovat aucun prétexte pour éviter cette visite désagréable. Il prit sa résolution, monta dans la chambre qui servait de prison à sa malheureuse femme, et lui annonça l'arrivée de son amie. — Comme mon bon plaisir, madame, lui dit-il, est que vous receviez sa visite en femme contente et affectionnée, il vous plaira de vous habiller, — il lui avait apporté de quoi faire sa toilette, — et de descendre avec l'air d'aisance et de liberté d'une maîtresse de maison, heureuse de l'affection de son mari, et jouissant de toute sa confiance. Gardez-vous bien de lui laisser entrevoir qu'il règne quelque discorde entre vous et moi, car des yeux clairvoyans vous surveilleront; et vous savez si vous devez redouter de désobéir à mes ordres. Ce fut ainsi que la pauvre femme alla trouver son amie, la bouche fermée comme par un cadenas, et n'osant dire un mot de tout ce qu'elle aurait désiré lui apprendre. Pendant tout ce temps, Lovat trouva le moyen de veiller de si près sur l'une et sur l'autre, qu'elles ne purent trouver la moindre occasion de s'entretenir en particulier. Mais le silence et l'air contraint de lady Lovat suffirent pour convaincre son amie que son mari ne se conduisait pas à son égard comme il l'aurait dû; et quand elle fut partie du château de Downie, elle employa les plus vives instances près de la famille de lady Lovat pour qu'elle fît des démarches en sa faveur. Il en résulta qu'elle obtint une séparation de son cruel mari, auquel elle survécut long-temps.

De tels actes de tyrannie étaient les fruits amers du

pouvoir patriarcal quand il se trouvait entre les mains d'un homme violent et sans principes ; mais la conduite de Lovat passait tellement toutes les bornes, qu'on est tenté de croire qu'il se mêlait à ses vices quelque dérangement d'esprit, ce qui peut se concilier parfaitement avec l'astuce profonde qui faisait un autre trait de son caractère. Je ne dois pas oublier de dire que lord Lovat ayant obtenu le commandement d'une des compagnies indépendantes de montagnards, en conséquence des services qu'il avait rendus en 1715, profita de cette occasion pour familiariser à l'usage des armes tous les hommes de son clan ; car quoiqu'il ne pût légalement avoir sous les armes en même temps qu'un certain nombre d'hommes, rien ne lui était plus facile que de changer les individus de temps en temps, jusqu'à ce que tous les jeunes Frasers eussent passé au moins quelques mois dans ce corps. Cependant il commit des imprudences et se montra trop à découvert en faisant chez l'étranger des achats suspects d'armes et de munitions. Le gouvernement conçut quelques alarmes de ses intentions, et le priva de son grade de capitaine dans la garde Noire. Cet évènement eut lieu en 1737 ; et ce fut, comme nous le verrons ci-après, l'indignation qu'il conçut de ne plus être le chef de cette compagnie indépendante, qui finit par le décider à se jeter dans la Rébellion.

Peu de chefs montagnards avaient droit à la réputation sans tache que méritait Lochiel ; aucun d'eux autant que nous le puissions savoir, ne se souilla par des actions aussi infâmes que Lovat. La plupart d'entre eux adoptaient une conduite qui tenait le milieu entre les expédiens illégaux auxquels avaient recours leurs prédécesseurs sauvages, et les nouvelles idées d'honneur et de respect pour les propriétés des autres, que le progrès du temps avait fait naître ; et ils faisaient le bien ou le mal, suivant les occasions et les tentations. En général un sentiment d'honneur et de générosité s'unissait à leurs prétentions patriarcales, et ceux qui avaient affaire à eux gagnaient plus en en appelant à ces sentimens qu'en employant des argumens adressés à leur intelligence.

Ayant ainsi jeté un coup d'œil sur l'état de l'Ecosse dans les basses-terres et dans les montagnes, nous devons maintenant porter les yeux sur la situation politique des deux familles rivales qui se disputaient alors le trône de la Grande-Bretagne.

George, le premier de sa famille qui eût porté la couronne britannique, avait transmis à son fils George II cette importante acquisition. Ces deux souverains étaient des hommes pleins d'honneur, de courage et de bon sens; mais étant nés et ayant été élevés en pays étranger, ils ne connaissaient ni le caractère particulier ni la forme très compliquée du gouvernement du pays sur lequel la Providence les avait appelés à régner. Ils furent successivement dans la nécessité d'en placer l'administration entre les mains d'un homme d'un talent distingué, le célèbre sir Robert Walpole. Malheureusement ce grand homme d'état ne croyait pas même à l'existence du patriotisme; il pensait que chaque homme avait son prix et pouvait être acheté, si ses services avaient la valeur qu'il pouvait y attacher lui-même. Cette croyance était aussi défavorable à la probité des hommes investis de fonctions publiques que serait déshonorante pour le caractère d'un soldat celle d'un chef qui nierait l'existence de l'honneur militaire. La vénalité de l'administration de sir Robert Walpole devint un sujet de honte et de reproche pour l'Angleterre, chargée d'un fardeau de plus par la nécessité de trouver les moyens de mettre en pratique ce système de corruption.

George Ier et George II, les deux rois sous lesquels sir Robert Walpole conduisit les affaires publiques, étaient aussi eux-mêmes peu populaires, et pour une raison fort naturelle : ils aimaient avec une partialité prononcée leurs domaines paternels d'Hanovre et les mœurs et coutumes du pays où ils étaient nés et où ils avaient été élevés. Ils accordaient principalement leur confiance et leur intimité aux hommes de leur nation; et quoique cette préférence pût être désagréable à leurs sujets anglais, leur erreur sur ce point avait du moins un motif louable; mais le père et le fils se laissèrent entraîner bien plus loin par ce sentiment. L'attention à leurs territoires germaniques était le principe qui réglait tous leurs mouvemens politiques, et ils contractaient des alliances ou en venaient à des hostilités pour des intérêts et des querelles qui ne concernaient que l'Allemagne, et qui n'avaient rien de commun avec l'Angleterre. Cette partialité malavisée fut une source de clameurs contre les deux premiers rois de la maison de Guelphe, et on leur reprocha qu'ayant été appelés au gouvernement d'un royaume si beau et si considérable que l'Angleterre, ils en négligeassent ou sacrifiassent les intérêts pour les petites affaires subalternes de leur électorat d'Hanovre.

Outre d'autres causes de ce manque de popularité, la longueur de l'administration de sir Robert Walpole suffisait seule pour la rendre odieuse à un peuple aussi inconstant que les Anglais, qui se lassent bientôt de voir toujours les mêmes mesures, et encore plus vite d'être toujours sous l'administration du même ministre. D'après ces diverses raisons, le gouvernement de sir Robert Walpole, surtout vers sa fin, fut vu de très mauvais œil en Angleterre, et l'opposition l'attaqua avec un degré de fureur qui fit que ceux qui regardaient cette lutte de loin s'imaginaient qu'un langage si outrageant ne pouvait être tenu que par des révoltés. Les nations étrangères, dont les idées sur notre constitution étaient aussi imparfaites alors qu'elles le sont encore à présent, écoutaient comme on écouterait ce qu'on supposerait être l'explosion d'une machine à vapeur, quand le bruit qu'on entend ne fait qu'annoncer l'action des soupapes de sûreté.

Tandis que la famille d'Hanovre occupait, sans s'y

trouver fort à l'aise, un trône peu populaire, la fortune de la maison de Stuart semblait être sur son déclin. Obligé de quitter la France, l'Espagne, Avignon, et n'ayant pu obtenir la permission de se fixer en Allemagne, le chevalier de Saint-George, peu de temps après son entreprise en Ecosse, en 1715, ne vit rien de mieux à faire que de se retirer en Italie, où ce que son père avait souffert pour la religion catholique romaine lui donnait le droit de recevoir un accueil hospitalier. Il était dans sa trentième année, et le dernier héritier de sa famille, dans la ligne masculine, quand, d'après l'avis de ses conseillers, il résolut de prendre une épouse, et fixa son choix sur la princesse Clémentine Sobieski, fille du prince Jacques Sobieski de Pologne et petite-fille de ce roi Jean Sobieski qui avait défait les Turcs devant Vienne. Cette jeune princesse était regardée comme un des plus riches partis de toute l'Europe. Les prétentions à la couronne d'Angleterre, que mit en avant le négociateur chargé par Jacques de traiter de ce mariage, séduisirent les parens de la princesse, et il fut convenu qu'on la conduirait sans pompe à Bologne pour y être unie au chevalier de Saint-George. Quelques préparatifs extraordinaires en parures et en équipages qu'eurent à faire la princesse et sa mère firent parvenir cette intrigue à la connaissance de la cour d'Angleterre, qui se servit de toute son influence sur celle d'Autriche pour empêcher ce mariage.

L'empereur, obligé de garder des mesures avec la Grande-Bretagne à cause de ses prétentions sur la Sicile, qui étaient appuyées par une flotte anglaise, fit arrêter la future épouse tandis qu'elle passait à Inspruck, dans le Tyrol, et la retint prisonnière, ainsi que sa mère, dans un monastère de cette ville. L'empereur priva aussi Jacques Sobieski, père de la princesse, du gouvernement d'Augsbourg, et le fit mettre en prison.

Charles Wogan, qui avait été un des prisonniers faits à Preston, et qui était un partisan dévoué de la cause pour laquelle il avait été si près de perdre la vie, conçut et exécuta le plan d'une tentative hardie pour délivrer la princesse. Il obtint de l'ambassadeur d'Autriche un passeport pour le comte Cernes et sa famille, revenant, disait-on, de Lorette, et se rendant dans les Pays-Bas. Un major Misset et sa femme jouèrent les rôles du comte et de la comtesse supposés; Wogan devait passer pour le frère du comte, et la princesse Clémentine, quand elle serait délivrée, en représenterait la sœur, dont le nom était porté, en attendant, par une jeune fille adroite au service de mistress Misset. Ils l'assurèrent qu'il n'était question pour elle que de rester deux jours en prison, en place d'une jeune personne que le capitaine Toole, un de ceux qui prenaient part à cette entreprise, devait enlever, et dont il était nécessaire de cacher l'évasion pendant quelque temps. Le capitaine Toole et deux autres hommes déterminés suivaient le prétendu comte Cernes sous le costume et en qualité de domestiques.

Ils arrivèrent à Inspruck dans la soirée du 27 avril 1719, et se logèrent près du couvent. Il paraît qu'un fidèle domestique de la princesse avait déjà obtenu du portier la permission de faire entrer une femme dans le couvent et de l'en faire sortir, à telle heure que bon lui semblait. C'était un grand pas pour arriver à leur but, puisqu'il permettait aux agens du chevalier de Saint-George d'introduire dans le cloître la jeune fille, et d'en faire sortir Clémentine Sobieski en sa place. Mais tandis qu'ils se concertaient sur les moyens d'exécuter leur plan, Jenny, la jeune servante, les entendit prononcer le mot *princesse*, et craignant d'être compromise dans une affaire où il s'agissait d'une personne de si haut rang, elle leur déclara qu'elle ne voulait plus y prendre aucune part. Beaucoup de belles paroles, quelques pièces d'or et la promesse d'une belle robe de damas appartenant à sa maîtresse, triomphèrent pourtant de ses scrupules; et profitant d'une chute de neige et de grêle, Jenny fut introduite dans le couvent. La princesse changea de vêtemens avec elle, et en sortit à l'heure à laquelle l'étrangère était censée devoir se retirer. Malgré de mauvaises routes et un temps encore plus fâcheux, ils ne s'arrêtèrent que lorsqu'ils eurent quitté le territoire autrichien, et qu'ils se trouvèrent sur celui de Venise. Le 2 mai, après un voyage dans lequel ils supportèrent de grandes fatigues et coururent quelques dangers, ils arrivèrent à Bologne, où la princesse crut inutile de garder plus long-temps l'*incognito*.

Pendant que sa future épouse s'échappait du Tyrol, les affaires du chevalier l'avaient obligé à faire tout-à-coup une excursion secrète en Espagne. La princesse fut épousée, en son absence, par un fidèle partisan à qui le chevalier avait laissé sa procuration à cet effet; et son voyage en Espagne n'ayant produit aucun résultat satisfaisant, il en revint bientôt, et compléta son mariage.

Les Jacobites tirèrent des présages heureux du succès qui avait couronné l'aventure romanesque du mariage du chevalier de Saint-George, quoique après tout on puisse douter que l'empereur d'Autriche, quoique obligé d'agir, en apparence, conformément aux remontrances de la cour d'Angleterre, fût sérieusement occupé des moyens d'empêcher l'évasion de la princesse, ou désirât vivement qu'on pût l'arrêter dans sa fuite.

Par suite de cette union, le chevalier de Saint-George transmit à deux fils ses droits héréditaires et sa mauvaise étoile. L'aîné, Charles-Édouard, né le 31 décembre 1720, fut remarquable par la manière dont il figura dans la guerre civile de 1745—6; le second, Henri-Benoît, né le 6 mars 1725, fut le dernier rejeton, dans la ligne directe masculine, de la malheureuse maison de Stuart. Il porta le titre de duc d'York, et étant entré dans l'église romaine, il fut élevé au rang de cardinal.

Les divers plans et projets qui furent discutés les uns après les autres dans le conseil du chevalier de Saint-

George, et qui, pendant quelque temps, servirent successivement à alimenter et à soutenir les espérances de ses partisans en Angleterre et en Écosse, furent si nombreux, si faiblement conçus, et produisirent si peu de résultats, que, pour emprunter l'expression d'un poète, on pourrait dire que le voyage de sa vie se fit dans des bas-fonds.

Avec quelque cour qu'il arrivât à la Grande-Bretagne d'être en querelle, l'héritier infortuné de la maison de Stuart y arrivait pour montrer sa misère et y faire étalage de ses prétentions. Mais quoiqu'il fût reçu avec tout le décorum d'usage, et qu'on le nourrît quelquefois d'espérances illusoires, le chevalier trouva son éloquence trop faible pour persuader à aucun gouvernement de se mettre dans l'embarras en faisant cause commune avec lui, après le mauvais succès de l'invasion faite par l'Espagne en 1719, qui n'avait abouti qu'à l'escarmouche insignifiante de Glenshiel. Dans les intervalles de ces négociations in- infructueuses, l'établissement domestique du chevalier était troublé par de petites intrigues entre ses conseillers, intrigues auxquelles sa femme prenait quelquefois un intérêt si vif, qu'il faisait connaître au public, à un degré scandaleux, leur désunion intérieure. D'après toutes ces circonstances, les années qui s'accumulaient sur sa tête, et les désappointemens dont le souvenir l'occupait sans cesse, les plus chauds partisans de la maison Stuart cessèrent de rien espérer des efforts personnels de celui qu'ils appelaient leur roi, et placèrent tout l'espoir de leur parti sur le courage et les talens de son fils aîné, Charles-Édouard, dont l'extérieur et les qualités personnelles semblaient, au premier coup d'œil, justifier les hautes prétentions, et le mettre en état d'être à la tête de toute entreprise hardie et courageuse, dont le but serait de les faire valoir.

En essayant de vous faire la description de ce jeune homme remarquable, je désire réduire à leur juste valeur les éloges exagérés dont l'ont comblé ses partisans enthousiastes, et éviter en même temps de répéter le langage méprisant de ses antagonistes politiques, et de quelques uns de ses adhérens mécontens, qui ont écrit sous l'influence du ressentiment, plutôt que par amour pour la vérité.

Le prince Charles-Édouard, se disant prince de Galles, était un jeune homme ayant une grande taille et un beau teint. Ses traits étaient d'un caractère noble et élevé, mais obscurcis d'une expression de mélancolie. Ses manières étaient polies, son caractère paraissait bon, son courage était capable des entreprises les plus désespérées, la force de sa constitution admirable; et rien ne manquait à ses connaissances dans les exercices et les talens qui conviennent à un homme. Toutes ces qualités favorisaient éminemment celui qui se disposait à jouer le rôle de restaurateur d'une ancienne dynastie. Mais d'une autre part, son éducation avait été étrangement négligée sur certains points qui étaient de la dernière importance pour lui assurer des succès. Ceux qui avaient été chargés de son éducation, au lieu de lui faire connaître les droits et la constitution de la nation, s'étaient appliqués à graver dans son esprit ces maximes absurdes, perverses, exagérées et surannées de droit divin héréditaire et d'obéissance passive qui avaient causé les erreurs et les infortunes d'un de ses aïeux, Jacques II, roi d'Angleterre. Il avait aussi été élevé dans la foi catholique romaine, qui avait été si fatale à ce monarque; et il se présentait ainsi à la nation anglaise, sans changement, sans modification de ces faux principes politiques et religieux si odieux à ceux qu'il appelait ses sujets et qui avaient coûté un trône à son aïeul. C'était par une conséquence naturelle des hautes idées de prérogative royale dans lesquelles il avait été élevé, quoique ce pût être aussi, jusqu'à un certain point, la suite d'un caractère naturellement froid et hautain, que ce jeune prince était porté à considérer les services les plus importans qui lui étaient rendus, et les plus grands dangers encourus pour sa cause, comme suffisamment récompensés par le sentiment intime qu'on avait accompli les devoirs de fidèle sujet; et il ne les regardait pas comme des obligations qu'il contractait, et qui exigeaient de lui reconnaissance et récompense. Ce degré d'indifférence pour la vie et la sûreté de ses adhérens, — suite d'une très mauvaise éducation, — le conduisit à se livrer à des espérances aussi vives que chimériques qui ne pouvaient se réaliser qu'à des risques imminens pour toutes les parties intéressées. C'était le devoir de tous les sujets de tout sacrifier pour leur prince; et s'ils s'acquittaient de ce devoir, que pouvait-on imaginer qui fût impossible à leurs efforts? Tels étaient les principes dont on avait imbu l'esprit du descendant de l'infortunée maison de Stuart.

Il est aisé de se figurer que ces dernières qualités étaient voilées avec soin dans le compte que les adhérens du jeune chevalier rendaient de son caractère en Écosse et en Angleterre, et qu'ils le présentaient à l'espoir et à l'admiration du public comme un rejeton de Robert Bruce, et comme un homme qui, par toutes les perfections de l'esprit et du corps, était destiné à jouer de nouveau le rôle de ce grand restaurateur de la monarchie écossaise.

Nous avons déjà fait mention de la situation du parti jacobite en Ecosse, tant dans les basses-terres que dans les montagnes. En Angleterre il était bien loin d'avoir la même force qu'en 1715. On s'y souvenait avec terreur de la fatale affaire de Preston. Mais beaucoup de familles attachées aux principes de ce qu'on appelait la Haute Eglise, continuaient à appeler de leurs vœux celui qu'elles regardaient comme héritier de la couronne par droit imprescriptible; et quelques unes, non sans un grand danger pour leur personne et pour leur fortune, entretenaient des relations avec les agens du vieux chevalier, qui était instruit, par ce moyen, de leurs espérances et de leurs projets. Les principales de ces familles étaient les Wynnes de Wynnstay, dans le pays de Galles, et celle de Wyndham. D'autres familles, soit catholiques, soit de l'Eglise anglicane, dans l'ouest du royaume, partageaient les mêmes sentimens. Une grande partie du clergé anglican conservait ses anciens préjugés, et l'université d'Oxford en particulier contenait un parti nombreux dévoué à cette cause, et à la tête duquel se trouvait le docteur William King, principal de Saint-Mary's Hall, qui professait les mêmes opinions.

Telle était la situation des affaires en 1740, quand la guerre fut déclarée entre l'Angleterre et l'Espagne. Sept Jacobites écossais audacieux signèrent un acte d'association par lequel ils s'engageaient à risquer leur vie et leur fortune pour la restauration de la maison de Stuart, pourvu que la France envoyât à leur aide un corps de troupes considérable. Le duc titulaire de Perth, le comte de Traquair, Lochiel et Lovat, furent du nombre des signataires.

L'agent employé pour faire valoir à Paris la cause des Jacobites, fut Drummond, autrement dit Mac-Gregor de Bohaldie, à qui était adjoint un homme qu'on appelait lord Semple. Bohaldie était proche parent de plusieurs chefs de clans et notamment de Cameron de Lochiel, au jugement et à la prudence duquel les autres étaient disposés en grande partie à se confier. Mais après une longue négociation, rien ne put être déterminé d'une manière certaine. D'une part, les ministres français craignaient que les Jacobites, dans leur zèle politique, ne s'abusassent eux-mêmes, et ne nuisissent à la France, si elle se laissait décider à employer ses forces dans une expédition lointaine et dangereuse. De l'autre, les Jacobites qui devaient tout risquer dans cette entreprise, craignaient aussi que la France, si elle pouvait, par leur moyen, exciter une guerre civile en Angleterre, et l'obliger à rappeler ses troupes d'Allemagne, ne s'inquiétât guère, après avoir gagné ce point, de la réussite ou du manque de succès de leurs projets.

Enfin, quand la France vit l'Angleterre s'intéresser à la guerre d'Allemagne, et aider l'Impératrice-Reine de troupes et d'argent, son gouvernement paraît avoir pris tout-à-coup en considération sérieuse la proposition d'une descente en Écosse. Dans la vue de prendre des arrangemens pour cette entreprise, le cardinal de Tencin, qui avait succédé au cardinal de Fleury dans l'administration de la France, invita Charles-Édouard, fils aîné du vieux chevalier de Saint-George, à se rendre à Paris. Ce jeune prince, en recevant une invitation si flatteuse pour ses espérances, quitta Rome, comme pour une partie de chasse; mais il prit sur-le-champ la route de Gênes; et, s'embarquant à bord d'un petit bâtiment, traversa la flotte anglaise, au grand risque d'être pris, et étant arrivé en sûreté à Antibes, il partit pour Paris. Là il assista à des délibérations d'une nature extrêmement dangereuse pour la Grande-Bretagne. Il fut décidé par la cour de France qu'une armée française de douze mille hommes débarquerait en Angleterre sous le célèbre maréchal de Saxe, qui devait recevoir du chevalier de Saint-George un brevet de commandant en chef. Ayant fait connaître cette détermination au comte Marischal et à lord Elcho, fils aîné du comte de Wemyss, qui étaient alors dans la capitale de la France, Charles-Edouard quitta Paris pour aller surveiller l'embarquement projeté, et prit sa résidence à Gravelines au commencement de février 1744. Il demeura dans le plus strict incognito, sous le nom du chevalier Douglas; Bohaldie l'accompagnant comme son secrétaire.

La flotte française était prête, et les troupes destinées à l'invasion furent embarquées. Mais l'activité de la marine anglaise déconcerta cette expédition, comme elle en avait déjà déconcerté plusieurs autres. La flotte française était à peine à la hauteur de Torbay, qu'elle se trouva en face d'une flotte de vingt-un vaisseaux de ligne, commandée par l'amiral sir John Norris. Les élémens prirent part à la lutte, et, comme cela était arrivé en d'autres occasions, ils la décidèrent contre la maison de Stuart. Une forte tempête qui s'éleva força les vaisseaux anglais et français de suivre le vent. La flotte française fut dispersée et souffrit des avaries. Le plan d'invasion fut encore une fois abandonné, et les troupes françaises furent retirées de la côte.

Il est inutile de chercher d'après quels principes le ministère français préféra cette tentative contre l'Angleterre, à grands frais, et avec une armée considérable, à une invasion en Ecosse, où l'on était sûr d'être joint par un nombre considérable de Jacobites, et où le tiers des troupes commandées pour cette expédition aurait fait une impression sérieuse et peut-être fatale. L'histoire est remplie de tentatives pour aider les mécontens dans un pays ennemi, et qui ont échoué faute d'être bien calculées quant au temps et au lieu. Il est certain que celle dont il s'agit n'avait pas été entreprise d'après des calculs bien exacts, car les ministres français avaient si peu songé au moyen de se concilier les Jacobites anglais, que leur premier dessein n'avait pas été que le duc d'Ormond accompagnât l'expédition, quoiqu'il fût le plus populaire des partisans du chevalier dans le sud de la Grande-Bretagne. Le duc fut enfin appelé à la hâte d'Avignon pour joindre l'armée, quand elle était à la veille de s'embarquer; mais ayant appris en route que le projet était abandonné, il retourna chez lui. Il est probable que la France s'était déterminée à diriger son attaque contre l'Angleterre, uniquement parce qu'il lui serait plus facile d'y renforcer ses troupes ou de les en retirer, que si elle les envoyait en Ecosse.

Lord Marischal s'était rendu près du prince à Gravelines; mais il ne fut guère consulté sur tout ce qui concernait l'expédition. Quand il parla de l'invasion en

Ecosse, on lui répondit qu'on s'en occuperait après le départ de l'armée destinée contre l'Angleterre. Après que cette entreprise eut échoué, et que les troupes qui avaient été embarquées furent rentrées en France, Charles-Edouard invita le comte à venir le voir à Gravelines, et lui proposa sérieusement de louer une barque et de se rendre avec lui en Ecosse, où il était sûr, lui dit-il, d'avoir un grand nombre d'amis qui se joindraient à lui. Cette idée, dont il ne fut détourné que difficilement, semble avoir été la première tentative de l'entreprise téméraire qu'il exécuta ensuite en 1745 et 1746. A la fin de l'été, le prince Charles quitta Gravelines, et se rendit à Paris, où il passa l'hiver sans que les familles françaises de distinction fissent beaucoup d'attention à lui, tandis que les Irlandais et les Ecossais qui se trouvaient dans cette capitale lui faisaient une cour assidue.

John Murray de Brougthon, depuis trois ou quatre ans, avait été un des agens du vieux chevalier, qui avait une grande confiance en lui, ainsi que ses adhérens; en août 1744, il revint d'Écosse à Paris, porteur de l'opinion unanime des Jacobites de ce pays, relativement à une invasion. M. Murray était un homme d'une naissance honorable, et jouissant d'une fortune honnête, étant issu du second mariage de sir David Murray avec une fille de sir John Scott d'Ancrum. Les voyages qu'il avait faits à Rome pendant sa jeunesse lui avaient fourni l'occasion d'offrir ses services au vieux chevalier, et depuis ce temps il avait toujours conservé sa confiance. L'opinion qu'il émit alors au prince Charles, comme étant le résultat des sentimens réunis de ses amis en Écosse, fut que s'il pouvait obtenir du gouvernement français six mille hommes de troupes auxiliaires, des armes pour dix mille soldats, et trente mille louis, il pouvait certainement compter sur l'appui de tous ses partisans écossais. Mais Murray avait été chargé en même temps de lui dire que s'il ne pouvait obtenir la totalité de ce secours, ils ne pouvaient rien faire pour lui. La réponse que fit le prince à son agent écossais, fut qu'il était las et dégoûté de solliciter la cour de France, sur la politique timide et incertaine de laquelle on ne pouvait compter; mais que soit avec l'aide et le concours de cette puissance, soit en s'en passant, il était déterminé à aller lui-même en Écosse, et à y tenter fortune. M. Murray a laissé une déclaration positive qu'il s'efforça, autant que possible, de détourner le prince d'une tentative qui annonçait plus de désespoir que de courage; mais comme il y avait d'autres raisons pour en rejeter le blâme sur l'agent, un grand nombre de ceux qui furent victimes de cette expédition le représentent comme l'ayant secrètement encouragé à cette entreprise romanesque, au lieu de l'avoir dissuadé. Qu'il eût été encouragé par Murray ou non, Charles-Édouard persista dans sa détermination de voir quel effet pourrait produire son arrivée en Écosse avec les faibles secours d'armes et d'argent que sa fortune particulière pouvait lui procurer.

Dans la vue de faire cette épreuve, le prince envoya Murray en Écosse avec des commissions militaires pour ceux qu'il regardait comme les plus fidèles amis de sa famille, délivrées en son propre nom, comme prince de Galles et régent pour Jacques VIII, titre que son père l'avait pleinement autorisé à prendre. L'arrivée de ces pièces en Écosse mit ses partisans au comble de la surprise et de l'inquiétude. Une assemblée générale des principaux Jacobites eut lieu à Édimbourg, et il fut convenu d'envoyer M. Murray dans les montagnes, pour se présenter, s'il était possible, devant le jeune aventurier dès qu'il aborderait sur les côtes, lui représenter qu'ils ne pouvaient approuver une entreprise si désespérée, et le supplier de se réserver lui et les amis écossais de sa famille, pour un temps où la fortune pourrait être plus favorable à leurs efforts. Le duc titulaire de Perth fut le seul qui ne partagea pas l'opinion générale, et il déclara avec un esprit de royalisme porté à l'excès, qu'il se joindrait au prince, quand il arriverait sans un seul homme à sa suite. Les autres pensèrent unanimement d'une manière différente, et Murray, chargé de leurs pouvoirs, passa tout le mois de juin sur les côtes des montagnes pour y attendre le chevalier. Enfin, ne le voyant pas arriver, il retourna dans sa demeure, dans le sud de l'Écosse, supposant naturellement que ce jeune prince avait renoncé à une entreprise qui annonçait la témérité inconsidérée de la jeunesse, et qu'on pouvait croire qu'il l'avait abandonnée en y réfléchissant plus mûrement.

Mais le chevalier se méfiait des motifs de la France, il doutait des vues véritables du gouvernement de ce pays, et il était décidé à essayer sa fortune avec ses propres ressources, quelque disproportionnées qu'elles fussent au projet qu'il voulait exécuter. On dit que le cardinal de Tencin fut le seul membre du gouvernement français à qui il fit connaître sa résolution, à laquelle le ministre donna son consentement plutôt que son appui ; et enfin, comme la France et l'Angleterre étaient alors ouvertement en guerre, il consentit généreusement que Charles tentât son aventure désespérée, à ses propres frais et à ses risques et périls, sans autre assistance qu'un faible degré d'encouragement très indirect de la part de la France. La fatale défaite de Fontenoy eut lieu vers cette époque, et comme les troupes anglaises dans la Flandre étaient fort affaiblies, le jeune aventurier puisa dans cette circonstance un nouvel espoir qu'on ne pouvait en retirer aucunes troupes pour mettre obstacle à son entreprise.

En conséquence de l'intelligence secrète existant entre le prince Charles et le cardinal de Tencin, un vaisseau de ligne de soixante canons, nommé l'Élisabeth, fut mis à la disposition de ce prince aventureux ; et Charles-Édouard y ajouta une frégate ou un sloop de guerre nommé *la Doutelle*, qui avait été équipé par deux armateurs de

Dunkerque, nommés Routledge et Walsh, pour croiser contre le commerce anglais. Il s'embarqua sur ce dernier vaisseau avec une suite fort peu nombreuse, et avec la totalité ou la plus grande partie de l'argent et des armes qu'il avait pu se procurer.

L'expédition fut retenue par des vents contraires jusqu'au 8 juillet, jour où les deux bâtimens mirent à la voile pour cette aventure romanesque. Mais les chances de la mer semblent avoir été invariablement défavorables à la maison de Stuart. Le lendemain de leur départ, ils rencontrèrent le Lion, vaisseau de guerre anglais, qui attaqua l'Élisabeth. Le combat fut livré avec le plus grand courage de part et d'autre, et les vaisseaux se séparèrent après s'être fait réciproquement beaucoup de mal. L'Élisabeth particulièrement perdit son premier et son second capitaine, et fut obligée d'entrer dans le port de Brest pour réparer ses avaries.

La Doutelle, à bord de laquelle se trouvait Charles-Édouard et sa suite, s'était tenue à quelque distance pendant cette action ; et la voyant terminée, elle fit voile vers le nord-ouest de l'Écosse, de manière à aborder aux îles Hébrides. Ayant évité un autre grand vaisseau qu'on aperçut en mer, et qu'on crut être un bâtiment de guerre anglais, le sloop qui portait le jeune prince et sa fortune jeta l'ancre près de l'île de South-Uist, une des îles appartenant à Mac-Donald de Clanranald et à sa famille. Clanranald était alors en Écosse, mais son oncle, Mac-Donald de Boisdale, d'après la sagacité et les talens supérieurs duquel le jeune chef se guidait en général, était alors à South-Uist, où étaient situées ses propriétés personnelles. D'après l'invitation du prince, il se rendit à bord de la Doutelle.

Charles-Édouard proposa sur-le-champ à Boisdale de prendre les armes et d'engager ses puissans voisins, sir Alexandre Mac-Donald, et le chef des Mac-Leods, à en faire autant. Chacun de ces deux chefs pouvait mettre en campagne de douze à quinze cents hommes. Boisdale répondit, avec une franchise à laquelle le jeune aventurier n'avait pas été accoutumé, que cette entreprise était d'une témérité qui touchait à la démence ; qu'il pouvait l'assurer que sir Alexandre Mac-Donald et le laird de Mac-Leod étaient bien déterminés à ne pas se joindre à lui, à moins qu'il n'amenât les forces qui avaient été stipulées dans la délibération unanime des amis de sa famille ; et que, d'après son avis, son neveu Clanranald adopterait aussi la résolution de rester tranquille. Le jeune chevalier discuta ce point avec lui pendant quelque temps, mais, trouvant Boisdale inexorable, il le congédia enfin, et lui permit de retourner à South-Uist. On dit que cette entrevue avec Boisdale eut tant d'influence sur l'esprit de Charles, qu'il convoqua un conseil composé des principaux amis qui étaient avec lui à bord de la Doutelle ; et toutes les voix, à l'exception d'une seule, lui donnant l'avis de retourner en France, Charles lui-même parut un instant disposé à renoncer à l'expédition. Thomas Sheridan seul, Irlandais qui avait été son gouverneur, fut d'avis de pousser plus loin l'aventure, et encouragea son élève à tenir ferme et à consulter quelques autres de ses partisans écossais avant de renoncer à un plan pour l'exécution duquel il avait fait tant de sacrifices. Il ajouta même que l'abandonner sans plus d'efforts pour le faire réussir serait un acte de lâcheté, et presqu'une abdication des droits que lui avait donnés sa naissance, et qu'il venait pour faire valoir. Son opinion détermina son élève, qui en toute occasion suivait assez volontiers ses avis, à faire un autre appel au courage des chefs montagnards.

Continuant à avancer vers l'Écosse, Charles et son sloop de guerre entrèrent dans la baie de Lochnannagh, entre le Moidart et l'Arisaig, et envoya un messager pour apprendre son arrivée à Clanranald. Ce chef se rendit à bord sur-le-champ avec son parent Mac-Donald de Kinloch-Moidart, et un ou deux autres. Charles employa auprès d'eux les mêmes argumens dont il s'était inutilement servi en parlant à leur parent Boisdale, et il reçut d'eux la même réponse, qu'une pareille entreprise, dans le moment actuel, et avec de si faibles moyens, ne pouvait aboutir qu'à une ruine totale. Un jeune montagnard, frère de Kinloch-Moidart, commença alors à comprendre en présence de qui il se trouvait, et, la main placée sur la poignée de son épée, il donnait des signes visibles d'impatience en voyant la répugnance que son chef et son frère montraient à se joindre au prince. Charles remarqua son agitation et en profita.

— Vous, du moins, vous ne m'abandonnerez pas? dit-il en se tournant tout-à-coup vers le jeune montagnard. — Je vous suivrai jusqu'à la mort, s'écria Donald, quand je serais le seul à tirer le fer du fourreau pour votre cause. L'enthousiasme de ce jeune homme gagna son chef et son frère, et ils déclarèrent que, puisque la résolution du prince était bien prise, ils ne feraient plus aucune objection. Il descendit à terre et fut conduit à la maison de Boradale, pour y faire sa résidence temporaire. Sept personnes formaient sa suite: le marquis de Tullibardine, proscrit pour la part qu'il avait prise à l'insurrection de 1715, frère aîné de Jacques, alors duc d'Athole; sir Thomas Sheridan, ancien gouverneur du prince; sir John Mac-Donald, officier au service d'Espagne; Francis Strictland, gentilhomme anglais; Kelly, qui avait été impliqué dans ce qu'on appelait le complot de l'évêque de Rochester; Æneas Mac-Donald, banquier à Paris, frère de Kinloch-Moidart; et Buchanan, qui avait été chargé de porter à Rome l'invitation au chevalier de se rendre à Paris. Un homme de sa suite, ou qui le joignit immédiatement, a été généralement connu depuis ce temps, par la renommée militaire de son fils, le maréchal Macdonald, qui se distingua par son intégrité, son courage et ses talens, pendant tant de scènes difficiles de la grande guerre révolutionnaire [1].

Ce mémorable débarquement dans le Moidart eut lieu le 25 juillet 1745. L'endroit où Charles était logé était on ne peut mieux situé pour y rester caché, et pour y pouvoir communiquer avec les clans disposés en sa faveur tant dans les îles que dans l'Écosse même, sans le concours et l'appui desquels il était impossible que son entreprise réussît.

On ne tarda point à envoyer à Cameron de Lochiel une invitation à venir trouver le prince, et il s'y rendit dès qu'il l'eut reçue. Il arriva pleinement convaincu de la folie complète de cette entreprise, et déterminé, comme il le croyait, à conseiller au jeune aventurier de retourner en France, et d'attendre une occasion plus favorable.

— Si tel est votre dessein, Donald, dit Cameron de Fassefern à son frère Lochiel, donnez votre avis au prince par écrit, mais ne vous hasardez pas en sa présence; je vous connais mieux que vous ne vous connaissez vous-même; il vous séduira, et vous ne serez pas en état de lui rien refuser.

Ces mots furent une prophétie. Tant que le prince se borna à des argumens, Lochiel tint bon, et répondit à tous ses raisonnemens. Enfin Charles trouvant impossible de subjuguer le jugement de ce chef, fit un appel puissant à sa sensibilité.

— Je suis venu ici, lui dit-il, déterminé à reconquérir mes droits ou à périr. Quel qu'en doive être l'évènement, je suis décidé à déployer mon étendard, et à me mettre en campagne avec ceux qui voudront s'y rallier. Lochiel,

---

[1] Son père faisait partie d'une tribu des Mac-Donalds, demeurant à South-Uist, nommés Mac-Eachen, ou fils d'Hector, issus par naissance de la maison des Clanranalds, et unis à eux par des alliances réciproques. Le jeune Mac-Donald, ou Mac-Eachen, avait été élevé à Saint-Omer, dans la vue d'entrer dans les ordres. Il savait le latin aussi bien que le français, l'anglais et la langue des montagnes, et il rendit d'importans services à Charles comme interprète et secrétaire privé. (*Note de l'auteur.*)

que mon père considérait comme le meilleur ami de notre famille, peut rester chez lui. Les journaux lui apprendront quel sera le sort de son prince.

— Il n'en sera rien ! s'écria le chef vivement touché ; si vous êtes résolu à cette entreprise téméraire, je vous suivrai, et tous ceux sur qui j'ai quelque influence en feront autant.

Ce fut ainsi qu'un sentiment qu'il appelait honneur et fidélité triompha de la prudence de Lochiel, et le porta à envisager la perspective de sa ruine avec un dévouement désintéressé digne des plus beaux jours de la chevalerie. Sa détermination fut le signal du commencement de la rébellion ; car on savait généralement alors que pas un seul chef montagnard n'aurait pris les armes si Lochiel eût persisté dans ses dispositions pacifiques.

Dès qu'il eut consenti aux propositions du chevalier, des messagers furent dépêchés de tous côtés aux clans présumés jacobites, pour les avertir que l'étendard royal serait déployé à Glenfinnan le 19 août, et pour les requérir de s'y trouver en armes avec toutes leurs forces.

Sir Alexandre Mac-Donald de Sleat, et Mac-Leod de Mac-Leod, étaient, comme nous l'avons déjà dit, des hommes de la plus grande importance dans les Hébrides, et l'on calculait que leurs forces réunies montaient à plus de trois mille hommes. Ils s'étaient déclarés partisans de la cause du prince, et Clanranald fut envoyé près d'eux pour accélérer leur jonction. Il les trouva tous deux chez sir Alexandre Mac-Donald, et il leur dit tout ce qu'il put pour les décider à lever leurs vassaux. Mais sir Alexandre prétendit qu'il n'avait jamais contracté d'engagement explicite de joindre Charles, et qu'il ne pouvait se résoudre à prendre part à une entreprise si désespérée. Mac-Leod, dit-on, en avait pris de plus explicites, mais il paraît avoir montré autant de répugnance que sir Alexandre à satisfaire à la sommation de Charles-Edouard, alléguant que son consentement n'avait été donné qu'en supposant que le prince amènerait avec lui un certain nombre de troupes auxiliaires, et fournirait des armes, ce qui n'avait pas été exécuté. Il fit d'ailleurs valoir qu'un grand nombre de ses vassaux résidaient dans des îles éloignées, comme une excuse de plus pour se dispenser de rejoindre l'étendard sur-le-champ. La mission de Clanranald ne réussit donc pas ; et la défection de ces deux chefs puissans ne fut qu'imparfaitement réparée par le zèle de plusieurs autres dont le pouvoir était moins étendu.

Charles montra pourtant beaucoup d'adresse à gagner l'affection des montagnards qui lui furent présentés pendant son séjour à Boradale. Les mémoires d'un officier, nommé Mac-Donald, servant dans son armée, rendent un compte si satisfaisant de sa personne et de sa conduite, que je le mettrai en forme de note à la fin de ce chapitre. Les amis que le prince comptait dans les basses-terres furent aussi informés de son arrivée, et se préparèrent à le seconder.

Cependant le mouvement visible qui avait lieu parmi les Jacobites rendit le gouvernement vigilant, et il fit arrêter plusieurs personnes qui lui étaient suspectes. Parmi ce nombre un des principaux fut le duc titulaire de Perth, à un des ancêtres duquel la cour de Saint-Germain avait conféré ce rang. Il était fils de lord John Drummond, qui vivait en 1715, et petit-fils de l'infortuné comte de Perth, lord chancelier de Jacques VIII avant la révolution. Le descendant actuel de cette maison honorable était un homme respecté pour son haut rang, ayant des manières qui le rendaient populaire, une bravoure à toute épreuve, et une douceur extrême dans le caractère, mais qui n'avait pas des talens extraordinaires. Ce seigneur était en son château de Drummond, quand le capitaine Campbell d'Inveraw, qui commandait une compagnie indépendante de montagnards stationnée à Muthil, dans le voisinage, reçut ordre de le mettre en arrestation. Campbell, par le moyen d'un ami, se procura une invitation à dîner au château de Drummond, et ordonna à ses soldats d'en approcher aussi près qu'ils le pourraient sans donner de soupçons. Quand le dîner fut fini, et que les dames eurent quitté la table, Inveraw exécuta ses ordres en disant au duc qu'il était son prisonnier, et s'excusa sur son devoir. Le duc parut traiter l'affaire avec indifférence, et lui dit que, puisque la chose était ainsi, il ne saurait qu'y faire. Mais en sortant de l'appartement, il fit passer le capitaine avant lui, comme par politesse, et tournant en même temps sur les talons au lieu de le suivre, il sortit de la chambre par une autre porte, s'enfuit du château et gagna le bois. On se mit à sa poursuite à l'instant même, et le duc aurait probablement été repris s'il n'eût trouvé un bidet sur lequel il sauta, quoiqu'il n'eût ni selle ni autre bride qu'un licou. Avec cette aide il s'échappa dans les montagnes voisines, où il resta à l'abri de toute poursuite, et bientôt après, ayant appris le débarquement du jeune Chevalier, il fit ses préparatifs pour aller le rejoindre.

Cependant John Murray de Brougthon s'était chargé de la tâche périlleuse de faire imprimer les manifestes qui devaient être disséminés quand l'invasion serait rendue publique, et de celle d'avertir divers individus qui avaient promis de l'argent et des armes. Il quitta alors sa maison, où il avait passé trois semaines ayant toujours sous les yeux la crainte et le danger d'être arrêté, et partit pour aller joindre le prince. Son génie actif médita quelques autres exploits. A l'aide d'un ami jacobite d'un caractère intrépide et entreprenant, il imagina un plan pour surprendre le duc d'Argyle, frère et successeur du célèbre duc John, et le faire prisonnier dans son propre château d'Inverary. Un autre de ses projets fut de faire donner au gouvernement des avis qui, quoique faux en eux-mêmes, porteraient assez les couleurs de la vérité pour y faire ajouter foi, et qui lui parviendraient par un canal qui ne lui inspirerait aucune méfiance. Ces avis étaient que les chefs jacobites devaient tenir un grand conseil dans une vallée sauvage nommée Rannoch, et que Murray avait quitté sa demeure dans le sud pour assister à cette réunion. On proposait aux agens du gouvernement de saisir cette occasion pour s'assurer de la personne des conspirateurs, en envoyant à leur rendez-vous des détachemens tirés du fort William et du fort Auguste. Le but de ce plan était de fournir aux montagnards l'occasion de surprendre ces forts tandis que la garnison en serait affaiblie par le départ de ces détachemens. M. Murray, ayant ainsi tracé le plan de deux exploits qui, s'ils avaient réussi, auraient été très avantageux à la cause du prince, alla joindre Charles-Edouard. Il le trouva dans la maison de Mac-Donald de Kinloch-Moidart, où il s'était avancé en quittant Boradale. Un grand nombre de gentilshommes montagnards s'étaient joints à lui, et son entreprise paraissait en général être favorisée par les chefs des clans de l'Ecosse. Clanranald lui avait amené plus de trois cents de ses vassaux. On montait régulièrement la garde auprès de la personne du prince. Il avait fait venir l'argent et les armes qu'il avait à bord de la Doutelle et en avait fait une distribution à ceux qui étaient le plus en état de le servir. Cependant il manquait d'approvisionnemens, ce qui aurait pu faire échouer son expédition, si la Doutelle n'eût rencontré et capturé deux bâtimens chargés de farine d'avoine, prise qui le mit en état de pourvoir à la subsistance des troupes qui étaient déjà réunies autour de lui, et d'attendre avec confiance le moment qui avait été fixé pour déployer son étendard.

M. Murray, aux soins duquel les desseins privés et politiques du prince Charles avaient été confiés en si grande partie, fut alors reconnu comme son secrétaire d'Etat, et il fut chargé de faire agir tous les rouages intérieurs de cette importante entreprise.

NOTE.

L'auteur des mémoires dans lesquels a été puisé l'extrait qui va suivre paraît avoir été un Mac-Donald et un des sept gentilshommes de ce clan qui, ayant été des premiers à joindre Charles-Édouard, furent long-temps distingués par le nom des sept hommes de Moidart. Leur curiosité avait été excitée en voyant la Doutelle arriver près de la côte, et ils coururent sur le rivage pour apprendre des nouvelles.

« Nous appelâmes la chaloupe du vaisseau, nous fûmes sur-le-champ conduits à bord, et nos cœurs nagèrent dans la joie en nous voyant si près de notre prince, dont nous avions si long-temps désiré la présence. Nous trouvâmes sur le pont une grande tente soutenue par des perches, et sous laquelle étaient des vins et des liqueurs de toute espèce. En entrant dans ce pavillon, nous fûmes reçus avec enjouement par le duc d'Athole, que quelques uns de nous avaient connu en 1715. Tandis que le duc nous parlait, Clanranald disparut, ayant été appelé, comme nous le comprîmes, dans la cabine du prince, et nous ne nous attendions pas à avoir l'honneur de voir Son Altesse Royale, du moins pour ce soir. Après avoir été trois heures avec le prince, Clanranald revint près de nous ; et environ une demi-heure après, nous vîmes entrer dans la tente un jeune homme de l'aspect le plus agréable, en habit noir tout uni, avec une chemise sans manchettes ni jabot, qui n'était pas très propre, un col de batiste attaché par une boucle d'argent, une perruque ronde blonde, un chapeau sans galon avec un ruban de fil dont un bout était attaché à un bouton de son habit, des bas noirs et des boucles de cuivre à ses souliers. Dès que je l'aperçus, je sentis mon cœur se gonfler. Un ecclésiastique, nommé Obrian, nous dit sur-le-champ que ce jeune homme était aussi un ecclésiastique anglais, qui désirait depuis long-temps voir les montagnards et converser avec eux.

» Quand ce jeune homme entra, Obrian défendit qu'aucun de ceux qui étaient assis se levât. Il ne salua aucun de nous en entrant, et nous ne le saluâmes que de loin. Le hasard voulut que je fusse un de ceux qui étaient debout à son arrivée, et il s'assit près de moi ; mais, se relevant sur-le-champ, il me fit asseoir à côté de lui sur une caisse. Ne le prenant alors que pour un passager ou un ecclésiastique, je me permis de lui parler avec trop de familiarité ; et cependant je conservais quelque soupçon qu'il pouvait être un personnage de plus d'importance qu'on ne le disait. Il me demanda si je n'avais pas froid sous cet habit (le costume montagnard). Je lui répondis que j'y étais tellement habitué, que j'aurais plus froid si je le changeais pour un autre. Il rit de bon cœur en entendant cette réponse, et me demanda comment je faisais pour me coucher avec cet habit ; ce que je lui expliquai. Il dit qu'en m'enveloppant si complètement de mon plaid, je ne devais pas être prêt à me défendre tout-à-coup en cas de surprise. Je lui répondis qu'en pareil cas de danger, ou pendant la guerre, nous avions une autre manière d'arranger notre plaid, de sorte qu'en un seul bond je pouvais me trouver sur mes jambes l'épée nue dans une main, et un pistolet armé dans l'autre, sans être gêné le moins du monde par mes couvertures. Il me fit plusieurs autres questions semblables; puis, se levant avec vivacité, il demanda un verre de vin; et Obrian me dit à l'oreille de faire raison à l'étranger, mais de ne pas boire à sa santé; avis donné à propos, qui me confirma dans mes soupçons. Ayant pris à la main un verre de vin, il but à notre santé à la ronde, et se retira bientôt après. »

L'auteur parle alors des difficultés contre lesquelles l'aventurier eut à lutter; et il ajoute :

« Ainsi chacun peut juger dans quelle hasardeuse entreprise, nous, les vassaux de Clanranald, nous étions alors engagés ; nous étant trouvés quelque temps tout-à-fait seuls, et cependant résolus à suivre notre prince de tout cœur, et à risquer notre destin avec lui, nous fîmes de notre mieux pour lui faire bon accueil dans notre pays; le prince et toute sa compagnie, avec une garde d'environ cent hommes, étant logés dans la maison d'Angus Mac-Donald de Borradel dans l'Avisaig, et y étant traités d'une manière aussi hospitalière que le lieu le permettait. Son Altesse Royale étant assise avait une vue complète de toute notre compagnie; tous les environs, sans distinction d'âge ni de sexe, accourant en foule pour voir le prince. Après que nous eûmes tous mangé abondamment et bu avec gaieté, Son Altesse Royale but le coup de grâce en anglais, langue que la plupart de nous comprenaient. Quand ce vint à mon tour, j'eus la présomption de me distinguer, en disant à haute voix en erse, c'est-à-dire dans la langue de nos montagnes, *Deoch slaint an-Reogh*. Son Altesse Royale, apprenant que j'avais bu à la santé du roi, me fit prononcer une seconde fois les mêmes mots en erse ; et disant qu'il pouvait boire aussi à la santé du roi en cette langue, il répéta mes paroles. La compagnie ayant parlé de mon habileté dans la langue des montagnes, Son Altesse Royale dit que je serais son maître pour la lui apprendre; et ainsi je fus chargé de porter les santés du prince et du duc. »

Le journal original de ce jeune montagnard, dont l'esprit était aussi simple et naïf qu'élevé, et qui semble avoir courtisé le danger comme une maîtresse, se trouve dans l'ouvrage intitulé *Lockhart Papers*, tom. II, p. 479.

CHAPITRE XVI.

Commencement des hostilités. — L'étendard du prince Charles est déployé. — Marche de sir John Cope dans les montagnes. — Intrigues de lord Lovat. — Préparatifs du prince pour combattre Cope, qui se détourne sur la route d'Inverness, laissant ouverte la route des basses-terres. — Marche du prince Charles vers les basses-terres. — Caractère de lord George Murray. — Arrivée à Perth de l'armée des montagnards. — NOTE. Lettre de lord Lovat à Cameron de Lochiel.

En attendant, et même avant le jour fixé par Charles-Edouard pour déployer son étendard, la guerre civile commença. Ce ne fut point par la prise du duc d'Argyle, ni par l'attaque des deux forts ; car on ne donna suite à aucun de ces deux projets. Mais les mouvemens hostiles des montagnards n'avaient pas échappé à l'attention du gouverneur du fort Auguste ; et, craignant pour la sûreté du fort William, qui était le plus près des clans malintentionnés, il y envoya un détachement de deux compagnies, sous le commandement du capitaine John Scott, depuis le général Scott. Il partit de bonne heure dans la matinée du 16 août dans le dessein d'arriver au fort William avant la nuit. Il suivait la route militaire qui passe le long de la chaîne de lacs, qui communiquent maintenant les uns aux autres par le moyen du canal Calédonien. Le capitaine Scott et ses soldats avaient passé les lacs, et ils étaient à huit milles du fort William, quand ils approchèrent d'un endroit appelé High-Bridge, où l'on passe la Spean sur un pont étroit et élevé, entouré de bois et de rochers. Là il fut alarmé en entendant le son d'une cornemuse, et en voyant paraître des montagnards armés. C'était un détachement de vassaux de Mac-Donald de Keppoc, commandé par son parent, Mac-Donald de Tiendreich. Ils n'étaient que douze à quinze ; mais comme ils se montraient sur différens points, il fut impossible au capitaine Scott de s'assurer de leur nombre. Il envoya en avant un sergent sur qui il pouvait compter, accompagné d'un soldat, pour savoir ce que signifiait cette opposition à sa marche ; mais ils furent sur-le-champ faits prisonniers par les montagnards.

Scott, qui était un homme d'un courage incontestable, désirait continuer à marcher et s'ouvrir un chemin les armes à la main. Mais ses officiers étaient d'un avis différent, attendu qu'ils avaient à forcer un passage difficile en face d'un ennemi dont ils ne connaissaient pas la force ; et les soldats, qui étaient des recrues, montraient quelques symptômes de frayeur. Dans ces circonstances, le capitaine Scott se décida à essayer de faire retraite par la même route qu'il avait suivie en avançant. Mais les coups de feu avaient jeté l'alarme dans le pays ; et les montagnards se rassemblant avec cette promptitude qui les caractérise, leur nombre croissait à chaque instant. Leur activité les mit en état de garnir les montagnes, les rochers, les taillis qui commandaient la route, et les soldats furent accablés par un feu meurtrier, auquel ils ne pouvaient répondre qu'en tirant au hasard, leurs ennemis leur étant invisibles. Cependant les rocs, les montagnes et les vallées retentissaient du bruit d'un feu irrégulier, des cris féroces des montagnards et du son de leurs cornemuses. Les soldats continuèrent à battre en retraite, ou, pour mieux dire, à courir jusqu'à ce qu'ils fussent arrivés à cinq ou six milles à l'est d'High-Bridge. En ce moment Keppoch se montra à la tête d'une vingtaine d'hommes assemblés à la hâte depuis le commencement de l'escarmouche. Quelques autres vassaux de Glengarry les avaient aussi joints, ce qui portait leur nombre à environ cinquante. Les montagnards tirèrent parti de leur avantage, et se montrèrent plus hardiment en front, en flanc et en arrière, tandis que les munitions des soldats étaient épuisées sans qu'ils eussent même blessé un seul de leurs ennemis. Ils furent complètement entourés, ou du moins ils crurent l'être. Complètement découragés, lorsque Keppoch se présenta devant eux, et leur ordonna de se rendre, à peine d'être taillés en pièces, ils mirent bas les armes sur-le-champ. Le capitaine Scott avait été blessé, ainsi que cinq ou six de ses soldats, et à peu près le même nombre avait été tué. Ce désastre, dont la cause semble pouvoir s'attribuer à ce que l'officier commandant négligea d'avoir une avant-garde, anima l'ardeur des montagnards, et plaça sous un jour flatteur leur mérite particulier comme infanterie légère. Les prisonniers furent traités avec humanité, et conduits chez Lochiel, dans sa maison d'Auchnacarrie, où l'on prit soin des blessés. Comme le gouverneur du fort Auguste ne voulut pas permettre qu'un chirurgien de ce fort allât soigner le capitaine Scott, Lochiel, avec sa générosité ordinaire, l'y renvoya sur sa parole, afin qu'il pût y recevoir les secours dont il avait besoin.

La guerre étant ainsi ouvertement commencée, Charles quitta la maison de Grenaladale, qui avait été sa dernière résidence, pour aller déployer son étendard au rendez-vous qui avait été donné à Glenfinnan. Il arriva de bonne heure le 19 août dans cette vallée sauvage et écartée, n'étant accompagné que de deux compagnies de Mac-Donalds, dont le chef, Clanranald, était absent, occupé à lever des soldats partout où il avait de l'influence. Deux heures se passèrent, et les collines des montagnes étaient aussi solitaires que jamais, tandis que Charles attendait dans l'incertitude de son destin. Enfin Lochiel arriva avec les Camerons (sept à huit cents hommes). Ils avancèrent en deux lignes; ayant entre elles les soldats des deux compagnies qui s'étaient rendues le 16, désarmés et marchant comme prisonniers. Keppoch se montra ensuite à la tête de trois cents hommes; et plusieurs chefs de moindre importance arrivèrent aussi, chacun d'eux amenant quelques soldats.

L'étendard fut alors déployé; il était porté par le marquis de Tullibardine, exilé, comme nous l'avons déjà dit, pour avoir pris part à la rébellion de 1715, et revenu en Écosse avec Charles, sur *la Doutelle*. Il était soutenu par un homme de chaque côté. On lut alors le manifeste du vieux chevalier, ainsi que le brevet de régent qu'il avait accordé à son fils: et le jeune aventurier fit une courte harangue pour faire valoir ses droits au trône, et dans laquelle il disait qu'il était venu pour le bonheur de son peuple, et qu'il avait choisi cette partie de son royaume pour commencer son entreprise, parce qu'il savait qu'il y trouverait une population de braves gentilshommes, pleins de zèle, comme leurs nobles ancêtres, pour leur propre honneur et pour les droits de leur souverain, et aussi disposés à vivre et à mourir avec lui qu'il l'était lui-même à verser à leur tête jusqu'à la dernière goutte de son sang.

Un des chefs du clan de Mac-Leod parut à ce rendez-vous, renonça en cette occasion à toute dépendance de son chef, que dans le fait il ne reconnaissait pas en cette qualité, et promit de joindre l'armée avec ses propres vassaux. Lochiel et quelques autres chefs saisirent ce moment pour écrire à Mac-Leod et à sir Alexandre Mac-Donald, afin de les engager à venir les joindre, ajoutant même que leur honneur l'exigeait. Cette lettre offensa grièvement ces deux chefs, et surtout sir Alexandre qui allégua l'insinuation qu'elle contenait comme un motif du parti qu'il prit ensuite dans cette affaire.

On apprit bientôt que les troupes du gouvernement étaient en mouvement pour réprimer l'insurrection.

Le prince avait résolu d'éviter la grande faute que Mar avait commise en 1715, et de tirer tout le parti possible de l'ardeur et de l'activité des troupes qu'il commandait ; et ce fut avec plaisir qu'il apprit l'approche de l'ennemi. Il resta quelques jours chez Lochiel, à Auchnacarrie, et voyant la répugnance que montraient les montagnards à se charger de bagages, l'impossibilité de trouver des chevaux, et l'état détestable des routes, il laissa derrière lui quelques petits canons et une grande quantité d'instrumens de pionniers, comme ne pouvant servir qu'à encombrer la marche. Pendant ce temps, il fut joint par les clans ci-après : Mac-Donald de Glencoe lui amena cent cinquante hommes ; les Stuarts d'Appin, sous Ardshiel, en composaient deux cent cinquante ; Keppoch vint avec trois cents Mac-Donalds [1] ; Glengarry le jeune joignit l'ar-

(1) Keppoch, dit-on, aurait mis plus de monde en campagne, mais il existait une querelle entre lui et son clan, — circonstance rare en elle-même, et encore plus extraordinaire parce que la religion en était la cause. — Keppoch était protestant, son clan était catholique : cette différence n'aurait pas mis la discorde entre eux, si Keppoch eût voulu permettre au prêtre d'accompagner ses ouailles dans leur marche ; mais le chef ne le voulut point, les membres du clan s'en offensèrent, et ils le suivirent en moindre nombre qu'ils ne l'auraient fait, car il était généralement aimé, et il méritait de l'être. (*Note de l'auteur.*)

mée, pendant sa marche vers l'est, avec environ trois cents hommes. — Le tout formant une réunion d'environ deux mille hommes.

On rédigea à Auchnacarrie un acte d'association qui fut signé par tous les chefs qui s'y trouvaient, par lequel ils s'obligeaient à ne jamais abandonner le prince tant qu'il resterait dans le royaume, et à ne quitter les armes ou faire la paix avec le gouvernement que de son exprès consentement.

Tandis que l'insurrection prenait ainsi de la force et de l'importance, ceux qui occupaient les emplois publics à Édimbourg en apprirent l'existence : et quelque téméraire que fût cette entreprise de la part du jeune aventurier, elle était cependant très dangereuse à cause du moment où elle éclatait. George II était dans ses états d'Hanovre, et le gouvernement était confié à un conseil de régence, qu'on appelait les lords Juges, et dont les délibérations ne semblent avoir annoncé ni prudence, ni vigueur.

Dès le commencement de l'été, ils avaient reçu avis que le jeune chevalier avait dessein de partir de Nantes sur un seul bâtiment, et depuis peu ils avaient entendu dire qu'il était effectivement arrivé dans les montagnes. Cette nouvelle fut envoyée par le marquis de Tweddale au commandant en chef; à lord Milton, juge écossais, que l'on consultait beaucoup dans les affaires d'Etat ; au lord avocat, au président de la cour de session, et au lord juge-clerc [1]. Ces principaux officiers ou conseillers du gouvernement formaient une sorte de conseil pour l'administration des affaires d'Etat.

Le bruit du débarquement de Charles arriva enfin à Edimbourg avec de telles marques d'authenticité qu'on ne pouvait plus révoquer ce fait en doute. L'alarme fut très considérable ; car la majeure partie des troupes ré-

---

[1] Le lord juge-clerc est une espèce de vice-président qui exerce de fait la présidence. — Éd.

gulières de la Grande-Bretagne étaient occupées sur le continent. Il n'y avait pas dans toute l'Écosse trois mille soldats, sans y compter les garnisons. Sur trois bataillons et demi d'infanterie, il n'y en avait qu'un qui fût un ancien corps, le reste se composait de nouvelles levées. Deux régimens de dragons, ceux d'Hamilton et de Gardiner, étaient les derniers sur la liste d'ancienneté. Il y avait des compagnies indépendantes levées pour mettre au complet les régimens qui étaient en Flandre, et plusieurs compagnies d'un régiment montagnard commandé par lord Loudon; mais les soldats en étant montagnards, on ne pouvait guère se fier à eux dans la circonstance présente. Deux des compagnies nouvellement levées avaient été faites prisonnières à High-Bridge. Cependant sir John Cope, commandant en chef, jugea cette force suffisante pour l'occasion, et il résolut de marcher vers le nord, à la tête des troupes qu'il pourrait rassembler à la hâte, de chercher l'aventurier, de lui livrer bataille, et de mettre fin à la rébellion. Les lords juges approuvèrent cette résolution comme digne d'un bon militaire, et ordonnèrent au général de mettre son plan à exécution.

Sir John se mit donc en campagne le 19 août, et marcha vers Stirling, où il laissa les deux régimens de dragons, qui ne lui auraient pas été d'une grande utilité dans les montagnes, où d'ailleurs il aurait été difficile de leur trouver des fourrages. Son infanterie consistait en quatorze à quinze cents hommes, avec un train d'artillerie et plus de bagages qu'il n'en avait besoin. Il emportait avec lui un millier de mousquets pour armer les clans fidèles qui se joindraient à lui, à ce qu'il espérait. Aucun ne s'étant montré, il renvoya sept cents fusils de Crieff à Stirling. Il dirigea sa marche vers le fort Auguste, d'où, comme d'un point central, il comptait agir contre les insurgens, en quelque lieu qu'il pût les trouver. Comme cette route était celle que suivait l'armée rebelle en s'avançant vers les basses-terres, sir John Cope ne fut pas plus tôt arrivé à Dalnacardoch, qu'il apprit, de manière à n'en pouvoir douter, que les montagnards s'approchaient dans le dessein de le rencontrer au défilé de Corryarrack et de lui livrer bataille. Je vous dirai tout à l'heure de quelle manière cette nouvelle influa sur les mouvemens du général anglais ; mais il faut d'abord que j'en revienne aux opérations du jeune chevalier.

Entre autres pesonnages d'importance avec lesquels le prince avait été en correspondance depuis son débarquement, était le fameux lord Lovat, qui, très mécontent du gouvernement, qui l'avait privé de sa compagnie indépendante, avait depuis long-temps professé la résolution de se dévouer de nouveau à la maison de Stuart, et qui avait même été un des sept chefs signataires de l'invitation faite au chevalier en 1740. Cependant, comme personne ne supposait à Lovat plus d'attachement pour un roi ou pour un parti politique, que son propre intérêt ne l'exigeait ; et que le chevalier était arrivé sans l'argent, les troupes et les armes qui avaient été stipulées dans cette offre de service, il y avait tout lieu de croire que ce vieux chef astucieux tournerait le dos à l'aventurier, et lui refuserait son appui. Il arriva pourtant que Lovat avait attaché une grande importance à l'idée de devenir duc de Fraser et lord lieutenant du comté d'Inverness ; et le désir d'obtenir ces titres, quoiqu'ils n'eussent qu'une valeur idéale, le porta, malgré la sagacité naturelle de son égoïsme, à chercher à s'en assurer, à l'instant même où il réfléchissait aux moyens de se dispenser de rendre les services dont ces honneurs devaient être la récompense.

Tandis que le chevalier était à Invergarry, Fraser de Gortuleg, confident particulier de Lovat, se rendit près du prince, comme envoyé par son chef, et lui fit une humble demande des lettres-patentes du duché et de la lieutenance que le roi Jacques VIII lui avait promises. Cet émissaire apportait en même temps une protestation spécieuse, mais évasive, du respect de Lovat pour la maison de Stuart, et de son profond regret que son âge, ses infirmités, et d'autres obstacles l'empêchassent de mettre son clan sous les armes à l'instant même.

On voyait aisément qu'un tel message prouvait le désir de saisir l'appât sans avaler en même temps, s'il était possible, l'hameçon qu'il couvrait; mais Lovat était alors un homme de grande importance. Indépendamment de son propre clan, qu'il maintenait sur le pied militaire, dans le meilleur ordre, il avait aussi une grande influence sur son gendre, le laird de Cluny, chef des Mac-Phersons, sur les Mac-Intosh, les Farquharsons, et autres clans des environs d'Inverness, qui paraissaient devoir suivre son exemple, en se soulevant, ou en restant chez eux. Sir Alexandre Mac-Donald de Sleat et le laird de Mac-Leod étaient aussi dans l'habitude de prendre son avis et de suivre son exemple. Ce n'était donc pas un homme à désobliger ; et comme les lettres-patentes, signées par Jacques lui-même, avaient été laissées en arrière avec les gros bagages, le chevalier en fit faire d'autres, de la même teneur, qu'il remit à Gortuleg pour la satisfaction de Lovat.

Le vieillard astucieux lui fit faire, par l'organe du même messager, une autre demande qui sentait un peu le sang. Je vous ai dit que Duncan Forbes, alors président de la cour de session, avait été ami très intime de Lovat. C'était à son aide que celui-ci devait sa prise de possession des domaines de ses ancêtres en 1715. Ils avaient continué depuis ce temps à vivre dans la meilleure intelligence, lord Lovat, fidèle à son caractère, employant toutes les expressions de dévouement et de flatterie qui pouvaient servir à lui assurer la bonne opinion du président ; mais comme Duncan Forbes était un homme qui connaissait parfaitement le monde, il remarqua promptement le mécontentement croissant de Lovat contre le gouvernement établi ; et étant, par suite de ses fonctions publiques comme de ses opinions privées, ami déclaré de la dynastie régnante, il pénétra facilement les desseins de Lovat, et travailla à les faire échouer. Leur correspondance, quoique pleine de professions d'amitié et d'adulation de la part de Lovat, prit de part et d'autre un ton de soupçon et d'alarme, et celui-ci commença à se fatiguer des remontrances fréquentes du président, aussi actif que vigilant. Gortuleg mit donc en avant l'inquiétude extrême que causait à Lovat le pouvoir qu'avait Duncan Forbes de nuire à la cause de la maison de Stuart, et demanda au prince un ordre qui l'autorisât à arrêter son ami, mort ou vif. Le prince refusa de l'accorder dans les termes qu'on le lui demandait, mais il signa un ordre pour arrêter le président, et le retenir sous bonne garde comme prisonnier. Fraser de Gortuleg retourna avec ces pièces.

Pendant ce temps la conduite de Lovat offrait des marques étranges d'indécision. Il avait appris du lord président que sir Alexandre Mac-Donald et Mac-Leod avaient refusé de joindre le chevalier, résolution à laquelle les avis prudens de Forbes avaient dans le fait grandement contribué, et il exprima sa détermination de rester fidèle au gouvernement établi.

Tandis que ces intrigues se passaient, le chevalier reçut des nouvelles sûres des mouvemens de sir John Cope, par le moyen de déserteurs qui abandonnaient fréquemment les compagnies de lord Loudon, composées principalement de montagnards, ces hommes étant fortement tentés de joindre les rangs du chevalier, dans lesquels servaient leurs parens et leurs chefs.

La perspective d'une bataille animait tellement le prince, qu'il convoqua tous ses clans, auxquels venait se joindre celui des Grants de Glenmorriston du nombre de cent hommes, fit brûler et détruire tout ce qui pouvait retarder sa marche, et sacrifia même ses propres bagages, afin que ses soldats n'eussent pas à se plaindre d'être obligés d'en faire autant. Par une marche forcée, il réunit ses troupes à Invergarry, où il leur donna quelques heures de repos afin qu'elles fussent mieux préparées aux fatigues d'une action qu'il jugeait prochaine.

Le matin du 26 août, le chevalier marcha vers Aberchallader, à trois milles du fort Auguste, et il fit halte dans le soirée. Au lever de l'aurore, il se remit en marche, pour disputer à sir Jonh Cope, dont tous les rapports annonçaient l'approche, le passage difficile de Corryarrack. On gravit cette montagne par une partie de la route militaire du maréchal Wade, laquelle forme une longue suite de zig-zags et de coudes qui conduisent lentement et graduellement au sommet escarpé du côté du sud, par où l'on supposait que le général Cope s'avançait. Les détours si nombreux sur la côte de cette montagne, dont les autres parties sont absolument impraticables, portent le nom bien caractéristique d'Escalier du Diable. La côte de cette montagne, à l'exception des en droits où elle est coupée par cette route étrange, est presque inaccessible, et le chemin tournant est lui-même coupé par des ravins et des torrens descendant de la montagne, et qu'on passe sur des ponts qui pourraient être détruits en très peu de temps. Enfin la route étant bordée de rochers et de buissons offre des points nombreux où pourraient se placer en sûreté des tirailleurs et des voltigeurs. Le chevalier se hâta de monter du côté du nord, et de s'emparer du haut de la montagne, qui peut servir de forteresse naturelle, chaque coude du chemin qui la traverse étant comme une tranchée; il montra autant de gaieté que de courage, et tandis qu'il mettait une paire de *brogues* neuves, il s'écria en riant : « Avant que je quitte ces *brogues*, je combattrai le général Cope. » Il s'attendait à rencontrer le général anglais vers une heure.

Mac-Donald de Lochgarry et le secrétaire Murray reçurent ordre de monter tout au plus haut de la montagne, du côté du nord, pour reconnaître la position de l'ennemi qu'on supposait si près. Mais à leur grande surprise, quand ils furent sur le sommet, au lieu de voir le chemin escarpé couvert des files nombreuses de l'armée de Cope occupées à le gravir, tout était solitude et silence. Pas un homme ne paraissait sur les détours nombreux de la route. Enfin ils y aperçurent quelques individus portant le costume du pays, et ils les prirent d'abord pour des montagnards de lord Loudon, qu'il était naturel de croire placés à l'avant-garde de l'armée anglaise, comme connaissant les routes du pays. Mais quand ils furent plus près, on découvrit que c'étaient des déserteurs de l'armée de Cope; et ils apportaient la nouvelle que ce général avait entièrement changé de direction, et qu'évitant le combat auquel on s'attendait, il était en pleine marche vers Inverness.

La vérité était que lorsque le général Cope se trouva à une journée de marche du chevalier et de sa petite armée, son projet de le chercher et de le combattre lui parut sujet à des objections qui ne s'étaient pas présentées à lui quand il en était séparé par une plus grande distance. Il n'aurait pourtant pas fallu être doué d'une prévoyance bien extraordinaire pour supposer que les montagnards, frappés du caractère romanesque de l'expédition du chevalier, se rallieraient en grand nombre autour de leur prince; ou pour conjecturer que, dans un pays couvert de montagnes, une armée composée de troupes irrégulières, prendrait son poste dans un défilé. Mais le général Cope ne s'était pas imaginé que les montagnards se rassembleraient avec tant de célérité, ni que l'Escalier du Diable, ou Corryarrack, fût si formidable. Ce général malencontreux, dont le nom devint un objet de risée en Écosse, n'était nullement un poltron, comme on l'a supposé; mais c'était un de ces hommes d'un talent secondaire, qui craignent pour leur responsabilité, et qui forment leurs plans de campagne en songeant à conserver leur réputation plutôt qu'à s'assurer le succès de l'entreprise. Il exposa ses embarras à un conseil de guerre, ressource ordinaire des généraux qui se trouvent incapables de décider par leur propre jugement quelque point difficile. Il avait reçu des informations exactes sur le nombre et la disposition de l'armée ennemie, du capitaine Sweetenham, officier anglais que les insurgés avaient fait prisonnier, tandis qu'il allait prendre le commandement de trois compagnies qui étaient au fort William; et comme il était présent lorsqu'on déploya l'étendard du prince, il fit la description des acclamations générales qui furent poussées, et de l'immense quantité de toques qu'on jeta en l'air en cette occasion. Le prisonnier avait été traité avec beaucoup de politesse, et remis en liberté pour qu'il portât au général Cope l'avis que les rebelles avaient dessein de lui livrer bataille. Sir John Cope informa le conseil de cette nouvelle. Il exposa le nombre inattendu des montagnards insurgés, la force de leur position, le désappointement qu'il avait éprouvé en ne recevant aucun renfort des habitans bien intentionnés du pays, malgré son attente, et il demanda l'avis de ses officiers.

Il était trop tard, à moins que le général anglais n'eût été à la tête d'une force assez supérieure pour écraser la rébellion d'un seul coup; il était trop tard pour marcher dans les montagnes, comme pour former un camp à Stirling et empêcher le chevalier de passer le Forth, tandis qu'on aurait envoyé des troupes par mer pour faire lever les clans du nord, bien disposés pour le gouvernement. Le général Cope avait proposé de marcher vers le nord; le gouvernement avait donné sa sanction à ce plan, et il avait été exécuté. Cependant Cope ne paraît pas avoir été dans la nécessité d'abandonner son projet aussi lâchement que semblait l'indiquer sa marche, ou, pour mieux dire, sa fuite vers Inverness, qui découragea tellement ses troupes, et qui inspira aux insurgens tant d'ardeur et d'enthousiasme. Il est certain qu'aucun général ayant du bon sens n'aurait attaqué le défilé de Corryarrack; mais si Cope avait voulu camper dans la plaine, à environ deux milles au sud de Dalwhinnie, il n'aurait pu être forcé à combattre que quand il l'aurait voulu, aurait eu l'avantage de son artillerie et d'une discipline supérieure, et Charles aurait dû ou livrer bataille avec désavantage, ou souffrir considérablement, faute d'argent et de provisions. Sir John, pendant ce temps, se serait procuré des approvisionnemens dans le comté d'Athole, et en aurait imposé à ce district mal disposé, dont les habitans, délivrés de sa présence par sa marche sur Inverness, se joignirent aussitôt aux rebelles. La supériorité de l'armée montagnarde, quant au nombre, n'était pas considérable, et nullement au-dessus de ce qui avait toujours paru pouvoir être compensé par la discipline des troupes régulières, quoiqu'il y ait lieu de croire qu'elle ait été grandement exagérée au général anglais. Aucun de ces raisonnemens ne paraît avoir influé sur la détermination du conseil de guerre. Son avis fut que les troupes devaient marcher sur Inverness, au lieu de faire halte ou de se retirer à Stirling, quoique ce mouvement entraînât le risque certain d'ouvrir l'entrée des basses-terres aux insurgés.

L'opinion de sir John Cope se trouvant ainsi sanctionnée par l'avis du conseil de guerre, il avança encore un mille ou deux dans la matinée du 27 août, jusqu'au point où la route d'Inverness se sépare de celle qui conduit au fort Auguste. Alors il changea tout-à-coup sa ligne de marche, et se dirigea vers Inverness.

On ne saurait décrire les transports auxquels se livrèrent les montagnards en apprenant la retraite de Cope. Mais leur joie était mêlée de désappointement, comme celui des chasseurs à qui leur proie a échappé. Un cri général demanda qu'on poursuivît sur-le-champ le commandant anglais qui se retirait, et qu'on le forçât à combattre. A la vérité Cope avait quelques heures d'avance, mais il fut proposé, dans un conseil tenu par les chefs, d'envoyer à travers le pays cinq cents hommes d'élite, qui faisant une marche forcée, se jetteraient entre Inverness et les troupes de ce général, et qui le tiendraient en échec jusqu'à ce que le reste de l'armée insurgente arrivât en arrière. Les avantages qu'on devait gagner en entrant sans opposition dans les basses-terres, parurent pourtant plus importans que ceux qu'on pouvait obtenir en poursuivant sir John Cope, et même en remportant sur lui une victoire ; et en conséquence on renonça à ce dernier projet.

Les montagnards firent une tentative pour surprendre ou brûler les casernes de Ruthven ; mais la petite garnison qui s'y trouvait se défendit avec bravoure, et cette entreprise échoua. Ils dirigèrent alors leur marche vers le sud, du côté de Garviemore.

Pendant ce temps, les intrigues du lord Lovat continuaient à agiter le nord, tandis que le lord-président Forbes, en sollicitant des armes du gouvernement, en distribuant des commissions pour des compagnies indépendantes, dont vingt avaient été mises à sa disposition, et en fournissant des sommes d'argent tirées de sa propre bourse, cherchait à animer les clans qui restaient attachés au gouvernement, et à affermir dans leur fidélité ceux qui étaient chancelans.

Le vieux chef du clan Fraser, en secondant en apparence toutes les mesures du président, les contrariait dans le fait autant qu'il le pouvait, et s'efforçait, sinon de faire pencher la balance en faveur du jeune aventurier, du moins de maintenir les deux partis dans un tel état d'égalité, qu'il pût se trouver lui-même en état d'assurer la prépondérance de celui des deux avec lequel il verrait qu'il avait le plus à gagner. Cependant il craignait le jugement pénétrant, la fidélité et le caractère intègre du président, et il le regardait avec un singulier mélange de crainte et de haine intérieure, et d'une affectation extérieure de respect et d'affection. Une lettre jésuitique de Lovat à Lochiel, dans laquelle le premier allègue sa crainte du président, qu'il représente comme jouant avec lui *au chat et à la souris*, est peut-être le tableau le plus étrange qu'on puisse offrir de l'esprit de cet homme extraordinaire [1].

La conduite qu'adopterait Mac-Pherson de Cluny, dont le clan, aussi nombreux que vaillant, est principalement situé dans le district de Badenoch, était alors un objet de grande importance. Ce chef était un homme d'un caractère hardi et intrépide, qui avait montré plus de respect pour les propriétés et plus d'attention à prévenir les déprédations qu'aucun autre chef montagnard, Lochiel excepté peut-être. Il conclut des traités avec le duc de Gordon et plusieurs des principaux propriétaires des cantons exposés aux incursions des montagnards Caterans, par lesquels il s'obligeait, moyennant le paiement annuel d'une somme modique, ce qu'on appelait *black-mail* [2], à les garantir de tout vol. C'était une sorte d'engagement que prenaient souvent des gens comme Rob-Roy, qui faisait le métier de maraudeur, et qui était habitué à voler au moins autant de bestiaux qu'il en faisait restituer. Mais Cluny Mac-Pherson suivait franchement le système honorable énoncé par la lettre de ses contrats, et il faisait arrêter les malfaiteurs qui commettaient des déprédations et les livrait à la justice. Il détruisit ainsi la plus grande partie des bandes nombreuses de brigands qui infestaient les comtés d'Inverness et d'Aberdeen. Cela était si vrai, qu'un jour qu'un ecclésiastique commençait à prêcher sur la nature odieuse du vol, un vieux montagnard qui se trouvait dans l'auditoire s'écria qu'il pouvait se dispenser de parler de ce sujet, attendu que Cluny, avec son sabre, avait fait pour l'empêcher plus que ne pourraient faire tous les prêtres des montagnes par leurs sermons.

Ce chef avait été nommé capitaine d'une compagnie indépendante, et par conséquent il restait en apparence attaché au gouvernement; mais, dans le fait, il ne cher-

(1) Voyez la note à la fin de ce chapitre.
(2) Tribut du pillard.

chait qu'une occasion de rentrer sous l'autorité de Jacques VIII, qu'il regardait comme son souverain légitime. Par complaisance pour la politique mystérieuse de son beau-père Lovat, Cluny se rendit près de sir John Cope, le 27 août, et reçut de ce général l'ordre de mettre son clan sous les armes. Mais le lendemain matin, le chef des Mac-Phersons fut fait prisonnier dans sa propre maison, et conduit au camp des rebelles. Y fut-il reçu comme captif ou comme ami secret, c'est ce que nous n'avons pas à présent le moyen de savoir. Il fut emmené à Perth avec l'armée montagnarde, par contrainte, à ce qu'il paraissait.

Le 28 août, le prince bivouaqua à Dalwhinnie : ses principaux officiers et lui couchèrent sur la terre, sans autre abri que leur plaid. Le 29, il arriva à Dalnacardoch, la retraite de l'armée anglaise lui permettant ainsi de s'emparer des défilés des montagnes entre Badenoch et Athole, et de descendre dans ce dernier pays. Le 30, Charles était à Blair, château situé dans le comté d'Athole, et appartenant au duc du même nom, dont toute la famille, ainsi que lord Tullibardine, frère aîné du duc, et son oncle lord Nairne, était disposée en sa faveur, quoique le duc d'Athole favorisât le gouvernement. Les familles et les clans des Stuarts d'Athole, des Robertsons, et autres de moindre importance, étaient tous disposés à soutenir les insurgens, n'ayant jamais oublié la renommée qu'avaient obtenue leurs ancêtres pour une cause semblable, pendant les guerres de Montrose. Le nom et l'autorité du marquis de Tullibardine étaient également propres à appeler aux armes des guerriers qui y étaient si disposés. Il était, comme nous l'avons dit, frère aîné du duc qui portait ce titre, et avait été proscrit pour la part qu'il avait prise à la rébellion de 1715, ce qui était un mérite aux yeux de la plupart des vassaux de sa famille.

Le prince resta deux jours à Blair, où il fut joint par le vicomte Strathallan et son fils, par M. Oliphant de

Gask et son fils, et par l'honorable M. Murray, frère du comte de Dunmore. Ce fut aussi en ce lieu que John Roy Stewart, excellent officier partisan, rejoignit le prince, au service duquel il s'était dévoué. Il arrivait du continent, et il apportait des lettres de plusieurs personnes de distinction des pays étrangers. Elles contenaient des souhaits de prospérité et de grandes et belles promesses de services, fruits dont aucun n'arriva jamais en maturité.

Le 3 septembre, dans la soirée, l'armée montagnarde entra dans Perth, où elle fut jointe par deux hommes de la première importance : le duc de Perth, avec deux cents hommes qu'il avait rassemblés pendant qu'il était caché par suite du mandat d'arrêt décerné contre lui, et le célèbre lord George Murray, cinquième frère du marquis de Tullibardine, déjà nommé. Ces deux seigneurs furent promus au grade de lieutenans-généraux au service du prince.

Ce fut à cette époque et en cette occasion qu'une sorte de jalousie éclata entre ces deux grands hommes, et elle eut des effets funestes sur les affaires futures de Charles-Édouard.

Nous avons déjà peint le caractère du duc de Perth, comme on l'appelait. Il était poli au plus haut degré, agréable, aimable, particulièrement fait pour plaire à un homme élevé en pays étranger, comme le prince, et il n'était pas probable qu'il courrait le risque de le mécontenter, en lui faisant des remontrances avec franchise, ou en le contrariant brusquement. Toutes ses habitudes et toutes ses opinions s'étaient formées en France, où il avait passé les vingt premières années de sa vie. On reconnaissait même quelque chose d'étranger dans la manière dont il parlait anglais, ce qu'il cachait sous un accent écossais fortement prononcé. C'était un homme d'un courage reconnu, mais qui ne brillait point par les talens militaires.

Lord George Murray, de même que son frère, le marquis de Tullibardine, avait pris part à la rébellion de 1715, et il avait même été présent à la bataille de Glenshiel en 1719. Il avait ensuite servi quelque temps dans l'armée de Sardaigne, qui alors n'était pas une mauvaise école de l'art militaire. Il avait obtenu son pardon de la famille régnante par le crédit de son frère, le duc d'Athole actuel. On dit même qu'il avait sollicité une commission dans l'armée anglaise, mais qu'elle lui fut refusée. En 1745, il reprit ses premiers sentimens, et rejoignit le prince Charles-Édouard. Lord George Murray était, sous bien des rapports, une importante acquisition pour ce parti. Il était grand, robuste, endurci à la fatigue, et il avait cette connaissance d'instinct de l'art de la guerre qu'aucun cours de tactique ne peut donner. N'ayant point eu une éducation militaire, il n'était point asservi aux règles formelles de la guerre; et en conduisant une armée de montagnards qui ne connaissaient la discipline que par une sorte de tact qui leur semblait naturel, il savait peut-être beaucoup mieux comment les employer avec confiance, que n'aurait osé le tenter un tacticien accoutumé à des troupes régulières. Les chefs ne faisaient que conduire leurs soldats à l'attaque sur le champ de bataille, et les officiers français et irlandais avaient été si indifféremment choisis, que leurs connaissances militaires n'excédaient guère ce qu'il en fallait pour relever une garde. Lord George Murray avait une grande supériorité sur de tels hommes. Il n'était pourtant pas sans défauts, et on les trouvait principalement dans son caractère et dans ses manières. Il était fier de ses talens supérieurs, ne pouvait souffrir la contradiction, et se montrait brusque et hautain en exprimant ses opinions.

Il arrivait aussi assez souvent que le prince lui-même, et son gouverneur sir Thomas Sheridan, ne connaissant nullement ni l'un ni l'autre la constitution anglaise, ni la manière de penser des habitans de ce pays, laissaient échapper des idées de pouvoir arbitraire, aussi impolitiques que déplaisantes. En réfutant et en contredisant ces opinions, lord George Murray rendait un service très important à son maître, mais fréquemment il s'acquittait de cette tâche nécessaire d'une manière dure et présomptueuse; et avec les meilleures intentions, il offensait le prince, qui y était d'autant plus sensible, que sa situation l'obligeait à ne laisser paraître aucune marque extérieure de son mécontentement.

D'après cette disposition particulière du caractère de lord George Murray, il se forma bientôt dans les conseils du prince un parti qui lui mit en opposition le duc de Perth, quoique le naturel doux, honorable et franc du duc mitigeât l'animosité de cette faction intérieure. John Murray, le secrétaire d'état, qui, ayant été de bonne heure l'agent du parti du prince Charles, avait une grande part de la confiance de son maître, fut soupçonné principalement d'avoir désiré mettre les prétentions du duc de Perth en opposition à celles de lord George Murray, parce qu'il regardait le premier comme un homme sur lequel son caractère actif et ambitieux pourrait conserver une influence, qu'il ne pouvait espérer d'obtenir sur l'esprit hautain et présomptueux du second. On soupçonne surtout M. Murray d'avoir insisté sur ce que lord George avait prêté serment au gouvernement, et avait été disposé à servir la maison d'Hanovre. Ces insinuations inspirèrent au prince contre le général le plus en état de diriger les mouvemens de son armée, une ombre de méfiance qui ne se dissipa jamais entièrement, même quand il sentait le mieux la valeur des services de lord Murray. La haute idée que Charles avait conçue du dévouement que tous ses sujets devaient à ses droits, le faisait douter de la fidélité d'un partisan qui n'avait pas toujours été pur royaliste, ou qui avait montré quelque disposition, quoique passagère, à faire sa paix par un compromis avec la famille régnante. La désunion résultant de ces intrigues existait même à Perth dès le commencement de cette entreprise, et elle dura jusqu'à sa fin, en jetant le trouble et l'embarras dans les conseils des insurgens.

D'une autre part, le chevalier, en arrivant à Perth, commença à s'apercevoir qu'il manquait d'argent, denrée qui a été appelée avec raison le nerf de la guerre. Quand il fut entré dans cette ville, il fit voir à un de ses confidens qu'une seule guinée était tout ce qui restait dans sa bourse des quatre cents livres sterling qu'il avait apportées à bord de la Doutelle. Mais Dundee, Montrose, et toutes les villes des basses-terres au nord du Tay jusqu'à Inverness, étaient alors en son pouvoir, et il y fit lever les revenus publics au nom de son père. Ceux de ses adhérens que leur âge ou leurs craintes empêchaient de joindre son étendard, lui envoyèrent des contributions en argent, proportionnées à leurs moyens, et ces diverses ressources remplirent passablement sa caisse militaire. Des détachemens furent envoyés à cet effet à Dundee, à Aberbrothwick, à Montrose, et dans d'autres villes. Ils y proclamèrent roi Jacques VIII, mais ne commirent guère d'autre acte de violence, que d'ouvrir les prisons. Il est remarquable que, même de mon temps, un chef de haut rang eut à payer une somme très forte, parce que ses ancêtres avaient mis en liberté un prisonnier détenu pour une dette considérable.

Il n'était pas moins nécessaire de former en brigades les hommes réunis sous les étendards du jeune aventurier. Cette opération ne fut pas difficile, car les montagnards étaient familiers avec un genre de manœuvres qui convenait parfaitement à leur tactique irrégulière. Ils marchaient sur une colonne de trois de front, et savaient, avec promptitude et régularité, se former en ligne, ou plutôt en colonnes successives de clans, car c'était ainsi qu'ils avaient coutume de charger. Ils étaient aussi habitués à porter leurs armes avec aisance, à les manier avec célérité, à faire feu en ajustant avec adresse, et à charger avec vigueur, se fiant à leurs armes nationales, la claymore et le petit bouclier, dont étaient armés tous ceux qui formaient le premier rang de chaque clan, et qui étaient en général des gentilshommes. Ils étaient donc aussi bien préparés pour le jour du combat qu'on pouvait l'attendre d'eux, et comme on n'avait pas le temps de leur apprendre des manœuvres plus compliquées, lord George conseilla judicieusement au prince de se fier à celles qui semblaient leur être naturelles. Cependant on les instruisit et on les disciplina aussi bien qu'un court intervalle de temps le permit.

Pour réparer le vide de ses finances, disposer son plan de campagne et discipliner son armée, Charles-Edouard ne prit que du 4 au 11 septembre, car il avait déjà formé la résolution audacieuse de donner de l'éclat à ses armes en s'emparant de la capitale de l'Ecosse, et il désirait y arriver avant que sir John Cope pût revenir du nord avec ses forces pour la défendre.

NOTE.

LETTRE DE LORD LOVAT AU LAIRD DE LOCHIEL.

(Cette lettre exprime et développe si bien le caractère de l'écrivain, qu'on pourrait soupçonner que c'est une imitation des sentimens que Lovat pouvait éprouver en cette occasion, plutôt qu'un document véritable. J'ai pourtant vu l'original, je l'ai comparé avec l'écriture authentique de Lovat, et toute la différence qu'on y voit, c'est que les caractères en sont plus serrés et plus tremblés, ce qui était naturel à son âge avancé.)

Septembre 1745.

« Mon cher Lochiel,

» Je crains que vous n'ayez fait une imprudence en prenant les armes avant que la poire fût mûre. Vous êtes dans une position dangereuse ; Cope, général de l'électeur, est sur vos talons avec trois mille hommes, des hommes tels qu'on n'en a pas vu ici depuis l'affaire de Dundee ; — et nous n'avons pas de forces à lui opposer. Si les Mac-Phersons voulaient se mettre en campagne, j'amènerais mes gens pour aider à la besogne, et entre nous deux nous pourrions forcer Cope à faire ici ses fêtes de Noël ; mais il n'y a que Cluny qui ait du zèle pour la cause, et le lord Avocat joue avec moi au chat et à la souris. Mais les temps peuvent changer, et je puis lui faire porter une cravate de saint Johnstoun. En attendant prenez garde à vous, car vous devez vous attendre à trouver dans le sud plus d'une figure renfrognée, et plus d'une arme bien affilée. Je vous aiderai en tout ce que je pourrai ; mais mes prières sont tout ce que je puis vous offrir en ce moment. Mes respects au prince ; je voudrais qu'il ne fût pas arrivé ici les mains vides ; l'argent irait loin dans les montagnes. Je vous envoie cette lettre par Ewan Fraser, que j'ai chargé de la remettre à vous-même, car si Duncan la trouvait, ma tête ne vaudrait pas un ognon.

« Adieu,
» Votre fidèle ami,
» LOVAT. »

Pour le laird de LOCHIEL
Ceci.

CHAPITRE XVII.

Préparatifs pour défendre Édimbourg contre le prince Charles, qui part de Perth. — Confusion occasionée par son approche d'Édimbourg. — Pusillanimité des volontaires. — Fuite de deux régimens de dragons qui couvraient la ville. — Consternation des citoyens. — Négociations entre les magistrats et le prince. — Prise de la ville par un détachement sous les ordres de Lochiel. Le prince Charles prend possession du palais d'Holyrood. — Aspect de son armée. — Il est joint par les Jacobites du Lothian.

ÉDIMBOURG avait été long-temps une capitale paisible, peu accoutumée au tumulte des armes, et, comme beaucoup d'autres villes d'Écosse, considérablement divisée par des factions. Le bruit de ce qui se passait dans les montagnes y avait retenti comme celui du tonnerre dans l'éloignement pendant un jour serein ; car personne ne semblait disposé à regarder le danger comme approchant sérieusement. La nouvelle inattendue que le général Cope était en marche contre Inverness, et laissait la capitale abandonnée en grande partie à ses propres ressources, fit une impression toute différente et beaucoup plus vive, qui influa de diverses manières sur les habitans, suivant leurs opinions politiques. Les Jacobites, dont le nombre était considérable, cachaient leur espoir croissant sous l'ombre du ridicule et de l'ironie, et cherchaient ainsi à déranger tous les plans qu'on formait pour la défense de la ville. La vérité était que, sous un point de vue militaire, il n'existait aucune ville, à moins qu'elle ne fût absolument sans défense, qui ne fût mieux protégée qu'Édimbourg. Les vastes places et les grandes rues de la nouvelle ville n'existaient point alors, ni même long-temps après, la ville étant resserrée dans les limites qu'elle avait dans le quatorzième ou le quinzième siècle. Elle n'était pas sans défenses, mais ces défenses étaient d'un genre singulièrement antique et insuffisant. Un mur massif et très haut entourait la ville depuis la porte de l'ouest jusqu'à celle de Potterrow. Ce mur était garni de créneaux et le parapet était trop étroit pour y placer des canons; et à l'exception d'un ou deux points, le mur n'offrait ni redoutes, ni tourelles, ni angles rentrans, d'où l'on pût flanquer ou défendre la courtine, ou ligne de défense. Ce n'était qu'un mur ordinaire de parc, mais plus épais et plus élevé que de coutume, ce dont vous pouvez vous convaincre vous-même en examinant les ruines qui en restent encore. Le mur passait à l'est de ce qu'on appelait le South Back de la Canongate, et alors, tournant vers le nord, il montait sur la colline sur laquelle la ville était bâtie, formant le côté d'un faubourg nommé Sainte-Mary's Wynd, où il était couvert de maisons qui y avaient été construites successivement, indépendamment de ce qu'il était à quelques pieds du faubourg, qui est étroit, et immédiatement en face. Le mur, dans cet état imparfait de défense, arrivait ensuite à la porte de Netherbow, qui séparait la ville de la Canongate. De ce point, il descendait à Leith Wynd, et se terminait à l'hôpital nommé Paul's Work, se rattachant de ce côté au Lac du nord ou North-Loch, ainsi nommé parce qu'il était au nord de la ville, dont il formait la défense de ce côté.

D'après cette esquisse, on doit juger que la nature de cette protection défensive était extrêmement imparfaite; et la qualité des troupes, qui, par leur résistance, auraient dû la rendre meilleure, si l'on y eût pensé sérieusement, n'était guère plus propre à cette tâche. A la vérité, les habitans de la ville qui étaient en état de porter les armes, étaient incorporés sous le nom de milice, et ils avaient des mousquets qui leur appartenaient, et qu'on gardait dans les magasins de la ville. Ils composaient, de nom seulement, seize compagnies de différente force, le nombre d'hommes de chacune variant de quatre-vingts à cent. C'eût été une force formidable, si leur discipline et leur bonne volonté eussent répondu à leur nombre. Mais depuis bien des années, les officiers des milices n'avaient pratiqué d'autre exercice militaire que le maniement de leurs verres dans leurs fêtes civiques, et l'on savait parfaitement que si on les appelait aux armes, une partie d'entre eux se déclareraient pour le prince Charles, et qu'un nombre encore plus grand ne se soucieraient de mettre en danger ni leur vie ni leurs biens pour une cause ou pour l'autre. Les seuls habitans d'Edimbourg sur qui l'on pût compter pour défendre la ville, étaient le petit corps d'infanterie, nommé la garde de la ville, que nous avons déjà vu figurer dans l'affaire de Porteous. Les deux régimens de dragons que le général Cope avait laissés derrière lui pour protéger les basses-terres, étaient les seules troupes régulières.

Cependant, malgré la faiblesse de leurs moyens de défense, les habitans d'Edimbourg, qui en général étaient amis du gouvernement, éprouvaient une répugnance naturelle à rendre leur ancienne métropole à quelques centaines de montagnards sauvages insurgés, sans même faire un effort pour la défendre. Dès le 27 août, quand on apprit dans la capitale que l'armée de Cope marchait vers Inverness, et que les montagnards se dirigeaient sur les basses-terres, les amis du gouvernement s'assemblèrent et prirent la résolution de mettre la ville en état de défense, d'en réparer et d'en augmenter les fortifications, autant que le temps le permettrait, et d'ouvrir une souscription parmi les habitans pour lever un régiment de mille hommes. Cet esprit de résistance s'accrut considérablement par suite de l'arrivée du capitaine Rogers, aide-de-camp du général Cope. Il était venu par mer d'Inverness, avec des ordres pour qu'on envoyât sans perdre de temps à Aberdeen des bâtimens de transport alors à Leith. Il annonça que le général Cope devait faire marcher ses troupes d'Inverness à Aberdeen, et qu'il s'embarquerait avec elles en ce dernier port, sur les bâtimens dont il était question. Il ajouta que, par ce moyen, le général reviendrait par mer avec son armée dans le Lothian, et arriverait assez à temps, comme il l'espérait, pour pourvoir à la sûreté de la ville.

Ces nouvelles excitèrent vivement le zèle de ceux qui avaient déjà pris des mesures pour défendre la capitale. Comme le régiment qui avait été voté, ne pouvait être levé sans la sanction expresse du gouvernement, une centaine de citoyens présentèrent une pétition pour qu'il leur fût permis de s'enrôler comme volontaires pour la défense de la ville. Leur nombre ne tarda pas à s'accroître. Enfin le 11 septembre, six compagnies furent organisées, et des officiers y furent nommés. Pendant ce temps on ajouta aux murailles divers travaux de fortification, sous la direction du célèbre et savant Mac-Laurin, professeur de mathématiques à l'université d'Edimbourg. On apprit aux volontaires, avec toute la célérité possible, les parties les plus nécessaires de la discipline militaire, et l'on monta sur les murailles des canons, qu'on se procura en partie des navires qui se trouvaient à Leith. Toute la ville retentissait du bruit des préparatifs, et le résultat de la lutte semblait dépendre beaucoup du temps qu'on aurait pour les faire. Ceux qui composaient le parti dominant en ce moment, désiraient vivement que le général Cope arrivât d'Aberdeen, et en exprimaient hautement l'espérance ; ceux qui se flattaient de changer bientôt de position avec eux, se communiquaient à voix basse et en secret, l'espoir que le général anglais n'arriverait qu'après l'armée des montagnards.

Cependant Charles-Edouard ne s'étant arrêté à Perth que le temps nécessaire pour se procurer quelque argent, donner du repos à son armée, la mettre en bon ordre et recevoir quelques renforts, se remit en marche le 11 septembre. Ses manifestes, publiés au nom de son père et au sien, avaient déjà proclamé son dessein de remédier à tous les griefs dont la nation pouvait avoir à se plaindre. La dissolution de l'Union y était présentée comme un objet principal de réforme. Elle continuait certainement à être regardée comme un grief par un grand nombre des gentilshommes campagnards d'Ecosse, dont elle avait considérablement diminué l'importance; mais la partie commerçante de la nation avait commencé à en sentir les avantages, et n'était pas très flattée par la perspective de la dissolution d'un traité qui avait tellement accru les ressources de son commerce avec l'étranger. Il publia une proclamation en réponse à une autre qui avait mis sa tête à prix en offrant une récompense de trente mille livres sterling. Il y répondrait, dit-il, en faisant offre d'une récompense semblable; mais dans l'espoir qu'aucun de ses partisans ne ferait jamais rien pour la mériter. En conséquence, il mit aussi à prix la tête de l'électeur d'Hanovre. La première idée de Charles était de borner cette récompense à trente livres; mais définitivement elle fut portée à la même somme qui avait été promise pour sa tête.

Dans la soirée du 17, le chevalier arriva à Dunblane avec l'avant-garde de son armée, ou pour mieux dire, avec des détachemens formant l'élite de chaque clan. On trouva fort difficile de faire sortir les autres de leurs quartiers à Perth, où ils trouvaient des provisions de toute espèce fort supérieures à ce qu'ils pouvaient attendre pendant une marche. Les gués de Frew sur le Forth, à environ huit milles au-dessus de Stirling, que le comte de Mar, avec une armée beaucoup plus nombreuse de montagnards, avait inutilement essayé de passer, n'offrirent aucun obstacle à la marche d'un aventurier plus hardi. La grande sécheresse qui avait régné cette année, et qui, en général, se fait principalement sentir en Ecosse à la fin de l'automne, rendit facile le passage de ce fleuve. Le régiment de dragons de Gardiner, qui avait été laissé à Stirling, ne fit aucune opposition à l'ennemi, et se retira à Linlithgow pour se placer entre les montagnards et Edimbourg; mouvement rétrograde qui produisit un effet visible sur l'esprit des soldats.

Pendant ce temps, l'approche de l'armée des insurgens augmenta la confusion dans la capitale. Le nombre des volontaires n'avait jamais excédé quatre cents; c'était une bien faible portion des habitans de cette ville, et elle indiquait suffisamment que la très grande majorité n'avait que de la tiédeur pour la cause du gouvernement, et qu'il s'en trouvait probablement beaucoup qui lui étaient directement contraires. Même parmi ceux qui avaient pris les armes, beaucoup ne l'avaient fait que pour montrer un zèle qu'ils ne s'attendaient guère à voir mettre à une épreuve sérieuse. D'autres avaient des femmes, des enfans, des maisons, des occupations, qu'ils ne se souciaient pas, quand ce fut le moment d'en venir au fait, de mettre au hasard pour quelque considération politique que ce fût. Les citoyens se faisaient aussi une haute idée du courage désespéré des montagnards, et ils concevaient un pressentiment effrayant des outrages que pourrait commettre un peuple si sauvage, s'il réussissait à entrer de force dans la ville, ce qui paraissait vraisemblable. Cependant, beaucoup de jeunes étudians et d'autres hommes étant encore à cet âge où l'on estime l'honneur plus que la vie, persistaient, et même avec ardeur, à vouloir résister et se défendre.

Le corps des volontaires ayant été convoqué, fut informé que les dragons de Gardiner, ayant continué à battre en retraite devant l'ennemi, étaient alors à Corstorphine, village à trois milles de la cité, et que l'avant-garde des rebelles était arrivée à Kirkliston, autre village à six ou sept milles plus loin vers l'ouest. Dans ces circonstances critiques, le général Guest, lieutenant gouverneur du château d'Édimbourg, proposa au corps des volontaires, au lieu d'attendre qu'ils fussent attaqués dans une ville que leur nombre était insuffisant pour défendre, de seconder un mouvement offensif qu'il avait dessein de faire en face de la ville, afin de la protéger en livrant sur-le-champ une bataille. Dans cette vue, il proposa que le second régiment de dragons, celui d'Hamilton, sortît de Leith, où il était campé, et fît sa jonction avec celui de Gardiner, et qu'ils fussent soutenus par le corps de volontaires composé de quatre cents hommes. Le prevôt ayant consenti à cette proposition, offrit, après quelque hésitation, de faire marcher, avec les citoyens armés, quatre-vingt-dix hommes de la garde de la ville, qu'il regardait comme les meilleures troupes qu'il eût à sa disposition. M. Drummond, officier actif des volontaires, et qui montra un zèle plus qu'ordinaire, harangua l'association armée. Les esprits les plus ardens poussèrent des acclamations sincères, et la plus grande partie des autres suivit leur exemple. Sur la totalité des volontaires, on savait qu'environ deux cent cinquante s'étaient promis les uns aux autres d'exécuter le mouvement proposé en face de la ville. Le son du tocsin fut désigné comme devant servir de signal aux volontaires pour se réunir sur le Lawnmarket. En attendant, on envoya ordre aux dragons d'Hamilton de traverser la ville pour se rendre à Corstorphine. On pensait que la vue et la tenue de ces troupes disciplinées donneraient du courage à ces soldats novices.

Le lendemain, 15 septembre, était un dimanche. Le tocsin, signal de mauvais augure et mal choisi, sonna pour assembler les volontaires pendant le temps du service divin ; un son si alarmant dispersa toutes les congrégations, et fit sortir une foule d'habitans dans les rues. Le régiment de dragons parut, équipé comme pour une bataille: Ils poussèrent de grandes acclamations, et firent brandir leurs sabres en voyant les volontaires, leurs compagnons de péril; péril qui ne devait être grand dans cette journée, ni pour les uns ni pour les autres. Mais après cet accueil guerrier, les parens des volontaires s'attroupèrent autour d'eux en pleurant, en les conjurant de ne pas exposer des jours si précieux à leurs familles aux sabres des sauvages montagnards. Il n'y a rien, en général, dont il soit plus facile de convaincre les hommes, que la valeur de leur propre vie, et ils ne sont pas disposés à la moins apprécier, quand ils voient le haut prix que les autres y attachent. Un changement soudain d'opinion s'opéra dans le corps. Dans quelques compagnies, les soldats disaient que les officiers ne voulaient pas les conduire; dans d'autres, les officiers se plaignaient que les soldats refusassent de les suivre. On fit une tentative pour faire marcher le corps vers la porte de l'ouest, par où il devait sortir de la ville; mais elle échoua. On se mit en marche à la vérité; mais le nombre des volontaires diminuait à mesure qu'on descendait le Bow et qu'on avançait dans le Grassmarket, et il n'en restait que quarante-cinq lorsqu'on arriva à la porte de l'ouest. On parvint, avec quelque difficulté, à en réunir une centaine d'autres, mais il paraît que ce fut sous la condition tacite qu'on renoncerait à les faire marcher vers Corstorphine, car pas un seul d'entre eux ne sortit de la ville. Ils furent reconduits à leur poste d'alarme et congédiés pour la soirée. Alors quelques-uns des plus zélés quittèrent la ville, qu'on commençait à désespérer de pouvoir défendre, et allèrent chercher ailleurs un champ plus digne de leur bravoure.

Pendant ce temps, leurs compagnons moins belliqueux étaient destinés à apprendre que les clans montagnards continuaient à avancer. Dans la matinée du lundi, un individu nommé Alves, qui prétendit s'être approché par hasard de l'armée des rebelles, mais qui peut-être, en réalité, favorisait leur cause, dit qu'il avait vu le duc de Perth, dont il était personnellement connu, et qui l'avait chargé d'annoncer aux habitans d'Édimbourg, que, s'ils ouvraient leurs portes, la ville serait traitée favorablement ; mais que s'ils faisaient résistance, ils pouvaient compter sur une exécution militaire ; « et il finit, » ajouta Alves, « par s'adresser à un jeune homme qu'il appelait son altesse royale, et à qui il demanda si tel n'était pas son bon plaisir. » Ce message, qui fut délivré en public, jeta une nouvelle terreur parmi les habitans, et ils présentèrent une pétition au prevôt, pour demander la convocation d'une assemblée générale des citoyens, ce qui ne pouvait servir qu'à augmenter la confusion qui régnait dans le conseil de la ville. Le prevôt, nommé Stuart, refusa de convoquer cette assemblée. La ville était encore couverte par les deux régimens de dragons. Le colonel Gardiner, célèbre par son mérite privé, sa bravoure et son caractère religieux, commandait alors le régiment d'Hamilton aussi bien que le sien ; mais le général Fowkes, qui avait été envoyé de Londres par mer, et qui arriva dans la nuit du 15 septembre, en prit tout-à-coup le commandement en sa place.

Le lendemain matin de bonne heure, le nouveau général rangea les dragons en bataille, près de l'extrémité septentrionale du pont de Colt, jeté sur la rivière de Leith, à environ deux milles du village de Corstorphine, d'où les montagnards sortaient en ce moment. Lorsque l'avant-garde aperçut les troupes régulières, quelques gentilshommes à cheval qui avaient joint les insurgens furent envoyés en avant pour les reconnaître. Lorsqu'ils en approchèrent, et qu'ils firent feu de leurs pistolets sur les dragons, en escarmoucheurs, un spectacle humiliant s'ensuivit. Les dragons, sans tirer un seul coup de mousquet, se mirent dans un tel désordre, que leurs officiers se virent obligés de changer de position pour rétablir l'ordre dans leurs rangs, mais dès que les deux régimens se virent en retraite, il devint impossible non-seulement de former leurs rangs, mais même de les arrêter. Leur terreur panique fit qu'ils quittèrent le trot pour prendre le galop, et plus ils s'éloignaient de toute apparence de danger, plus leur frayeur semblait augmenter. Galopant, dans la plus grande confusion, autour de la base du château, par ce qu'on appelait les Lang Dykes, ils continuèrent à fuir en désordre à travers les champs sur lesquels on a depuis ce temps construit la Nouvelle-Ville. Cette déroute eut lieu en vue de la ville et des habitans, dont les craintes s'exaltèrent, et non sans raison, lorsqu'ils virent des troupes de ligne, dont le métier était de combattre, fuir d'une manière si honteuse. Même à Leith, où ils étaient campés auparavant, et où ils retournèrent par une sorte d'instinct, on ne put obtenir d'eux qu'une halte de quelques instans. Avant qu'ils eussent pu reprendre leurs sens, un cri s'éleva que les montagnards arrivaient, et ils battirent de nouveau en retraite. Ils s'arrêtèrent une seconde fois près de Prestonpans; mais un d'eux étant tombé dans une carrière à charbon abandonnée, ils prirent l'alarme une troisième fois, se remirent à courir dans les ténèbres, et ne s'arrêtèrent définitivement qu'à Dunbar, à North-Berwick et d'autres villes sur la côte, aucun d'eux n'étant en état de dire pourquoi ils fuyaient, ni par qui ils étaient poursuivis.

À Édimboug, la terreur jeta les citoyens dans une sorte de désespoir. Une foule immense s'attroupa dans les rues, et conjura le prevôt de renoncer à toute idée de défendre la ville, ce qui aurait été impossible après la fuite scandaleuse des dragons. Quoi que le prevôt pût penser de la situation de la ville, il fit bonne contenance, et ayant convoqué une assemblée de la magistrature, il envoya chercher le juge clerc, le lord avocat, et le solliciteur général, pour prendre part à la délibération. Mais ces fonctionnaires avaient sagement quitté la ville, quand le danger qu'elle tombât au pouvoir des rebelles était devenu si imminent. Cependant d'autres citoyens, quoique sans y être invités, entrèrent sans cérémonie dans le local des séances du conseil, qui ressembla bientôt à une foule en désordre, au milieu de laquelle des voix nombreuses criaient qu'il fallait se rendre. Ceux qui parlaient le plus haut étaient des Jacobites, et ils prenaient ce moyen pour servir la cause du prince.

Tandis que le conseil était dans cet état de confusion, une lettre signée Charles-Édouard, prince régent, fut remise à l'assemblée. Le prevôt ne voulut pas permettre qu'on l'ouvrît, et il en résulta un débat furieux. Pendant ce temps, les volontaires étaient rangés dans la rue, et il régnait parmi eux la même consternation et les mêmes clameurs qui remplissaient la salle du conseil. Ils ne recevaient d'ordres ni du prevôt, ni de personne. En ce moment, un homme qui ne fut jamais découvert, monté sur un cheval gris, courut tout le long de leur ligne en criant que les montagnards arrivaient, et que leur armée était forte de seize mille hommes, ce qui augmenta encore l'épouvante générale. Les malheureux volontaires, perdant tout courage, et abandonnés en quelque sorte à eux-mêmes, résolurent de dissoudre leur corps, et de reporter leurs armes dans les magasins du roi au château. On y reçut leurs mousquets, et les volontaires purent être considérés alors comme licenciés aussi bien que désarmés. Si quelques uns pleurèrent en se séparant de leurs armes, nous croyons que la plus grande partie se réjouirent de ne plus être encombrés de ce fardeau.

La lettre portant une signature si alarmante fut enfin lue dans le conseil. On y trouva une sommation de rendre la ville, une promesse de conserver ses privilèges et les propriétés des habitans, et une déclaration que le prince ne pouvait être responsable des conséquences s'il était réduit à entrer dans la ville de vive force, et que ceux des habitans qui seraient trouvés en armes contre lui ne devraient pas s'attendre à être traités comme prisonniers de guerre.

La lecture de cette lettre redoubla les cris de ceux qui ne voulaient pas entendre parler de résistance ; et dans le fait, la fuite des dragons et la dissolution du corps des volontaires la rendaient impossible, la force armée étant réduite à la garde de la ville, et à quelques recrues du régiment d'Édimbourg nouvellement levé. Il fut enfin décidé, d'un consentement unanime, qu'on enverrait une députation du conseil au jeune prince à Gray's Mill, à deux milles de la ville, pour lui demander une suspension d'hostilités jusqu'à ce qu'on eût eu le temps de délibérer sur la lettre qui avait été reçue.

La députation n'était pas partie depuis bien long-temps pour sa destination, quand, par un de ces retours de fortune qui menacent d'une manière si inattendue de déranger les calculs les plus profonds de la prudence humaine, un grand nombre de citoyens auraient désiré qu'on eût tardé davantage à ouvrir cette communication avec les rebelles. Les magistrats et le conseil reçurent la nouvelle que l'armée de sir John Cope était arrivée d'Aberdeen sur des bâtimens de transport, et qu'on avait vu la flotte à la hauteur de Dunbar, où le général avait dessein de débarquer avec ses troupes, pour marcher sur-le-champ au secours d'Édimbourg. Un messager fut dépêché pour rappeler la députation, mais il lui fut impossible de la rejoindre. On fit alors diverses propositions au général Guest. On lui demanda de rappeler les dragons ; mais il répondit qu'il croyait plus utile au service qu'ils rejoignissent le général Cope. Les plus zélés citoyens le sollicitèrent de donner de nouveau des armes aux volontaires ; mais le général Guest paraît ne s'être pas soucié de placer des armes dans des mains si irrésolues, et il répliqua que les magistrats pouvaient prendre dans les magasins de la ville des armes pour ceux en qui ils avaient confiance. Cependant, comme il semblait qu'en gagnant un jour on pouvait sauver la ville, il y eut des propositions d'en revenir au projet de se défendre, du moins pendant le temps nécessaire pour que sir John Cope arrivât du Dunbar. Il fut donc proposé de battre la générale, de sonner le tocsin, de rassembler les volontaires, projets qui furent abandonnés aussitôt que conçus, car on se rappela que la députation des magistrats et des conseillers était au pouvoir des montagnards, qui, en entendant sonner l'alarme dans la ville, pourraient fort bien faire pendre les envoyés sans cérémonie.

Vers dix heures du soir, la députation revint avec une réponse dont les termes étaient les mêmes que ceux de la sommation contenue en la lettre, et l'on exigeait en même temps une réponse positive avant deux heures du matin. Les magistrats furent encore plus embarrassés par cette demande d'une reddition instantanée, qui leur fit voir que les insurgens sentaient aussi bien qu'eux la valeur des heures et des minutes dans ce moment de crise. Ils ne purent imaginer rien de mieux que d'envoyer une seconde députation à Gray's Mill, pour demander plus de temps. Il est important de dire que ces députés se rendirent en fiacre au quartier-général des montagnards. Le prince refusa de les voir, et les renvoya sans réponse.

Pendant ce temps, le chevalier et ses conseillers discutaient divers plans pour emporter la ville par surprise. Il s'y trouvait plus d'un point qui offrait des facilités pour un tel *coup de main*. Une maison appartenant à un gentilhomme nommé Nicolson était située en dehors de la ville à quelques pieds des murailles, et très près de la porte de Potter-Row. On proposa d'en prendre possession, et, après avoir nettoyé les murailles par un feu de mousqueterie partant des croisées des étages les plus élevés, de tenter une escalade, ou de creuser une mine en dessous. D'un autre côté, la position de l'hôpital de Paul's Works était favorable pour couvrir une attaque sur la principale écluse du lac du Nord. L'église du collège fournissait un moyen facile de gagner cet hôpital, et une alarme donnée à l'extrémité du mur du côté du nord aurait opéré une diversion, tandis que l'attaque principale pourrait se faire par le moyen de la rangée de maisons de Saint-Mary's Wynd, formant le côté occidental de cette rue, littéralement bâties sur la muraille, et en faisant partie, car elle n'était en cet endroit qu'une rangée de bâtimens. Tels étaient les points sur lesquels on pouvait en même temps livrer un assaut, et avec d'autant plus d'espoir de succès, que les défenseurs étaient en petit nombre, et manquaient de courage.

Dans cette vue et autres semblables, le chevalier ordonna à Lochiel de tenir ses gens sous les armes, de manière à être prêt, si les magistrats ne rendaient pas la ville à l'heure fixée, à attaquer l'un ou l'autre des points ci-devant mentionnés, ou à prendre tout autre moyen d'entrer dans la ville, qui pourrait se présenter. M. Murray de Broughton, qui connaissait parfaitement toutes les localités d'Édimbourg, fut chargé de servir de guide aux Camerons. Ce détachement était composé d'environ cinq cents hommes. On leur recommanda de marcher avec la plus grande précaution, et il leur fut enjoint de s'abstenir de toute liqueur spiritueuse; en même temps on promit à chacun d'eux une récompense de deux shillings, si l'entreprise réussissait. Le colonel O'Sullivan accompagnait ce corps comme quartier-maître. Ils firent un détour par Merchiston et Hope's Park, sans être aperçus du château, quoiqu'ils pussent entendre les sentinelles demander le mot d'ordre aux patrouilles qui faisaient des rondes dans l'intérieur. S'étant approchés de la porte de Netherbow, Lochiel et Murray reconnurent de plus près le mur de la ville, et virent qu'il s'y trouvait du canon, mais point de sentinelles. Ils auraient donc pu s'ouvrir une entrée dans la ville par quelqu'une des maisons de Saint-Mary's Wynd; mais ayant l'ordre strict d'agir avec la plus grande précaution, Lochiel hésita à avoir recours à la force ouverte avant d'avoir reçu des instructions à cet effet. En attendant, Lochiel envoya un de ses gens, couvert d'une redingote et d'un bonnet de chasse, à la porte de Netherbow, le chargeant de demander qu'on la lui ouvrît, en s'annonçant comme domestique d'un officier de dragons anglais. Une garde avancée de vingt Camerons reçut ordre de se ranger des deux côtés de la porte ; un piquet de soixante hommes fut placé dans le plus profond silence dans Saint-Mary's Wind, et le reste du détachement resta à quelque distance, près de l'extrémité de la rue. Le projet de Lochiel, si l'on ouvrait la porte, était de la faire occuper à l'instant par ces enfans perdus de sa troupe. Mais les gardes, car s'il n'y avait pas de sentinelles sur la muraille, il s'en trouvait à la porte, — refusèrent de l'ouvrir, menacèrent de faire feu sur l'homme qui demandait à entrer, et le forcèrent ainsi à se retirer.

Comme l'aurore commençait à paraître, Murray proposa que le détachement se retirât sur la hauteur appelée Saint-Leonard's-Hill, où il serait à l'abri du canon du château, pour y attendre des ordres ultérieurs. Le détachement allait se mettre en marche, quand un incident offrit à Lochiel un moyen imprévu pour entrer dans la ville.

Je vous ai dit qu'une seconde députation avait été envoyée par les magistrats pour demander au chevalier un plus long délai pour délibérer sur sa sommation ; qu'il refusa de l'accorder, et qu'il refusa même de voir les députés. Ils revinrent dans la ville, long-temps après minuit, dans le fiacre qui les avait conduits au camp des rebelles. Ils y entrèrent par la porte de l'ouest, et quittèrent le fiacre après avoir remonté le Bow et être arrivés dans High-Street. Le cocher, qui demeurait dans la Canongate, et qui y avait ses écuries, désira y retourner par la porte de Netherbow, qui fermait alors l'entrée de ce faubourg. Il était connu des gardes de la porte, comme ayant été occupé cette nuit au service des magistrats, et tout naturellement ils lui ouvrirent la porte pour qu'il retournât chez lui. A peine les battans furent-ils ouverts que les Camerons s'y précipitèrent, arrêtèrent le peu de gardes qui s'y trouvaient, et les désarmèrent. Ils s'emparèrent aussi aisément de la maison de garde de la ville, et désarmèrent également les gardes qui y étaient.

Le colonel O'Sullivan envoya des détachemens vers les postes militaires et les autres portes de la ville, et ils en occupèrent encore deux avec la même aisance et sans verser une goutte de sang. Les Camerons, au lever du soleil, marchèrent vers le carrefour de la Croix, et le château, alarmé par la nouvelle de ce qui venait d'arriver, tira une couple de coups de canon pour annoncer qu'on y était sur ses gardes. Ce son belliqueux éveilla ceux des citoyens d'Édimbourg dont le sommeil avait résisté au tumulte de l'entrée des montagnards, et ils apprirent, les uns avec une vive inquiétude, les autres avec une satisfaction intérieure, que la capitale était au pouvoir des insurgens.

On fit bien du bruit, et l'on montra bien de la surprise, parce que la métropole de l'Écosse s'était si facilement rendue aux rebelles; et comme s'il eût été nécessaire de trouver un bouc expiatoire pour lui faire supporter la honte et le blâme de cet évènement, on accusa en grande partie le lord-prevôt Stuart, qui, après un emprisonnement long et sévère, fut mis en jugement comme coupable de haute trahison; et quoiqu'il eût été honorablement acquitté, on parla souvent de lui ensuite comme si le jugement qui l'avait déclaré innocent n'eût pas été sanctionné par la voix publique. Nous n'avons pas le temps de rechercher quels étaient les sentimens politiques du prevôt Stuart, et jusqu'à quel point, même d'après la conformité du nom, il pouvait être Jacobite; mais le premier magistrat d'un corps municipal ne doit pas être condamné à mort comme un traître parce qu'il ne possède pas ce don d'héroïsme grâce auquel des individus qui en étaient doués ont trouvé des moyens de défense quand tout espoir semblait perdu, et par leur énergie et leur exemple ont sauvé des villes et des états que l'opinion des autres regardait comme perdus sans ressource. La question est de savoir si le prevôt Stuart, en homme plein d'honneur et d'intégrité, a cherché à s'entourer des meilleurs avis dans une crise si singulière, et s'il a fait des efforts assidus pour mettre à exécution ceux qu'il avait reçus. Ce n'est pas lui qui fut cause de la fuite des dragons, de la dissolution du corps des volontaires, de la discontinuation de la défense de la ville. On ne peut même lui reprocher d'être entré en communication avec l'ennemi, puisqu'il fut un des derniers à désespérer du salut de la ville, et à tenir aux citoyens des discours décourageans. Il ne pouvait inspirer du courage à des soldats frappés d'une terreur panique, ni un dévouement patriotique à des bourgeois égoïstes : et semblable à un homme qui combat avec un sabre dont la lame est rompue, il était hors d'état de soutenir la cause que toutes les apparences annoncent qu'il défendit avec sincérité.

Les montagnards, au milieu de circonstances aussi animantes et aussi nouvelles pour eux que celles qui accompagnèrent la prise d'Édimbourg, se conduisirent avec le plus grand ordre. Les habitans, désirant se concilier leurs nouveaux maîtres, leur apportèrent des provisions et même du whiskey : mais Lochiel leur ayant enjoint de ne toucher à aucune liqueur spiritueuse, ils résistèrent unanimement à une tentation qui était très forte pour eux. Ils restèrent où ils avaient été postés, sur la place du parlement, depuis cinq heures du matin jusqu'à onze, sans qu'un seul homme quittât son poste, quoique dans une ville qu'on pouvait regarder comme prise d'assaut, et où ils étaient entourés de cent objets capables d'exciter leur curiosité ou d'enflammer leur cupidité. Ils furent ensuite logés dans les appartemens extérieurs de la chambre du parlement.

Dans cette journée importante, 17 septembre, Charles-Édouard se prépara vers midi à prendre possession du palais et de la capitale de ses ancêtres.

Ce fut à cette heure que, faisant un détour par le village de Duddingston, pour éviter le feu du château, le prince fit halte dans la vallée qui sépare Arthur's Seat et Salisbury-Crags. En approchant du palais par l'entrée de l'est, appelée Duke's Walk, il demanda son cheval comme pour se montrer à la populace, qui était assemblée en grand nombre, et qui poussait force acclamations. Le jeune aventurier avait commencé sa marche à pied, mais la foule immense dont il était entouré, la multitude de gens qui s'approchaient pour toucher ses habits ou lui baiser la main, pensèrent le renverser. Il remonta donc sur son coursier en approchant du palais, ayant à sa droite le duc de Perth, et à sa gauche lord Elcho, fils aîné du comte de Wemyss, qui l'avait joint quelques jours auparavant, et suivi d'un cortège de chefs de montagnards et de gentilshommes. L'extérieur du chevalier était prévenant; le caractère audacieux et les circonstances romanesques de son entreprise étaient de nature à exalter l'imagination. Son air noble, ses manières gracieuses, sa politesse affable, semblaient faire de lui le digne compétiteur d'une couronne. Il portait le costume national : un habit court en tartan, une toque bleue surmontée d'une rose blanche, l'ordre et l'emblème du chardon, semblaient choisis pour l'identifier avec l'antique nation qu'il appelait aux armes. Au total, et autant que pouvaient l'exprimer les acclamations et les signes de joie, il fut accueilli si favorablement qu'aucun de ceux qui le suivaient ne douta qu'il ne pût lever mille hommes en une demi-heure dans les rues d'Édimbourg, s'il pouvait trouver des armes pour les leur donner.

Mais ceux qui étaient en état de porter un regard au-delà de ce qui n'était que cris et démonstrations extérieures, distinguaient des symptômes de faiblesse intérieure dans les moyens par lesquels le chevalier devait exécuter une si grande entreprise. A la vérité les *Duinhe Wassels*, ou gentilshommes des clans, étaient équipés militairement, en grand costume montagnard, avec toutes les armes qui en font partie, c'est-à-dire mousquet, claymore, dirk, target [1], une paire de pistolets, et un couteau à lame courte qui sert quelquefois de poignard. Mais un équipement si complet n'appartenait qu'à un petit nombre des partisans du prince, et la plupart devaient se contenter d'une seule arme, épée, dirk ou pistolet. Bien plus, en dépit de tous les moyens qui avaient été pris pour éluder la loi sur le désarmement, elle avait produit assez d'effet pour que plusieurs montagnards ne fussent armés que d'une lame de faux attachée au bout du manche, et quelques uns n'avaient même que des bâtons. Mais si les armes étaient rares parmi eux, les misérables vêtemens que portaient les plus pauvres leur donnaient un air aussi terrible que repoussant. Bien des gens pensaient comme un vieil ami de votre grand-père, qui, en voyant une troupe de ces hommes dont l'aspect était sauvage et l'œil hagard, les uns manquant d'habits, les autres sans bas et sans souliers, plusieurs ayant leurs cheveux liés derrière leur tête avec une courroie, et ne portant ni bonnet ni quoi que ce fût pour la couvrir, ne put s'empêcher de s'écrier : — Et c'est avec une pareille bande de va-nu-pieds qu'on veut renverser un gouvernement établi [2]! — Au total, il leur manquait cette régularité et cette uniformité qui nous fait distinguer une compagnie de soldats d'une troupe de bandits; et leurs armes, leur aspect féroce, leurs membres nerveux, joints à un air martial naturel à un peuple dont l'occupation

(1) Petit bouclier. — Tr.
(2) Mon ami, qui était le Jonathan Oldbuck de l'*Antiquaire*, fit cette observation dans un moment et dans un lieu mal choisi, et il fut sur le point d'avoir à s'en repentir. (*Note de l'auteur.*)

était la guerre et la chasse, leur donnaient un extérieur particulièrement sauvage et barbare.

Plusieurs hommes d'importance avaient joint le prince depuis qu'il était entré dans le Lothian. Nous avons déjà parlé de lord Elcho. C'était un homme d'un grand courage et d'un excellent jugement; mais il n'était pas Jacobite dans le sens outré de ce mot, c'est-à-dire il n'était pas esclave dévoué aux maximes de droit héréditaire et d'obéissance passive. Il apporta au prince cinq cents livres sterling de la part de son père lord Wemyss, trop âgé pour se mettre lui-même en campagne. C'était un don fort agréable dans l'état où se trouvaient les finances du prince. Sir Robert Thriepland l'avait joint aussi lorsqu'il s'approchait d'Edimbourg, et les nouvelles qu'il lui apporta des amis qu'il avait dans cette ville, l'avaient déterminé à persister dans le projet d'attaque qui se termina si heureusement.

Le comte de Kelly, lord Balmerino, Lockhart le jeune de Carnwrath, Graham le jeune d'Airth, Ralo le jeune de Powburn, Hamilton de Bangour, poète d'un grand mérite, sir David Murray et d'autres personnes de distinction, avaient aussi rejoint son étendard.

Entre autres, Jacques Hepburn de Keith, fils de ce Robert Hepburn, relativement à la famille duquel nous avons mentionné dans le huitième chapitre de ce volume une anecdote remarquable, et dont nous avons rapporté l'évasion de Newgate dans le onzième chapitre du même volume, se distingua par la manière dont il se dévoua à la cause de Charles-Edouard.

Lorsque le prince arriva à la porte du palais d'Holyrood, Jacques Hepburn sortit de la foule, fléchit un genou devant lui en signe d'hommage, et se relevant, tira son épée et marcha devant lui pour l'introduire dans le palais de ses ancêtres. Hepburn passait pour être le parfait modèle d'un vrai gentilhomme écossais. De même que lord Elcho, il désavouait les principes serviles des violens Jabites; mais regardant son pays comme lésé, et la noblesse d'Ecosse comme dégradée par l'Union, il consacra son épée de cette manière romanesque au service du prince qui se proposait de la rétablir dans ses droits. M. John Home, dont le cœur savait sentir les actes de dévouement et de générosité, de quelque source qu'ils partissent, remarqua avec sensibilité que les meilleurs Whigs regrettèrent qu'un gentilhomme si accompli, modèle d'ancienne simplicité, de courage et d'honneur, se sacrifiât à l'idée chimérique de l'indépendance de l'Ecosse. Je puis ajouter qu'après avoir perdu une partie de sa fortune et mis plusieurs fois sa vie en danger pour cette malheureuse cause, M. Hepburn devint convaincu que, suivant les paroles de l'Écriture, il avait travaillé en vain. Il dit bien souvent, dans le cercle de sa famille, que s'il avait su, comme les suites de cette expédition le lui démontrèrent, que la très grande majorité de la nation était satisfaite du gouvernement existant, il n'aurait jamais tiré le sabre contre ses concitoyens ou contribué à exciter une guerre civile, uniquement pour replacer sur le trône la dynastie des Stuarts [1].

CHAPITRE XVIII.

Proclamation de Jacques VIII sur la place de la Croix, à Édimbourg. — Fournitures requises de la ville d'Édimbourg, par le prince Charles. — Débarquement de l'armée de Cope à Dunbar. — Le prince quitte Édimbourg pour le combattre. — Bataille de Preston. — Déroute complète de l'armée de Cope. — Nombre des morts de chaque côté.

La prise d'Edimbourg jeta un rayon d'éclat sur la fortune de Charles-Edouard, mais on peut à peine dire qu'elle eut des suites bien importantes.

[1] Une intimité héréditaire avec le feu lieutenant-colonel Hepburn, fils de M. Hepburn de Keith, et mes liaisons d'amitié avec les membres de sa famille, me mettent en état de faire cette assertion. Il y avait sans doute un grand nombre des plus libéraux et des plus intelligens Jacobites qui nourrissaient de semblables sentimens, et qui pensaient qu'en servant la cause du prince ils soutenaient les droits de leur pays. (*Note de l'auteur.*)

Le roi Jacques VIII fut proclamé sur la place de la Croix. Les hérauts et poursuivans d'armes furent obligés d'assister à cette cérémonie en grand costume, et les magistrats revêtus de leurs robes. Un grand concours de peuple s'assembla en cette occasion, et toute la ville retentit du bruit des acclamations. Les canonniers du château avaient quelque envie de changer cette gaieté bruyante, en jetant une bombe sur cette place, ce qui aurait interrompu la cérémonie. Heureusement le général Guest défendit cet acte de violence, qui aurait pu coûter la vie à plusieurs fidèles sujets du roi Georges, que la curiosité seule avait attirés en ce lieu.

Le soir il y eut à Holyrood un bal splendide où l'on put voir les parentes des gentilshommes qui avaient pris les armes, fières de leur rang ou de leur beauté. Mais une circonstance remarquable et de mauvais augure fut que parmi cette populace qui s'était pressée par milliers autour de la personne du prince quand il se rendait au palais, et chacun cherchait à lui baiser les mains, et à toucher ses habits, avec toutes les démonstrations possibles d'affection, à peine se trouva-t-il un homme qu'on pût engager à s'enrôler à son service. La réflexion qu'une bataille devait avoir lieu, avant très peu de jours, entre le prince Charles et le général Cope, suffisait pour refroidir le zèle du peuple de cette grande ville.

Un des principaux avantages que valut au prince la possession d'Édimbourg, indépendamment de l'encouragement que donnait à ses partisans ce succès signalé, fut d'avoir à sa disposition environ un millier de mousquets, tant bons que mauvais, qu'il trouva dans les magasins de la ville, et qui étaient les armes de la milice. Il s'en servit pour armer un certain nombre de ses adhérens, mais il en resta encore quelques uns qui manquaient d'armes. Charles fit aussi à la ville une réquisition de mille tentes, deux mille *targets*, six mille paires de souliers et six mille cantines. Les magistrats n'avaient d'autre alternative que d'obéir, et ils mirent à l'œuvre des ouvriers pour préparer les objets qu'on leur demandait.

Le 18 septembre, lendemain de l'occupation d'Edimbourg, lord Nairne arriva du nord et joignit le camp des montagnards avec mille hommes, consistant en montagnards d'Athole. Il était accompagné du chef de Mac-Lauchlan et de ses vassaux. Le prince visita son camp, et passa en revue, en même temps que le reste de ses forces, ces nouveaux compagnons de son entreprise.

Tandis que ces évènemens se passaient à Edimbourg, le général Cope faisait débarquer ses troupes à Dunbar, désirant réparer la faute qu'il avait faite en laissant les basses-terres ouvertes au jeune aventurier, et reprendre la capitale de l'Ecosse, puisqu'il n'avait pu la protéger. Il commença le débarquement de ses troupes le 17, mais il ne le termina que le lendemain. Les deux régimens de cavalerie qui avaient fait une diligence si extraordinaire pour le joindre furent aussi réunis à son armée, quoique les nerfs des dragons ne fussent pas encore bien remis de leur retraite rapide et en désordre du pont de Colt au Lothian oriental. Son infanterie montait à environ deux mille hommes, les deux régimens de dragons à six cents ; sir John Cope fut aussi joint par quelques volontaires, dont le plus remarquable était le comte de Home ; de sorte que son armée formait à peu près un total de trois mille hommes. Il avait six pièces d'artillerie, mais, ce qui paraît fort étrange, il n'avait ni canonniers, ni artilleurs pour les servir. Sous d'autres rapports, ses forces, quoique peu considérables, étaient en bon état, et leur aspect faisait impression dans un pays qui, comme l'Ecosse, n'avait pas vu la guerre depuis si long-temps. Sir John partit de Dunbar à la tête de ce corps respectable, et s'avança jusqu'à Haddington ou aux environs, en marchant, comme il se le proposait, vers Edimbourg.

Pendant ce temps, Charles-Edouard avait pris une résolution bien d'accord avec le caractère de son entreprise,

C'était de marcher à la rencontre de sir John Cope et de lui livrer bataille. Tous ses conseillers applaudirent à cette détermination courageuse. Alors le prince demanda aux chefs ce qu'il devait attendre de leurs vassaux. Ils lui répondirent, par l'organe de Keppoch, qui avait servi dans l'armée française, que les gentilshommes de chaque clan commenceraient l'attaque avec un courage déterminé, et en ce cas il n'y avait aucun doute que leurs vassaux, qui étaient fort attachés à leurs chefs et à leurs supérieurs, ne les suivissent avec bravoure et fidélité. Le prince déclara qu'il conduirait lui-même l'avant-garde, et leur donnerait l'exemple de vaincre ou de mourir. Les chefs lui firent des remontrances unanimes pour l'engager à ne pas exposer une vie dont devait dependre tout le succès de l'entreprise, et lui déclarèrent que s'il persistait dans cette résolution, ils quitteraient l'armée et retourneraient chez eux. Il n'y a guère de doute que Charles ne fût sincère dans sa détermination, et il n'y en a aucun qu'il n'en ait donné une preuve en y renonçant d'après les représentations de ces fidèles compagnons d'armes.

Des ordres furent donnés pour qu'on se préparât le lendemain matin à évacuer Edimbourg, afin que toute l'armée montagnarde fût réunie pour la bataille à laquelle on s'attendait. Dans ce dessein, les troupes qui gardaient les différens postes dans la ville, au nombre de mille hommes, furent rappelées au camp à Duddingston. On aurait pu croire que, d'après leur retraite, la garnison du château aurait fait une sortie, quand ce n'eût été que pour s'emparer des divers objets mis en réquisition par le prince, et empêcher qu'on ne travaillât à les préparer. La présence d'esprit d'un soldat montagnard prévint cet évènement. Il était ivre quand les troupes étaient parties, et quand il recouvra son bon sens, il se trouva le seul de ses compagnons qui fût resté dans la ville. Le drôle ne manquait pas d'intelligence, et il répondit à ceux qui lui demandèrent pourquoi il n'avait pas suivi ses compagnons, qu'il n'était pas seul dans la ville, et qu'il ne craignait rien pour sa sûreté, attendu que cinq cents montagnards avaient été cachés dans des caves et d'autres endroits pour couper les détachemens qui pourraient sortir du château. Cette fausse nouvelle fut transmise au général Guest; il y ajouta foi, et la vérité ne fut pas découverte avant que la victoire remportée par Charles-Édouard à Preston lui eût permis de rentrer en triomphe dans la ville. La présence d'esprit de cet homme lui valut le pardon de sa faute.

Les soldats avaient passé, couchés sur leurs armes, la nuit du 19, leurs chefs et le chevalier occupant les maisons qui étaient dans le voisinage. Dans la matinée du 20, tous étaient en marche, pleins d'ardeur, déterminés au combat et impatiens de rencontrer l'ennemi. Ils se formèrent en une colonne étroite, se maintenant sur le terrain élevé qui va de Duddingston à la hauteur nommée Carberry-Hill, près de laquelle, dans les environs de Musselbourg, ou d'Inveresk, ils s'attendaient à trouver l'ennemi. En se mettant à la tête de son armée, le prince tira son épée, et dit à ceux qui le suivaient : — Messieurs, j'ai jeté le fourreau; mots qui furent suivis de bruyantes acclamations. Leurs mouvemens étaient de la plus grande simplicité. En marchant ils formaient une colonne de trois hommes de front. Quand il y avait une halte, chaque soldat faisait un demi tour à droite ou à gauche, suivant l'ordre qui lui était donné, et la colonne devenait une ligne de trois hommes de profondeur, qui en défilant sur un flanc ou sur l'autre, pouvait se reformer au premier ordre. Leur poignée de cavalerie, montant à peine à cinquante hommes, fut occupée pendant la marche à faire des reconnaissances. On se procura des renseignemens assez exacts sur la force de l'armée de Cope, à l'exception du nombre de ses pièces de canon, un rapport en portant le nombre à vingt, et personne ne le fixant au-dessous de douze, quoique le fait fût, comme nous l'avons déjà dit, qu'il n'en avait que six.

Lorsque les montagnards furent avancés jusqu'à Carberry, leurs éclaireurs leur annoncèrent qu'ils avaient vu des détachemens de dragons du côté de Tranent, et le bruit courut que sir John Cope était dans ces environs avec toute son armée. Celle du chevalier, qui avait jusque-là marché sur une seule colonne, se divisa alors en deux, suivant la ligne de bataille qu'on avait dessein de former, et se tenant toujours sur la droite de manière à garder les hauteurs, ce qui est un grand point de tactique pour les montagnards; ils continuèrent à marcher avec promptitude et fermeté.

Quand ils arrivèrent dans l'endroit où la montagne qui domine Tranent descend tout-à-coup dans une grande plaine cultivée, alors couverte de chaume, la moisson ayant été faite beaucoup plus tôt que de coutume, les montagnards aperçurent l'ennemi à l'extrémité occidentale de cette plaine, le front tourné vers les hauteurs qu'ils occupaient.

Il paraît que sir John Cope avait dirigé ainsi sa marche, dans l'idée que, comme une route allant de Seaton-House à Preston était le chemin ordinaire d'Haddington, les montagnards la suivraient, sans songer à en prendre une autre. Mais il ne savait pas ou il oubliait qu'une armée irrégulière de montagnards, qui n'était pas encombrée de bagage, et pour qui une marche pénible n'était rien, n'hésiterait pas à choisir la route la plus difficile et la plus raboteuse, si elle présentait quelques avantages.

Deux volontaires à cheval, Francis Garden, depuis lord Gardenstone; et un M. Cunninghame, avaient été détachés par le général anglais pour se procurer des informations; mais malheureusement, pendant qu'ils s'étaient arrêtés pour prendre quelques rafraîchissemens au-delà de Musselbourg, ils tombèrent entre les mains de John Roy Stuart, partisan plus habile qu'ils ne l'étaient eux-mêmes, qui les fit prisonniers, et les conduisit au quartier-général du chevalier. Sir John Cope, privé des renseignemens qu'il espérait obtenir d'eux, paraît avoir continué à attendre les rebelles du côté du l'ouest jusqu'au moment où il les vit tout-à-coup paraître du côté du sud, sur la chaîne de hauteurs qui était à sa gauche. Il changea sur-le-champ son front, et rangea ses troupes en bataille avec une précision militaire. Il plaça son infanterie au centre, et la flanqua de chaque côté d'un régiment de cavalerie et de trois pièces de canon. Le mur du parc du colonel Gardiner, — car sa maison était voisine de la plaine destinée à lui devenir fatale, — ainsi que celui de M. Erskine de Grange, couvraient le flanc droit de son armée ; ses bagages étaient restés à Cockenzie, en arrière de son aile gauche, et un petit corps de réserve était stationné en face du village de Prestonpans, qui était en arrière de son aile droite.

En face des deux armées était un terrain marécageux qui séparait les hauteurs occupées par l'armée des montagnards, de la plaine sur laquelle se trouvaient les troupes régulières. Ce marécage était coupé de fossés et d'enclos, et traversé vers son extrémité par une haie fort épaisse bordant un large fossé qui couvrait le front de l'armée royale. Le chevalier désirait satisfaire l'impatience de ses troupes en livrant bataille sur-le-champ. Il employa pour ce dessein un officier plein d'expérience, M. Ker de Graden, qui, monté sur un cheval gris, alla reconnaître avec le plus grand sang-froid le terrain qui semblait impraticable, le traversa en diverses directions, descendit fort tranquillement de cheval, pratiqua une ou deux brèches à des murs construits en pierre sans ciment, et y fit passer son coursier, quoiqu'on fît feu plusieurs fois contre lui. Cet intrépide guerrier revint faire son rapport au chevalier qu'il était impossible de traverser le marécage de manière à attaquer en front l'armée du général Cope, sans avoir à soutenir un feu meurtrier qui durerait quelque temps. A la vérité le marécage était traversé par un chemin qui avait été pratiqué pour les voitures qui portaient du charbon aux salines de Cockenzie ; mais il eût été trop dangereux de faire avancer des troupes par une route si étroite, qui était exposée à être balayée de toutes parts par l'artillerie et la mousqueterie.

La position du général Cope pouvait donc être considérée comme inattaquable ; et ce général, avec une modération qui marquait la médiocrité de ses talens, se crut heureux d'avoir trouvé, à ce qu'il pensait, la sûreté, quand il n'aurait dû chercher que la victoire.

Le lieutenant-colonel Gardiner et d'autres officiers représentèrent au commandant la nécessité d'adopter un système plus hardi de tactique. Ils pensaient que leurs soldats devaient être conduits contre les rebelles tandis qu'ils montraient de l'ardeur pour les combattre, et qu'en restant sur la défensive on risquait de refroidir le courage des troupes, attendu que tout délai donnerait à l'infanterie le temps de se souvenir qu'elle avait évité de combattre ces mêmes montagnards à Corryarrack, et à la cavalerie celui de se rappeler sa fuite récente et ignominieuse sous les murs d'Édimbourg, devant ces ennemis d'une nouvelle espèce. Le lieutenant-colonel pressa vivement le général d'adopter son avis, lâcha même quelques mots sur le résultat qu'on devait appréhender, et voyant que sir John Cope n'en faisait aucun cas, il se prépara à s'acquitter de son devoir en homme brave, et à mourir s'il le fallait en le remplissant.

Quelques mouvemens eurent alors lieu. Les troupes régulières poussèrent des acclamations, pour montrer leur disposition à en venir au combat ; et les montagnards y répondirent, suivant leur coutume, par des cris sauvages. Un détachement de montagnards fut placé dans le cimetière de Tranent, comme dans un poste avantageux ; mais sir John Cope, ayant fait avancer deux pièces d'artillerie de campagne, leur rendit cette position trop *chaude.* Cependant les insurgens continuaient à attendre la bataille avec impatience, et exprimaient vivement leur dessein d'attaquer l'ennemi, à qui ils supposaient l'intention de vouloir leur échapper comme il l'avait fait à Corryarrack. Ils offrirent de marcher à l'attaque à travers le marécage, sans s'inquiéter des difficultés du terrain, et de porter avec eux des fascines pour combler le fossé et pouvoir le traverser. Leurs chefs les exhortèrent à la patience ; et, pour détruire leurs craintes de voir l'ennemi leur échapper, le chevalier détacha lord Nairne avec cinq cents hommes du côté de l'ouest, pour qu'il pût être en position de couper le chemin à sir John Cope, s'il tentait de marcher vers Édimbourg sans combattre.

Satisfaits de cette précaution, les montagnards couchèrent sur un champ de pois qu'on avait récoltés, et qu'on avait amoncelés en petites meules. Les chefs avaient l'esprit uniquement occupé des moyens de découvrir un chemin qui pût les conduire hors du marécage, de gagner un sol ferme, un terrain découvert, et de tomber sur l'armée de Cope, qu'ils regardaient comme une proie qui leur était assurée, s'ils pouvaient lui livrer le combat en rase campagne.

Il y avait dans l'armée du chevalier un gentilhomme nommé Anderson, de Whitbourg, dans le Lothian oriental, qui connaissait parfaitement tous les environs, et qui songea à un chemin qui, de la hauteur où se trouvait l'armée montagnarde, en traversant le marécage, et en tournant autour de l'aile gauche de l'armée du général Cope, comme elle était alors disposée, conduisait à une grande plaine unie, qu'on a appelée depuis le champ de bataille. M. Anderson fit part de ce fait important à M. Hepburn de Keith ; celui-ci le conduisit à lord George Murray, qui, enchanté de cette nouvelle, le présenta au prince Charles-Édouard.

Ce prétendant à un diadème était couché par terre,

ayant pour oreiller une botte de paille de pois, et il reçut en s'éveillant l'avis qui l'assurait d'une bataille, et qui lui promettait la victoire. Il apprit avec joie cette nouvelle, et comme la nuit était presque passée, il se prépara tout de suite à mettre ce projet à exécution.

Il dépêcha sur-le-champ un aide-de-camp pour rappeler lord Nairne, qui faisait une démonstration à l'ouest, et lui porter l'ordre de rejoindre l'armée, le plus promptement possible, avec son détachement. Pendant ce temps tous les montagnards se mirent sous les armes et marchèrent en avant, avec un silence et une rapidité incroyables, par le chemin dont il vient d'être parlé. Il y avait alors un point de préséance à régler, et il sert à caractériser les montagnards. La tribu des Mac-Donalds, quoique divisée en plusieurs familles et servant sous différens chefs, se regardait comme descendue, dans toutes ses branches, des grands lords des Iles ; et, en conséquence, elle réclamait, comme poste d'honneur, la droite de l'armée des montagnards réunis le jour d'une bataille. Quelques autres clans lui contestaient cette prérogative ; et il fut convenu, en cette occasion, que le sort déciderait de la préséance. La fortune l'accorda aux Camerons et aux Stuarts, ce qui fit murmurer le clan nombreux de Colla, nom général des Mac-Donalds. La prudence de Lochiel détermina les autres chefs à renoncer, pour cette fois, à une prétention à laquelle il était probable qu'ils tiendraient fortement. La préséance fut donc cédée aux Mac-Donalds, et la première ligne des montagnards marcha par le flanc gauche pour permettre à la tribu favorisée de prendre le poste d'honneur. Ils marchèrent, comme d'ordinaire, sur deux colonnes de trois hommes de front. La première était conduite par le jeune Clanranald, avec environ soixante hommes, ayant pour guide Anderson de Whitbourg. La première ligne se composait des régimens des clans suivans : Clanranald, deux cent cinquante hommes ; Glengarry, trois cent cinquante ; Keppoch et Glencoe, quatre cent cinquante ; Perth, avec quelques Mac-Gregors, deux cents ; Appin, deux cent cinquante ; et Lochiel, cinq cents. La seconde ligne consistait en trois régimens : celui d'Athole, de lord George Murray, trois cent cinquante hommes ; celui de lord Nairne, trois cent cinquante, et celui des Menzies de Shian, trois cents. Lord Strathallan, avec sa poignée de cavalerie, fut chargé d'occuper la hauteur qui commandait le marécage, afin de faire ce qu'il pourrait pour mettre la victoire à profit, si on la remportait. Cette troupe montait à environ trente-six cavaliers. D'après ces détails, il paraît que l'armée montagnarde était forte d'environ trois mille hommes, nombre à peu près égal à celui des troupes de sir John Cope.

Anderson servait de guide à la première ligne. Elle trouva le chemin silencieux et solitaire. Il tournait au nord-est, dans un renfoncement de terrain, et les conduisit enfin à l'extrémité orientale de la plaine, à l'autre extrémité de laquelle, du côté de l'occident, était l'armée de Cope, ayant son flanc gauche en face des assaillans. On n'avait pas placé de canons pour commander ce passage important, quoique une embrasure vide prouvât qu'on y avait songé. Il n'y avait même ni patrouilles ni sentinelles pour observer les mouvemens des montagnards de ce côté. En atteignant le sol ferme, la colonne s'avança vers le nord, à travers la plaine, afin prendre du terrain pour faire son mouvement et se ranger en bataille. Le prince marchait à la tête de la seconde colonne, presque immédiatement après la première. Le marécage était devenu plus difficile par suite du passage d'un si grand nombre d'hommes. Quelques montagnards s'y enfoncèrent jusqu'à mi-jambe, et le prince lui-même trébucha, et tomba sur un genou. Le jour commençait alors à paraître, mais un brouillard froid et épais couvrait encore les mouvemens des montagnards. Cependant le bruit de leur marche ne put se cacher plus long-temps, et un coup de canon d'alarme fut tiré, comme signal pour avertir l'armée de Cope de se mettre sous les armes.

Apprenant que les montagnards avaient complètement tourné son flanc gauche, et s'avançaient du côté de l'est sur une plaine unie et découverte, sans obstacle d'aucune espèce, sir John Cope se hâta de préparer ses troupes à les recevoir. Le général anglais changea la disposition qu'il avait faite le long du marécage, et se forma de nouveau, ayant en arrière les murs du parc de Preston et ceux de Bankton, demeure du colonel Gardiner, son flanc gauche étendu vers la mer, et sa droite appuyée sur le marécage qu'il avait en face auparavant; sa ligne de bataille s'étendait alors du nord au sud, ayant l'est en face. Sous tout autre rapport, la disposition de son armée était telle que nous l'avons déjà mentionnée : son infanterie formait le centre, et chaque aile était composée d'un régiment de cavalerie. Par suite de quelque arrangement vicieux, le corps de Gardiner n'eut pas assez de place pour se déployer complètement à l'aile gauche, de sorte qu'un escadron fut placé en arrière de l'autre. L'artillerie fut aussi placée en avant de ce régiment, disposition contre laquelle on dit que le colonel fit une remontrance, car il n'avait que trop de raison pour douter de la fermeté des hommes et des chevaux qui composaient ce corps. On n'eut aucun égard à ses représentations, et, dans le fait, il était trop tard pour changer cette disposition.

Dès que les montagnards se furent avancés assez au nord pour que leur seconde colonne se tirât du marécage, et qu'ils se trouvèrent tous sur un terrain solide, ils firent un quart de conversion sur la gauche, et formèrent une ligne de trois hommes de profondeur. Cette longue ligne se divisa bientôt en un grand nombre de petites phalanges, suivant la tactique particulière des montagnards, chaque peloton étant composé d'un clan séparé, qui se disposait au combat de la manière suivante. Les hommes les plus nobles de chaque tribu, qui étaient en même temps les mieux armés, et qui avaient presque tous des *targets*, se mettaient au premier rang ; les autres se plaçaient en arrière, et pesaient en quelque sorte sur la première ligne, qu'ils forçaient d'avancer. Après une courte prière, qui n'était jamais oubliée, ils enfonçaient leurs toques sur leurs sourcils, les cornemuses sonnaient la charge, et tous les clans se précipitaient en avant, chacun d'eux formant un coin séparé destiné à fendre les rangs ennemis.

Ces préparatifs se firent avec tant de promptitude sur les deux ailes, que les aides-de-camp du duc de Perth et de lord George Murray se rencontrèrent au centre en venant annoncer que leurs généraux étaient prêts à charger. Toute la ligne de front marcha en avant, et en ce moment le soleil se montra, et le brouillard s'éleva comme le rideau d'un théâtre. Les montagnards virent alors la ligne des troupes régulières dont les armes brillaient comme une haie d'acier ; et les soldats de Cope aperçurent en même temps le torrent furieux, divisé en petites masses, qui tombaient sur eux en poussant des cris qui devinrent peu à peu des hurlemens affreux, et qui se mêlaient au bruit d'un feu irrégulier, mais bien soutenu ; les montagnards tirant leur coup en courant, jetant leurs fusils après les avoir déchargés, et se précipitant, la claymore à la main, pour combattre corps à corps. Les évènemens de la nuit précédente avaient inspiré aux troupes de Cope une crainte de leurs ennemis qui n'est pas ordinaire aux soldats anglais. Les manœuvres du général lui-même indiquaient plus de crainte de l'ennemi que de désir de le combattre ; et maintenant cet ennemi redouté, ayant choisi un terrain avantageux, venait l'attaquer avec une impétuosité furieuse, et d'une manière inconnue dans le système de la guerre moderne.

Il n'y eut qu'un instant pour faire ces réflexions, mais il ne fallait qu'un instant pour se décider. Ces réflexions ajoutèrent à la férocité des montagnards, tandis qu'elles frappaient d'épouvante leurs ennemis. Les vieux marins et les canonniers qui avaient été employés à servir l'artillerie, à l'aile droite, montrèrent les premiers symptômes de terreur panique, abandonnèrent les canons qu'ils s'étaient chargés de servir, et emportèrent avec eux les poires à poudre destinées à les amorcer. Le colonel Whitefoord, qui avait joint l'armée de Cope comme volontaire, fit feu de quatre des canons contre les montagnards qui avançaient, et tenant bon tandis que tout fuyait autour de lui, ce ne fut pas sans peine qu'il échappa à la fureur des Camerons et des Stuarts, qui, courant droit à la bouche du canon, prirent la batterie d'assaut. Le régiment de dragons étant rangé sur deux lignes, comme nous l'avons dit, le premier escadron, sous le lieutenant-colonel Whitney, ayant reçu ordre d'avancer, fut, comme les canonniers, saisi d'une frayeur panique, se dispersa sous le premier feu des montagnards, s'enfuit sans même tenter une charge, et renversa dans sa fuite la garde de l'artillerie. Le second escadron, commandé par Gardiner, aurait encore pu, s'il eût montré de la fermeté, changer la fortune de la journée en chargeant les montagnards pendant qu'ils attaquaient les canons avec une sorte de désordre. Gardiner leur ordonna d'avancer et de charger, et les encouragea, par sa voix et par son exemple, à se précipiter sur les masses confuses qui étaient devant eux. Mais ceux à qui il parlait étaient déjà troublés et en désordre en voyant les montagnards accourir avec fureur, leurs plaids agités par le vent, et brandissant leurs claymores et leurs haches, et en entendant le bruit de leur feu irrégulier, et de leurs cris féroces. Ils feignirent d'avancer, comme pour obéir à l'ordre de leur commandant, mais ils firent halte presqu'au même instant. Ceux qui étaient en arrière s'enfuirent par pelotons de huit ou dix, et aussitôt ceux qui se trouvaient à la première ligne suivirent leur exemple. Aucun ne resta à son rang, excepté une vingtaine d'hommes déterminés qui avaient résolu de ne pas abandonner leur officier.

La cause du roi George ne fut pas plus heureuse à l'aile gauche de Cope. Les dragons d'Hamilton recevant un feu roulant des Mac-Donalds pendant que ceux-ci avançaient, rompirent leurs rangs de la même manière et presqu'au même instant que ceux de Gardiner, et s'éparpillant de tous côtés, s'enfuirent au grand galop du champ de bataille, les uns courant du côté opposé aux ennemis, les autres, dans l'excès de leur terreur, passant à travers les intervalles qui séparaient les clans, et quelquefois même presqu'au milieu de leurs rangs. Leur dispersion fut complète, et leur désordre irréparable. Ils se dirigèrent au hasard à l'est, à l'ouest, au sud ; la mer seule les empêcha de fuir aussi vers le nord, et de rendre les quatre points cardinaux témoins de leur déroute.

Cependant l'infanterie, quoique la fuite des dragons lui eût découvert les deux flancs, reçut l'attaque du centre de la ligne des montagnards avec un feu nourri et régulier qui coûta plusieurs hommes aux insurgens. — Entre autres, Jacques Mac-Gregor, fils du fameux Rob-Roy, tomba percé de quatre balles. Il commandait une compagnie du régiment du duc de Perth, dont les soldats étaient pour la plupart armés de ces lames de faux attachées au bout d'un bâton, dont nous avons déjà parlé, arme ressemblant assez à celle qu'on nommait autrefois *bill* en Angleterre [1]. Ses blessures lui avaient si peu fait perdre son sang-froid, que, se soulevant sur le coude, il cria à ses soldats d'avancer bravement, en jurant qu'il verrait si quelqu'un d'eux ne se comportait pas bien.

Dans le fait, la première ligne des montagnards ne fut pas arrêtée un instant par le feu de la mousqueterie. Chargeant avec toute l'énergie de la victoire, ils parèrent avec leurs *targets* les coups de baïonnettes des soldats, et leurs phalanges séparées pénétrèrent sur plusieurs points

---

(1) Hallebarde.

dans les lignes étendues et peu profondes des troupes régulières, et les rompirent. Au même instant Lochiel sur la gauche, et Clanranald sur la droite, attaquèrent les deux flancs de l'infanterie, laissés à découvert par la fuite des dragons, et les mirent en déroute.

On s'aperçut alors que sir John Cope avait commis une grande faute en rangeant ses forces devant le mur très élevé d'un parc, qui les empêchait d'échapper à la poursuite d'ennemis d'une légèreté sans égale. Heureusement il s'y trouvait plusieurs brèches par où passèrent quelques soldats, mais la plupart d'entre eux n'eurent que le triste choix de mourir ou de se rendre. Quelques uns combattirent et périrent avec courage. Le colonel Gardiner encourageait un petit peloton d'infanterie qui continuait à faire feu, quand il fut tué par un montagnard armé d'une de ces lames de faux dont nous avons déjà parlé plusieurs fois. La plus grande partie des soldats mirent alors bas les armes après quelques minutes de résistance. La seconde ligne, conduite par le prince Charles lui-même, s'était tenue, pendant toute la durée de l'action, si près de la première, que les deux lignes ne paraissaient former qu'un seul corps aux yeux de la plupart des soldats de sir John Cope. Et comme on a accusé ce prince infortuné de manque de courage, il est nécessaire de dire qu'il n'était qu'à cinquante pas derrière l'avant-garde dès le commencement de la bataille; ce qui était, de fait, violer la promesse qu'il avait faite aux chefs de ne pas s'exposer à un danger imminent.

S'il eût été possible de rallier les fuyards, on aurait pu venger cette défaite, sinon la réparer; car la première ligne des montagnards se débanda presque entièrement pour piller et faire des prisonniers. Après la première fureur de l'attaque, ils montrèrent de la merci aux vaincus, mais ils ne firent aucun quartier aux chevaux des dragons, qu'ils regardaient comme dressés à prendre une part personnelle à la bataille.

Ce ne fut pas sans peine qu'on empêcha la seconde ligne de se débander de la même manière. On fit répandre le bruit que les dragons s'étaient ralliés et revenaient à la charge. Lochiel fit sonner les cornemuses, ce qui rappela un certain nombre de ses soldats. Cependant les dragons ne reparurent point. Il est vrai que sir John Cope lui-même, le comte de Home, le général Whitney, et d'autres officiers, appuyant un pistolet sur le front des soldats, parvinrent à détourner de la route d'Edimbourg un certain nombre de fuyards, et à les faire entrer dans un champ voisin, près de Clement's Wells, où ils cherchèrent à en former un escadron. Mais le bruit d'un coup de pistolet tiré par hasard fit renaître leur terreur panique, et partant au grand galop pour Edimbourg, ils y entrèrent par la porte d'Eau, et parcoururent High-Street dans le désordre le plus complet.

Un ancien ami, que j'ai déjà cité, m'a fait un récit pittoresque du passage de ceux des fuyards qui prirent cette direction, et dont il avait été lui-même témoin. Quoique la ville eût été évacuée par les montagnards, un vieux Jacobite de distinction y avait été laissé avec le titre de gouverneur. Ce dignitaire était assis tranquillement dans une taverne bien connue, — depuis, la taverne de *Walker* dans Writer's Court, — quand un bruit formidable de chevaux qu'on entendit dans la rue annonça l'arrivée des dragons, ou d'une partie de ce corps, dans cet état de désordre. Le vieux et intrépide commandant se présenta devant eux, un pistolet à la main, et les somma de se rendre à la merci de Son Altesse Royale. Les dragons, ne voyant qu'un ou deux hommes, répondirent à cette sommation par des imprécations accompagnées de quelques coups de pistolet, et ayant forcé ainsi le gouverneur jacobite à se réfugier dans les Thermopyles de Writer's Court, ils continuèrent leur course vers le château, croyant que cette forteresse serait pour eux un refuge assuré. Mais le vieux général Preston, qui s'était jeté dans le château, dont il était gouverneur, et qui remplissait les fonctions du général Guest, n'avait nulle envie d'admettre ces lâches cavaliers dans une citadelle qui était probablement à la veille d'être assiégée. Il leur fit donc dire de s'éloigner du château, ou qu'il ferait tirer le canon contre eux, comme étant des lâches qui avaient abandonné leurs officiers et leurs étendards. Alarmés de ce nouveau danger, les fuyards battirent en retraite, descendirent par la rampe escarpée nommée Castle-Wynd, sortirent de la ville par la porte de l'ouest, et continuèrent à fuir vers Stirling, du côté de l'occident.

La plus grande partie des dragons furent réunis par sir John Cope, à l'aide des comtes de Home et de Loudon, et conduits, dans un état peu honorable, d'abord à Goldstream, et de là à Berwick. En cette dernière ville, lord Marc Ker, de la famille de Lothian, maison qui jouissait d'une réputation héréditaire pour l'esprit comme pour le courage, accueillit le malheureux général en lui adressant le sarcasme bien connu, qu'il croyait qu'il était le premier général de l'Europe qui eût apporté lui-même la nouvelle de sa défaite.

Mais la présence du général en personne sur un champ de bataille où il ne se trouvait plus rien qui ressemblât à une armée, n'aurait pu réparer ce désastre. Jamais il n'y eut une victoire plus complète. De l'infanterie, composant environ deux mille cinq cents hommes, à peine deux cents s'échappèrent, tout le reste fut tué ou fait prisonnier. On calcula en général que le nombre des morts montait à quatre cents; car les montagnards ne firent guère quartier dans la première fureur de l'attaque; mais elle ne fut pas de longue durée. Celui des prisonniers fut de plus de deux mille. La plupart d'entre eux offraient un spectacle hideux, étant défigurés par des coups de sabre. L'artillerie de campagne, les drapeaux, les étendards et d'autres trophées restèrent entre les mains des vainqueurs. La caisse militaire de l'armée vaincue avait été placée pendant l'action dans la maison de Cockensie, le bagage avait été laissé dans un champ voisin, d'abord derrière les lignes de Cope, mais au moment de l'action, sur sa gauche. On en avait confié la garde à quelques montagnards du régiment que le comte de Loudon levait pour le gouvernement, et que la désertion avait considérablement diminué, un grand nombre de soldats ayant rejoint leurs clans dès que la rébellion avait éclaté. La garde du bagage se rendit prisonnière en voyant l'évènement du combat, et le bagage, ainsi que la caisse militaire qui contenait deux mille cinq cents livres sterling en espèces, devinrent la proie des vainqueurs. Les montagnards virent avec une surprise qu'on ne peut dépeindre le luxe d'une armée civilisée. Ils ne concevaient pas à quoi pouvait servir le chocolat; et les montres, les perruques, et tous les objets servant à la toilette, étaient également pour eux des objets d'étonnement et de curiosité.

La bataille, quoique de peu de durée, avait aussi coûté du sang aux vainqueurs. Ils perdirent quatre officiers et trente soldats; six officiers et soixante-dix soldats furent blessés.

Tel fut le résultat de la célèbre bataille de Preston, ou comme quelques auteurs la nomment, de Prestonpans. Les armes d'une milice indisciplinée couvrirent d'une honte ineffaçable des troupes régulières. Sir John Cope, qu'il serait aisé de justifier sous le rapport du courage personnel, n'en fut pas moins accablé sous les traits du ridicule qui s'attache à la poltronnerie aussi bien qu'au manque de conduite.

> Et son nom, devenu le but de maints lardons,
> Devait aussi fournir un refrain aux chansons.

CHAPITRE XIX.

Proclamation du prince Charles après son retour à Édimbourg. — Ses plans et ses levées. — Son conseil et sa cour au palais d'Holyrood. — Arrivée de bâtimens français, apportant de l'argent et des armes. — Duplicité de lord Lovat.— Suites malheureuses qui en résultent pour lui et pour le prince.—Résolution prise par Charles d'entrer en Angleterre, contre l'avis de plusieurs de ses conseillers. — Son arrivée à Carlisle, à Preston, à Manchester, seule place où il reçoit un renfort d'Anglais.—Alarme du gouvernement.—Résolution de George II de se mettre personnellement en campagne. — Arrivée du prince à Derby. — Il compte toujours sur le succès, quoique entouré par les forces du gouvernement, bien supérieures en nombre aux siennes. — Lord George Murray insiste sur la nécessité d'une retraite. — Le prince y consent à contre-cœur.

Le lendemain de la bataille de Preston, le prince passa la nuit à Pinkie-House, près de Musselbourg. Dans la matinée suivante, il retourna à Duddingston, et entrant ensuite dans la capitale, il fut reçu au bruit des acclamations de la populace et avec tous les honneurs que les autorités publiques pouvaient lui rendre. Il publia plusieurs proclamations en y arrivant, et toutes étaient faites pour avoir de l'influence sur l'esprit public.

Il défendit toutes réjouissances pour la victoire qu'il avait remportée, en alléguant pour raison la mort de tant de sujets égarés de son père. Par un autre édit, il exhorta le clergé d'Édimbourg à reprendre l'exercice de ses fonctions religieuses, et l'assura de sa protection. Ce corps vénérable lui envoya une députation pour lui demander s'il serait permis aux ministres, dans le cours du service divin, d'offrir leurs prières pour le roi George. Le chevalier fit répondre que leur accorder cette permission serait déclarer illégales les prétentions de sa famille, qu'il avait pris les armes pour soutenir ; mais que cependant il donnait sa parole royale qu'aucun ministre ne serait inquiété pour les discours imprudens qu'il pourrait tenir en chaire. Les ministres d'Édimbourg semblent avoir douté de l'exécution de cette promesse, car aucun d'eux ne reprit ses fonctions, à l'exception du révérend M. Mac-Vicar, ministre de l'église de l'ouest, qui y officia régulièrement sous la protection des canons du château. Un grand nombre d'officiers montagnards et de citoyens allaient y assister au service divin, pendant lequel M. Mac-Vicar, non-seulement priait pour le roi George, mais soutenait ses droits au trône. Quelques partisans de Charles-Edouard lui représentèrent cette conduite comme un trait d'insolence impardonnable ; mais le prince leur répondit que cet homme était un honnête fou, et qu'il ne voulait pas qu'on l'inquiétât. Je ne sais si ce fut en reconnaissance du privilège qui lui était accordé que M. Mac-Vicar, le dimanche suivant, ajouta à celle qu'il faisait pour le roi George, une prière en faveur du chevalier. Elle était conçue en ces termes : Quant au jeune homme qui est venu parmi nous pour chercher une couronne terrestre, puisses-tu dans ta grâce miséricordieuse lui en accorder une dans le ciel.

Beaucoup d'inconvéniens résultaient de ce que les compagnies de banque s'étaient retirées dans le château en y emportant leurs espèces, qui étaient la monnaie courante du pays. Une troisième proclamation invita ces établissemens à revenir dans la ville, et à reprendre le cours ordinaire de leurs affaires. Mais les banquiers, de même que les ministres, refusèrent d'écouter cette invitation, et n'accordèrent probablement pas plus de confiance à la garantie qu'elle leur offrait.

Il est temps maintenant de considérer sous un point de vue plus général les effets que la bataille de Preston ou de Gladsmuir [1], comme les Jacobites préféraient l'appeler, avait produits sur les affaires du jeune aventurier.

---

(1) Ils affectaient de lui donner ce nom pour concilier cette victoire avec d'anciennes prophéties en vers qui parlaient de Gladsmuir comme d'un champ de bataille sur lequel les Écossais seraient victorieux :

La bataille sera livrée à Gladsmuir,

disait le livre des *Prophéties*, imprimé à Édimbourg par Andro Hart, en 1615. Gladsmuir est à un grand mille du lieu où la bataille fut livrée en 1745. Dans le

Jusqu'à cet engagement, on ne pouvait dire que le chevalier possédât un pouce de terrain en Écosse, à l'exception du sol que couvrait son armée de montagnards. La victoire avait opéré un changement complet à cet égard, et excepté les châteaux d'Édimbourg et de Stirling, et les quatre petits forts dans les montagnes, il ne se trouvait pas une seule place dans l'ancien royaume de ses ancêtres qui osât méconnaître son autorité, et s'exposer aux suites de cette hardiesse. C'était donc une question de haute importance de décider de quelle manière on pouvait profiter de cet avantage splendide. L'opinion de bien des gens à cette époque et même depuis ce temps, et c'était, dit-on, dès l'origine, l'opinion bien prononcée de Charles-Édouard lui-même, était que le coup qui venait d'être frappé à Preston devait être suivi aussi promptement que possible par une irruption en Angleterre. Cette mesure, disait-on, ranimerait le courage des Jacobites anglais, surprendrait le gouvernement dans un état d'incertitude, et avant qu'il eût fait ses préparatifs, et offrirait en un mot la perspective la plus probable d'effectuer promptement une contre-révolution. Cependant, en y réfléchissant mûrement, le prince, d'après des raisons de la nature la plus forte, la plus urgente, fut obligé de renoncer à une entreprise qui convenait peut-être assez bien à son caractère audacieux. Il ne pouvait s'empêcher de sentir que son armée, après la bataille, se trouvait réduite presque à moitié, attendu le grand nombre de montagnards qui, suivant leur coutume invariable, étaient retournés chez eux pour porter à leurs familles le butin qu'ils avaient fait pendant la campagne. Ce n'était pas tout. Il était encore privé de l'assistance de Lovat, de Mac-

---

fait, l'ancien prophète semble avoir montré plus de jugement que sir John Cope dans le choix d'un champ de bataille. Gladsmuir est une grande plaine découverte où sa cavalerie aurait pu se développer à l'aise. On sera toujours surpris qu'il ne s'y soit pas arrêté pour attendre les montagnards, au lieu de s'enfermer à Preston comme dans un parc à moutons, et de s'y laisser attaquer. (*Note de l'auteur.*)

Leod et de sir Alexandre Mac-Donald, sur lesquels il avait compté comme les principaux appuis de son entreprise. Ces trois chefs auraient pu augmenter ses forces de six à sept mille hommes, et avec une telle armée il aurait pu s'approcher des frontières de l'Angleterre avec quelque espoir de frapper un coup important. Mais indépendamment du reste des dragons de sir John Cope, plusieurs régimens anglais, rappelés de Flandre, étaient déjà arrivés en Angleterre; et, de même que lors de l'insurrection de 1715, les États de Hollande avaient fourni six mille hommes de troupes auxiliaires, comme le contingent qu'ils étaient obligés d'envoyer en Angleterre en cas d'invasion. A la vérité, ces régimens étaient principalement composés de troupes suisses et allemandes à la solde de la Hollande, qui, ayant été faites prisonnières de guerre par les Français, avaient été remises en liberté, sur leur parole qu'elles ne porteraient pas les armes contre Sa Majestée très chrétienne et ses alliés. Il y avait donc quelque doute qu'elles pussent régulièrement prendre part à la guerre civile d'Angleterre. On apprit que le gouvernement français avait fait des remontrances contre leur destination, fondées sur les termes de leur capitulation. Mais les lois de la guerre ont leurs sophismes aussi bien que les autres, et puisque ces troupes avaient été envoyées en Angleterre, on ne peut guère douter que, s'y trouvant, ce ne dût être avec la résolution de combattre. Cependant, à une époque postérieure, quand le chevalier eut dans son camp des auxiliaires français, elles ne prirent aucune part à la guerre.

On doit aussi se rappeler qu'en entrant en Angleterre sans être certain d'y trouver des amis, le chevalier devait renoncer à toute chance de recevoir des secours de France, qu'il ne pouvait espérer qu'en petite quantité, par Montrose, Dundee et autres ports sur la côte du nord-est; et qu'en même temps il ne pouvait plus compter sur les recrues qu'il attendait des montagnes, et sur le secours des grands clans qu'il se flattait toujours de voir se joindre à lui.

Les forces anglaises et hollandaises se réunissaient à Newcastle, sous le maréchal de camp Wade, en nombre déjà supérieur à celui de l'armée rebelle.

Ayant en face une telle force, entrer en Angleterre avec dix-huit cents ou deux mille hommes aurait été de la part du chevalier un acte de démence positive. Il ne lui restait qu'une autre marche à suivre : c'était de chercher à grossir son armée par tous les moyens qui étaient en son pouvoir, et de se mettre en état de continuer son entreprise avant d'aller plus loin.

Dans ce dessein, les revenus publics furent levés de toutes parts, et l'on envoya des détachemens jusqu'à Glascow, dont on exigea cinq mille livres sterling. On fit les plus grands efforts pour réunir les armes qui avaient été prises aux vaincus sur le champ de bataille, et le trésor du prince trouva de nouvelles ressources dans les contributions volontaires de divers individus qui, trop âgés ou trop timides pour le joindre, adoptaient ce moyen de lui montrer l'intérêt qu'ils prenaient à sa cause.

Cependant la nouvelle de cette victoire animait les Jacobites dans toutes les parties du royaume, et décida bien des gens qui jusqu'alors étaient restés neutres. — Des officiers furent chargés de recruter des volontaires, et ils le firent avec succès. — Beaucoup de gentilshommes des basses-terres joignirent les rangs des rebelles. — Le général Gordon et Glenbucket amena trois cents hommes de la partie supérieure du comté d'Aberdeen. — Lord Ogilvie arriva avec un corps aussi nombreux de Strathmore et de Mearns. — Lord Pitsligo, seigneur du caractère le plus irréprochable et déjà avancé en âge, se mit en campagne à la tête d'un escadron de cent vingt gentilshommes du nord.—Lord Louis Gordon, frère du duc, se chargea de lever une force considérable dans ses domaines, quoique son frère, découragé peut-être par le souvenir de 1715, eût refusé de joindre l'étendard du chevalier.

Ces nouvelles forces furent organisées avec toute la célérité possible. On forma deux troupes de cavalerie, auxquelles on donna le nom de Garde. L'une fut placée sous les ordres de lord Elcho ; l'autre, d'abord destinée au fils de lord Kenmure, qui refusa de rejoindre l'armée, fut enfin mise sous les ordres de l'infortuné comte Balmerino. Le comte de Kilmarnock, non moins malheureux, commanda une troupe de grenadiers à cheval. D'après la première éducation qu'avait reçue ce seigneur, on n'aurait guère dû s'attendre à le voir prendre les armes pour une cause qui lui coûta si cher. En 1715, n'ayant encore que douze ans, il prit les armes avec son père en faveur du gouvernement, à la tête de mille hommes que l'influence de sa famille avait levés dans le comté d'Argyle. Il jouissait aussi d'une pension que lui avait accordée le gouvernement de George II. Mais sa femme lady Anne Livingston, fille de Jacques, comte de Linlithgow et de Callander, était une zélée Jacobite, et l'on suppose qu'elle convertit son mari à cette malheureuse foi. Lord Kilmarnock se trouvait en outre dans des embarras pécuniaires, et son ambition fut éblouie par l'éclat du succès qui couronna les armes du prince à Preston, et le porta à faire la démarche qui lui coûta la vie. M. Murray, le secrétaire d'état, voulant commander au militaire comme au civil, réussit en partie à lever un régiment de hussards, destiné au service de la cavalerie légère, et qui fut commandé sous lui par le lieutenant-colonel Bagot, officier irlandais au service de la France.

Tandis que des recrues d'un rang distingué joignaient ainsi l'étendard du prince, son camp à Duddingston prenait un air plus régulier et plus militaire. On obtint des montagnards, avec quelque difficulté, qu'ils occupassent les tentes qui étaient tombées en leur possession à Preston ; mais ils déclarèrent qu'ils ne le faisaient que par respect pour les ordres du prince ; car ce peuple endurci préférait rester en plein air, même à la fin d'un automne d'Écosse. Les tentes étaient dressées avec fort peu de soin, et elles n'étaient qu'à demi habitées, ce qui donnait au camp un aspect extrêmement irrégulier.

On peut remarquer ici qu'au total la conduite des montagnards fut exemplaire. A la vérité quelques vols furent commis dans les environs d'Édimbourg par des gens portant le costume des montagnes et une cocarde blanche, mais on fut convaincu qu'ils avaient été commis par des voleurs ordinaires qui avaient pris l'uniforme des troupes du prince pour se déguiser. Les montagnards s'oublièrent pourtant en quelques occasions, et menacèrent des citoyens de leurs mousquets pour en extorquer de l'argent ; mais la modicité de leur demande faisait un étrange contraste avec les démonstrations effrayantes qui l'accompagnaient. Elle se bornait en général à un sou, circonstance qui prouve d'une manière bien forte la simplicité de ce peuple singulier.

La cour d'Holyrood, dans ces beaux jours du jacobitisme, était tellement fréquentée par une foule de personnes de distinction, qu'on aurait presque pu supposer que la restauration avait déjà eu lieu. Le beau sexe surtout était ébloui par la hardiesse de l'entreprise d'un prince jeune et bien fait qui avait obtenu un succès si inespéré ; et les jeunes gens, pour peu qu'ils fussent disposés à adopter les sentimens politiques du beau sexe, trouvaient difficile d'avoir une opinion différente. Aux yeux du public, le jeune chevalier, soit par politique, soit par suite d'un caractère naturellement bon, ne montrait que des sentimens honorables et généreux, et l'on faisait circuler nombre d'anecdotes propres à le faire valoir. On disait, par exemple, que tandis que Charles traversait le champ de bataille de Preston, un officier lui ayant désigné les corps qui y étaient étendus comme étant ceux de ses ennemis, il avait répondu qu'il ne voyait qu'avec regret les corps de sujets égarés de son père. Un fait plus certain, c'est que lorsque le chevalier eut fait proposer à la cour de Londres un cartel pour l'échange des prisonniers, et que cette proposition eut été refusée, on lui conseilla fortement de regarder les prisonniers anglais qui étaient entre ses mains comme des otages qui lui répondraient de la vie de ceux de ses soldats qui pourraient tomber au pouvoir de l'ennemi. Mais Charles-Édouard rejeta constamment cette proposition, déclarant qu'il ne convenait pas à un prince de faire une menace qu'il n'avait pas dessein d'exécuter, et que jamais, pour quelque cause que ce pût être, il ne condamnerait à mort de sang-froid des hommes dont la vie avait été épargnée dans la chaleur de l'action.

Après son retour de Preston, Charles trouva une autre occasion de prendre le même ton de générosité. Il avait établi un blocus autour du château de la ville. Le seul inconvénient que cette mesure pouvait causer à la garnison, était de la priver de provisions fraîches, car le château était abondamment approvisionné de salaisons. Il n'y avait donc guère d'apparence qu'on pût réduire par famine une place si forte : et le gouverneur s'inquiéta peu d'une proclamation qui défendait, sous peine de mort, de porter aucune provision au château. Quelques coups de feu tirés sur les montagnards qui formaient le blocus, furent la seule réponse qu'il fit à cette insulte. Cependant, au bout de quelques jours, le général Preston, gouverneur de la citadelle, envoya un message au lord-prévôt et aux magistrats, pour leur déclarer qu'à moins qu'on ne rétablît les communications avec la capitale, il ferait tirer le canon sur la ville, et la réduirait en cendres. Quand cette menace fut communiquée au chevalier par les citoyens effrayés, qui lui firent part de leurs craintes, il leur répondit que rien ne serait plus injuste que de rendre la ville responsable des actions d'une force armée sur laquelle elle n'avait aucune autorité ; qu'on pourrait, par un raisonnement semblable, le sommer d'évacuer la capitale, ou de renoncer à tout autre avantage, en employant la menace de détruire la ville; par conséquent, il ne pouvait permettre, en cette occasion, à sa sensibilité, de rien changer à la marche qu'exigeaient ses intérêts. Mais, pour intimider le général Preston, le chevalier le fit avertir que, s'il faisait feu sur la ville, il ferait, par représailles, brûler de fond en comble la maison du général à Valleyfield, dans le comté de Fife. L'intrépide vétéran méprisa cette menace, et répondit que si l'on touchait à Valleyfield, il donnerait ordre aux bâtimens de guerre anglais qui étaient dans le Frith, d'incendier le château de Wemyss, construit sur un rocher avançant dans la mer. Ce château appartenait au comte de Wemyss, dont le fils aîné, lord Elcho, se trouvait dans le camp du prince. Heureusement on n'eut recours, ni d'un côté ni de l'autre, à un genre de guerre fait pour augmenter l'aigreur mutuelle; et le général Preston, cédant aux prières des habitans de la ville, promit de suspendre la canonnade, jusqu'à ce qu'il eût reçu des instructions de la cour de Saint-James.

Cependant quelques difficultés étant survenues sur l'interprétation de cette espèce d'armistice, le général Preston, exécutant sa menace, fit tirer sur la ville. Ce fut une scène de confusion; la garnison du château fit une sortie pour déloger les rebelles de quelques postes qu'ils occupaient près de la forteresse; la mitraille balaya les rues, et il en coûta la vie à plusieurs personnes, tant habitans de la ville que montagnards. On dit que le gouverneur se porta à cette démonstration hostile pour déterminer l'armée insurgente à rester devant la citadelle, et qu'il fit même tomber à dessein entre les mains des chefs des rebelles des lettres où l'on exprimait la crainte d'y manquer de provisions, de manière à les confirmer dans le dessein de continuer le blocus. Cependant Charles, ému de compassion pour la détresse des habitans, ou affectant d'en éprouver, ordonna qu'on rouvrît les communications avec le château, et par conséquent la canonnade cessa.

Cette conduite de la part du jeune aventurier était aussi politique que généreuse. Mais au milieu de cette apparence de douceur et de libéralité, il existait des dissensions particulières qui rendaient les opinions et les principes du chevalier moins agréables à quelques uns de ceux qui s'approchaient immédiatement de sa personne, qu'à ceux des partisans qui ne voyaient les évènemens que de plus loin. Pour les faire connaître, j'indiquerai la manière dont ses conseils étaient conduits, en empruntant le récit de lord Elcho.

— Le prince forma un conseil qui s'assemblait régulièrement tous les matins dans son salon. Les gentilshommes qu'il y appela furent le duc de Perth, lord Louis Gordon, lord George Murray, lord Elcho, lord Ogilvie, lord Pitsligo, lord Nairne, Lochiel, Keppoch, Clanranald, Glencoe, Lochgarry, Ardshiel, sir Thomas Sheridan, le colonel O'Sullivan, Glenbucket, et le secrétaire d'état Murray. Dans ce conseil, le prince avait coutume de donner toujours son avis le premier, et alors il demandait tour à tour l'opinion de chacun. Les principes du tiers de ce conseil étaient que les rois et les princes ne peuvent jamais rien faire qui soit mal, rien proposer qui ne soit à propos; par conséquent ceux qui formaient ce tiers étaient toujours de l'avis du prince; les deux autres tiers, qui croyaient que les rois et les princes pensaient quelquefois comme les autres hommes et n'étaient pas tout-à-fait infaillibles, et que le prince Charles ne l'était pas plus que les autres, lui demandaient la permission d'avoir une opinion différente, quand ils pouvaient alléguer des raisons suffisantes pour justifier cette différence. Il arrivait souvent que cela n'était pas très difficile, car comme le prince et son ancien gouverneur, sir Thomas Sheridan, ne connaissaient rien aux usages et aux coutumes de la Grande-Bretagne, et que tous deux professaient la maxime du pouvoir monarchique absolu ils auraient souvent, si on ne les eût empêchés, commis des erreurs qui auraient pu nuire à la cause. Le prince ne pouvait souffrir d'entendre une opinion différente de la sienne, et il concevait de l'éloignement pour ceux qui en exprimaient une; car il avait dans l'idée qu'il pouvait commander cette armée comme un général commande un corps de troupes mercenaires; et que par conséquent il n'avait besoin que de faire connaître ses ordres pour attendre qu'on lui obéît sans faire plus de questions. La chose lui eût été plus facile si ses favoris eussent été des hommes du pays; mais c'étaient des Irlandais : ils ne couraient aucun risque; les Ecossais de distinction, qui avaient tout à risquer, et que par conséquent on devait présumer disposés à donner d'aussi bons avis qu'ils le pouvaient, croyaient au contraire avoir droit d'être informés de tout, et consultés sur ce qu'il y avait à faire pour l'avantage d'une cause au succès de laquelle ils étaient tellement intéressés. Quand le prince trouva que ses opinions n'étaient pas toujours approuvées, il aurait volontiers supprimé ce conseil beaucoup plus tôt qu'il ne le fit, si l'on n'eût fortement insisté pour qu'il le maintînt.

Un gentilhomme d'Edimbourg envoya un jour une pièce très bien rédigée pour être lue dans le conseil. Le prince, après en avoir entendu la lecture, dit qu'il était au-dessous de sa dignité d'entrer dans de pareils raisonnemens avec ses sujets, et ordonna qu'on la mît à l'écart. Cette pièce fut pourtant ensuite imprimée sous le titre de *Déclaration du prince au peuple anglais*, et on la regarde comme le meilleur manifeste qui ait été publié en ce temps; car ceux qui furent imprimés à Rome et à Paris ne furent pas considérés comme convenant au siècle actuel.

Le prince nomma un comité pour procurer des fourrages à l'armée. Il était composé de lord Elcho, président;

Graham de Duntroon, qu'on appelait lord Dundee; sir William Gordon de Park, Hunter de Burnside, Haldane de Lanark et son fils, M. Smith et M. Hamilton. Ce comité expédia des ordres à tous ceux qui avaient des emplois du gouvernement, pour qu'ils eussent à envoyer, tel jour, telle quantité de foin, de paille et de grains, à peine d'exécution militaire s'ils n'obéissaient pas. Mais les ordres furent très ponctuellement exécutés.

Des cours martiales siégeaient tous les jours pour maintenir la discipline de l'armée, et quelques délinquans furent punis de mort.

Tandis qu'il exerçait à Holyrood une hospitalité digne d'un prince, qu'il donnait des festins à ses partisans les plus distingués, des bals et des concerts à leurs dames, dont la duchesse de Perth et lady Ogilvie étaient les plus remarquables, Charles-Edouard n'en continuait pas moins à s'occuper de tous les soins qui conviennent à un général prudent; il visitait son camp presque tous les jours, faisait faire l'exercice à ses troupes, les passait en revue, et couchait quelquefois dans le camp, sans ôter ses habits.

Pendant que l'administration intérieure des affaires civiles et militaires du prince était réglée de cette manière, on s'occupa sans perte de temps à solliciter des secours partout où l'on pouvait en espérer. Aussitôt après la bataille de Preston, le prince avait envoyé en France un agent confidentiel. L'individu à qui cette mission fut confiée était M. Kelly, dont nous avons déjà parlé comme complice du complot de l'évêque de Rochester. Ses instructions étaient de faire valoir la victoire de Preston autant que possible aux yeux du roi de France et de ses ministres, et de leur représenter combien l'entreprise du prince promettait de réussir s'il obtenait les secours efficaces de sa majesté très chrétienne. Cette mission ne fut pas tout-à-fait inutile, quoique l'on puisse douter que le ministère français ait regardé cette occasion comme aussi favorable qu'on la lui représentait. Des navires furent envoyés de temps en temps en Ecosse avec des secours en armes et en argent, mais en petite quantité. Un de ces bâtimens arriva à Montrose, apportant cinq mille livres sterling en argent, et des armes pour deux mille cinq cents hommes. A bord de ce vaisseau se trouvait M. de Boyer, nommé marquis d'Aiguilles, fils d'un président au parlement d'Aix, et un ou deux officiers ayant des relations avec ceux qui avaient déjà pris part à cette entreprise.

Le prince reçut le marquis d'Aiguilles avec un cérémonial étudié, affectant de le considérer comme agent accrédité du roi son maître. Le chevalier donna aussi à entendre que le marquis lui avait apporté des lettres du roi de France, qui lui promettait son assistance; et il assura plus positivement, que son frère Henri-Benoît, qui se nommait duc d'York, devait être envoyé incessamment en Angleterre, à la tête d'une armée française. Ces nouvelles exaltèrent au plus haut point l'ardeur des insurgens; car une tentative d'invasion devait si évidemment entrer dans les vues politiques de la cour de France à cette époque, que personne n'avait la moindre difficulté à y croire.

Trois autres navires arrivèrent encore de France à Montrose et à Stonehaven. On reçut en cette occasion un train d'artillerie composé de six pièces de canon de quatre livres de balles, et chaque bâtiment apportait en outre des armes pour deux mille cinq cents hommes, et mille livres sterling. Quelques officiers irlandais arrivèrent à bord de ces vaisseaux. Pour empêcher de telles communications, l'amiral Byng entra dans le Frith de Forth avec quatre ou cinq bâtimens de guerre, ce qui obligea la cavalerie des insurgens à faire des patrouilles nocturnes le long des côtes.

Pendant ce temps le prince ne relâchait rien de ses efforts pour étendre l'insurrection en Ecosse. Nous avons déjà dit que Mac-Pherson de Cluny avait été fait prisonnier chez lui par les soldats du prince, et conduit à Perth comme captif. A son arrivée dans cette ville, il fut remis en liberté, en prenant les mêmes engagemens que les clans qui étaient déjà sous les armes. En conséquence, dès qu'il fut de retour en sa maison de Badenoch, il convoqua ses vassaux, et conduisit trois cents Mac-Phersons sous l'étendard du prince, à Edimbourg.

Mais quoique Cluny, gendre de Lovat, eût ainsi pris son parti, ce vieux chef astucieux hésitait encore, et conservait toujours le masque d'une fidélité prétendue à George II. Charles-Edouard correspondait avec lui par le moyen de son secrétaire, Hugues Fraser, et de Mac-Donald de Barrisdale, partisan qui affectait particulièrement les anciennes mœurs des montagnards, et qu'on supposait, pour cette raison, devoir être agréable à Lovat. Charles se servait de ces agens pour stimuler l'ambition de Lovat par tous les moyens qu'il pouvait imaginer ; et tout en feignant de recevoir comme argent comptant les prétextes que le vieillard alléguait pour s'excuser de tarder si long-temps à se déclarer, il le pressait vivement de réparer le temps perdu, en levant son clan sur-le-champ.

Lovat hésitait pourtant encore. Le président Forbes avait sur lui cette espèce d'ascendant que les hommes dont les principes sont honorables et décidés, exercent ordinairement sur ceux qui sont rusés et sans conscience. Lovat fut donc ainsi porté à adopter une marche politique tortueuse, s'efforçant de donner sous main au chevalier tous les secours qu'il pouvait, sans risquer, comme il l'espérait, de se faire accuser de rébellion. Tandis qu'il faisait au président de vaines protestations de zèle et de fidélité pour le gouvernement, il entretenait avec le prince une correspondance secrète, et l'assurait d'un dévouement aussi insignifiant ; sans prendre une part active à la querelle, il cherchait à vivre en bonne intelligence avec les deux partis, jusqu'à ce qu'il pût se rendre assez important pour être en état, avec ses propres forces, de faire pencher la balance en faveur de l'un ou de l'autre.

La vacillation et la duplicité de lord Lovat étaient d'autant plus fâcheuses pour la cause qu'il finit par adopter, que son exemple perdit tout le poids qu'une résolution décidée aurait eu sur ceux qui le regardaient comme un modèle de prudence et de sagesse. On assure généralement dans les montagnes que si Lovat eût pris les armes au commencement de l'entreprise, les deux grands chefs, sir Alexandre Mac-Donald de Sleat, et Mac-Leod de Mac-Leod, en auraient certainement fait autant. Les forces de ces trois chefs auraient presque doublé celles que le chevalier avait réunies de différens côtés ; et l'on peut assurer, sans craindre de trop s'avancer, qu'à la tête d'une telle armée, le prince aurait pu risquer d'entrer en Angleterre aussitôt après la bataille de Preston, et voir quelle impression il aurait pu faire dans ce pays quand sa victoire brillait encore d'un éclat récent. Mais le plan de Lovat était d'employer d'une manière bien différente l'influence qu'il possédait sur ces chefs insulaires. Son projet était de réunir leurs vassaux de l'île de Skye et autres, aux Mac-Phersons sous le commandement de Cluny, aux Mac-Instoshs, aux Farquharsons et aux autres branches du clan de Chattan, sur lequel il avait beaucoup d'influence ; de former ainsi dans le nord, au défilé de Corryarrack, une armée qui aurait probablement monté à cinq ou six mille hommes, et qu'il aurait pu, à son choix, employer d'une manière décisive à assurer la restauration des Stuarts ou à étouffer la rébellion criminelle contre le roi George, suivant ce qui aurait le mieux convenu aux intérêts de Simon Fraser, lord Lovat.

Il entrait évidemment trop d'égoïsme dans ce plan pour qu'il pût réussir. Les deux chefs, Mac-Leod et Mac-Donald de Sleat, obtinrent connaissance du désir qu'avait Lovat de tirer parti de leur pouvoir féodal et de leurs forces, et ils jugèrent à propos de s'assurer à eux-mêmes le prix de leurs services. La conduite ambiguë et les délais de Lovat les portèrent à prêter l'oreille aux conseils plus sincères et plus profitables du président Forbes, qui les exhorta à employer tous les moyens possibles pour empêcher leurs vassaux de prendre part à la rébellion, et qui enfin les détermina à les rassembler en faveur du souverain qui occupait le trône.

Le président était muni de moyens de persuasion plus puissans que de simples paroles. Le gouvernement ayant mis à la disposition de ce magistrat actif et intelligent, comme nous l'avons déjà dit, cent commissions de compagnies indépendantes, il se trouvait par là en état d'augmenter encore son influence parmi les montagnards, en les distribuant aux clans qui étaient disposés à prendre les armes en faveur du gouvernement. Il réussit à faire accepter à sir Alexandre Mac-Donald et à Mac-Leod quelques unes de ces commissions; et quand Alexandre Mac-Leod de Muiravonside, sincère partisan du chevalier, arriva dans l'île de Skye pour les engager à se joindre au prince, il trouva qu'ils avaient déjà pris avec le parti ennemi des arrangemens beaucoup plus positifs qu'on n'aurait eu la moindre raison de le supposer, d'après les principes politiques qu'ils avaient professés jusqu'alors. Les autres chefs auxquels les commissions furent distribuées furent lord Seaforth, le comte de Sutherland, lord Reay, sir Robert Monro de Foulis, le maître de Ross et le laird de Grant. Les compagnies qui furent levées en vertu de ces commissions, reçurent ordre de se réunir à Inverness; et ainsi une armée royaliste fut sur pied dans le nord, vers la fin d'octobre, sur l'arrière des rebelles, tandis que les forces croissantes du maréchal de Wade menaçaient de leur ôter toute possibilité de tenter une invasion en Angleterre.

La défection de Mac-Donald et de Mac-Leod fit avorter le plan de lord Lovat pour assembler une armée de montagnards à Corryarrack, et l'on aurait pu s'attendre à le voir alors forcé de se déclarer ouvertement pour l'un ou l'autre des deux partis. Mais, ingénieux à se tromper lui-même, le vieillard astucieux s'imagina avoir trouvé un moyen de donner à Charles-Edouard des secours qui l'aideraient grandement dans son entreprise, en évitant lui-même toute responsabilité personnelle.

Ce moyen, qu'il finit par adopter, était que son fils aîné, le maître de Lovat, joignît le prince avec sept à huit cents de ses vassaux les mieux armés et les plus belliqueux, et se chargeât seul du crime de rébellion, tandis que lui, son père, resterait chez lui, affectant de garder la neutralité entre les deux partis, et évitant de prendre une part ostensible à l'insurrection. Même, après avoir adopté ce projet dénaturé de se préserver lui-même de tout danger en se servant de son fils aîné comme le singe de la pate du chat, le vieux lord eut encore tant de doutes, et mit tant de délais à exécuter cette résolution, que le maître de Lovat, qui était plein d'honneur et de courage, versa des larmes de rage et d'indignation en voyant les intrigues ténébreuses et perfides dans lesquelles il se trouvait impliqué, et jeta au feu la cocarde blanche que son père lui avait ordonné de prendre, et qu'il ne voulait pas encore lui permettre de montrer sur le champ de bataille.

Quand Lovat adopta enfin la résolution de faire marcher son fils avec la meilleure partie de son clan pour renforcer l'armée de Charles-Edouard, résolution qu'il n'adopta qu'après avoir beaucoup hésité, et non sans quelques pressentimens fâcheux, il imagina, avec la finesse qui le caractérisait, un prétexte pour le faire partir. Il prétendit que quelques uns des clans rebelles avaient enlevé de son pays une grande quantité de bestiaux, et que le maître de Lovat était obligé de partir pour les recouvrer. Il assura même ensuite que, s'étant avancés trop près de l'armée insurgente, les Frasers avaient été contraints par la force à se joindre à elle.

Il est singulier combien l'astuce de Lovat répondit mal à son attente. Il avait sans doute désiré aider efficacement la cause de l'insurrection ; car il ne pouvait guère se flatter d'en imposer à son voisin le lord-président par son apparence de neutralité, et il devait craindre qu'on ne lui demandât un compte sévère de sa conduite, si la tranquillité se rétablissait sous l'ancien gouvernement. Et cependant, malgré l'intérêt qu'il prenait aux succès de Charles, il retarda la jonction de son fils avec les forces des insurgens, de manière à priver le prince du secours des Frasers dans sa marche en Angleterre, qu'il avait commencée avant que le maître de Lovat se mît en chemin vers le sud. Ce délai engagea ce jeune homme à s'arrêter à Perth, où il réunit son corps à d'autres renforts destinés à l'armée de Charles. Ainsi la politique indécise de lord Lovat, en le portant à aider la cause de Charles de manière à se compromettre lui-même aux yeux du gouvernement, l'engagea en même temps à différer et retarder son secours jusque après l'époque où cette assistance aurait pu être réellement utile.

Le chevalier connaissait fort bien toutes les difficultés de sa situation ; et n'ayant pas dessein de rester à Édimbourg, comme Mar à Perth, tandis qu'elles s'accumulaient autour de lui, il se disposa à suppléer par son activité à ce qui lui manquait du côté du nombre. Ayant donc réuni tous les renforts qu'il pouvait raisonnablement attendre, il informa tout-à-coup son conseil qu'il avait dessein de marcher sur Newcastle, et de livrer bataille au maréchal Wade, qui, il en était convaincu, fuirait devant lui. Cette proposition semble lui avoir été entièrement inspirée par ce caractère ardent qui lui avait fait concevoir la première idée de son entreprise. Les courtisans de son père, qui se disputaient à qui professerait le mieux la doctrine de l'obéissance illimitée, lui avaient fait croire de bonne heure que la cause de son père étant celle d'un monarque banni et victime de l'injustice, était aussi celle du ciel, et que le ciel ne manquerait pas de le protéger s'il faisait valoir hardiment les droits que la Providence lui avait accordés. Il croyait que l'opinion de ses sujets d'Angleterre était la même que celle dans laquelle il avait été élevé. La manière dont la populace d'Edimbourg l'avait accueilli, la victoire inattendue et décisive qu'il avait remportée à Preston, lui faisaient espérer ce succès avec plus de confiance que jamais; et il était fortement persuadé que même les soldats anglais soudoyés hésiteraient à se servir de leurs armes contre leur prince légitime.

Ces sentimens, quoiqu'ils pussent convenir à un prince né et élevé comme Charles-Edouard, avaient quelque chose de trop vague et de trop visionnaire pour obtenir l'approbation de son conseil.

A sa proposition d'entrer en Angleterre, on répondit que son armée, après tous les renforts qu'elle avait reçus, ne consistait encore qu'en cinq mille cinq cents hommes, nombre bien au-dessous de celui qui serait nécessaire pour forcer les Anglais à le reconnaître pour leur souverain; qu'il serait donc assez temps de marcher vers ce pays quand il serait invité par les amis qu'il y avait, soit à les joindre, soit à faciliter leur soulèvement. On lui représenta ensuite que le maréchal Wade ayant rassemblé à Newcastle la plupart des troupes anglaises, et celles qui étaient récemment arrivées de Flandre, dans la vue d'entrer en Ecosse, il valait mieux le laisser avancer que de marcher à sa rencontre; car, dans le premier cas, il devrait nécessairement laisser l'Angleterre sans défense et exposée soit à une insurrection des Jacobites, soit à la descente d'une armée française, ce que le marquis d'Aiguilles et le prince lui-même semblaient attendre tous les jours. A ces argumens, le prince répondit seulement qu'il ne doutait pas que les forces auxiliaires françaises ne fussent débarquées avant qu'il eût passé la frontière; et qu'il avait à Londres et ailleurs un parti nombreux qui le recevrait comme le peuple d'Edimbourg l'avait reçu.

Les membres du conseil ne purent que répondre qu'ils le désiraient, et ils se séparèrent pour la nuit.

La discussion se renouvela le lendemain matin, et le prince proposa de nouveau d'entrer en Angleterre et de combattre le général Wade. Comme il vit que le conseil n'était pas d'une humeur plus complaisante que la veille, il ne parla plus de sa proposition principale, et se borna à proposer de marcher vers la frontière, afin de tenir les troupes en haleine et de les exercer. Cette proposition n'éprouva aucune opposition; et des ordres furent donnés pour que l'armée se préparât à se rendre à Dalkeith, et à se mettre en marche au premier ordre.

Dans la soirée du même jour, le chevalier, pour la troisième fois, soumit à ses officiers, alors réunis dans son appartement, sa proposition de marcher sur Newcastle. Aux objections qui lui avaient déjà été faites, il répliqua : — Je vois, messieurs, que vous êtes déterminés à rester en Ecosse et à défendre votre pays; mais je ne suis pas moins résolu à tenter la fortune en Angleterre, dussé-je y aller seul.

Etant enfin bien évident que le prince avait pris son parti, et, ne pouvant se refuser à prendre part à son projet sans mettre sa personne en danger, et sans faire échouer toute l'entreprise, lord George Murray et d'autres conseillers cherchèrent à trouver quelque moyen terme entre leur propre plan de rester en Ecosse, et celui du prince de marcher directement vers Newcastle pour combattre le maréchal Wade. Lord George Murray proposa donc que, puisque l'armée devait entrer en Angleterre, ce fût par la frontière occidentale, et non pas du côté de l'orient. Il calculait qu'en agissant ainsi ils éviteraient une collision trop prompte avec l'armée anglaise, ce qu'ils avaient intérêt à différer; et ils donneraient en même temps aux Anglais le temps de s'insurger, et aux Français celui de faire leur débarquement, si les uns ou les autres étaient disposés à agir d'après ce mouvement. Si, au contraire, le maréchal Wade traversait le pays en se dirigeant vers Carlisle pour leur livrer bataille, il ne pourrait le faire qu'au prix d'une marche fatigante dans un pays montagneux, tandis que les Highlanders combattraient avec avantage sur des montagnes semblables aux leurs. Le plan d'une marche à l'occident ne fut pas adopté sur-le-champ ; cependant le chevalier y consentit enfin, plutôt que de renoncer à son projet favori de s'avancer vers le sud.

Le 31 octobre 1745, Charles-Edouard sortit d'Edimbourg à la tête de ses gardes et de la cavalerie de lord Pitsligo. Ils se rendirent à Dalkeith, où ils furent joints par les autres corps de l'armée venant du camp de Duddingston et d'autres côtés. Là, l'armée se sépara en deux divisions.

L'une était composée de la brigade d'Athole, des régimens d'infanterie de Perth, d'Ogilvie, de Roy-Stuart et de Glenbucket ; de la cavalerie de Kilmarnock et des hussards, avec tous les bagages et l'artillerie. Cette division était commandée par le duc de Perth, et elle prit la route de Carlisle, du côté de l'occident. A Ecclesfechan, le mauvais état des routes l'obligea à laisser en arrière une partie du bagage ; et quand elle eut passé, les habitans de Dumfrie en prirent possession.

La seconde division de l'armée montagnarde consistait principalement en trois régimens de Mac-Donalds, ceux de Glengarry, de Clanranald et de Keppoch, avec la cavalerie d'Elcho et de Pitsligo. Le prince commandait en personne cette division. Le 5 novembre, après avoir fait halte à Kelso pendant deux jours, elle marcha vers Jedbourg en tournant vers l'ouest. La première démonstration vers le levant avait eu pour but de donner l'alarme au maréchal Wade, et de l'empêcher de prendre des mesures pour marcher vers Carlisle, qui était le véritable point d'attaque. Le lundi 8, le prince ayant traversé Hawick et Haggiehaugh, prit son poste au village de Brampton ;

en Angleterre, dans le dessein de faire face à Wade s'il tentait d'avancer de Newcastle vers Carlisle.

Pendant ce temps, la colonne sous les ordres du duc de Perth, composée principalement de régimens des basses-terres, de cavalerie et d'artillerie, s'avançait plus à l'ouest, et arriva devant Carlisle. Cette ville avait été long-temps la principale forteresse d'Angleterre sur la frontière occidentale, et plus d'une armée écossaise l'avait autrefois inutilement assiégée. Sous le règne d'Elisabeth, on avait ajouté de nouvelles fortifications aux murs qui l'entouraient, et qui avaient été construits sous Henri VIII. Le château, élevé sur une hauteur escarpée, était entouré d'un fossé profond sur le seul point par où il fût accessible. Il était très ancien, mais fort par sa position et par l'épaisseur de ses murailles. Enfin quoique Carlisle ne fût, sous aucun rapport, en état de soutenir un siège régulier, cette place pouvait défier les efforts d'un ennemi qui n'avait pas de canons d'un plus fort calibre que des boulets de quatre livres.

La désertion d'un grand nombre de leurs soldats jeta le découragement parmi les chefs montagnards. L'invasion de l'Angleterre n'était pas une mesure populaire parmi leurs troupes. Les montagnards attachaient à ce mouvement l'idée superstitieuse de quelque malheur qui devait nécessairement leur arriver en passant la frontière. Quand l'armée du prince partit de Dalkeith, elle était forte d'environ cinq mille cinq cents hommes, et l'on calcula que la désertion lui en avait fait perdre un millier quand les deux colonnes arrivèrent, l'une à Brampton, l'autre sous les murs de Carlisle.

Cette ville montra la résolution de se défendre. Le maire, nommé Pattieson, prit la peine de publier une proclamation pour informer les citoyens qu'il n'était point un Paterson, un Ecossais, mais un Pattieson, un véritable Anglais, déterminé à défendre la ville jusqu'à l'extrémité. Le commandant du château, nommé Durand, qui avait été nommé depuis peu à ce poste important, fit aussi connaître son intention de défendre cette place importante.

Le duc de Perth, qui commandait la colonne de droite de l'armée du prince, jugea nécessaire, malgré ces circonstances défavorables, de chercher à réduire Carlisle. Il ouvrit donc une tranchée à l'est de la ville; et deux jours après, il commença à établir une batterie. En voyant ces préparatifs, la ville de Carlisle et son vaillant maire désirèrent de capituler. Le duc de Perth refusa d'écouter aucune proposition, à moins que le château ne se rendît aussi, mais il leur accorda un délai raisonnable pour délibérer. Le résultat en fut que la ville et la citadelle se rendirent, à condition que les privilèges de la cité lui seraient conservés, et que la garnison, principalement composée de troupes de milice, aurait la permission de sortir de la ville, après avoir rendu ses armes et ses chevaux, sous la promesse de ne pas porter les armes contre le chevalier pendant l'espace d'un an. Cette capitulation fut signée par le duc de Perth et le colonel Durand, dont la défense ne doit pas avoir été bien formidable, puisque, pendant la courte durée de ce siège, les assiégeans n'eurent qu'un homme de tué et un autre de blessé.

Le 17 novembre, le prince fit une entrée triomphante dans la ville de Carlisle. Les habitans, qui n'étaient pas favorablement disposés pour sa cause, le reçurent avec froideur. Cependant ils ne purent s'empêcher d'exprimer leur reconnaissance de l'indulgence avec laquelle ils avaient été traités par le duc de Perth, dont la conduite à leur égard avait été généreuse et libérale. Leurs expressions de gratitude, et celles de satisfaction que le prince se crut obligé d'adresser au duc, nuisirent pourtant à sa cause, en nourrissant la jalousie qui existait entre lord George Murray et le duc de Perth. Nous avons déjà dit que leur discorde avait pris naissance presque à l'instant où ces deux seigneurs avaient joint l'armée du prince à

Perth, et que le secrétaire Murray avait cherché à servir son ambition personnelle en favorisant les prétentions du duc, qu'il trouvait facile à manier, et disposé à adopter ses idées; au lieu que lord George Murray, quoique doué de talens militaires plus élevés, était brusque et hautain, et ne se faisait aucun scrupule de combattre les opinions du prince lui-même, et encore moins celles de son secrétaire favori.

Une sorte de jalousie existant ainsi entre ces deux hommes éminens, lord George considéra la préférence donnée au duc de Perth pour commander les opérations du siège de Carlisle comme une usurpation de ses droits. Il regardait aussi, ou semblait regarder la religion catholique que le duc professait comme devant empêcher qu'il ne jouât un rôle qui le mettait tellement en vue dans cette expédition. Cédant à l'influence de ces idées, il écrivit au prince pendant ce siège une lettre dans laquelle il lui disait qu'il voyait avec peine qu'il ne possédait pas la confiance de Son Altesse Royale, puisque, quoiqu'il fût lieutenant-général, d'autres étaient employés de préférence à lui; que, d'après ces motifs, il croyait qu'il rendrait plus de services à Son Altesse Royale comme volontaire que comme officier général, et qu'en conséquence il priait le prince d'accepter sa démission de ce grade. Le chevalier lui répondit que sa démission était acceptée.

Mais quelque agréable que la préférence accordée au duc de Perth sur lord George Murray pût être au secrétaire Murray et aux favoris intimes et personnels du prince, les principes et les maximes du duc leur plaisant davantage que les vues et les opinions d'un militaire de haut rang qui ne savait pas transiger avec sa conscience, un sentiment général d'inquiétude et de crainte se répandit dans toute l'armée, qui avait une opinion beaucoup plus haute des talens militaires de lord George que de ceux du duc, quoiqu'on rendît justice au caractère doux et aimable, à la valeur personnelle et à la conduite honorable de ce dernier. Les principaux personnages qui se trouvaient dans l'armée, chefs, commandans de corps et autres qui occupaient des grades semblables, se réunirent donc pour présenter au prince, à Carlisle, une pétition dans laquelle ils le priaient d'éloigner de ses conseils tout catholique romain. Cette demande était fondée sur une allégation contenue dans les journaux, que le prince se laissait entièrement guider par les avis des catholiques romains, et que sir Thomas Sheridan était près de lui ce qu'avait été près de son aïeul Jacques II son père confesseur, le jésuite Peter. Faisant allusion à la reddition de Carlisle, la pétition exprimait une alarme affectée sur ce que les Papistes s'étaient permis de discuter et de décider des articles de capitulation qui concernaient essentiellement l'Eglise anglicane. Pour marquer le but réel de la pétition, le prince était supplié d'inviter lord Charles Murray à reprendre son commandement. Le prince fit une réponse favorable à cette dernière demande, et garda le silence sur les autres. Ainsi fut déjouée pour le moment une intrigue qui, jointe au ton bourru et hautain dont il faisait lui-même ses remontrances, avait été sur le point de priver les insurgens des services inappréciables de lord Georges Murray, qui était incontestablement le meilleur officier de toute l'armée.

Le prince n'aurait peut-être pas trouvé très facile de se tirer de cet embarras, si le duc de Perth eût tenu très opiniâtrément à conserver l'avantage qu'il avait gagné. On ne pouvait supposer qu'il admît les principes d'une pétition fondée sur l'idée que la religion qu'il professait était un obstacle à ce qu'il occupât un haut rang au service du prince, et il repoussa avec force les objections faites contre lui sous ce rapport. Mais quand on lui eut donné à entendre que Charles ne pouvait en ce moment adhérer à la résolution qu'il avait prise en sa faveur, sans perdre, au grand désavantage de ses affaires, les services de lord George Murray, il déclara sur-le-champ qu'il était prêt à servir en quelque qualité que ce fût, et à consentir à tout ce que pourraient exiger l'intérêt du prince et l'avantage de l'expédition.

Tandis que le prince était à Carlisle, il reçut une nouvelle qui prouvait que ses succès en Ecosse n'avaient été que momentanés et d'un genre qui n'avait pas fait une impression sérieuse sur l'esprit du peuple. La populace de Perth et de Dundee avait déjà montré son éloignement pour la cause des Stuarts et son dévouement à la maison d'Hanovre. Dans ces deux villes, le jour de la naissance du roi George, le peuple s'était assemblé pour célébrer cette fête avec les démonstrations de joie ordinaires, en dépit des commandans jacobites et des nouveaux magistrats qui avaient été nommés par le parti dominant. A Perth, la populace avait enfermé M. Oliphant de Gask et ses amis dans la maison commune, et les deux partis en étaient même venus aux coups. A Dundee, Fotheringham, le gouverneur jacobite, avait été chassé de la ville. L'un et l'autre réussirent à reprendre leur autorité le lendemain; mais le succès temporaire qu'avaient obtenu les habitans de ces deux villes prouvait que l'esprit public n'y était pas en faveur du prince Charles.

La métropole présenta alors une manifestation plus marquée de l'opinion générale. La force qui l'avait d'abord comprimée à Edimbourg, perdit tous ses ressorts par le départ de l'armée montagnarde pour l'Angleterre. La garnison du château avait repris possession de la ville abandonnée par les Jacobites. Le lord juge-clerc, les lords de session, les shérifs des trois comtés du Lothian, et beaucoup d'autres gentilshommes whigs qui avaient quitté la ville à l'approche des rebelles, y étaient rentrés avec une sorte de cortège solennel, et avaient donné ordre de continuer la levée de mille hommes qu'on avait votés pour le gouvernement. Le général Handyside était aussi entré dans la capitale, le 14 novembre, avec les régimens de Price et de Ligonier qui étaient venus de Newcastle, et les deux régimens de dragons qui s'étaient si mal conduits à Preston. Les villes de Glascow, de Stirling, de Paisley et de Dumfries organisaient aussi leurs milices; et le colonel John Campbell, alors héritier de la maison d'Argyle, était arrivé à Inverary, et levait les vassaux féodaux de cette famille puissante, ainsi que toute la milice du comté d'Argyle.

Tous ces symptômes prouvaient la fragilité du fil auquel tenait l'influence du chevalier en Ecosse, et indiquaient qu'il n'était pas probable qu'elle s'y maintînt long-temps, du moins dans les basses-terres, après le départ de l'armée des montagnards.

Mais même dans les montagnes, la situation des choses n'était pas plus rassurante pour les intérêts du prince. Lord Loudon était à Inverness avec les Mac-Leods et les Mac-Donalds de Skye, et il en imposait aux Jacobites au nord de cette ville, ainsi qu'à ceux de Nairne et de Moray. Il est vrai que lord Louis Gordon, qui commandait dans les comtés de Banff et d'Aberdeen, avait levé trois bataillons pour le prince, commandés par Moir de Stoniywood, Gordon d'Abachie et Farquharson de Monaltry. Le reste des renforts de Charles était à Perth. Ces renforts se composaient de Frasers, dont il a déjà été parlé, de Mac-Gillivray de Drumnaglas, qui commandait les Mac-Intoshs; les Farquharsons, le comte de Cromarty, le maître de Lovat, et divers détachemens de Mac-Donalds, de différentes tribus, ainsi que cent cinquante Stuarts d'Appin. Un corps considérable de Mac-Gregors était à Doune, sous les ordres de Mac-Gregor de Glengyle, et tenait en respect tous les environs. Toutes ces troupes formaient une force imposante. Celles qui se trouvaient à Perth, en y ajoutant les soldats de Glengyle, montaient à trois ou quatre mille hommes, aussi braves qu'aucuns de ceux qui fussent dans l'armée du prince. Le colonel Mac-Lauchlan fut envoyé pour les faire mettre en marche sur-le-champ, afin qu'ils allassent rejoindre leurs compatriotes en Angleterre.

Dans ces circonstances, plusieurs des partisans du prince furent grandement surpris quand, dans un conseil tenu à Carlisle, le jeune et ardent aventurier proposa de marcher sans délai vers Londres, comme si le royaume d'Angleterre eût été entièrement sans défense. Il lui fut objecté que les Ecossais n'avaient consenti à entrer en Angleterre que dans l'espoir qu'ils seraient joints par les amis anglais du prince, ou dans l'attente d'une descente de la part des Français; et que sans l'un ou l'autre de ces évènemens ils n'auraient jamais entrepris d'effectuer la restauration de la maison de Stuart. Le prince leur répondit qu'il attendait avec confiance la jonction d'un fort parti dans le comté de Lancastre, si les Ecossais consentaient à continuer leur marche. D'Aiguilles assura fortement qu'il était à chaque instant dans l'attente de la nouvelle du débarquement des Français. M. Murray, qui était trésorier en même temps que secrétaire, déclara qu'il était impossible de rester plus long-temps à Carlisle, faute d'argent. Toutes ces raisons étaient urgentes pour décider à marcher vers le sud.

On ne saura probablement jamais exactement si le prince avait des raisons plus fortes que celles qu'il alléguait, pour croire à la probabilité d'une insurrection jacobite en Angleterre. Il est certain qu'on était assez bien informé que beaucoup de familles distinguées avaient promis, en 1740, de joindre le prince, pourvu qu'il arrivât à la tête d'une force française, et avec une certaine somme d'argent et une certaine quantité d'armes. Mais les mêmes difficultés qu'il avait rencontrées en débarquant en Ecosse s'étaient aussi présentées en Angleterre. Les individus qui avaient promis de se joindre à lui, à certaines conditions, pour une entreprise dangereuse, se regardèrent comme dégagés de leur promesse, en voyant que ces conditions n'avaient pas été exécutées. Il est pourtant probable que plusieurs de ces partisans zélés et fanatiques, qu'on rencontre dans toutes les entreprises de ce genre, et qui sont ordinairement aussi désespérés dans leurs plans que dans leur fortune, avaient eu des communications avec le prince depuis son entrée en Angleterre, et lui avaient écrit de manière à enflammer encore davantage son ardeur naturelle. Mais en même temps il est assez évident que le prince ne put montrer à son conseil des pièces qui méritassent beaucoup de confiance; du moins, s'il en avait, il ne les lui montra jamais. On ne voyait même aucun indice d'un plan d'insurrection formé en sa faveur, quoique la noblesse de second ordre des comtés de Lancastre et de Chester et du pays de Galles parût toute prête à embrasser sa cause. Quant à lord George Murray et aux autres conseillers dont l'opinion était différente de celle du prince Charles, ils ne consentirent à avancer en Angleterre que pour qu'on ne pût pas dire que, par leur opiniâtreté, ils avaient fait perdre au prince toute chance d'opérer sa jonction avec ses partisans anglais, et de pouvoir profiter d'une descente des Français.

L'armée était alors réduite à environ quatre mille quatre cents hommes, sur lesquels il fallait laisser à Carlisle une garnison de deux à trois cents. Il fut résolu que le reste de l'armée marcherait sur Londres par le comté de Lancastre, quoique, en y comprenant la milice et des régimens nouvellement levés, le gouvernement eût alors sous les armes plus de six mille hommes, placés directement sur la route. Il semblerait donc que le meilleur parti eût été d'attendre à Carlisle l'arrivée des renforts venant de Perth; mais cette proposition fut faite et rejetée. Le 21 novembre, le prince partit de Carlisle, et arriva la nuit suivante à Penrith, lord George Murray commandant l'armée sous lui en qualité de général. Il passa un jour à Penrith, dans le dessein de combattre le maréchal Wade, qui avait fait une démonstration vers

Hexham, pour faire lever le siège de Carlisle, mais qui était retourné sur ses pas, à cause, disait-on, d'une forte chute de neige. Wade était alors un vieillard, et ses mouvemens militaires se ressentaient de la lenteur et de l'irrésolution qu'on doit attendre d'un âge avancé. Le prince, négligeant le vieux maréchal, continua sa marche hardie vers le sud, et s'avança à travers le comté de Lancastre jusqu'à Preston, où toute son armée arriva le 26. Elle marchait en deux divisions, dont la première, commandée par lord Charles Murray, comprenait ce qu'on appelait les régimens des basses-terres, c'est-à-dire toute l'armée à l'exception des clans, quoique la plus grande partie de ces soldats des basses-terres fussent montagnards par le langage, et tous par le costume, celui des montagnards étant l'uniforme de toute l'infanterie de l'armée jacobite. Le prince lui-même, à la tête des clans proprement dits, et dont chacun formait un régiment, marchait à pied, son petit bouclier sur les épaules, et partageait toutes les fatigues de ses compagnons. La petite armée fut forcée de marcher en deux divisions, comme nous l'avons dit, pour trouver plus facilement des quartiers, ce qui les tenait en général à une demi-journée de marche l'une de l'autre.

Ces mouvemens hardis jetèrent en Angleterre, par leur audace même, — car qui aurait pu supposer qu'ils étaient hasardés sur des espérances vagues? — une terreur dont furent ensuite surpris et honteux ceux qui en avaient été témoins et qui l'avaient partagée. On en conclut qu'une entreprise si désespérée n'aurait pas été risquée sans quelques assurances particulières de secours intérieurs; et chacun s'attendait à voir éclater quelque terrible conspiration ayant des ramifications très étendues. En attendant, le peuple restait passif d'une manière surprenante. Londres, dit un contemporain écrivant d'après l'impulsion du moment, est ouvert au premier venu, écossais ou hollandais. Une lettre du poète Gray à Horace Walpole peint une indifférence qui était encore de plus mauvais augure pour la cause publique, que la terreur panique générale : Le commun du peuple, dans la capitale, sait du moins ce que c'est que d'avoir peur ; mais ici (à Cambridge), nous sommes des gens si peu communs, que nous ne songeons pas plus au danger que si la bataille eût été livrée dans le même temps et le même lieu que celle de Cannes. J'ai entendu trois hommes sensés, de moyen âge, quand on disait que les Ecossais étaient à Stamford, et qu'ils étaient réellement à Derby, parler de louer une chaise pour se rendre à Caxton (place sur la grande route), afin de voir passer le Prétendant et les montagnards. Une autre preuve des sentimens qu'éprouvait le public pendant cette crise, se trouve dans une lettre écrite par un homme bien connu, sir André Mitchell, au lord-président : — Si je n'avais pas, dit-il, vécu assez long-temps en Angleterre pour connaître la bravoure naturelle du peuple, et particulièrement des classes au-dessus du commun, je m'en formerais une opinion très fausse d'après ce qui se passe depuis peu. La moindre bonne nouvelle cause des transports de joie absurdes, et le plus léger revers de fortune répand une lâche consternation.

Dans le fait, l'alarme n'était pas sans fondement. Ce n'était pas le nombre des soldats du chevalier qui devait en causer une sérieuse, ou du moins durable, à un si grand royaume; mais, dans beaucoup de comtés, une grande partie des propriétaires avaient des dispositions au jacobitisme, quoique, avec la prudence qui avait distingué le parti contraire en 1688, ils s'abstinssent de se joindre aux insurgens, jusqu'à ce qu'ils vissent s'ils étaient en état de maintenir le terrain sans eux.

Pendant ce temps, le malheureux prince continuait à marcher, plein de confiance en sa bonne étoile, en sa fortune, en sa force, comme un joueur hardi, encouragé par une veine de bonheur, qui jusqu'alors avait été extraordinaire. Mais ses amis anglais semblaient frappés de paralysie aussi bien que ses ennemis, et rien ne paraissait annoncer cette déclaration générale en sa faveur, qu'il avait prédite avec tant de confiance.

En arrivant à Preston, dans le comté de Lancastre, lord George Murray eut à combattre la superstition des soldats qu'il commandait. La défaite du duc d'Hamilton dans la grande guerre civile, et ensuite la prise du brigadier Mac-Intosh en 1715, avaient répandu la croyance que Preston était le point fatal au-delà duquel une armée écossaise ne pouvait avancer. Pour démentir cette idée superstitieuse, lord George conduisit une partie de ses troupes au-delà du pont de Ribble, à un mille de Preston, où le chevalier arriva dans la soirée. Le talisman qui arrêtait la marche des Ecossais fut ainsi supposé rompu, et ils regardèrent la route de Londres comme étant ouverte devant eux.

Les habitans de Preston reçurent Charles-Edouard avec de grandes acclamations, les premières qu'il eût entendues depuis son entrée en Angleterre ; mais des officiers ayant été chargés de faire des recrues, personne ne voulut s'enrôler. Quand on en fit part au prince, il n'en continua pas moins à donner à ses amis l'assurance positive qu'il serait joint par tous ses partisans anglais quand il serait à Manchester, et M. d'Aiguilles offrit, avec la même confiance, de parier des sommes considérables que les Français étaient déjà débarqués, ou qu'ils débarqueraient sous huit jours. Ceux qui murmuraient furent donc encore une fois réduits au silence.

Pendant cette marche longue et fatigante, Charles, comme nous l'avons déjà dit, partagea avec gaieté toutes les fatigues de ses soldats. Il portait ordinairement le costume montagnard, et marchait à pied à la tête d'une des colonnes, insistant pour que lord Pitsligo, qui était vieux et infirme, prît sa place dans sa voiture : jamais il ne dînait, mais il faisait le soir un repas solide. Vers onze heures, il se jetait sur son lit sans se déshabiller, et se levait à quatre le lendemain matin. Comme il avait une très forte constitution, il supporta ces fatigues journalières sans inconvénient. Dans toutes les villes par où passait l'armée des montagnards, il avait grand soin de lever les contributions publiques; et dans celles où il avait été fait des souscriptions pour le gouvernement, ce qui avait eu lieu dans toutes les places considérables, il exigeait une somme semblable de chaque souscripteur.

Tandis qu'il s'avançait de Preston à Wigan, la route était couverte d'une foule empressée de voir défiler l'armée, et qui faisait tout haut des vœux pour le succès du prince : mais quand on leur offrait des armes, et qu'on les invitait à s'enrôler à son service, ils s'y refusaient unanimement, et disaient pour excuse qu'ils n'entendaient rien au métier des armes. Le 29, quand le prince arriva à Manchester, on y vit encore une plus grande apparence d'attachement à sa cause. Des acclamations, des feux de joie, des cocardes blanches à tous les chapeaux, célébrèrent son entrée dans cette ville, et un nombre considérable de personnes vinrent lui baiser la main et lui offrir leurs services. On y enrôla environ deux cents hommes de la populace, et ayant été incorporés avec le petit nombre d'Anglais qui avaient déjà rejoint son étendard, ils formèrent ce qu'on appela le régiment de Manchester. Les officiers en général étaient d'une condition respectable, et pleins d'enthousiasme pour la cause jacobite. M. Townley, homme de bonne famille, et ayant de grands talens littéraires, fut nommé colonel de ce régiment. Quant aux soldats, c'était la fange de la populace. C'était un succès fort inférieur à celui que le prince avait promis, et auquel ses amis s'attendaient; cependant il fit plaisir, et on le regarda comme le commencement d'un mouvement plus décidé en faveur des insurgés. Lord George Murray lui-même, à qui un ami demandait si l'on ne ferait pas bien de renoncer à une expédition qui promettait si peu, répondit qu'avant de prendre ce parti, son avis était d'avancer jusqu'à Derby, et qu'alors, si un nombre considérable de Jacobites anglais ne s'étaient pas joints à eux, il se chargerait de proposer une retraite.

L'armée des rebelles avança donc jusqu'à Derby. Mais en passant par Macclesfield, Leek, Congleton et autres places, ils furent reçus avec plus de signes d'aversion pour leur cause qu'ils n'en avaient encore vu. Toutes les espérances fondées sur l'encouragement qu'avait donné la formation d'un régiment à Manchester, furent donc perdues et oubliées.

Ils commencèrent aussi alors à entendre parler des ennemis. Le colonel Ker de Gradon fut sur le point de surprendre un détachement de dragons anglais, et fit prisonnier un nommé Weir, principal espion du duc de Cumberland, que les officiers montagnards désiraient faire exécuter à l'instant même. Lord George Murray le sauva du gibet, et obtint de lui quelques renseignemens précieux sur le nombre et la position de l'ennemi. L'exactitude de ces détails était de la plus haute importance, car on pouvait dire que le prince Charles-Edouard, arrivé à Derby, était à l'heure critique de son destin. Il était à quatre-vingt-dix milles de Londres, et en même temps à moins d'une journée de marche d'une armée ennemie de plus de dix mille hommes, réunie dans l'origine sous les ordres du général Ligonier, et que commandait alors son altesse royale le duc de Cumberland, qui avait son quartier-général à Litchfield, un peu plus loin de la métropole que celui de Charles-Edouard. D'une autre part, une seconde armée anglaise, égale en nombre à celle des montagnards, avançait par la partie occidentale du comté d'York, et se trouvait vers cette époque près de Ferry-Bridge, à deux ou trois marches en arrière de l'armée d'invasion, qui était ainsi en danger d'être placée entre deux feux.

Outre ces deux armées, George II se préparait à se mettre lui-même en campagne à la tête de ses gardes. On les fit sortir de Londres dans ce dessein, et ils campèrent à Finchley-Common. Plusieurs régimens qui avaient servi à l'étranger furent destinés à composer cette troisième armée, et à défendre la capitale si le cas l'exigeait.

Le prince ne parut rien perdre de l'extrême confiance avec laquelle il avait jusqu'alors compté sur le succès de son entreprise. Il paraît qu'il conçut l'idée de passer en avant à la tête de ses troupes pleines d'activité, d'éviter le duc de Cumberland, ce qui, d'après leur position relative à l'égard de Londres, ne lui aurait pas été très difficile, puisqu'il était plus près de la capitale d'environ une journée de marche ; de se presser d'arriver sous les murs de la métropole, et là de disputer ses prétentions au monarque qui était en possession du trône. Il continuait à nourrir l'idée que George II était un usurpateur détesté, en faveur duquel personne ne tirerait son épée qu'à contre-cœur ; que le peuple anglais, comme c'était son devoir, restait fidèle à la race de ses anciens princes, qu'il devait regarder comme sacrés ; et que s'il persistait dans sa tentative audacieuse, le ciel même combattrait pour lui. Toute sa conversation, pendant qu'il était à table à Derby, ne roula que sur la manière dont il entrerait à Londres, à pied ou à cheval, portant le costume montagnard ou celui des basses-terres, sans dire un seul mot sur la possibilité de battre en retraite sans faire l'épreuve finale de la fidélité et du courage des Anglais. Il resta près de deux jours à Derby pour laisser ses troupes se reposer.

Dans la matinée du 5 décembre, lord George Murray, accompagné de tous les commandans de bataillon et d'escadron, se rendit près du prince et l'informa que l'opinion de tous ceux qui étaient présens était que les Ecossais avaient fait tout ce qu'on pouvait attendre d'eux. Ils s'étaient avancés jusque dans le cœur de l'Angleterre en traversant les comtés qu'on leur avait représentés comme les mieux disposés pour leur cause, et cependant ils n'avaient été joints que par un nombre d'hommes très insignifiant. On les avait aussi assurés du débarquement d'une armée française qui agirait de concert avec eux, et et pourtant on n'en avait pas vu la moindre apparence. Néanmoins, si le prince pouvait montrer une lettre d'un Anglais de distinction, invitant l'armée écossaise à marcher sur Londres ou partout ailleurs, ils étaient prêts à obéir. Mais si personne n'était disposé à se mêler de leurs affaires, ils étaient dans la nécessité d'y songer eux-mêmes, et sous ce point de vue leur situation devait être considérée comme critique. L'armée du duc de Cumberland, forte de dix mille hommes, était en face à une journée de marche ou environ ; celle du maréchal Wade n'était qu'à deux ou trois journées en arrière. En supposant pourtant qu'ils pussent éviter la rencontre de ces deux armées, une bataille sous les murs de Londres avec l'armée de George II était inévitable. Contre quelque armée qu'ils combattissent, ils ne pouvaient même compter sur la victoire qu'en faisant une perte qui les mettrait hors d'état de recueillir les fruits qui devraient la suivre. Quatre à cinq mille hommes ne suffisaient même pas pour s'emparer de la ville de Londres, quand même elle ne serait pas défendue par des troupes régulières, à moins que la populace n'en fût très prononcée en faveur de leur cause ; et si elle avait de si bonnes dispositions, quelque ami aurait certainement eu soin de leur en donner avis.

Après avoir développé ces motifs pour commencer une retraite, lord George Murray présenta un plan de campagne en Ecosse, qu'il croyait pouvoir être suivi avec succès. En se retirant vers ce pays, le prince avait l'avantage de se retirer vers ses renforts, qui comprenaient le corps de montagnards qui s'était réuni à Perth, et un détachement de troupes françaises qui avait débarqué à Montrose, sous le commandement de lord John Drummond. Il demanda donc, au nom de tous ceux qui étaient présens, que l'armée allât rejoindre ses amis en Ecosse, pour vivre ou mourir avec eux.

Quand lord George eut fini de parler, plusieurs membres du conseil exprimèrent une opinion semblable. Le duc de Perth et sir John Gordon furent les seuls qui proposèrent de pénétrer dans le pays de Galles, et de donner aux habitans de cette contrée l'occasion de se joindre à eux. On y trouva une objection dans la nécessité où l'on serait de combattre le duc de Cumberland avec des forces très inférieures, et peut-être aussi le maréchal Wade, qui faisait probablement tous ses efforts pour arriver en arrière.

Charles-Edouard écouta ces argumens avec la plus grande impatience, exprima sa détermination de marcher sur Londres, et dit en propres termes que des traîtres seuls pouvaient prendre une autre résolution. Il leva la séance, et employa beaucoup de raisonnemens avec chacun des membres en particulier, pour changer leur façon de penser. Les officiers irlandais furent les seuls qui parurent convaincus, car ils étaient peu habitués à contrarier ses opinions ; d'ailleurs, s'ils étaient faits prisonniers, ils n'avaient à craindre que quelques mois d'emprisonnement, ayant presque tous des brevets réguliers d'officiers au service de la France. Mais enfin le chevalier, sachant que la sanction qu'ils donneraient à son projet n'aurait que peu de poids, et sentant que ses ordres absolus courraient le risque de rencontrer une désobéissance formelle, fut obligé de se soumettre aux avis ou aux remontrances des chefs écossais.

Le conseil de guerre fut donc convoqué une seconde fois dans la soirée du 5, et le chevalier dit à ses officiers, avec une sombre résignation, qu'il consentait à retourner en Ecosse ; mais il les informa en même temps qu'à l'avenir il n'assemblerait plus de conseil, attendu qu'il n'était responsable de ses actions qu'à Dieu et à son père, et qu'en conséquence il ne leur demanderait plus leurs avis, ni ne les accepterait.

Ainsi se termina la marche célèbre sur Derby, et avec elle finit aussi toute chance de succès pour le chevalier, quelque incertaine qu'elle pût être, dans son expédition romanesque. Devait-il jamais entrer en Angleterre, ou du moins avant d'avoir réuni toutes les forces dont il pouvait disposer? c'est un point qu'on peut contester; mais il est évident que, quelque influence qu'il ait pu posséder un moment, il la devait entièrement à la hardiesse de sa tentative. Le charme fut rompu du moment qu'il laissa voir, par un mouvement rétrograde, qu'il avait commencé une entreprise trop difficile pour être mise à fin.

CHAPITRE XX.

Retraite de l'armée des montagnards de Derby. — Accablement du prince. — Poursuite par le duc de Cumberland. — Escarmouche à Clifton. — Le succès des montagnards ralentit la célérité des Anglais qui les poursuivent. — Renforts laissés à la garnison jacobite à Carlisle. — L'armée montagnarde rentre en Écosse, et les Anglais sont délivrés des alarmes que leur avait causées la marche du prince jusqu'à Derby.

Le 6 décembre, l'armée des montagnards commença sa retraite vers le nord. Comme ils marchaient pendant le crépuscule, les soldats ne s'aperçurent pas sur-le-champ de quel côté ils avançaient; mais dès que la lumière du jour leur permit de voir qu'ils étaient en retraite, on entendit dans tous les rangs des regrets et des lamentations, tant ces braves gens attendaient avec confiance une heureuse issue de leur entreprise, même dans la situation précaire où ils se trouvaient.

On remarqua aussi que depuis l'instant où la retraite commença, les montagnards devinrent plus désordonnés dans leur conduite. Ils s'étaient comportés avec une discipline exemplaire tant qu'il y avait eu quelque possibilité de se concilier les habitans. Les Anglais pouvaient alors regarder avec surprise des hommes parlant une langue inconnue, portant un costume sauvage et inusité, et ayant presque à l'extérieur l'air d'une horde de barbares; mais leur conduite était celle d'un peuple soumis et civilisé. Maintenant, irrités par le désappointement, ils ne se faisaient aucun scrupule de piller dans les villes et les villages qu'ils traversaient, et divers actes de violence portèrent les villageois non-seulement à les craindre comme des étrangers, mais à les haïr comme des brigands. En avançant, ils avaient montré les sentimens d'hommes braves, arrivant, croyaient-ils, pour délivrer leurs concitoyens; en s'en allant, c'étaient des bandits revenant d'une excursion. Ils ne montraient pourtant aucune férocité, et une simplicité singulière se mêlait à leur esprit de rapine. Le fer étant rare dans leur pays, on en vit plusieurs, en partant de Derby, en mettre des barres sur leurs épaules, dans l'intention de les emporter en Écosse.

La conduite du prince tendait aussi à décourager les soldats. Il sembla, pendant la retraite, se conduire comme s'il n'était plus le commandant de l'armée. Au lieu de marcher à l'avant-garde à la tête des soldats, son bouclier sur l'épaule, comme il l'avait fait en arrivant, il s'arrêtait derrière eux, de manière à retarder leur marche, et ensuite courait en avant pour reprendre sa place dans la colonne; en un mot, il montrait des symptômes évidens d'accablement et de mauvaise humeur.

Le petit nombre d'insurgens anglais qui avaient joint le prince étaient divisés d'opinion sur la question de savoir s'ils devaient suivre ce mouvement rétrograde, qui était si peu d'accord avec leurs vives espérances, ou rester en arrière et abandonner la cause du prince. Morgan, un de ces volontaires anglais, alla trouver Vaughan, gentilhomme du même pays, et lui dit, avec un ton de surprise, que l'armée retournait en Écosse. — N'importe, répondit Vaughan, je suis déterminé à la suivre partout où elle ira. Morgan répliqua, en jurant, qu'il valait mieux être pendu en Angleterre que mourir de faim en Écosse. Il eut effectivement le malheur d'être pendu, au lieu que Vaughan s'échappa, et mourut officier au service de l'Espagne.

Le peuple du pays, qui avait montré peu de bienveillance aux insurgens tandis qu'ils avançaient, fit preuve d'une malveillance plus active quand il les vit battre en retraite et surtout piller toutes les places par où ils passaient. Dans un village près de Stockport, les habitans firent feu sur les patrouilles des montagnards, qui, par représailles, incendièrent leurs maisons. La plupart des paysans avaient pris les armes, et tous les traîneurs étaient tués ou faits prisonniers. Les malades de l'armée jacobite, qui nécessairement suivaient en arrière, furent tués ou maltraités. Le 9 décembre, l'armée approcha de Manchester; mais dans cette ville, où ils avaient reçu peu de temps auparavant un accueil si amical, ils rencontrèrent alors de l'opposition. Une populace nombreuse et violente était en possession de la ville, et s'opposa à l'entrée des quartiers-maîtres de l'armée du chevalier. On les fit soutenir par deux bataillons et deux escadrons qui dissipèrent le rassemblement, et l'on exigea de la ville deux mille cinq cents livres pour la punir de cette émeute. Lorsque l'armée sortit de la ville, la populace poursuivit l'arrière-garde, et fit même feu sur elle; mais elle ne manquait pas de se retirer dès qu'elle voyait les soldats faire volte-face. Les dispositions du peuple servaient pourtant à montrer combien peu on aurait jamais dû compter sur son attachement.

Le duc de Cumberland, qui, comme je l'ai déjà dit, était à Litchfield pendant que le prince Charles était à Derby, fut deux jours sans savoir que les montagnards avaient quitté Derby le 6, pour prendre la route d'Ashburn, et ce ne fut que le 8 qu'il se mit à leur poursuite. Alors le duc marcha vers le nord avec toute sa cavalerie, et un certain nombre de soldats d'infanterie montés sur des chevaux qu'il se procura dans tous les environs. Ses troupes avancèrent avec la plus grande ardeur. La retraite de l'armée écossaise, dont la marche avait répandu une terreur vague, était naturellement regardée comme un aveu de l'impossibilité où elle se trouvait d'exécuter ses projets. Les soldats en conclurent qu'ils poursuivaient un corps d'aventuriers en fuite, désappointés, découragés, qui avaient échoué dans leur tentative d'exécuter un plan désespéré. Ils puisaient aussi un nouveau courage en se voyant sous les ordres d'un prince du sang royal, dont la valeur et l'expérience étaient reconnues, qui était arrivé en Angleterre pour défendre la cause de son père, et maintenir sur sa tête la couronne à laquelle on avait porté un coup si hardi. Ils ne s'attendaient qu'à peu de résistance de la part d'un ennemi déjà en pleine retraite, et qui, comme on pouvait le supposer, serait mis complètement en désordre par une attaque un peu vive. Leur cavalerie avança donc avec ardeur et à marche forcée.

De leur côté, les montagnards faisaient leur retraite avec promptitude et régularité, et toujours avec le même courage. Lord George Murray, pour prouver la sincérité de son attachement à la cause qu'il avait embrassée, se chargea de conduire l'arrière-garde, poste d'honneur et de danger. Il était donc fréquemment, et assez long-temps, à quelque distance du corps principal de l'armée, surtout parce qu'il avait à ramener les bagages et l'artillerie, que le mauvais temps et le mauvais état de la route forçaient à chaque instant à s'arrêter, ce qui retardait beaucoup l'arrière-garde dans sa marche.

Vers le soir du 17 décembre, le prince, avec le principal corps d'armée, était entré dans la ville de Penrith, comté de Cumberland. Lord George avait été tellement retenu par divers accidens, qu'il fut obligé de passer la nuit, à six milles en arrière, dans la ville de Shap. Le régiment des montagnards de Glengarry était alors à l'arrière-garde, et lord George trouva à Shap le colonel Roy-Stewart avec un autre petit régiment de deux cents hommes. Pendant ce temps, le chevalier avait résolu de faire halte à Penrith, jusqu'à ce que son arrière-garde l'eût rejoint.

Le lendemain 18 décembre, lord George Murray partit avec les corps que nous venons de nommer. On se mit en marche, suivant l'usage, avant le lever du soleil; mais quand il fit grand jour, lord George découvrit le village de Clifton, qui est à trois ou quatre milles au sud de Penrith, et vit les hauteurs qui sont au-delà couronnées de détachemens de cavalerie entre lui et ce village. Vous devez vous rappeler que les montagnards avaient autrefois la plus grande répugnance à combattre la cavalerie des basses-terres; mais, depuis leur succès à Preston, ils avaient appris à mépriser ce genre de troupe, qui auparavant leur inspirait de l'effroi. Lord George Murray avait eu grand soin de leur apprendre que s'ils attaquaient la cavalerie avec courage, en frappant de leurs claymores la tête et le corps des chevaux, ils pouvaient être sûrs de la mettre en désordre. Les Mac-Donalds de Glengarry, en recevant l'ordre d'attaquer les cavaliers qui semblaient disposés à leur disputer le passage, jetèrent donc bas leurs plaids sans hésiter, et se précipitèrent sur eux l'épée à la main. La cavalerie en question n'était pas composée de troupes régulières, c'étaient des volontaires du pays qui s'étaient assemblés dans le dessein de harceler l'arrière-garde de l'armée insurgée, et de donner au duc de Cumberland, qui était en pleine poursuite, le temps d'arriver et de joindre les ennemis. Dès qu'ils se virent si vivement attaqués par les montagnards de Glengarry, ils prirent la fuite sur-le-champ, mais non sans leur laisser plusieurs prisonniers, parmi lesquels il se trouva un domestique du duc de Cumberland, qui apprit aux insurgés que Son Altesse Royale arrivait avec quatre mille hommes de cavalerie.

Lord George Murray fit porter cet avis au chevalier à Penrith, en lui faisant demander un renfort, qu'il limita à mille hommes. Le colonel Roy-Stewart, chargé de ce message, rapporta l'ordre que l'arrière-garde marchât vers Penrith. En même temps, Mac-Pherson de Cluny, avec son clan, fut envoyé jusqu'à Clifton-Bridge, ainsi que le régiment d'Appin, sous les ordres de Stewart d'Ardshiel. Malgré l'aide de ce renfort, lord George Murray était encore fort inférieur en nombre à l'ennemi ; cependant il résolut de protéger la retraite.

Toute la cavalerie du duc de Cumberland était alors déployée sur la plaine découverte de Clifton. Au-delà de la plaine, l'arrière-garde de l'armée devait nécessairement continuer sa retraite à travers de grandes plantations de sapins faisant partie du domaine de lord Lonsdale. Lord George Murray prévit qu'il serait attaqué dans cette position critique, et il se prépara à résister à l'attaque et à la repousser. Il fit ranger le régiment de Glengarry sur la grande route, dans les champs, plaça les Appins dans les plantations, sur leur gauche et le régiment des Mac-Phersons encore plus sur la gauche. A droite était le corps de Roy-Stewart, couvert par une muraille.

La nuit était obscure et la lune ne se montrait que par intervalles. Les Anglais s'avancèrent au nombre de mille dragons à pied, dans l'intention d'attaquer les montagnards de flanc, tandis que le duc de Cumberland et le reste de sa cavalerie demeurait sur la plaine, afin d'opérer sur l'arrière de leurs ennemis. Dans un moment de clair de lune, lord George Murray vit ce détachement considérable marcher à travers la plaine vers les plantations de Clifton. Les régimens de Mac-Pherson et de Stewart, qui étaient sous le commandement immédiat de lord George, étaient placés derrière une haie ; mais lord George voyant en face une seconde haie protégée par un fossé profond, ordonna à ses soldats d'en approcher et d'en prendre possession. L'autre côté était déjà bordé de dragons, qui, comme c'était alors l'usage, faisaient le service de troupes d'infanterie quand l'occasion l'exigeait. Lord George demanda à Cluny son avis sur ce qu'il y avait à faire : — J'attaquerai l'ennemi l'épée à la main, répondit le chef intrépide, pourvu que vous m'en donniez l'ordre. Tandis qu'ils avançaient, les Mac-Phersons, qui étaient les plus près de la haie dont il s'agissait de prendre possession, reçurent une décharge de mousqueterie des soldats qui la bordaient du côté opposé. Cluny, surpris de cette décharge de mousqueterie quand il croyait marcher contre un corps de cavalerie, s'écria : — Que diable est ceci? Lord George Murray lui répondit: — Il n'y a pas un moment à perdre ; il faut que nous chargions à l'instant. Et en même temps, tirant son épée, il s'écria : — Claymore! ce qui était le signal d'attaquer avec la claymore. Les Mac-Phersons, guidés par leur chef, se précipitèrent en avant avec une fureur irrésistible, tirèrent leur coup de fusil, et passant à travers la haie, le fer à la main, attaquèrent les dragons qui la bordaient. Lord George était lui-même à la tête de l'attaque, et, en traversant la haie, ayant perdu son chapeau et sa perruque, — car on en portait alors universellement, — il combattit tête nue au premier rang. Le colonel Honeywood, qui commandait les dragons, resta sur la place, dangereusement blessé, et son épée tomba entre les mains du chef des Mac-Phersons. Les dragons, sur la droite, furent forcés de se retirer, avec une perte considérable, vers leurs compagnons qui étaient sur la plaine. Presqu'au même instant un autre détachement de dragons à pied s'avança sur la grande route, et fut également repoussé par le régiment de Glengarry et celui de John Roy-Stewart. A peine put-on rappeler les montagnards qui les poursuivaient, et qui s'écriaient que c'était une honte de voir sur la plaine tant d'ennemis du roi sans les attaquer. Une douzaine de Mac-Phersons tout au plus furent tués ou blessés, pour s'être hasardés trop loin. Mais les Anglais avaient fait une perte beaucoup plus considérable, et ils ne furent pas tentés d'attaquer de nouveau l'arrière-garde des montagnards. Lord George Murray envoya un second message au prince pour lui proposer de lui envoyer du principal corps d'armée un renfort avec lequel il se faisait fort de vaincre la cavalerie qui était en face de lui. Mais le prince s'y refusa, soit qu'il doutât de l'évènement, soit qu'il fût jaloux du succès de son général.

Après avoir reçu cette réponse, lord George Murray continua sa retraite sur Penrith, où l'arrière-garde se réunit au corps principal d'armée. Il paraît que le duc de Cumberland devint convaincu qu'une attaque prématurée contre l'armée des montagnards pouvait lui faire courir de grands risques, car il n'en fit pas une seconde tentative. Le lendemain Charles se mit en marche vers Carlisle, et il entra dans cette ville avec son armée dans la matinée du 19 décembre.

On jugea à propos de renforcer la garnison qu'on avait laissée dans cette ville; mais il n'était pas facile de trouver des forces disposées à y rester, pour être presque certainement sacrifiées. Enfin on choisit, pour remplir ce devoir, le régiment de Manchester, à qui la perspective d'une retraite en Écosse ne plaisait guère, quelques Français et quelques Irlandais : ceux-ci avaient peu de chose à craindre, car ils étaient presque tous engagés au service de la France, et les Anglais pensaient probablement, comme le capitaine Morgan, qu'il valait mieux être pendu en Angleterre que mourir de faim en Écosse.

L'escarmouche qui avait eu lieu à Clifton, paraît avoir diminué la rapidité de la marche des Anglais qui poursuivaient les montagnards, car ils ne cherchèrent plus à inquiéter la retraite de leurs ennemis actifs. L'armée écossaise quitta Carlisle le 20 décembre, et effectua sa retraite en Écosse en passant l'Esk. Cette rivière était enflée, mais les soldats y entrant en se tenant par les bras, s'aidaient mutuellement à lutter contre la force du courant, et arrivèrent en sûreté sur l'autre rive, quoique avec quelque difficulté. On dit que le chevalier montra en cette occasion autant d'adresse que d'humanité. Il traversait la rivière à cheval un peu au-dessous de l'endroit où quelques uns de ses soldats la passaient. Deux d'entre eux échappèrent aux mains de leurs compagnons, et furent entraînés par le courant, au grand danger de périr. Un d'eux passant près du chevalier, il le saisit par les cheveux, et s'écria dans la langue des montagnards : *Cohear! cohear!* c'est-à-dire : Au secours! au secours! Il soutint lui-même le soldat jusqu'à ce qu'il fût hors de l'eau, et acquit ainsi de nouveaux droits à l'attachement de ses troupes.

L'armée, marchant en deux divisions, arriva le même jour à Annan et à Ecclefechan, et continua à s'avancer vers l'ouest de l'Écosse.

Pendant que les rebelles étaient en marche vers Londres, la plus grande alarme régnait dans cette capitale, et l'on courait en foule à la Banque pour en retirer ses fonds, ce qui menaçait d'ébranler la solidité de cet établissement national. Les offres de secours que firent diverses corporations publiques prouvaient combien la crise était urgente. Les spectacles, par exemple, proposèrent de lever des corps armés, non de prétendus soldats, mais de véritables. Tout cela indiquait d'autant plus de terreur, que les montagnards, qui dans l'origine n'avaient pas été assez respectés comme soldats, s'étaient acquis, par leurs derniers exploits, la réputation d'une valeur d'un genre presque romanesque. Il y avait aussi, dans l'audace même de cette entreprise, quelque chose qui portait à supposer à Charles-Edouard des ressources secrètes, jusqu'au moment où sa retraite montra qu'il n'en avait d'autres que sa confiance dans la justice de sa cause, et la croyance qu'elle était regardée sous le même point de vue par la nation anglaise. L'apathie des Anglais avait dissipé cette chimère ; presque personne, à l'exception de quelques catholiques et d'une poignée de jacobites à Manchester, ne s'étant montré disposé à favoriser sa cause. Sa retraite de Derby fut donc regardée dans toute l'Angleterre comme la fin de la rébellion, de même qu'un médecin croit avoir à peu près triomphé d'une maladie, quand il la force à abandonner l'estomac et les parties nobles, pour se réfugier dans les extrémités inférieures.

CHAPITRE XXI.

Situation des affaires en Écosse. — Esprit de résistance aux Jacobites. — Amendes levée par le prince Charles à Dumfries et à Glascow. — Levées rassemblées à Perth pour son service. — Réunion de toutes les forces jacobites à Stirling. — Reddition de Carlisle au duc de Cumberland, qui est rappelé à Londres pour être prêt à prendre le commandement, en cas d'une descente des Français. — Le général Hawley nommé commandant en chef en Écosse. — Bataille de Falkirk. — Le duc de Cumberland nommé commandant en chef en Écosse.

La situation de l'Ecosse avait matériellement changé pendant que le Prince faisait avec son armée son expédition à Derby. La nation était alors comme un homme qui, ayant reçu un coup qui l'étourdit, sort de son état de stupeur, et cherche, quoique avec faiblesse et incertitude, à rendre le coup qui lui a été porté.

Inverness était en la possession de lord Loudon, qui commandait une armée composée des Mac-Leods, des Mac-Donalds de Skye, et d'autres clans du nord, qui, au nombre de deux mille hommes, s'étaient unis contre les insurgens. Le comte de Loudon s'était même senti assez fort pour aller arrêter lord Lovat dans son propre château de Downie, et l'avait amené à Inverness, où il le gardait dans une sorte d'honorable captivité. Fraser de Gortuleg, membre du clan de Lovat, le délivra par stratagème. Le vieux Chef s'étant échappé, se cacha dans les montagnes, d'où il entretenait une correspondance avec Charles-Edouard. La maison de Gortuleg était la principale résidence de Lovat. L'état des affaires dans le nord était donc défavorable à la cause du Chevalier.

La capitale de l'Ecosse était encore en la possession des autorités constituées, et avait une garnison composée d'une partie de l'armée du maréchal Wade, qui y avait été envoyée à cet effet, et elle se préparait à racheter, en opposant une plus vigoureuse résistance aux montagnards, à leur retour en Ecosse, l'honneur qu'on pouvait supposer qu'elle avait perdu en se rendant en septembre précédent.

Cet esprit de résistance s'était étendu jusqu'aux frontières occidentales, où le bruit généralement répandu était que les forces du Chevalier avaient essuyé une défaite complète en Angleterre, et fuyaient vers les frontières dans un tel désordre que la milice et les volontaires du pays auraient peu de peine à les anéantir entièrement. Beaucoup de paysans du comté de Dumfries avaient pris les armes dans ce dessein, mais ils montrèrent peu d'envie de s'en servir quand ils virent l'armée du Chevalier rentrer en bon ordre et sans avoir rien perdu de sa force et de son courage.

L'armée montagnarde, après le passage de l'Esk, se divisa en trois corps. Le premier, composé des clans, marcha avec le Chevalier sur Anan. Lord George Murray eut ordre de se rendre à Ecclefechan avec la brigade d'Athole et les régimens des basses-terres. Lord Elcho, avec la cavalerie, fut chargé d'entrer à Dumfries pour punir et désarmer cette ville réfractaire. Le Prince le suivit peu après avec l'infanterie, qu'il commandait en personne.

L'ancienne aversion de Dumfries pour la cause des Jacobites s'était manifestée, non-seulement par sa conduite en 1715, mais tout récemment encore par le pillage des bagages du Chevalier, tandis qu'il marchait vers l'Angleterre, dans le mois de novembre. La cavalerie s'y rendit donc pour en tirer vengeance, et elle ne tarda pas à y être suivie par la division du Prince. — Il imposa à la ville une amende de deux mille livres sterling, et en exigea mille paires de souliers pour le service de son armée. Une partie de la somme requise fut payée sur-le-champ, et des otages furent donnés pour le paiement du surplus. Nul acte de violence ne fut commis envers la ville ni contre les habitans, car les montagnards, tout en menaçant beaucoup, ne commirent ni vexation ni pillage [1].

Les magistrats et les habitans de Glascow étaient encore plus coupables, aux yeux du Prince, que ceux de la ville moins importante de Dumfries. Cette ville avait levé un corps de six cents hommes, nommé le régiment de Glascow, dont la plupart servaient sans paie sous les ordres des comtes de Home et de Glencairn. Ce corps avait été envoyé à Stirling, pour aider le général Blakeny, gouverneur du château, à défendre le passage du Forth. De Stirling, le régiment de Glascow marcha vers Edimbourg avec les autres troupes qui s'étaient rassemblées à Stirling, afin de défendre la capitale ; car les montagnards dirigeant leur marche vers l'ouest, il était probable qu'ils rendraient une visite à cette ville.

Tandis que les habitans de la capitale étaient livrés aux

---

[1] Le prevôt de Dumfries, homme de bonne famille nommé Corsan, qui s'était montré ferme partisan du gouvernement, fut menacé de voir brûler sa maison et tout son mobilier. Il n'y a pas très-long-temps que feu mistress Mac-Culloch d'Ardwell, fille du prevôt Corsan, disait à votre grand-père qu'elle se souvenait parfaitement qu'étant à l'âge de six ans on l'emporta de la maison de son père qui semblait sur le point d'être brûlée. Trop jeune pour sentir le danger, elle demanda à l'officier montagnard qui la portait dans ses bras, de lui montrer le Prétendant, ce qu'il fit avec un air de bonne humeur, à condition, dit-il à la petite miss Corsan, que dorénavant elle l'appellerait le Prince. Du reste on ne mit à exécution aucune des menaces faites contre le prevôt et sa maison. (*Note de l'Auteur.*)

craintes que leur inspirait le voisinage des rebelles, ceux de Glascow subissaient la peine infligée par leur présence. Le Prince exigea de cette ville plus de dix mille livres sterling en équipemens et approvisionnemens pour ses troupes, et elle fut obligée d'en faire la fourniture à peine d'exécution militaire.

Le Prince apprit à Glascow, pour la première fois avec quelque exactitude, jusqu'à quel point la France avait pris intérêt à sa cause, et en quoi consistaient les secours de toute espèce qu'elle lui avait envoyés ; secours assez semblables à ceux que donnait à un homme mourant d'inanition, un de ses amis qui lui mettait de temps en temps une huître dans la bouche, ce qui suffisait pour l'empêcher de mourir, mais non pour lui rendre ses forces.

La principale partie de ces secours était arrivée sous la conduite de lord John Drummond, frère du duc de Perth, et officier général au service de France. Il amenait avec lui son propre régiment, nommé Royal-Ecossais, les piquets de six régimens irlandais, et le régiment de cavalerie légère de Fitz James. Il paraît qu'il n'arriva que deux escadrons de ce dernier régiment. Il apportait aussi quelque argent et quelques objets d'équipement militaire. Lord John Drummond était porteur de lettres de France qui rendaient compte de la manière dont cette affaire y avait été conduite, et de ce qu'on avait dessein de faire pour aider le Chevalier. Le frère de Charles, duc titulaire d'York, était arrivé à Paris en août 1745, et la nouvelle de la bataille de Preston inspira à la France le désir sincère d'aider efficacement, dans son entreprise, la maison de Stuart.

Le premier plan fut de mettre les régimens irlandais au service de la France sous le commandement du duc d'York, de les embarquer à bord de bâtimens pêcheurs, et de les transporter sur-le-champ en Angleterre. Ce projet fut abandonné, et l'on forma le plan d'une expédition beaucoup plus considérable, et qui aurait été composée de neuf mille hommes d'infanterie, et de treize cent cinquante de cavalerie, sous les ordres du duc de Richelieu. Les troupes furent rassemblées dans ce dessein à Dunkerque, à Boulogne et à Calais, et un grand nombre de petits bâtimens furent réunis pour leur embarquement. Mais la France mit tant de délais à faire ses préparatifs, que la mèche s'éventa. Le gouvernement anglais, pour qui cette expédition aurait été extrêmement dangereuse si elle eût mis à la voile pendant l'invasion de Charles sur la frontière occidentale, envoya sur-le-champ dans la Manche une flotte nombreuse sous les ordres de l'amiral Vernon, et assembla une armée sur les côtes des comtés de Kent et d'Essex. La France renonça alors à cette expédition, dont le danger diminua beaucoup par le fait de la retraite des montagnards de Derby.

Le Prince fut long-temps sans apprendre ou sans croire que la France eût entièrement abandonné le projet d'une descente en faveur de sa famille, et sa conviction qu'elle continuait à y persister lui fit commettre plus d'une faute sérieuse. Le Prince et ses partisans discutèrent alors de quelle manière il pourrait employer le plus avantageusement son petit corps d'armée. Quelques-uns étaient d'avis de marcher sur la capitale de l'Ecosse. Il est vrai qu'une partie des troupes qui avaient composé l'armée de Wade à Newcastle se préparait alors à défendre Edimbourg, et que le reste de ces forces était en marche pour s'y rendre, sous la conduite du général Hawley; mais on prétendait que les montagnards, dans cette saison rigoureuse, pouvaient gêner considérablement les troupes anglaises, en les empêchant de se diviser pour chercher des quartiers d'hiver, et en les obligeant à tenir la campagne, à rester en corps, et à subir des fatigues de toute espèce auxquelles elles ne pourraient résister, tandis que les montagnards endurcis s'en inquièteraient fort peu. Mais quoique ce plan promît de grands avantages, Charles en préféra un autre qui l'entraîna à faire le siège du château de Stirling, quoique ses meilleures troupes ne fussent nullement propres à ce genre de service. Le Prince fut sans doute d'autant plus porté à adopter ce projet, que lord John Drummond avait apporté de France des canons de siège et amené des officiers du génie. Avec de tels secours, il s'imaginait sans doute qu'il aurait dans les sièges des succès aussi distingués que ceux qu'il avait obtenus dans les batailles.

Avant de quitter l'ouest de l'Ecosse, les montagnards brûlèrent et pillèrent le village de Lesmahago, et particulièrement la maison du ministre, qui en avait excité les habitants à attaquer et à faire prisonnier Mac-Donald de Kinloch-Moidart, qui traversait le pays sans aucune suite, étant chargé par le Prince d'une mission pour les îles de la côte occidentale [1].

Le 3 janvier, le prince Charles-Edouard évacua Glascow, et établit son quartier-général le lendemain à Bannockburn, tandis que ses troupes occupaient Saint-Ninian et autres villages, dans les environs de Stirling. La ville fut sommée de se rendre, et comme elle n'était pas bien fortifiée, elle fut rendue par les magistrats, quoiqu'il s'y trouvât environ six cents hommes de milice. Quelques-uns quittèrent la ville; les autres se retirèrent au château, où il y avait une bonne garnison, sous les ordres du général Blakeny, officier aussi ferme que brave. Ayant sommé cette forteresse de se rendre, et reçu un refus positif, le Chevalier résolut d'ouvrir la tranchée sur-le-champ. Le laissant dans cette résolution, nous reprendrons le récit de ce qui se passait dans le nord de l'Ecosse et en Angleterre, afin que vous puissiez savoir quels nouveaux acteurs étaient alors arrivés sur la scène.

L'arrivée de lord John Drummond à Montrose, avec les secours qu'il amenait de France, comme nous l'avons

---

(1) Cet homme infortuné, dans la maison duquel le Prince était descendu lors de son débarquement, et qui remplissait près de lui les fonctions d'aide-de-camp, fut ensuite exécuté. (*Note de l'Auteur*.)

déjà dit, inspira un nouveau courage à lord Louis Gordon, qui levait des hommes et de l'argent pour le prince Charles dans le comté d'Aberdeen. C'était un jeune homme brave et actif, frère du duc de Gordon ; mais au commencement de la guerre civile il avait paru hésiter sur le parti qu'il devait prendre. On dit qu'il offrit d'abord ses services à sir John Cope, lorsque celui-ci marchait vers le nord. Mais lord Louis n'en reçut que peu d'encouragement, et mécontent, à ce qu'on présume, du froid accueil que lui fit le commandant en chef, il finit par se déclarer pour la cause du Chevalier, et agit en sa faveur dans le comté d'Aberdeen, où le crédit de sa famille et le penchant des gentilshommes campagnards pour le jacobitisme lui donnèrent beaucoup d'influence. Ce fut en cet état de choses que lord Louis fut joint par une partie des forces auxiliaires de lord John Drummond, tandis que le reste fut envoyé à Perth pour se réunir à lord Strathallan, qui, comme nous l'avons vu, commandait en cette ville un corps considérable de montagnards destinés à suivre leurs compatriotes en Angleterre, si les ordres du prince eussent été exécutés.

Lord Loudon, qui commandait pour le gouvernement à Inverness, désirait arrêter les progrès de lord Louis Gordon. Dans ce dessein, il dépêcha Mac-Leod avec quatre cent cinquante de ses montagnards, deux cents Monros et d'autres volontaires commandés par Monro de Culcairn. Il s'avança avec cette force jusqu'à Inverary, à environ dix milles d'Aberdeen, pour disputer au Chef jacobite la possession du nord de l'Ecosse. En apprenant la nouvelle de leur marche, lord Louis Gordon mit sous les armes sept cents hommes, pour la plupart habitans des basses-terres et du comté d'Aberdeen, sous le commandement de Moir de Stonywood et de Farquharson de Monaltry, avec une partie du régiment Royal-Ecossais, et marcha à la hâte contre l'ennemi. Mac-Leod fut sur le point d'être surpris, ayant logé une partie de ses soldats à quelque distance de la petite ville d'Inverary. Il eut pourtant le temps de faire mettre sous les armes ceux qui lui restaient, et de prendre possession des parties de la ville les plus faciles à défendre. Lord Louis Gordon y entra par l'autre extrémité, et une action assez vive de mousqueterie commença. Il fut remarquable en cette occasion que les habitans des îles, qui combattaient pour le Gouvernement, étaient tous montagnards, et portaient leur costume national, tandis que ceux qui soutenaient la cause des Stuarts portaient les vêtemens des habitans des basses terres, ce qui était le contraire de ce qui se voyait ordinairement dans cette guerre civile. Lord Louis Gordon conduisit son attaque avec beaucoup d'ardeur; le feu fut bien soutenu de part et d'autre; mais enfin les soldats du comté d'Aberdeen parurent vouloir en venir à un combat corps à corps, et les Mac-Leods lâchèrent le pied et se mirent en retraite ou en fuite. Comme ce combat avait été livré pendant la nuit, la poursuite ne dura pas long-temps, et il n'y eut pas beaucoup de sang répondu. Les Mac-Leods s'enfuirent jusqu'à Forres, ayant perdu une quarantaine d'hommes.

On crut généralement que ce clan belliqueux aurait combattu avec beaucoup plus de fermeté s'il avait porté les armes pour l'autre parti [1]. Lord Louis Gordon, après ce succès qu'il obtint le 23 décembre, marcha avec ses soldats vers le rendez-vous général des renforts du prince Charles, c'est-à-dire vers Perth.

(1) Un grand nombre des Mac-Leods, quoiqu'ils crussent que leur Chef avait eu le droit de refuser de joindre le prince Charles, puisqu'il était arrivé sans les secours en hommes et en argent qui avaient été stipulés, furent mécontens qu'il eût cédé aux instances du président Fordes, et qu'il eût placé son clan dans le parti du gouvernement. Un des Chefs subordonnés de ce clan, ayant été sommé par Mac-Leod de prendre les armes, lui envoya vingt hommes qui composaient son contingent, avec la lettre suivante : — Mon cher monsieur, — je mets à votre disposition les vingt hommes de votre tribu qui sont sous mes ordres immédiats, et en toute autre occasion je ne manquerais pas d'être à leur tête; mais en celle-ci, je dois aller où m'appelle un devoir plus urgent et plus impérieux. — En conséquence il se rendit au camp de Charles-Edouard. Mac-Leod de Raasa prit aussi les armes pour le Prince avec cent hommes; mais Mac-Gilliechallum, comme on appelait ce Chef, avait toujours prétendu être indépendant de Mac-Leod de Dunvegan. (*Note de l'Auteur.*)

Ainsi on voyait alors réunis en cette ville les Frasers, les Mac-Kenzies, les Mac-Intoshs, les Farquharsons, clans qui s'étaient déclarés pour la cause du Prince depuis son départ d'Edimbourg, ainsi que les différentes forces levées par lord Louis Gordon, le régiment de Royal-Ecossais, et les piquets français qui étaient arrivés avec lord John Drummond. Leur nombre total pouvait monter à quatre mille et plus, dont plus de la moitié était des montagnards aussi braves qu'aucun de ceux qui étaient au service du Prince. Ces renforts, comme vous pouvez vous le rappeler, avaient reçu du prince Charles, par la voix du colonel Mac-Lauchlan, l'ordre de suivre l'armée en Angleterre. Les montagnards qui se trouvaient à Perth étaient unanimement disposés à suivre leur prince et leurs compatriotes et à partager leur destin; mais lord Strathallan n'était pas du même avis, et il était soutenu par les officiers français et ceux des basses-terres. Les deux partis furent très-irrités l'un contre l'autre en cette occasion, et la querelle ne se termina qu'au retour du Prince d'Angleterre. Alors il envoya de Dumfries un ordre aux corps qui étaient à Perth de rejoindre l'armée devant Stirling.

Par suite de cette jonction, les forces du jeune Aventurier montèrent à environ neuf mille hommes, formant l'armée la plus nombreuse qui ait jamais été sous ses ordres. Avec ces troupes, Charles, comme nous l'avons déjà dit, fit le siège du château de Stirling. Il ouvrit la tranchée devant cette forteresse le 10 janvier 1746; mais il fut bientôt interrompu dans ses exécutions par l'approche d'un ennemi formidable.

Il faut maintenant porter nos regards d'un autre côté, et examiner quelles mesures prenait le gouvernement anglais pour mettre fin à cet état de troubles.

Le duc de Cumberland, que nous avons laissé après l'escarmouche de Clifton, n'essaya pas d'attaquer de nouveau l'arrière-garde de ces montagnards; mais dès qu'ils eurent passé l'Esk, il investit Carlisle, où les montagnards avaient laissé une garnison d'environ trois cents hommes. Ils refusèrent de se rendre, après la sommation que leur en fit le Duc, croyant probablement, comme il paraît que le prince Charles l'avait cru lui-même, que le duc de Cumberland n'avait pas de pièces de canon de siège à sa disposition. Mais il s'en trouvait à Whitehaven, et il y envoya pour se les procurer; il en forma deux batteries, commandant l'une la porte d'Angleterre, l'autre celle d'Ecosse ou du Nord. Une brèche ayant été ouverte, quoiqu'elle ne fût pas encore praticable, on fit sortir de la ville un drapeau blanc pour demander quelle capitulation on accorderait à la garnison. On répondit que, si elle se rendait à discrétion, elle ne serait point passée au fil de l'épée. La reddition eut lieu sans autre condition, étant entendu qu'il serait disposé de la garnison suivant le bon plaisir du Roi. Le colonel Townley, commandant du régiment de Manchester, fut fait prisonnier avec une vingtaine de ses officiers, ainsi que M. Cappoch, ecclésiastique que le Prince destinait à être évêque de Carlisle. Le gouverneur Hamilton se rendit aussi avec une centaine d'Ecossais, de même que Geohagan et d'autres officiers irlandais au service de France. Le triste sort des individus compris dans cette reddition aurait pu aisément se prévoir, et le Chevalier fut sévèrement blâmé d'avoir laissé tant de fidèles partisans dans une situation qui les exposait nécessairement à tomber sous le pouvoir du gouvernement qu'ils avaient offensé pour lui. Ce qu'on peut dire en faveur de cette mesure, c'est que, présumant qu'il pourrait être incessamment rappelé en Angleterre par suite d'une descente des Français, il jugea important de conserver Carlisle comme une porte qui lui ouvrait l'entrée de ce pays. Mais on peut répondre à ce raisonnement, qu'en faisant sauter les fortifications de cette ville, et en démantelant le château, il aurait pu conserver cette porte ouverte, sans laisser une garnison dans une position si précaire.

Le 31 décembre, le duc de Cumberland entra à cheval

dans Carlisle, et reçut bientôt après des députations, non-seulement de toutes les places des environs, mais même d'Edimbourg, pour le féliciter de l'avantage qu'il avait obtenu sur les rebelles.

Cependant la marche du Duc à la poursuite des montagnards fut interrompue par des dépêches qui le rappelaient à Londres pour qu'il fût prêt à prendre le commandement en cas d'une invasion par la France. La plus grande partie de l'infanterie qui avait été sous ses ordres quand son quartier-général était à Litchfield, se rendit alors sur les côtes des comtés de Kent et de Sussex, étant la force la plus disponible qu'on pût employer, en cas que la descente s'effectuât véritablement. Il fut pourtant résolu en même temps que la partie de l'armée du Duc qui avait marché jusqu'à Carlisle, et qui consistait principalement en cavalerie, continuerait à s'avancer vers le nord, et se joindrait aux troupes qui avaient été long-temps à Newcastle sous les ordres du maréchal Wade. Ce vieil officier n'avait pas été très-alerte dans ses mouvemens pendant la campagne d'hiver, et surtout dans sa marche pour secourir Carlisle, et ce fut une raison pour lui ôter ce commandement.

Le duc de Cumberland nomma le général Henry Hawley commandant des forces destinées à poursuivre l'armée des montagnards : Hawley était un officier plein d'expérience; mais il n'était pas aimé par les soldats, qui le redoutaient comme étant d'une humeur sévère et même cruelle, quoiqu'il fût personnellement brave. Il était plus propre à obéir qu'à commander. Ce général avait été lieutenant dans les dragons d'Evans à la bataille de Sheriffmuir; et comme il avait combattu à l'aile droite de l'armée du duc d'Argyle, il avait vu le succès de la cavalerie contre les montagnards, et avait conçu une pauvre idée de leurs forces. On l'avait entendu souvent attribuer la défaite du général Cope à la lâcheté et au manque de conduite de cet officier, et assurer qu'on pouvait attendre un résultat tout différent d'une rencontre entre des montagnards et des dragons, quand ceux-ci seraient convenablement conduits au combat.

Avec ces sentimens de confiance en lui-même, et l'expérience de la manière de combattre des montagnards, qu'on supposait que sa campagne de 1715 lui avait donnée, le général Hawley entra en Ecosse à la tête d'une force qui, lorsqu'elle fut jointe aux troupes qui étaient déjà à Edimbourg, montait à huit mille hommes, dont les deux tiers étaient des vétérans. Le reste se composait de mille hommes et plus du comté d'Argyle, commandés par le colonel Campbell, qui fut ensuite duc d'Argyle, et du régiment de Glascow, de six cents hommes. Il fut aussi rejoint par un corps de cavalerie légère du comté d'York, nommé les Chasseurs d'York, qui portait les armes pour la maison d'Hanovre et le gouvernement établi.

En arrivant à Edimbourg, Hawley donna une idée de son caractère en faisant élever des gibets, comme pour annoncer quel serait le sort des rebelles qui tomberaient entre ses mains; mesure destinée à répandre la terreur, mais qui inspira plutôt le dégoût et la haine. Le moment approchait où il faudrait appuyer ces fanfaronnades sur des actions. Le général Hawley, à la tête d'une armée aussi considérable que celle qui était sous ses ordres, se crut pleinement en état de marcher sur Stirling et d'attaquer les insurgés, occupés à assiéger le château. Ayant donc donné ordre à ses troupes de marcher en deux divisions, la première partit d'Edimbourg le 13 janvier, sous les ordres du général Huske, qui commandait l'armée en second. Cet officier avait le jugement plus sain et le caractère meilleur que son général; il avait été autrefois en garnison en Ecosse, et un grand nombre d'habitans de ce pays le connaissaient et l'estimaient.

L'armée des montagnards, campée devant Stirling, était régulièrement informée de tous les mouvemens de l'ennemi. Le 13 janvier, lord George Murray, qui était à Falkirk, apprit que les habitans de la ville de Linlithgow, qui était à peu de distance, avaient reçu ordre d'Edimbourg de préparer des provisions et des fourrages pour un corps de troupes qui devait avancer incessamment dans cette direction. Lord George, connaissant ainsi les intentions d'Hawley, résolut de marcher avec une force suffisante pour déjouer cette mesure, en détruisant ou en emportant les approvisionnemens qui devaient être préparés suivant les ordres qui avaient été donnés.

Le général jacobite marcha donc sur Linlithgow avec les trois régimens des Mac-Donalds, ceux d'Appin et de Cluny, et la cavalerie commandée par Elcho et Pitsligo. Des détachemens de cavalerie furent chargés de faire des reconnaissances sur la route d'Edimbourg, pour se procurer des nouvelles. Vers midi, les patrouilles le firent informer qu'elles avaient aperçu un petit corps de dragons, étant l'avant-garde de la division du général Huske, qui, comme nous l'avons déjà dit, était parti le matin d'Edimbourg. Lord George leur fit ordonner de repousser les dragons qui s'étaient montrés, sur le corps principal, s'il y en avait un, et de ne se retirer que lorsqu'elles se verraient en danger d'être attaquées par une force supérieure. Pendant ce temps, il rangea l'infanterie en bataille en face de la ville de Linlithgow. Lord Elcho, suivant les ordres qu'il avait reçus, força les dragons qui marchaient en avant à se replier sur un détachement de soixante autres, qui fut obligé de battre en retraite à son tour jusqu'à un village où se trouvaient plusieurs masses de cavalerie et d'infanterie. Lord Elcho ayant ainsi reconnu de très-près le corps principal de l'ennemi, donna avis à lord George Murray de la force qu'il avait en face, autant qu'il pouvait en juger, et en reçut ordre de se retirer, en laissant un petit corps d'observation. Le dessein de lord George n'était pas d'attaquer un ennemi dont la force, évidemment considérable, lui était inconnue ; en conséquence, il résolut de rester à Linlithgow jusqu'à ce que les ennemis fussent arrivés très-près de cette ville, et alors de faire sa retraite en bon ordre. Il exécuta ce projet ; et lorsqu'il eut repassé le pont, il y avait si peu de distance entre son arrière-garde et l'avant-garde du général Huske, que les soldats des deux partis échangèrent des injures, quoique sans en venir à aucun acte d'hostilité. Lord George continua sa retraite jusqu'à Falkirk, où il fit halte toute la nuit. Le lendemain il se retira jusqu'à quelques villages voisins de Bannockburn, où il apprit que le général Huske, avec la moitié de l'armée du gouvernement, était arrivé à Falkirk ; que le général Hawley l'avait rejoint le 16 avec la seconde division ; qu'indépendamment des troupes régulières il avait avec lui mille montagnards, vassaux de la famille d'Argyle, et qu'il semblait déterminé à livrer bataille.

Les 15 et 16 janvier, le Chevalier, laissant mille à douze cents hommes sous les ordres de Gordon de Glenbucket, pour protéger ses tranchées et continuer le blocus du château de Stirling, rangea ses troupes en bataille sur une plaine à environ un mille à l'est de Bannockburn, s'attendant à être attaqué. Il envoya de la cavalerie faire une reconnaissance dans les environs du camp des ennemis ; mais on ne vit aucune apparence qui indiquât qu'il se disposait à marcher. Le 17, il répéta la même manœuvre, son armée étant toujours rangée sur la même plaine, près de Bannockburn, tandis que celle du gouvernement restait à Falkirk dans une inaction complète.

On attribue la cause de cette inaction au mépris du général Hawley pour ses ennemis, et à la pleine confiance où il était que, bien loin de songer à faire un mouvement offensif, les insurgens étaient sur le point de se disperser, de peur qu'il ne les attaquât. On dit en outre que le général Hawley ayant éprouvé l'influence de l'esprit et de la gaieté de la comtesse de Kilmarnock, dont le mari était à l'armée du Prince, n'avait pu résister à l'invitation qu'elle lui avait faite de venir à Calander-House, et qu'il y était resté depuis le moment de son arrivée, le 16, jusqu'à la soirée du 17 janvier, vieux style, en s'occupant de l'armée qu'il commandait moins qu'il ne convenait à un vieux soldat. Pendant ce temps on lui préparait un accueil moins agréable que celui qu'il recevait probablement à Calander-House.

Les montagnards ayant tenu un conseil de guerre sur la plaine où ils étaient réunis, avaient résolu, puisque le général anglais ne faisait pas un mouvement pour venir les combattre, de lui en épargner la peine en avançant eux-mêmes sur-le-champ. Les deux armées étaient à la distance d'environ sept milles l'une de l'autre, et le général Hawley, avec une négligence indigne d'un officier vétéran, paraît n'avoir fait sortir aucune patrouille de son camp. Cela donna aux insurgens l'occasion d'essayer un stratagème qui leur réussit complètement. Il fut décidé que lord John Drummond avec son régiment, les piquets irlandais et toute la cavalerie de l'armée rebelle s'avanceraient par la route conduisant directement de Stirling et de Bannockburn à Falkirk. Ils devaient aussi porter avec eux l'étendard royal et d'autres drapeaux, pour en faire étalage en face de la vieille forêt nommée Torwood. Cette marche et la position que devait prendre lord John Drummond n'étaient pourtant qu'une feinte destinée à faire croire à l'armée du roi que toutes les forces des insurgens avançaient de ce côté.

Pendant ce temps, lord George Murray, tournant Torwood du côté du sud, avait traversé la rivière de Carron près de Dunnipace, et s'avançait au sud du terrain élevé qu'on appelait Falkirk-Moor, qui était alors une commune découverte et sans clôture, et qui s'élevait à une hauteur considérable à l'ouest ou sur la gauche du camp d'Hawley. Le général Huske, qui, comme nous l'avons dit, commandait l'armée en second, apprit le premier l'approche des ennemis. Vers onze heures, la division de lord John Drummond était visible du camp; et comme on en avait eu le dessein, elle attira exclusivement toute l'attention pendant environ deux heures. Alors, par suite des avis qu'il reçut, et à l'aide d'une lunette d'approche, le général Huske vit avancer la division de lord George Murray, dont on devait craindre l'attaque véritable.

Mais quoique Huske vît le danger, le général Hawley, pour qui c'était particulièrement un devoir d'y remédier, était encore à Callander-House. Dans cet embarras, le commandant en second forma sa ligne de bataille en face du camp; mais en l'absence de son officier supérieur, il n'était pas en son pouvoir d'ordonner aucun mouvement soit contre la division qui occupait la grande route sous les ordres de lord John Drummond, soit contre celle que lord George Murray conduisait sur la gauche. Les régimens restèrent sur pied, surpris, impatiens et inquiets, attendant des ordres, et n'en recevant aucun.

Cependant Hawley prit enfin l'alarme. Il parut tout à coup en face du camp, et ordonnant à toute la ligne d'avancer, il se mit à la tête de trois régimens de dragons, tira son épée, et les conduisit d'un pas accéléré vers la hauteur nommée Falkirk-Moor, espérant, par ce mouvement rapide, prévenir les montagnards, qui, du côté opposé, se pressaient aussi pour s'emparer de cette éminence.

Pendant ce temps, la partie des montagnards destinés à occuper cette hauteur, marchait en trois divisions, de manière que d'abord le bois de Torwood et ensuite l'élévation de Falkirk-Moor empêchaient en quelque sorte qu'ils fussent aperçus du camp d'Hawley. En faisant ce mouvement leurs colonnes marchaient parallèlement à cette hauteur; et quand ils furent avancés de manière à avoir assez de place pour se former, chaque colonne fit un quart de conversion pour se ranger en ligne de bataille, et commença à gravir l'éminence.

La première ligne se composait des clans, les Mac-Donalds étant à la droite et les Camerons à la gauche. — A la seconde ligne, la brigade d'Athole formait la droite, et le corps du comté d'Aberdeen, de Louis Gordon, la gauche. Le régiment de lord Ogilvie était au centre. La troisième ligne, ou la réserve, était peu nombreuse, et se composait principalement de cavalerie et des piquets irlandais. Il est bon de remarquer que lord John Drummond, qui avait exécuté le mouvement de feinte, resta avec ses troupes sur la grande route jusqu'à ce que toute l'autre division eût passé le Carron; qu'alors il en rejoignit l'arrière-garde, se réunit à la cavalerie qui était avec le Prince, et renforça ainsi la troisième ligne de l'armée.

Quand Hawley partit avec ses trois régimens de dragons, l'infanterie de l'armée du Roi le suivit en ligne de bataille, ayant six bataillons à la première ligne, et le même nombre à la seconde. Le régiment d'Howard, qui suivait, formait un petit corps de réserve.

Au moment où les montagnards se pressaient de gagner le haut de Falkirk-Moor, d'un côté, les dragons, qui s'étaient avancés à la hâte, y étaient arrivés de l'autre, et ils leur montrèrent une ligne de cavalerie qui occupait environ autant de terrain que la moitié de la première ligne des montagnards. Mais ceux-ci étaient pleins d'ardeur, et elle augmenta encore à la vue de l'ennemi. Ils gardèrent leurs rangs et s'avancèrent à grands pas vers le terrain occupé par les trois régimens d'Hawley. Les dragons s'étant en vain efforcés d'arrêter ce mouvement des clans par une ou deux feintes, résolurent enfin de faire une attaque sérieuse pendant qu'ils possédaient encore sur la hauteur l'avantage du terrain. Leur première mesure fut de prendre l'ennemi en flanc, mais les Mac-Donalds, qui étaient à l'extrême droite de la ligne des montagnards, s'appuyèrent sur un marécage, ce qui déconcerta ce projet. Les dragons alors firent une charge en front, le sabre levé et au grand trot, contre les montagnards, qui continuaient à avancer. Les clans voyant l'attaque dont ils étaient memacés, réservèrent leur feu avec autant de résolution qu'auraient pu le faire les troupes les plus fermes de toute l'Europe. Lord George Murray, qui était en front et au centre de la ligne, mit son fusil en joue pour faire feu quand ils étaient à environ cinq toises. Ce fut le signal d'une décharge générale, tirée de si près et si bien dirigée que les dragons furent rompus. Quelques-uns traversèrent la première ligne, mais ils furent pour la plupart tués par les soldats de la seconde. Environ quatre cents d'entre eux tombèrent, le cavalier ou le cheval étant tué ou blessé. La plus grande partie coururent sur la droite dans un désordre complet, le long de la première ligne des montagnards, et ceux-ci firent sur eux un feu meurtrier qui en renversa encore un grand nombre.

Cette défaite de la cavalerie commença la bataille d'une manière favorable pour les insurgés, mais ils furent sur le point de payer bien cher ce succès. A l'instant où l'attaque commença, un ouragan violent, accompagné de pluie, soufflait directement en face des troupes du Roi, ce qui contribua beaucoup à les déconcerter. Lord George Murray cria aux Mac-Donalds de tenir ferme, de ne pas s'inquiéter des dragons qui fuyaient, mais de garder leurs rangs et de recharger; tout fut inutile. Les montagnards, suivant leur coutume, se précipitèrent contre eux la claymore à la main, et jetèrent leurs mousquets. Leur aile gauche, au même instant, fondit avec fureur sur la droite et le centre de l'infanterie d'Hawley, la rompit et la mit en fuite. Mais les lignes des deux armées n'étant pas exactement parallèles, l'extrême droite de la première ligne d'Hawley s'étendait considérablement au-delà de l'aile gauche des montagnards. Trois régimens, ceux de Price, de Ligonier et de Burrell, tinrent bon sur l'extrême flanc, avec d'autant plus d'avantage qu'ils avaient en face une ravine qui empêchait les montagnards de les attaquer à l'arme blanche, suivant leur tactique ordinaire. Ces corps défendirent vaillamment cette fortification naturelle, et, par un feu bien nourri ils forcèrent les montagnards à abandonner le côté opposé de la ravine. Un des trois régimens en déroute, celui de Cobham, se rallia derrière ces corps d'infanterie qui tenaient ferme ; quant aux deux autres, c'étaient les deux mêmes qui avaient été à Preston, et ils ne se comportèrent pas mieux, comme ils ne pouvaient se comporter plus mal qu'ils ne l'avaient fait en cette mémorable occasion.

La situation de la bataille était alors fort singulière. Les deux armées, dit M. Home, étaient en fuite en même temps. La cavalerie d'Hawley et presque toute son infanterie, à l'exception de celle qui se trouvait sur son extrême droite, avaient été complètement mises en confusion et en déroute ; mais les trois régimens qui continuaient à combattre avaient un avantage décidé sur la gauche du Prince, et beaucoup de montagnards prenaient la fuite, dans l'idée que la journée était perdue.

L'avantage, au total, était incontestablement du côté de Charles-Edouard ; mais, attendu le manque de discipline des troupes qu'il commandait, et la force extrême de l'ouragan, il devint difficile même de connaître l'étendue de la victoire, et impossible d'en profiter. Les montagnards étaient dans un grand désordre. Presque tous les corps de la seconde ligne étaient confusément mêlés ensemble ; — l'obscurité faisait que l'aile droite victorieuse ne savait ce qui pouvait être arrivé à la gauche ; — et il n'y avait pas de généraux à cheval, ou aides-de-camp, qui auraient pu découvrir avec certitude quelle était la position des affaires. Cependant les régimens anglais, tant de cavalerie que d'infanterie, qui avaient été mis en déroute, descendaient de la hauteur en désordre, et fuyaient vers le camp et vers la ville de Falkirk. Le général Huske ramena l'arrière-garde de cette armée en retraite, ou plutôt en déroute, avec les régimens qui s'étaient si bien comportés sur la droite. Il fit cette opération en bon ordre, tambours battans et drapeaux déployés. Le général Hawley ne se sentit nulle envie de rester dans le camp dont il avait pris possession avec une affectation de triomphe si prématurée. Il fit mettre le feu aux tentes, et ramena ses soldats effrayés et en désordre à Linlithgow, d'où il se retira le lendemain à Edimbourg avec ses forces qui étaient dans l'état le plus pitoyable de confusion et de consternation. Le régiment des volontaires de Glascow tomba, en cette occasion, au pouvoir des rebelles, et fut traité avec beaucoup de rigueur ; car il est à remarquer que les montagnards étaient plus irrités contre les volontaires, que leur devoir n'obligeait pas, suivant eux, comme les troupes de ligne, à prendre part à la guerre.

Un assez grand nombre d'hommes perdirent la vie dans cette bataille. Une vingtaine d'officiers et quatre à cinq cents soldats furent tués du côté des Anglais, et les insurgens firent beaucoup de prisonniers, dont la plupart furent envoyés au château de Doune.

La perte des rebelles ne fut pas considérable, et l'on ne fit sur eux qu'un seul prisonnier, mais d'une manière assez remarquable. Un officier montagnard, frère de Mac-Donald de Keppoch, s'était emparé du cheval d'un dragon, et l'avait monté, sans réfléchir qu'il n'était pas en état de faire obéir cet animal. Quand le cheval entendit battre le tambour pour rallier les dragons, l'instinct de la discipline l'emporta, il prit le galop, et en dépit de tous les efforts de son cavalier il le conduisit au milieu de son régiment. Le montagnard, se voyant dans cette situation, chercha à se faire passer pour un officier du régiment de Campbell ; mais sa ruse fut découverte, il fut arrêté ; et quoique la manière plaisante dont il avait été pris eût pu lui faire obtenir quelque compassion, il fut ensuite exécuté comme traître.

La défaite de l'armée anglaise à Falkirk jeta la consternation et la terreur dans toutes les parties de la Grande-Bretagne. La rébellion avait été regardée comme terminée quand les montagnards s'étaient retirés d'Angleterre, et les fanfaronnades d'Hawley avaient préparé toute la nation à attendre des nouvelles bien différentes de celles qui annonçaient le désastre de l'armée, et l'air humilié du général, qui semblait un aveu de la défaite [1].

D'autres visages que celui de l'infortuné général étaient devenus pâles et consternés par suite du résultat inattendu de la bataille de Falkirk. Pendant toute la guerre civile, les classes supérieures en Angleterre s'étaient montrées enivrées par les succès et abattues par les revers, plus facilement qu'on n'aurait dû l'attendre de leur réputation ordinaire de fermeté. Pendant la marche du Prince sur Derby, on aurait pu dire que leurs craintes allaient au-delà de ce que permettait la nature du danger, si ce n'eût été que ce péril consistait principalement en cette stupeur qu'il inspirait. Lorsque la retraite fut commencée, l'espoir et l'enthousiasme de la nation montèrent encore au plus haut degré, comme si l'on n'eût plus eu rien à appréhender d'une troupe d'hommes doués d'une bravoure si déterminée, qui avaient déjà fait tant de choses avec de si faibles moyens. La nouvelle de la défaite de Falkirk répandit donc une alarme générale; et à la cour, lors d'un lever qui eut lieu immédiatement après cette bataille, on ne vit que deux personnes dont la physionomie paraissait sereine. C'était George II lui-même, qui, quels que puissent avoir été ses autres défauts, avait trop du caractère du lion pour être effrayé; et sir John Cope, qui était rayonnant de joie dans l'idée que l'infortune ou l'impéritie d'Hawley allait probablement effacer la sienne du souvenir du public.

On pensa alors que personne n'avait une importance suffisante pour être mis à la tête de l'armée, que le duc de

---

[1] On voit dans une lettre du général Wightman quel air avait Hawley en cette occasion. — « Le général Hawley est à peu près dans la même situation que le général Cope; on ne le vit pas sur le champ de bataille tant que dura l'action; et tout y aurait été pire qu'à Preston, si le général Huske n'eût agi avec autant de jugement que de courage, et ne se fût montré partout. Hawley paraît sentir son manque de conduite; car, étant avec lui samedi matin à Linlithgow, je lui trouvai un air plus déplorable qu'à Cope lui-même quand je le vis à Fala quelques heures après sa défaite. »

(*Note de l'Auteur.*)

Cumberland, et il en fut nommé commandant en chef. Son Altesse Royale partit de Londres le 25 janvier 1746, accompagné de lord Cathcart, lord Burry, le colonel Conway et le colonel York, ses aides-de-camp. Son arrivée à Holyrood ranima l'esprit abattu des membres du gouvernement. La présence du nouveau commandant en chef fut aussi très-agréable à l'armée, non-seulement à cause de la confiance qu'elle avait dans ses talens, mais parce que sa présence mit un terme aux punitions cruelles infligées par le général Hawley, qui avait invoqué l'aide du gibet et des verges pour réparer un désastre dont la principale source se trouvait peut-être dans son manque de connaissances militaires. Le duc arriva à Edimbourg assez à temps pour sauver la vie de deux dragons condamnés à mort, et faire grace à plusieurs autres destinés à une peine moins sévère que quelques-uns avaient déjà subie.

L'armée que le Duc commandait consistait en douze escadrons de cavalerie et quatorze bataillons d'infanterie. Mais plusieurs d'entre eux avaient beaucoup souffert dans la dernière affaire, et tous étaient fort loin d'être au complet. On avait pourtant mis tout en œuvre pour réparer les pertes faites à Falkirk-Moor, et l'on peut dire que le duc de Cumberland était à la tête d'une armée aussi belle et aussi bonne qu'on en mit jamais en campagne. Hawley, qui était favori personnel du Roi, conserva le rang de lieutenant-général sous les ordres du Duc, et lord Albemarle occupa le même grade. Les majors-généraux étaient Bland, Huske, lord Semple et le brigadier Mordaunt.

Dans un conseil de guerre tenu à Edimbourg, il fut décidé que les troupes marcheraient le lendemain vers Stirling, pour faire lever le siège du château et livrer une bataille aux rebelles s'ils osaient l'accepter, sous de meilleurs auspices que celle de Falkirk. On s'était donné beaucoup de peine dans divers ordres du jour pour expliquer aux

soldats de quelle manière les montagnards combattaient ;
— passage si curieux, que je l'extrairai pour votre amusement. Peut-être la partie la plus agréable des instructions qui s'y trouvent était l'assurance qu'il n'existait que peu de *vrais* montagnards dans l'armée du Prince [1].

(1) Édimbourg, dimanche 12 janvier 1745—6.

MOT D'ORDRE I. — DERBY.

Officier-général pour la journée de demain, le major Wilson. — Rien n'est si facile que de résister à la manière ordinaire de combattre des montagnards, si les officiers et les soldats n'ont pas la tête remplie des histoires mensongères qu'on en débite. Ils forment ordinairement leur premier rang de ce qu'ils appellent leurs hommes les plus braves, ou vrais montagnards, dont le nombre n'est jamais bien grand. Quand ils se forment en bataillon, c'est ordinairement sur quatre hommes de profondeur, et ces montagnards forment la première ligne des quatre, les autres sont des habitans des basses-terres, et l'écume de l'armée. Quand ces bataillons arrivent à une portée de mousquet, ou à environ trente toises, cette première ligne fait feu, et jette sur-le-champ ses fusils. Alors ils se précipitent en masse, avec leurs sabres et leurs *targets*, en faisant grand bruit, et s'efforcent d'enfoncer le corps ou le bataillon qui est devant eux, se mettant douze ou quatorze de profondeur avant d'arriver à ceux qu'ils attaquent. Le sûr moyen de les anéantir, c'est de les attendre sur trois hommes de profondeur, et de faire feu, par rang, diagonalement, sur le centre, quand ils arrivent, le dernier rang tirant le premier ; et même ce rang ne doit tirer que lorsqu'ils sont à dix ou douze pas. Mais si vous tirez de plus loin, vous serez probablement enfoncés, car vous n'aurez pas le temps de recharger ; et si vous fuyez, vous pouvez vous regarder comme morts, car, comme ils n'ont ni fusils ni aucun fardeau, un homme avec ses armes, son équipement, etc., ne peut leur échapper, et ils ne font aucun quartier. Mais si vous suivez exactement les avis ci-dessus, ce sont les ennemis les plus méprisables qui existent. (*Note de l'Auteur.*)

CHAPITRE XXII.

Retraite de l'armée du prince Charles de Stirling dans les montagnes. — Déroute de Moy. — Arrivée de troupes hessoises à l'aide du gouvernement. — Conseil tenu à Édimbourg par le duc de Cumberland et le prince de Hesse-Cassel. — Désappointement du prince Charles dans son espoir de secours de la France. — Lord George Murray s'empare des postes militaires du comté d'Athole. — Il investit le château de Blair; mais il est forcé d'en lever le siège, faute d'un nombre de troupes suffisant pour le continuer. — Soupçons conçus par le Prince sur la fidélité du lord George Murray.

Les insurgés ne recueillirent pas de la bataille de Falkirk des avantages tels qu'ils auraient dû en espérer. L'extrême confusion qui régnait dans leurs propres rangs, et qui les empêcha de connaître l'état dans lequel se trouvait l'ennemi, les mit hors d'état de poursuivre l'armée d'Hawley, qui, suivant toutes les probabilités, aurait été pour eux une proie facile s'ils l'avaient poursuivie; ils auraient pu, sur l'impulsion du moment, se mettre une seconde fois en possession de la capitale, et profiter de l'éclat qu'eût répandu un tel avantage sur leurs armes.

Mais le Chevalier, qui avait tenu sa parole en ne convoquant plus aucun conseil depuis la retraite de Derby, si ce n'est celui qui avait eu lieu sur le champ de bataille, n'agissait plus que d'après les avis de son secrétaire Murray, de son quartier-maître John Hay, de sir Thomas Sheridan et des officiers irlandais, qu'on soupçonnait d'être moins disposés à donner au Prince des avis impartiaux qu'à servir d'écho à ses propres opinions. En cette occasion, il pensa que lever le siège de Stirling serait une honte pour ses armes, et par conséquent il résolut de le continuer à tout évènement. Cette détermination se trouva malheureuse.

L'ingénieur français qui conduisait le siège ne connaissait qu'imparfaitement sa profession. Il établit une batterie sur la hauteur de Gowan; mais l'ayant découverte quand il n'y avait encore monté que trois canons, ils furent bientôt réduits au silence par le feu supérieur du château. Quelques escarmouches eurent lieu à la même époque entre les bâtimens armés anglais qui s'efforçaient de remonter le Forth, et les batteries établies sur les deux rives de ce fleuve; mais ces incidens furent de peu d'importance. Les progrès du siège semblèrent se prolonger, et ils furent exposés à être interrompus par la marche du duc de Cumberland et de son armée.

D'une autre part, l'armée montagnarde avait souffert une grande diminution depuis la bataille de Falkirk, moins par suite du nombre d'hommes qu'elle y avait perdus que par la victoire même, qui, comme cela était ordinaire, causa une grande désertion dans les clans, dont les soldats, suivant leur pratique invariable, retournèrent chez eux pour mettre en sûreté leur butin. Un accident qui arriva le lendemain de la bataille de Falkirk fit aussi perdre au Chevalier un régiment d'un clan de haute distinction. Un soldat du clan de Clanranald maniait inconsidérément un fusil chargé. Le coup partit par hasard, et tua malheureusement un fils cadet de Glengarry, major du régiment de ce Chef. Pour empêcher une querelle entre deux tribus puissantes, l'infortuné soldat qui avait causé ce malheur fut condamné à mort et fusillé. Ce sacrifice ne satisfit pas pleinement les vassaux de Glengarry. Ils se dégoûtèrent d'un service qui avait coûté un fils à leur Chef, et la plupart d'entre eux retournèrent sans permission dans leurs montagnes; désertion qui fut cruellement sentie dans ce moment critique.

Les chefs de clans et les hommes de qualité qui se trouvaient à l'armée, voyant la diminution du nombre de leurs soldats, et mécontens de ne pas être consultés sur les mouvemens de l'armée, tinrent un conseil de leur propre autorité, dans la ville de Falkirk, et rédigèrent une délibération qu'ils signèrent tous, pour conseiller au Prince une retraite vers le nord. Ils y disaient qu'un si grand nombre de leurs soldats étaient retournés chez eux depuis la dernière bataille, qu'ils n'étaient plus en état de continuer le siège de Stirling, ni de repousser l'armée du duc de Cumberland, qui s'avançait pour le faire lever. Ils terminaient par donner au Prince l'avis de se retirer avec son armée à Inverness, d'anéantir les forces de lord Loudon et de ses autres ennemis dans ce canton, et de prendre ou de démolir les forts des montagnes, ce qui le rendrait complètement maître du nord. Cela fait, ils l'assuraient qu'ils seraient prêts à se remettre en campagne le printemps suivant avec huit ou dix mille montagnards, et à le suivre partout où il voudrait les conduire.

Cet avis, qui, dans les circonstances où il était donné, ressemblait beaucoup à un ordre, produisit sur Charles l'effet d'un coup de foudre. Il avait décidé qu'une bataille aurait lieu, et en conséquence les malades, les blessés, et tout ce qui marchait à la suite de l'armée, avaient été envoyés à Dunblane. Lord George Murray était aussi venu au quartier-général, et avait montré au Prince un plan de la bataille qu'il se proposait de livrer, et que Charles avait approuvé, en y faisant quelques changemens de sa propre main. Quand cette proposition de faire une retraite lui fut présentée, il fut d'abord saisi d'un accès de désespoir, et s'écria : Grand Dieu ! ai-je vécu pour voir une telle chose ! Il se frappa la tête contre la muraille avec une telle violence qu'il chancela. Il envoya ensuite à Falkirk sir Thomas Sheridan, en le chargeant d'employer tous les raisonnemens possibles pour engager les Chefs à se départir de leur résolution ; mais sir Thomas les trouva inébranlables, et ils étaient trop nombreux et trop puissans pour que Charles pût leur résister [1].

---

[1] L'adresse qui conseillait la retraite était signée par lord George Murray, Lochiel, Keppoch, Clanranald, Ardshiel, Lochgarry, Scothouse, et le Maître de Lovat, ayant tous une grande importance et de nombreux vassaux fidèles à la cause du Prince.
(*Note de l'Auteur.*)

Le Prince, après avoir consenti à la retraite, régla avec lord George Murray que le 1er février l'armée aurait ordre de traverser le Forth au gué de Frews, le matin de très-bonne heure; que les canons de siège seraient encloués; que les munitions qu'on ne pourrait emmener avec l'armée seraient détruites, et enfin qu'une forte arrière-garde, composée de douze cents montagnards d'élite et de cavalerie de lord Elcho, protégerait la retraite de l'armée.

On ne prit pourtant aucune de ces précautions; et la retraite, faite à la hâte, et accompagnée de toute espèce de désordres, ressemblait tellement à une fuite, qu'il n'y avait nulle part mille hommes réunis. L'armée traversa le fleuve par petits détachemens et dans la plus grande confusion. Il n'y avait aucune arrière-garde, et la cavalerie de lord Elcho, qui avait eu ordre d'attendre des ordres ultérieurs au pont de Carron, fut entièrement oubliée, et sur le point d'être coupée par un corps de troupes de la ville et du château de Stirling, avant d'avoir reçu l'ordre de se mettre en retraite. On supposa que cette confusion avait eu pour cause la faute que commit le Prince en changeant le plan de retraite qui avait été arrêté entre lui et lord George Murray, faute qui semble prouver qu'il était si mécontent de cette mesure, qu'il s'inquiétait fort peu qu'elle fût exécutée avec ordre ou avec confusion.

Un accident se joignit aux inconvéniens qui résultèrent de ce mouvement précipité. En voulant détruire leurs magasins à Saint-Ninian, les montagnards s'y prirent si maladroitement, qu'ils firent sauter l'église en même temps, ce qui coûta la vie à plusieurs personnes. La méchanceté de l'esprit de parti fit courir le bruit que c'était un acte de violence commis avec intention par l'armée du Prince, ce qu'on ne peut guère supposer, puisque plusieurs de ses soldats, et notamment l'homme qui mit le feu à la traînée, furent tués par l'explosion.

Néanmoins la retraite de Stirling s'effectua sans beaucoup de perte, et il n'en résulta qu'une dispersion temporaire des troupes. L'armée montagnarde traversa dans sa marche Dunblane et Crieff. Le 3 février, un conseil de guerre fut tenu près de cette dernière ville, dans un village nommé Fairnton. On y discuta de nouveau la nécessité de la retraite de Stirling, et les officiers qui étaient ennemis de lord George Murray eurent soin de rejeter sur lui le blâme d'une mesure qui, quoique nécessaire, n'était nullement du goût du Prince, qui n'y avait consenti que parce qu'il s'y trouvait en quelque sorte forcé. On prétendit alors que la désertion n'avait pas été de moitié aussi considérable qu'on l'avait appréhendé ; qu'elle n'excédait pas mille hommes, et que le Prince n'avait pas besoin, à cause d'un pareil vide dans ses rangs, d'être forcé à adopter une mesure qui ressemblait à une fuite ; ce qui, ajoutait-on, dans une guerre où presque tout dépendait de l'opinion, devait nuire à sa réputation dans l'esprit de ses amis et de ses ennemis. Mais la résolution avait été définitivement adoptée, et il était devenu indispensable de l'exécuter.

A Crieff, l'armée de Charles se sépara. Une division, consistant principalement en montagnards de l'ouest, marcha vers le nord par la route des montagnes. L'autre, commandée par lord George Murray, se dirigea vers Inverness par Montrose et Aberdeen, le long des côtes. Elle se composait principalement des régimens des basses-terres et de la cavalerie qui avait beaucoup souffert, les marches forcées dans cette saison rigoureuse lui ayant fait perdre un grand nombre de chevaux. Les soldats, étant pour la plupart des gentilshommes, continuèrent à rester fidèlement rangés sous leur malheureux étendard. Une petite partie de l'armée, appartenant à ce canton des montagnes, passa par Braemar.

Le duc de Cumberland suivit les montagnards jusqu'à Perth, et trouva que, marchant avec rapidité et précision, au milieu de leur désordre, ils avaient exécuté leur projet de se retirer dans les montagnes et d'emmener les garnisons qu'ils avaient mises à Montrose et en d'autres places. La présence de Charles dans le comté d'Inverness paraissait devoir lui procurer des avantages qui pouvaient prolonger la guerre. C'est une province montagneuse dans laquelle il se trouvait plusieurs tribus dévouées à sa cause, et donnant accès aux montagnes situées plus à l'occident, et qu'habitaient principalement les clans jacobites. On croyait aussi que le Prince obtiendrait des recrues dans les comtés de Caithness et de Sutherland.

Le seul ennemi que le Chevalier eût dans le nord était la petite armée que lord Loudon avait rassemblée au moyen des Grants, des Monros, des Ross et autres clans du nord qu'il avait réunis aux Mac-Donalds de Skye et aux Mac-Leods. Mais le nombre n'en était pas assez considérable pour empêcher les troupes du Prince de se répandre dans tout le pays; et pour se prêter à l'humeur des montagnards, et leur faciliter les moyens de se procurer des vivres, on permit qu'ils fissent des excursions de côté et d'autre, au gré de leur fantaisie, le Prince ne gardant près de lui que quelques centaines d'hommes. Dans le fait il paraissait maître de tout le pays découvert; et la petite armée de lord Loudon, montant tout au plus à deux mille hommes, restait enfermée dans Inverness, qu'on avait cherché à fortifier par un fossé et une palissade. Dans de telles circonstances, il ne fut pas très-difficile à Charles d'attaquer et de prendre les casernes de Badenoch à Ruthven, qui lui avait résisté lorsqu'il était descendu des montagnes. Après ce succès, il alla passer deux ou trois jours au château de Moy, principal domaine du laird de Mac-Intosh; distinction bien méritée par le zèle et le dévouement de lady Mac-Intosh pour sa cause. Le mari de cette dame, Æneas ou Angus Mac-Intosh de Mac-Intosh, semble n'avoir eu lui-même aucune affection politique bien prononcée; car il paraît avoir une fois conçu le projet de lever son clan en faveur du Chevalier, et cependant il continua à conserver le grade d'officier dans l'armée de lord

Loudon. Il n'en fut pas de même de sa femme. Voyant l'indécision, peut-être devrions-nous dire l'imbécillité de son mari, elle s'abandonna à son penchant jacobite, penchant qui était partagé par son clan. Ayant levé trois cents hommes parmi les meilleurs guerriers de cette ancienne tribu, elle se mit à leur tête, portant un bonnet d'homme et une robe de tartan richement brodée, et ayant des pistolets aux arçons de la selle. Mac-Gillivray de Drumnaglass commandait ce corps en qualité de colonel. L'enthousiasme excité par cette vaillante amazone exigeait du moins toute la civilité que le Prince pouvait avoir pour elle, et une visite à son château en fut considérée comme la marque la plus flatteuse.

Charles-Edouard ne s'y trouvait pas en toute sécurité, et il n'avait pas autour de lui plus de trois cents hommes quand lord Loudon fit une tentative hardie pour mettre fin à la guerre civile en faisant prisonnier le jeune aventurier. Pour exécuter ce dessein, il résolut d'employer principalement les montagnards du clan de Mac-Leod, comme étant particulièrement propres à mettre à fin une entreprise qui demandait du secret et de la promptitude. Ils furent accompagnés de plusieurs volontaires. On dit que lady Mac-Intosh eut connaissance de ce projet. Quoi qu'il en soit, elle avait chargé le forgeron du clan, personnage qui a toujours quelque importance dans une tribu des montagnes, de faire des patrouilles avec quelques hommes entre Inverness et le château de Moy. Pendant la nuit du 16 février, ce partisan habile et intelligent rencontra l'avant-garde des Macs-Leods qui s'avançait vers Moy, secrètement et en silence. Le corps qui marchait ainsi était composé d'environ quinze cents hommes. Le forgeron et ses compagnons, qui n'étaient guère plus de six à sept, se dispersèrent dans différentes parties du bois, firent feu sur l'avant-garde, qui ne pouvait voir quel était le nombre des ennemis qui se présentaient, poussèrent en même temps le cri de guerre de Lochiel, de Keppoch et d'autres clans des plus distingués, et deux ou trois cornemuses firent entendre les sons bien connus des airs qui sont le signal du rappel des mêmes tribus.

Personne ne se laisse plus aisément surprendre que ceux qui cherchent à surprendre les autres. Cette attaque imprévue déconcerta les Mac-Leods, qui crurent être tombés dans une embuscade, et être menacés par toute l'armée du Chevalier. Il en résulta qu'ils firent sur-le-champ volte-face, et s'enfuirent vers Inverness dans la plus grande confusion, courant quelques dangers et faisant même quelques pertes, non par le feu des ennemis, mais parce qu'ils se renversaient les uns sur les autres, et qu'ils foulaient aux pieds ceux qui étaient tombés. La confusion était si grande, que le Maître de Ross, brave officier qui fut ensuite dans bien des dangers, dit à M. Home qu'il ne s'était jamais trouvé dans une situation si déplorable qu'à ce qu'on appelait *la déroute de Moy*.

Quelques récits disent que le sommeil du Prince ne fut pas interrompu pendant toute la confusion qu'occasiona cette attaque, qui, sans la présence d'esprit de lady Mac-Intosh, si admirablement secondée par l'intelligence du forgeron, aurait pu terminer son entreprise et sa vie. Quoi qu'il en soit, il est certain que, le lendemain matin de bonne heure, le prince Charles assembla son armée, ou du moins telle partie qu'il en put réunir sur-le-champ, et marcha sur Inverness pour rendre à lord Loudon la visite hostile qu'il lui avait faite la nuit précédente. Ni la force de cette place ni le nombre de ses troupes, ne permettaient à lord Loudon de résister à une armée si supérieure à la sienne. Il fut donc obligé de battre en retraite, passa l'eau à Kessoch, et ayant emmené les barques avec lui, il arrêta quelque temps la poursuite des rebelles; mais lord Cromarty ayant fait un détour, délogea lord Loudon de la ville de Cromarty, le poursuivit ensuite jusqu'à Tain, et le força enfin à entrer dans le comté de Sutherland.

L'armée des montagnards prit possession d'Inverness le 18 ; et le 20, la citadelle, nommée le fort George, lui fut aussi rendue. Ces mouvemens avaient pour but de suivre le plan d'opérations proposé par les Chefs à Falkirk, c'est-à-dire de se retirer vers le nord, et d'employer l'hiver à détruire les forces de lord Loudon et à réduire les forts des montagnes. Dans cette dernière vue, le régiment de lord John Drummond et les piquets français firent le siège du fort Auguste. Les canons qu'on avait n'étant pas de calibre suffisant, on jeta des bombes dans la place, et la garnison ne consistant qu'en trois compagnies fut obligée de se rendre. Le Prince se détermina à envoyer les officiers en France, pour qu'ils y restassent comme otages de ceux des siens qui étaient déjà tombés au pouvoir du gouvernement, ou qui pourraient y tomber par la suite. Nous avons vu que ce projet lui avait été proposé après la bataille de Preston ; mais le Prince s'y étant refusé par motif de générosité, les prisonniers avaient été renvoyés, sur leur parole, dans le comté d'Angus. A l'époque du mouvement du général Hawley sur Stirling, il y eut dans ce comté quelques soulèvemens en faveur du gouvernement, et les prisonniers de guerre s'en étaient prévalus, dans l'idée que cette circonstance les dégageait de leur parole. Les montagnards furent d'un avis différent, et ils exprimèrent leurs sentimens à ce sujet d'une manière singulière après la bataille de Falkirk. Antérieurement à cette affaire, il avait plu au général Hawley de prévoir qu'il aurait besoin, dans son camp, d'un nombre extraordinaire d'exécuteurs. Les insurgens ayant fait prisonniers quelques-uns de ces fonctionnaires, après la bataille, ils cherchèrent à montrer le mépris que leur inspirait la conduite des officiers des troupes régulières, qui, comme ils le disaient, avaient éludé leur parole, en rendant la liberté, sur parole, à ces bourreaux, comme s'ils eussent mérité autant de confiance que les hommes qui portaient l'uniforme d'officiers au service du roi George. La mesure d'envoyer en France les officiers prisonniers aurait pu mettre quelque frein aux poursuites judiciaires du gouvernement, après la fin de la rébellion, si elle eût été adoptée dès le commencement de l'insurrection ; mais alors les succès des insurgés allaient en diminuant, et il n'y avait plus de probabilité que ce moyen pût réussir. On y avait eu recours trop tard pour qu'il pût être utile.

Pendant que les montagnards poursuivaient leurs avantages insignifians contre les forts du nord, le duc de Cumberland avançait derrière eux. Il occupait successivement les districts qu'ils abandonnaient, et amenait déjà des renforts importans à l'aide desquels il espérait les resserrer peu à peu et anéantir enfin leur armée. Suivant les traces des insurgens, il était arrivé à Perth le 6 février, et avait détaché sir André Agnew avec cinq cents hommes et cent Campbells pour prendre possession du château de Blair, dans le comté d'Athole, tandis que le lieutenant-colonel Leighton, avec une force semblable, s'emparait du château de Menzies. Ces garnisons étaient destinées à resserrer l'armée du Chevalier et à l'empêcher de faire des recrues dans les pays les plus favorables à sa cause.

Vers la même époque, le duc de Cumberland apprit qu'un corps d'auxiliaires, consistant en six mille Hessois, avait débarqué à Leith, sous les ordres du prince Frédéric de Hesse-Cassel. On avait fait venir ces troupes parce qu'on s'était trouvé dans un embarras occasioné par la retraite des six mille hommes de troupes hollandaises qui avaient été destinées à aider le roi d'Angleterre. Dès que lord John Drummond était arrivé avec les auxiliaires français, un message avait été envoyé au commandant hollandais pour l'informer officiellement que les drapeaux de France étaient déployés dans le camp du Chevalier, et que, comme ayant donné leur parole de ne pas servir contre ce pays, les Hollandais étaient sommés de ne prendre aucune part à la guerre civile d'Angleterre. La sommation parut légitime aux Hollandais, et en conséquence ils retirèrent leurs forces de la Grande-Bretagne.

Pour remplacer ces auxiliaires, le roi d'Angleterre conclut avec le prince de Hesse-Cassel un traité de subsides qui fut confirmé par le Parlement ; et c'était par suite de cet engagement que les troupes hessoises venaient d'arriver à Leith. Le duc de Cumberland fit à la hâte une visite à Edimbourg, où il tint un conseil avec le prince de Hesse et les principaux officiers. On conçut et l'on exprima l'opinion générale que les montagnards se débanderaient et se disperseraient, et qu'ils n'oseraient risquer une bataille contre le duc de Cumberland. Lorsqu'on demanda l'avis de lord Milton, juge écossais, il fut d'une opinion toute différente de celle des militaires qui avaient parlé. Il déclara qu'il était convaincu que les montagnards, avec leur habitude de célérité, se réuniraient de nouveau en corps considérable, et feraient un dernier effort.

L'opinion de lord Milton fit une impression profonde sur l'esprit du duc de Cumberland ; il résolut de concerter ses mesures d'après la probabilité qu'une bataille serait nécessaire, et de s'avancer lentement vers le nord, mais avec une force imposante. Dans ce dessein, il retourna à Perth, et envoyant trois régimens d'infanterie à Dundee, il marcha vers le nord avec le corps principal de son armée : il arriva à Aberdeen le 27 février. Les troupes hessoises, avec leur prince, arrivèrent à Perth après le départ du duc de Cumberland. Leurs moustaches et leurs uniformes bleus causèrent quelque surprise aux Ecossais, qui furent pourtant fort édifiés de leur conduite civile et tranquille, qui faisait un contraste frappant avec les paroles et les manières licencieuses des soldats anglais. Tout le pays entre Perth et Aberdeen, en y comprenant Blair, dans le comté d'Athole, et quelques postes encore plus au nord, furent occupés par des détachemens tant de Campbells que de troupes régulières. Le duc de Cumberland établit son quartier-général à Aberdeen, où les rebelles crurent généralement qu'il avait dessein de passer l'hiver.

Pendant ce temps, les clans résolurent de continuer à s'emparer de la ligne des forts du nord, parmi lesquels le fort William était encore en la possession des troupes régulières. Le général Campbell avait eu soin qu'il fût pourvu de tout ce qui était nécessaire pour soutenir un siège, et avait renforcé la garnison de quelques compagnies de son propre corps, de sorte qu'elle montait à environ six cents hommes, sous un commandant nommé Campbell. Lochiel et Keppoch en formèrent le blocus; mais ils ne purent couper les communications de la garnison du côté de la mer; attendu que deux sloops de guerre soutenaient la place avec leurs canons. Le général Stapleton vint les joindre bientôt après avec les piquets français, et établit contre le fort une batterie régulière, mais qui, comme nous le verrons ci-après, ne fut pas d'une grande utilité.

Vers cette époque, Charles reçut des nouvelles des secours qu'il avait attendus de France avec tant d'inquiétude. Le 23 février, il reçut une lettre de M. Shee, capitaine dans les dragons de Fitz-James, l'informant qu'il faisait partie d'un armement commandé par le marquis de Fimarcon; qu'il était débarqué avec une partie de son régiment; que le reste de l'escadre amenait environ huit cents hommes, et que chaque bâtiment avait à bord une certaine somme d'argent.

Cette nouvelle fut bientôt confirmée par l'avis qui fut transmis à Charles qu'un bâtiment de l'escadre annoncée par le capitaine Shee ayant paru à la hauteur de Peterhead, avait débarqué deux mille louis d'or pour le service du Prince, mais avait refusé de faire mettre à terre les soldats qui étaient à bord, sans un ordre du marquis d'Aiguilles, appelé ambassadeur de France. Le prince Charles envoya lord John Drummond et le marquis d'Aiguilles avec un fort détachement pour assurer le débarquement de cet important renfort ; mais ils arrivèrent trop tard. Le duc de Cumberland, marchant avec toutes ses forces, était arrivé le 27 à Aberdeen ; et Moir de Stonywood, qui y commandait pour le Prince, avait été forcé de se retirer à Fochabers, accompagné du capitaine Shee. Ils y rencontrèrent lord John Drummond, qui s'était avancé jusque là pour protéger le débarquement. Un piquet du régiment de Berwick débarqua en sûreté à Portsoy, seule partie des troupes embarquées qui arriva à l'armée de Charles. Le surplus de la cavalerie de Fitz-James fut pris par le commodore Knowler, et envoyé sur la Tamise. Le marquis de Fimarcon, après avoir tenu un conseil de guerre, jugea que le parti le plus prudent était de retourner en France.

Ce fut ainsi que la fortune se montra rigoureuse et sans pitié, du commencement à la fin, en tout ce qu'on pouvait considérer comme des chances avantageuses au prince Charles. Le manque de ces renforts fut une perte d'autant plus grande, que l'argent qu'on lui envoyait lui était devenu presque indispensable. Ses fonds commençaient tellement à s'épuiser, qu'il était forcé de payer en farine une partie de la solde de ses soldats, ce qui causait beaucoup de mécontentement. Un grand nombre menacèrent de renoncer à l'entreprise ; plusieurs désertèrent ; et l'armée, dans ces circonstances fâcheuses, devint plus difficile à gouverner que jamais.

Cependant la hardiesse militaire éclatait encore dans l'adresse d'instinct avec laquelle les montagnards exécutaient leurs entreprises de guerre irrégulière. On en eut particulièrement la preuve dans une suite d'attaques projetées et exécutées par lord George Murray pour délivrer son pays natal, le comté d'Athole, des petits forts et des postes militaires que le duc de Cumberland y avait établis. Cette expédition fut entreprise vers la mi-mars, et lord George Murray commandait lui-même le détachement destiné à ce service, composé de sept cents hommes, dont moitié était du comté d'Athole, et le surplus des Mac-Phersons, sous le commandement de leur Chef Cluny. Ils partirent de Dalwhinny à la chute du jour, et ils firent halte vers minuit à Dalspiddel. Alors on leur expliqua que le but de l'expédition était de surprendre et d'anéantir tous les postes militaires du comté d'Athole occupés soit par les Campbells, soit par les troupes régulières.

Ces postes étaient très-nombreux, et il était nécessaire qu'ils fussent tous attaqués en même temps. Les plus importans étaient des maisons de gentilshommes, comme Kinnachin, Blairfettie, Lude, Faskallie et autres, qui, comme c'est l'usage dans les montagnes et même en général dans toute l'Ecosse, étaient bâties en forme de châteaux, et susceptibles d'être défendues. D'autres petits postes avaient été légèrement fortifiés, et étaient commandés par des sous-officiers. Les sept cents hommes de lord George Murray se divisèrent en autant de petits détachemens qu'il y avait de postes à emporter, et on les composa d'un nombre égal de Mac-Phersons et d'habitans du comté d'Athole. Chaque détachement devait s'acquitter du devoir dont il était chargé avant que le jour parût, et tous devaient alors se réunir au pont de Bruar, à deux milles du château de Blair, dans le comté d'Athole. Tous ces détachemens partirent avec ardeur pour une expédition qui promettait de délivrer leur comté et ses environs de toute invasion et occupation militaire; lord George et Cluny, suivis seulement de vingt-cinq soldats et de quelques hommes âgés, se rendirent au pont de Bruar pour y attendre le retour de leurs compagnons et la nouvelle du succès de leur entreprise.

Ils faillirent être surpris eux-mêmes, tandis qu'ils cherchaient à surprendre les autres. Comme le crépuscule commençait à paraître, un homme du village de Blair vint informer lord George Murray que sir André Agnew, qui commandait au château de Blair, averti par l'attaque d'un poste voisin, avait fait prendre les armes à une grande partie de sa garnison de cinq cents hommes, et s'avançait vers le pont de Bruar, pour voir quels ennemis se trouvaient dans les environs. Lord George Murray et Cluny n'étaient pas en état de combattre le vétéran, et quelqu'un proposa, comme le seul moyen de se tirer d'affaire, de gagner les montagnes voisines. Lord George Murray rejeta cette proposition. Si nous quittons le lieu du rendez-vous, dit-il, nos détachemens, revenant les uns après les autres après avoir exécuté leur devoir, seront exposés à être surpris par l'ennemi : cela ne doit pas être. Je préfère essayer d'alarmer la prudence de sir André Agnew, en lui faisant croire que nos forces sont plus considérables qu'elles ne le sont réellement. Dans cette résolution, lord George prit possession d'un mur construit en tourbes, qui s'étendait le long d'un champ voisin, et plaça ses soldats par derrière, à quelque distance les uns des autres, de manière à donner l'idée d'un front très-étendu. Les drapeaux des deux régimens furent déployés au centre de la prétendue ligne, et toutes les précautions possibles furent prises pour donner l'air d'une ligne continue de soldats à ce qui n'était en réalité que quelques hommes séparés les uns des autres. Les cornemuses ne furent pas oubliées, et elles reçurent ordre de jouer un bruyant *pibroch*, dès qu'on pourrait apercevoir les troupes régulières avancer sur la route de Blair. Le soleil se levait précisément quand les troupes de sir André se montrèrent. Les cornemuses jouèrent, et les hommes placés derrière le mur de tourbes agitèrent leurs épées, comme des officiers à la tête de leurs soldats se préparant à charger. Sir André, trompé par ces démonstrations, crut être en présence d'un corps nombreux de montagnards disposés à l'attaquer ; et craignant pour la sûreté de son poste, il reconduisit sa garnison au château de Blair.

Lord George Murray resta près du pont pour attendre ses détachemens, qui arrivèrent successivement peu de temps après le lever du soleil. Tous avaient plus ou moins complètement réussi. Ils ramenaient plus de trois cents prisonniers faits aux différens postes, qui, de force diverse, étaient au nombre de trente. Il n'y eut de tués que deux montagnards et cinq à six soldats du Roi; car, quoique les montagnards, sous d'autres rapports, fussent un peuple sauvage et féroce, ils répandaient rarement le sang sans nécessité. Encouragé par ce succès, lord George Murray fut tenté de faire un effort pour s'emparer du château de Blair, malgré la force naturelle de cette place et la garnison nombreuse qui s'y trouvait. Dans cette vue il investit ce château, qui était une ancienne tour très-forte qui avait été long-temps la demeure de la famille d'Athole. Il y avait peu d'espoir, avec deux petites pièces de campagne, de faire une brèche à des murs qui avaient sept pieds d'épaisseur, et le terrain était si rocailleux, qu'il était inutile de songer à une mine. Mais comme la garnison était nombreuse et présumée dépourvue des approvisionnemens nécessaires pour soutenir un siège, lord George espéra pouvoir la réduire par famine. Dans ce dessein, il fit de très-près le blocus de la place, et ses meilleurs tireurs montagnards faisaient feu sur quiconque se montrait aux meurtrières de la tour ou sur les murailles. Et comme, dans ce monde étrange, ce qui est risible se mêle souvent à ce qu'il y a de plus sérieux, je vous rapporterai ici une anecdote plaisante.

Sir André Agnew, fameux dans les traditions écossaises, était un soldat de la vieille école militaire, sévère en tout ce qui concernait la discipline, raide et formaliste dans ses manières, ayant un caractère un peu fantasque; et ses jeunes officiers étaient quelquefois tentés de lui jouer des tours qui n'étaient pas tout-à-fait d'accord avec le respect qu'ils devaient à leur commandant. Pendant le siège de Blair, quelques-uns de ces espiègles se procurèrent un vieil uniforme de sir André, en firent une espèce de mannequin avec du foin, et le placèrent à une petite fenêtre d'une tourelle, tenant une lunette d'approche, comme s'il eût voulu reconnaître la position des assiégeans. Le mannequin n'échappa point aux yeux des montagnards, qui continuèrent à faire feu sur cette fenêtre sans produire aucun effet. Les meilleurs tireurs de Badenoch et d'Athole persistèrent pourtant, et perdirent leur temps et leurs munitions en tirant sur ce commandant de paille. Enfin sir André lui-même fut curieux de savoir quels motifs pouvaient avoir les montagnards pour tirer si constamment sur ce point particulier du château. Il fit quelques enquêtes, et découvrit le tour qui lui avait été joué. Sa tête étant aussi insensible à quelque plaisanterie que ce fût, que sa vieille perruque l'avait été aux balles des montagnards, il mit aux arrêts les espiègles, et les menaça de les punir plus sévèrement, ce qu'il aurait certainement fait; mais heureusement pour eux, le blocus fut levé après que la garnison eut souffert les extrémités de la famine.

La levée du siège fut principalement occasionée par la marche d'un corps de troupes hessoises, venant de Perth avec lord Crawford. Lord George Murray, en cette occasion, fit dire au Prince, par un exprès, que s'il pouvait lui envoyer douze cents hommes, il entreprendrait d'attaquer le prince de Hesse et lord Crawford. Charles lui fit répondre qu'il ne pouvait se passer de ses soldats, étant occupé à concentrer son armée. Lord George Murray fut donc obligé de lever le blocus de Blair, et de se retirer avec ses troupes d'abord dans le Strathspey, et de là dans le Speyside. Il se rendit lui-même au quartier-général du Chevalier, et il y vit que ses exploits n'avaient pas été pour lui une sauve-garde contre des ennemis qui s'étaient servi contre lui de l'accès qu'ils avaient à l'oreille de leur maître.

Nous avons vu que, depuis la première réunion qui avait eu lieu à Perth, le secrétaire Murray avait rempli l'esprit du Prince de méfiance contre lord George, qu'il lui représentait comme un homme qui, s'il était disposé à le servir, n'y était pas porté par les principes purs de monarchie absolue. La franchise et l'obstination de ce seigneur, brave soldat, mais courtisan maladroit, donnaient à ses ennemis tout l'avantage qu'ils pouvaient désirer; et en dépit de ses exploits distingués, ils firent presque croire au Prince que le meilleur officier de son armée était du moins capable de le trahir, s'il n'était pas déjà occupé d'une conspiration pour le faire. Ayant l'esprit ainsi prévenu, le Chevalier, quoique ordinairement empressé de combattre, refusa de confier à lord George, tant à Clifton qu'en cette dernière occasion, les troupes qui lui auraient été nécessaires pour profiter d'un instant favorable.

En cette occasion Charles pensa que lord George aurait pu prendre le château de Blair; mais qu'il ne l'avait pas voulu, de peur de ruiner une demeure appartenant à son frère le duc d'Athole. Lord George ne méritait nullement un tel soupçon, car il n'existait peut-être pas dans toute l'armée un seul homme qui fût moins guidé par des motifs indirects dans sa foi politique. Son frère aîné devait reprendre le rang de duc, alors occupé par le second, si le Prince réussissait dans son entreprise; mais lord George Murray n'avait aucun intérêt personnel de ce genre. Fidèle pendant qu'il était soupçonné, plein d'honneur tandis qu'il était en butte aux calomnies, ce n'est pas un petit mérite pour lui d'avoir toujours tenu à ses principes, et continué à servir un maître dont il savait qu'il ne possédait ni l'affection ni la pleine confiance. Lord Elcho rapporte même que le Prince dit à quelques officiers français et irlandais qu'il soupçonnait lord George; et l'on ajoute qu'ayant été invités à surveiller sa conduite dans les combats, pour voir si elle autorisait un tel soupçon, ils se chargèrent de le mettre à mort, s'il paraissait fondé.

CHAPITRE XXIII.

Dispersion des forces de lord Loudon, et occupation du Sutherland par le comte de Cromarty. — Le duc de Cumberland passe le Spey, à la tête d'une armée en bon état. — Mécontentement parmi les partisans du prince Charles. — Résolution du Prince de combattre le duc de Cumberland. — Conseil de guerre. — Marche nocturne dans la vue de surprendre le camp du duc de Cumberland à Nairne. — Cette entreprise échoue. — Retraite de l'armée montagnarde à Culloden. — Bataille de Culloden.

Le dernier acte de cette grande tragédie domestique était sur le point de commencer; cependant il reste quelques autres incidens à rapporter avant d'arriver à cette catastrophe. Les avant-postes des armées principales s'étendaient le long de la Spey, et les montagnards parurent quelque temps disposés à maintenir la ligne de séparation formée par cette rivière, quoiqu'une guerre défensive ne fût pas celle qu'on pouvait espérer que ce peuple ferait avec succès. Il est probable qu'ils ne s'attendaient pas que le duc de Cumberland s'avançât sérieusement de son quartier-général d'Aberdeen avant le commencement de l'été, époque où leur armée serait rassemblée. Plusieurs affaires d'avant-postes eurent lieu entre le général Bland, qui commandait l'avant-garde de l'armée du Duc, et lord John Drummond, qui commandait celle du Chevalier. Les montagnards eurent en général l'avantage dans cette sorte de guerre irrégulière, et, par exemple, cent hommes des troupes du Roi furent surpris dans le village de Keith, et tués ou faits prisonniers par John Roy-Stewart.

Vers la même époque, le prince Charles fit une perte considérable. *Le Hasard*, sloop de guerre, arriva dans les mers du nord, ayant à bord cent cinquante hommes pour son service, et ce dont il avait encore un plus grand besoin, dix à douze mille livres sterling en or. Ce vaisseau, chargé d'une cargaison si importante, fut chassé par une frégate anglaise, et son équipage le fit échouer dans la baie de Tongue. Les marins et les soldats se sauvèrent à terre, et emportèrent l'argent avec eux. Mais ils se trouvaient dans un pays ennemi et qui ne leur offrait aucunes ressources. La tribu des Mac-Kays prit les armes, quelques troupes de l'armée de lord Loudon se joignirent à elle, et ils poursuivirent les étrangers si vivement, qu'ils les forcèrent à se rendre, et s'emparèrent de leur argent. On dit qu'on ne leur trouva que huit mille livres sterling, leurs vainqueurs ou d'autres s'étant approprié le surplus après leur débarquement. A cette perte, qui eut des suites fâcheuses pour l'armée montagnarde, se rattache une suite d'évènemens qui eurent lieu dans le Sutherland, et que je vais vous rapporter brièvement.

Vous vous rappellerez que lord Loudon s'était retiré d'Inverness dans le comté de Ross, à la tête d'environ deux mille hommes composés des clans Whigs. Au commencement de mars, le Prince avait fait partir lord Cromarty avec son régiment, les Mac-Kinnons, les Mac-Gregors, et le corps de Barrisdale, pour déloger lord Loudon. Ils y réussirent, à l'aide du secours temporaire de lord George Murray. Lord Loudon, se retirant devant une armée qui était alors composée de la fleur des montagnards, disposa ses forces à divers passages du Frith [1] qui sépare le comté de Sutherland de celui de Ross, afin de les défendre contre les insurgens.

Cependant, le 20 mars, les rebelles, sous les ordres de lord Cromarty, traversèrent le Frith près d'un endroit nommé Meikle-Ferry, et furent sur le point de surprendre le détachement qui le gardait. Le comte de Loudon, informé de cette invasion, en conclut que ses forces étant éparses et inférieures en nombre, il lui était impossible

---

(1) *Frith* est un mot écossais signifiant un bras de mer s'avançant entre deux terres.
— Tr.

de les rassembler pour disputer le terrain. En conséquence il envoya ordre aux officiers qui commandaient les différens postes, de pourvoir à leur sûreté, et de renvoyer les hommes qui étaient sous leurs ordres, chacun dans leur district. Loudon lui-même, le lord-président, et d'autres personnes de haut rang, qu'on pouvait supposer être l'objet de l'animosité particulière des insurgens, s'embarquèrent avec les Mac-Leods et les Mac-Donalds, et s'en allèrent avec eux dans l'île de Skye. On pouvait donc dire que cette armée était dispersée et licenciée. Ce fut par suite de cette dispersion que quelques soldats de Loudon se trouvèrent dans le pays des Mac-Kays quand l'équipage du *Hasard* y aborda, et les aidèrent à s'en emparer.

Lord Cromarty était alors en pleine possession de la côte du Sutherland et du château de Dunrobin; que le comte de Sutherland avait trouvé impossible de défendre. Le général jacobite ne put pourtant exercer beaucoup d'influence dans ce pays; les vassaux et les paysans non-seulement refusèrent de se joindre aux rebelles, mais ils gardèrent possession de leurs armes, et ne voulurent pas accepter les conditions de soumission les plus favorables. A la vérité le comte de Cromarty recueillit quelque argent, prit une vingtaine de bons chevaux dans les écuries du comte de Sunderland, et mit en pièces les voitures de ce seigneur, pour employer le cuivre et le cuir à faire des *targets*; mais l'esprit du pays étant hostile à la cause jacobite, le Comte, quoique naturellement plein de douceur et de bonté, fut obligé en cette occasion d'user de quelque sévérité. Pour inspirer de la terreur aux autres, les maisons de deux des capitaines de la milice furent pillées et brûlées ainsi que leur mobilier. Cette mesure était contraire à l'inclination de certains montagnards dont la conduite douce et tranquille avait été jusqu'alors un sujet de surprise et d'éloges. Je n'aime pas cet incendie, dit un vieux montagnard qui regardait les flammes qui s'élevaient; jusqu'à présent cinq de nous ont mis en fuite vingt de nos ennemis ; mais si nous continuons à agir d'une manière si barbare, nous pouvons nous attendre à voir vingt de nous fuir devant cinq. Dans le fait, cette prophétie n'était pas loin de recevoir son accomplissement. Le comte de Cromarty étendit ses opérations jusque dans les îles Orcades, mais il ne reçut pas plus d'encouragement des habitans de cet archipel que de ceux du Sutherland. Dans le Caithness, quelques gentilshommes portant le nom de Sinclair embrassèrent la cause du Chevalier; mais au total on dit qu'il n'y eut pas plus de quarante-trois hommes de ce comté qui joignirent son étendard. Le commencement d'avril était alors arrivé, et les indices de l'approche du duc de Cumberland en personne rendaient évident qu'il ne serait pas permis plus long-temps aux insurgens de prolonger la campagne par une guerre d'avant-postes, mais qu'il faudrait qu'ils combattissent ou qu'ils se retirassent dans les montagnes. On prévoyait que cette dernière mesure détruirait totalement la cavalerie des basses-terres du prince Charles. Un grand nombre de cavaliers avaient déjà perdu leurs chevaux pendant la retraite, et l'on fut obligé d'en former une garde à pied.

Le Prince n'hésita pas un instant sur ce qu'il avait à faire. Comme les joueurs qui jouent gros jeu, il avait une tendance au fatalisme, entretenue par ses succès à Preston et à Falkirk, et il était décidé, comme un joueur déterminé, à pousser sa bonne fortune jusqu'au bout. Le genre de guerre qu'il avait faite depuis quelques semaines avait nécessairement disséminé ses forces ; et songeant à la bataille qui paraissait devoir avoir lieu, il envoya ordre à tous ses détachemens de venir joindre son étendard à Inverness.

Le corps nombreux que commandait le comte de Cromarty reçut un ordre semblable. Mac-Donald de Barrisdale, empressé d'y obéir, se mit en marche le 14 avril. Le comte de Cromarty et son régiment devaient le suivre le 15. Mais on eut l'imprudence de laisser transpirer le projet d'évacuation du Sutherland, qu'on aurait dû garder secret, et les habitans de ce comté résolurent d'inquiéter l'arrière-garde de ces hôtes qui leur étaient odieux, pendant qu'ils quitteraient leur pays. Dans cette vue, une grande partie de la milice descendit des montagnes où elle s'était réfugiée, et se prépara à profiter de la retraite des insurgens, autant que les circonstances le permettraient. Environ deux cents hommes armés se rassemblèrent dans ce dessein, et s'approchèrent de la côte. Un nommé John Mac-Kay, marchand de vin à Golspie, avait sous ses ordres un détachement d'environ vingt hommes. Le comte de Cromarty, contre lequel la milice préparait une embuscade, était bien loin de soupçonner le danger dans lequel il se trouvait. Il resta avec son fils lord Mac-Leod et quelques autres officiers au château de Dunrobin, s'amusant, dit-on, à voir les tours d'adresse d'un jongleur, tandis que ses soldats, au nombre de trois cent cinquante, marchaient sous la conduite d'officiers subalternes, et avec peu de précaution, vers l'endroit où ils devaient s'embarquer. Les conséquences en furent fatales. John Mac-Kay et ses vingt hommes se jetèrent entre l'arrière-garde du corps principal et le comte de Cromarty et ses officiers, qui les suivaient dans une fausse sécurité. Faisant feu tout à coup sur le Comte et ses compagnons avec beaucoup de précision, ils les forcèrent à rentrer au château de Dunrobin qu'ils venaient de quitter. Ce même partisan actif réussit à entrer dans le château, sans un seul homme à sa suite, et somma hardiment le Comte et ses officiers de se rendre, ce qu'ils se déterminèrent enfin à faire, dans la fausse persuasion que le nombre de leurs ennemis était plus considérable qu'il ne l'était réellement. Le comte de Cromarty, lord Mac-Leod et les officiers de lord Cromarty qui n'avaient pas accompagné leurs soldats, furent ainsi faits prisonniers et mis à bord du *Hound* [1], sloop de guerre

---

(1) *Le Chien de chasse.* — Tr.

anglais. La rébellion fut ainsi terminée dans le comté de Sutherland le 16 avril, le même jour que la grande bataille de Culloden y mit fin dans toute l'Ecosse.

Ayant donné un court aperçu de ces opérations éloignées, nous retournerons maintenant aux mouvemens des deux armées principales.

Le duc de Cumberland quitta Aberdeen le 8 avril, dans l'intention de marcher sur Inverness, où était le quartier-général de Charles, ville dans les environs de laquelle on savait que le Prince avait dessein de se défendre. Comme il avançait vers le nord, le duc de Cumberland fut joint par les généraux Bland et Mordaunt, qui commandaient ses divisions avancées, et toute l'armée se réunit à Cullen, ville située à environ dix milles des bords du Spey.

On avait pensé, comme nous l'avons déjà dit, que les montagnards avaient dessein de défendre le passage de cette rivière profonde et rapide. Une tranchée et quelques restes de travaux semblaient prouver que telle avait été leur première intention, et une division considérable de troupes des basses-terres était rangée en bataille sous le commandement du duc de Perth, avec le projet apparent de protéger ces défenses. Les ordres définitifs du Prince furent pourtant que le duc de Perth se retirât à Elgin dès que l'ennemi s'approcherait en force de la rive sud-est de cette rivière. Le duc obéit, et le duc de Cumberland passa le Spey à gué avec son armée, formant trois divisions, pendant que sa musique jouait un air insultant pour son antagoniste [1]. Plusieurs personnes perdirent la vie, par suite de la force du courant ; c'étaient pour la plupart des femmes qui suivaient le camp.

Le 13 avril, l'armée du duc de Cumberland arriva dans la plaine d'Alves, et elle s'avança le 14 jusqu'à Nairne, où il y eut une légère escarmouche entre son avant-garde et

---

(1)   Voulez-vous me faire beau jeu,
         Joli garçon, garçon des montagnes.

(*Note de l'Auteur.*)

l'arrière-garde des montagnards, qui sortaient en ce moment de cette ville. Ceux-ci furent soutenus dans leur retraite, d'une manière inespérée, à environ cinq milles de Nairne, par le Chevalier lui-même qui arriva tout à coup, à la tête de ses gardes et du régiment des Mac-Intoshs, à un endroit nommé le Loch des Clans. En voyant paraître ces nouvelles forces, l'avant-garde de l'armée du Duc se replia sur le corps principal qui était campé près de Nairne.

Il est maintenant nécessaire d'examiner l'état des deux armées ennemies qui devaient bientôt être appelées à décider le sort de cette guerre par une bataille sanglante.

Le duc de Cumberland était à la tête d'une armée composée de troupes disciplinées, complètement organisée, et soutenue par une flotte qui, s'avançant le long de la côte, pouvait lui fournir des approvisionnemens, de l'artillerie et tout ce qui pouvait lui être nécessaire pour continuer la campagne. Elle était sous les ordres d'un prince dont l'autorité était absolue et le courage incontestable; dont la haute naissance faisait l'orgueil de ses troupes, et dont l'expérience et les talens militaires étaient, dans l'opinion de ses compagnons d'armes, parfaitement en état de terminer heureusement cette guerre [1].

De l'autre côté, l'armée du prince Charles était éparse, à cause de la difficulté de se procurer des subsistances; de sorte qu'il était fort douteux qu'on pût la rassembler de manière à en former un seul corps, dans le peu de temps qu'on avait pour prendre cette mesure. En outre une malheureuse division régnait dans les conseils du Prince, et les dissensions qui avaient existé, même dans les jours de prospérité, s'étaient encore accrues dans ce moment critique, précisément parce que les circonstances devenaient plus urgentes. La première difficulté pouvait être surmontée jusqu'à un certain point; mais la seconde avait un ca-

---

(1) C'était le vaincu de Fontenoy, et celui que le duc de Richelieu fit passer sous les fourches caudines de Closter-Severn. — Ép.

ractère fatal; et il faut que je vous rappelle encore une fois les causes qui y avaient donné lieu.

J'ai déjà parlé de l'aversion que le Prince avait conçue pour lord George Murray; et quoique ce fait puisse paraître surprenant, il est assez constant que les soupçons injustes auxquels le Chevalier se livrait contre ce seigneur étaient alors partagés par un grand nombre de ses partisans écossais, d'autant plus que l'état actuel de la guerre et le mécontentement qui régnait dans les clans tendaient à affaiblir la confiance du commandant. De telles étincelles de discorde prennent plus d'importance dans le temps de l'adversité, de même qu'une lumière que, par elle-même, on distinguerait à peine, devient plus visible aux approches des ténèbres. Depuis le conseil tenu à Derby, le Prince n'avait convoqué aucune assemblée publique de ses Chefs et de ses officiers de haut rang, et ne les avait pas consultés comme il avait coutume de le faire auparavant, si l'on en excepte le conseil de guerre tenu à Crieff, auquel il fut en quelque sorte forcé par la retraite de Stirling. Pendant tout ce temps il avait commandé l'armée de sa propre autorité, dans toute l'extension du mot. Il avait principalement accordé sa confiance au secrétaire Murray, à son ancien gouverneur, sir Thomas Sheridan, et aux officiers irlandais qui s'étaient frayé un chemin à ses bonnes graces en approuvant tout ce qu'il proposait et en adhérant sans hésiter à la doctrine la plus illimitée du pouvoir absolu du monarque. D'une autre part, les nobles écossais de tous rangs qui avaient risqué leur vie et leur fortune pour sa querelle croyaient naturellement qu'ils avaient droit d'être consultés sur la manière dont la guerre devait être conduite, et ils étaient indignés de ne pouvoir donner leur avis sur des objets auxquels ils avaient non-seulement un intérêt personnel, mais qu'ils connaissaient le mieux, comme étant au fait des localités et des mœurs du pays dans lequel la guerre avait lieu.

Ils étaient en outre mécontens que dans ses communications avec la cour de France, pour lui annoncer ses succès à Preston et à Falkirk, le Prince eût chargé de ses négociations avec cette cour des Irlandais au service de France. Ils soupçonnaient, peut-être injustement, qu'au lieu de plaider vivement la cause des insurgens, d'expliquer le montant et la nature des secours dont ils avaient besoin, et d'insister pour qu'ils fussent accordés, ces agens se contenteraient de faire telles représentations qui pussent être agréables aux ministres, et leur assurer à eux-mêmes de l'avancement au service de la France. En conséquence, tous les officiers envoyés en France par Charles, obtinrent de l'avancement. Les Ecossais soupçonnaient aussi les officiers irlandais et français de vouloir se maintenir exclusivement en faveur, de chercher à inspirer au Prince des soupçons sur la fidélité du peuple d'Ecosse, et de rappeler malignement à son souvenir la conduite de cette nation à l'égard de Charles Ier. On dit que Charles-Edouard ne fut tout-à-fait convaincu que ses soupçons étaient mal fondés que lorsque les fidèles services de tant d'hommes de ce pays, pendant les divers périls qu'il courut dans son évasion, lui eurent rendu impossible de les conserver sans devenir coupable d'une basse ingratitude.

Il y avait encore un autre sujet de mécontentement dans l'armée du Prince, et il venait peut-être des trop hautes prétentions d'une partie de ses partisans, et du trop peu de considération qu'il avait pour eux. Beaucoup de gentilshommes qui servaient comme soldats dans la cavalerie du Prince croyaient avoir droit à plus d'attentions personnelles qu'ils n'en recevaient, et se plaignaient d'être regardés comme des soldats ordinaires plutôt que comme des hommes ayant de la fortune et de la naissance, et remplissant, à leurs propres frais, les fonctions de simples soldats, pour prouver leur dévouement à la cause des Stuarts.

Malgré ces causes de mécontentement secret, Charles ne changea rien au système qu'il avait adopté. Ce mécontentement se borna même à des murmures, sans éclater en mutinerie comme du temps de l'insurrection de Mar, et sans inspirer aux gentilshommes faisant partie de l'armée le désir de faire leur paix séparée avec le gouvernement, soit en se soumettant, soit par tout autre moyen. Cependant, malgré ce que nous venons de dire, la bravoure, la générosité et la conduite généreuse de Charles le faisaient aimer des simples soldats, quoique ceux qui avaient de plus hautes prétentions fussent moins aisément satisfaits en n'obtenant que de la civilité au lieu de confiance.

Pendant le séjour du Chevalier à Elgin dans le mois de mars, il fut attaqué d'une fièvre qui dura plusieurs jours. Il en parut parfaitement guéri après sa retraite à Inverness. Il s'occupait à chasser le matin, et le soir il donnait des bals, des concerts, des parties de plaisir, où il se montrait aussi plein confiance et de gaieté qu'après la bataille de Preston. Cet air de confiance eût été politique s'il eût été appuyé sur quelques bons motifs ; mais ceux que le Chevalier alléguait étaient fondés sur une ferme conviction que l'armée du duc de Cumberland ne se hasarderait pas à combattre sérieusement son prince légitime, conviction qu'il trouvait impossible de faire partager à ceux de ses partisans qui connaissaient le moins du monde l'esprit et le caractère du soldat anglais.

Tandis que le Prince était à Inverness, deux gentilshommes nommés Haliburton arrivèrent de France et en apportèrent des nouvelles très-peu satisfaisantes. Ils lui annoncèrent que la cour de ce pays avait entièrement renoncé au projet de faire une invasion avec une force considérable, et que son frère, le duc d'York, destiné à commander l'expédition, avait quitté la côte, ayant été rappelé à Paris. Cette nouvelle mit complètement fin aux espérances les plus raisonnables de Charles-Edouard, qui avait toujours compté sur un grand effort de la France en sa faveur. Il aurait pourtant pu être convaincu que puisque cette puissance n'avait pas fait un effort semblable pendant le temps de son invasion en Angleterre, lorsque ses affaires offraient un aspect plus favorable qu'on n'eût pu l'espérer, elle ne voudrait pas courir de bien grands risques pour prévenir sa perte, quand elle paraissait presque certaine.

Outre la discorde régnant dans le camp du Prince, et qui, comme une sédition de l'équipage d'un navire prêt à couler à fond, empêchait de faire un effort unanime pour la sûreté commune, la dispersion de ses forces, et les cruels embarras pécuniaires dans lesquels il se trouvait alors, opposaient des obstacles réels à toute probabilité de succès dans une action avec le duc de Cumberland. Charles s'efforça à la vérité de concentrer toute son armée près d'Inverness, mais il ne put y réussir complètement. Le général Stapleton, qui cherchait à réduire le fort William, abandonna cette entreprise, et revint au camp du Prince avec Lochiel et les autres montagnards occupés à ce siège irrégulier. Mais le Maître de Fraser, qui travaillait alors à lever toutes les forces de son clan, ainsi que Barrisdale et Cromarty, occupés, comme nous l'avons vu, dans le Sutherland, ne purent rejoindre l'armée. Cluny et ses Mac-Phersons avaient été envoyés dans le Badenoch pour qu'ils trouvassent plus facilement des subsistances dans leur propre pays, et ils manquèrent au moment où leurs services étaient le plus nécessaires. Il y avait en outre huit cents à mille hommes de différens clans qui s'étaient dispersés pour porter leur butin chez eux, et qui auraient certainement rejoint l'armée s'ils avaient eu le temps de le faire.

Il est encore à propos de rappeler que la cavalerie du Prince, comme nous l'avons déjà dit, avait considérablement souffert. Celle de lord Pitsligo pouvait être regardée comme ayant été entièrement détruite par les fatigues pénibles de la retraite de Stirling, et de fait elle était convertie en une compagnie de gardes à pied. Or, quoique ces cavaliers, qui étaient des gentilshommes, et leurs domestiques, eussent pu ne pas être en état de supporter le choc d'un régiment de cavalerie régulière, cependant, par leur courage et leur intelligence, ils avaient rendu d'importans services comme cavalerie légère, et leur perte fut un grand malheur pour l'armée de Charles-Edouard.

Les forces qui restaient avec le Prince étaient mécontentes de ne pas recevoir leur paye, et se trouvaient dans un état de grande désorganisation. Les troupes ne recevaient pas leurs rations en temps convenable, et, de même que des soldats plus réguliers en semblables circonstances, elles se portaient souvent à des actes de mutinerie et d'insubordination. Charles-Edouard ne vit de remède à tous ces maux que dans une action générale; et il y était d'autant plus disposé, que jusqu'alors, tant par différentes chances qui lui avaient été favorables, que grace au courage naturel de ses soldats, il était sorti victorieux, quoique contre toute attente raisonnable, de tous les combats qu'il avait livrés. Ne trouvant pas d'autre alternative, ayant des soldats que le manque de solde rendait mutins, à demi affamés faute de provisions, et dont le nombre était diminué par l'absence de trois à quatre mille hommes, il résolut de risquer une action avec le duc de Cumberland, quoique celui-ci fût à la tête d'une armée beaucoup plus nombreuse que la sienne et possédât tous les avantages dont il était lui-même si complètement privé.

Les préparatifs pour cette action ne se firent pas avec plus de prudence que le Prince n'en avait montré en prenant la résolution de livrer bataille sur-le-champ. Il rangea ses forces sur une grande plaine, à environ cinq milles d'Inverness, appelée Drummossie, mais plus fréquemment désignée sous le nom de Culloden, château voisin. Les montagnards couchèrent sur leurs armes pendant la nuit du 14. Le lendemain matin ils furent rangés en bataille dans l'ordre que le Chevalier avait dessein qu'ils conservassent pendant l'action. Ils avaient à leur droite quelques murs de parcs, à leur gauche une colline qui descend vers Culloden-House ; leur front faisait face directement à l'est. Ils étaient rangés en deux lignes. La brigade d'Athole occupait la droite de la totalité ; après elle venait Lochiel. Les clans d'Appin, de Fraser et de Mac-Intosh, avec ceux de Mac-Lauchlan, de Mac-Lean et de Farquharson composaient le centre. A la gauche étaient les trois régimens des Mac-Donalds, appelés, d'après les noms de leurs Chefs, Clanranald, Keppoch et Glengarry.

Comme si un mauvais destin eût présidé aux conseils de Charles, la disposition de cet ordre de bataille entraînait la décision d'un point d'honneur regardé comme de la plus grande importance dans cette armée singulière, quoique, dans toute autre, ce n'eût été qu'une question oiseuse de préséance. Les Mac-Donalds, comme étant le clan le plus puissant et le plus nombreux, avaient réclamé, depuis le commencement de l'entreprise, le privilège d'être placés à la droite de toute l'armée. Lochiel et Appin avaient renoncé à leur contester cette prérogative à la bataille de Preston. Les Mac-Donalds avaient aussi formé l'aile droite à celle de Falkirk; et maintenant cette tribu si fière se trouvait placée à la gauche, ce qu'elle regardait non-seulement comme un affront, mais comme un mauvais présage. La seconde ligne du Prince, ou sa réserve, était divisée en trois corps séparés les uns des autres par un intervalle. A la droite était la cavalerie d'Elcho, de Fitz-James et de lord Strathalhan, et les régimens d'infanterie d'Abbachie et de lord Ogilvie. La division du centre était formée par les piquets irlandais, le régiment de lord John Drummond, et celui du comte de Kilmarnok. L'aile gauche de cette seconde ligne se composait des hussards et des bataillons des basses-terres de sir Alexandre Bannerman, et de Moir de Stonywood. Le total de la première ligne pouvait être de quatre mille sept cents hommes; celui de la seconde, de deux mille trois cents, dont deux cent cinquante de cavalerie; mais, comme je vous le ferai voir tout à l'heure, le nombre des soldats qui se trouvèrent à la revue diminua considérablement avant l'action.

Une grande faute, commise par les commissaires des guerres ou par ceux qui en remplissaient les fonctions, fut de laisser l'armée des montagnards manquer presque totalement de vivres; faute d'autant plus inexcusable qu'on disait qu'il y avait à Inverness de la farine en abondance. Cependant, pendant toute la journée du 15, les soldats ne reçurent d'autres vivres qu'un seul biscuit par homme; et cette disette de provisions était telle, que, soit que l'armée fût victorieuse ou vaincue dans la journée du 16, il fallait qu'elle se dispersât assez loin de côté et d'autre, uniquement pour chercher des subsistances.

Dans la matinée du 15 avril, lord Elcho fut chargé de bonne heure d'aller reconnaître le camp du duc de Cumberland, placé près de la petite ville de Nairne. C'était l'anniversaire de la naissance du Duc, et les soldats qu'il commandait semblaient avoir consacré cette journée à la joie et aux réjouissances. Lord Elcho resta en vue de l'ennemi jusqu'à midi, et revint annoncer que, suivant toutes les apparences, l'armée anglaise n'avait dessein de faire aucun mouvement pendant cette journée.

D'après ce rapport, le Prince assembla ses principaux officiers. C'était le premier conseil de guerre qu'il eût tenu depuis celui dans lequel la retraite de Derby avait été décidée, à l'exception de l'assemblée qui avait eu lieu à Fairnton, près de Crieff. Charles ouvrit la délibération en demandant l'avis du conseil sur ce qu'il y avait de mieux à faire. Les opinions furent partagées. Le manque de provisions suffisait pour rendre une bataille inévitable, mais l'endroit où l'on devait la livrer et la manière dont elle aurait lieu devinrent les objets de la discussion. Lord George Murray, suivant l'usage, fut le premier à donner son avis. Il s'étendit beaucoup sur l'avantage qu'une armée de montagnards était sûre d'avoir en prenant l'ennemi par surprise, et en l'attaquant dans les ténèbres plutôt qu'à la lumière du jour. Les soldats réguliers, dit-il, comptent entièrement sur leur discipline, avantage dont ils sont privés par la confusion et l'obscurité. Les montagnards, au contraire, n'ont guère qu'une discipline d'instinct, et qui ne dépend ni du grand jour ni de la régularité de leurs mouvemens. Il finit par dire que son avis était que la première ligne marchât en deux divisions à la nuit tombante; il offrit de conduire lui-même celle qui serait composée de l'aile droite de la première ligne, dans le dessein de tourner la ville de Nairne, et d'attaquer le camp du duc de Cumberland par derrière, tandis que le duc de Perth, avec la seconde division, attaquerait le camp de front. Il ne doutait pas, ajouta-t-il, que la confusion occasionée par une attaque subite sur ces deux points, jointe aux effets des réjouissances de la journée précédente, ne jetât les troupes régulières dans un désordre complet, et ne procurât au Prince une victoire signalée. D'après ce plan, toute la seconde ligne, ou corps de réserve, devait aussi marcher, sous les ordres du Prince lui-même, pour soutenir l'attaque de front.

On fit diverses objections à cette proposition. La première fut que c'était dommage de rien hasarder avant le retour à l'armée des Mac-Phersons, d'une grande partie des Frasers, de Mac-Donald de Barrisdale, de Glengyle avec ses Mac-Gregors, du comte de Cromarty, dont on ne connaissait pas encore l'infortune, et d'autres corps qui n'avaient pas rejoint l'étendard. On ajouta que toutes les probabilités étaient que le Duc apprendrait le mouvement projeté, soit par ses espions, soit par ses patrouilles; que, dans ce cas, il serait difficile de se garantir des suites inévitables de cette découverte; et que si les montagnards étaient une fois mis en désordre dans une attaque nocturne, il n'y aurait aucune possibilité de les rallier. La principale réponse à cette objection fut fondée sur la nécessité du moment, qui exigeait qu'on courût un grand risque de manière ou d'autre, et que le plan d'une attaque nocturne pouvait réussir aussi bien que tout autre qu'on pourrait proposer.

Une autre objection, sur laquelle on insista fortement, fut l'impossibilité de faire douze milles, telle étant la distance entre Culloden et le camp de l'ennemi, entre le commencement de la nuit et le lever de l'aurore. Lord George Murray répondit qu'il garantissait le succès du projet, pourvu que le secret fût gardé. D'autres plans furent proposés, mais on finit par adopter celui de l'attaque nocturne.

Entre sept et huit heures, le Chevalier ordonna qu'on mît le feu aux bruyères, afin que cette lumière fît croire que ses troupes conservaient toujours la même position; et il fit mettre tous ses corps sous les armes comme on en était convenu. Le colonel Ker de Gradon, aide-de-camp du Prince, informa l'armée que, pendant l'attaque du camp, les montagnards ne devaient pas se servir de leurs armes à feu, mais seulement de leurs claymores, de leurs *dirks* et de leurs haches du Lochaber, qu'ils emploieraient à briser les perches qui soutenaient les tentes, à en couper les cordes, et à frapper vigoureusement et de la pointe partout où la toile de la tente tombée paraîtrait gonflée. Il leur fut aussi recommandé de garder le plus profond silence pendant toute la marche, et on leur donna pour mot d'ordre : le roi Jacques VIII.

Jusque-là tout allait bien; et plus cette tentative était désespérée, plus elle offrait une chance considérable de succès à des hommes résolus. Mais il arriva pendant la marche un inconvénient auquel on ne pouvait pas avoir fait assez d'attention en formant ce plan, ainsi qu'à la confusion qui devait nécessairement en résulter. Lord George Murray avait proposé que l'armée marchât en trois colonnes, composées des deux divisions de la première ligne, et de la totalité de la seconde, ou corps de réserve, sous la conduite du Prince lui-même. Mais comme il était nécessaire que les trois colonnes suivissent la même route jusqu'à Kilravock-House, où la première division devait se séparer des deux autres pour arriver derrière le camp de l'ennemi, il en résulta que l'armée, au lieu de former trois colonnes distinctes chacune sur son propre terrain, ne composa qu'une longue file, la seconde division suivant immédiatement la première, et la troisième la seconde, sur les mêmes traces, ce qui diminuait considérablement la possibilité de marcher rapidement. En outre, la nuit était fort obscure, ce qui rendait la marche de toute la colonne extrêmement lente, d'autant plus qu'il fallait souvent quitter la route pour éviter les endroits habités d'où l'on aurait pu envoyer au duc de Cumberland des avis sur les mouvemens de l'armée.

Quelque lente que fût la marche, la première division prit une avance considérable sur les deux autres, et laissa entre elles un long intervalle. Des messages réitérés furent envoyés à Lochiel, qui marchait en tête, et à lord George Murray, qui conduisait cette division, pour leur demander de faire halte jusqu'à ce que les autres colonnes arrivassent. Cinquante messages semblables furent portés à l'avant-garde de cette colonne, avant qu'elle eût fait plus de huit milles, et elle arriva alors à Kilravock ou Kilraik-House, à quatre milles du camp du duc de Cumberland.

Jusqu'alors lord George Murray ne s'était point arrêté dans sa marche; il l'avait seulement ralentie pour obéir aux ordres qu'il avait reçus, et dans l'espoir que les autres divisions arriveraient. Mais en cet endroit le duc de Perth, qui commandait la seconde colonne, arriva lui-même, mit son cheval en travers de la route, et insista pour qu'on fît halte jusqu'à ce que la seconde division pût arriver. Lord George Murray ordonna qu'on arrêtât la marche, et plusieurs des principaux officiers vinrent en tête de la colonne pour savoir ce qu'il y avait à faire. Ils lui apprirent que beaucoup de montagnards avaient quitté les rangs, et s'étaient couchés dans le bois de Kilravock, ce qui ne pouvait avoir pour cause qu'une faiblesse occasionée par le manque de nourriture, puisqu'il n'était pas présumable qu'une marche de huit milles eût fatigué à un tel point ces montagnards endurcis. On dit qu'il se trouvait plus d'un intervalle dans les rangs des colonnes qui suivaient, et qu'il était impossible que l'arrière-garde avançât aussi régulièrement que la tête de la première division. On consulta ensuite les montres. On s'était proposé de faire l'attaque avant deux heures du matin; mais il était déjà deux heures, et l'avant-garde était encore à quatre milles du camp des Anglais. Le but de l'expédition était donc manqué. Quelques gentilshommes, qui servaient comme volontaires, furent d'avis qu'on devait continuer à avancer à tous risques; mais comme il eût fallu faire au moins les deux derniers milles en plein jour, tout espoir d'une surprise était évanoui. M. O'Sullivan trouva les officiers en tête de la colonne dans cette situation embarrassante, quand il apporta à lord George Murray des ordres du Prince, qui exprimait son désir que l'attaque eût lieu, s'il était possible, en ajoutant qu'il s'en rapportait au jugement de lord George, comme étant en tête de la première colonne, pour décider si cette tentative pouvait se faire avec avantage. En ce moment le bruit lointain d'un roulement de tambours dans le camp du duc de Cumberland annonça que son armée était sur ses gardes, et que le moment était passé où l'on aurait pu prendre le camp par surprise. Ils sont éveillés, dit lord George. — Je ne me suis jamais attendu à les trouver endormis, répondit M. Hepburn de Keith, qui avait joint l'avant-garde comme volontaire, mais nous pouvons encore les trouver non préparés au combat. Lord George applaudit au courage de M. Hepburn, mais attendu l'heure avancée de la nuit et la grande diminution qu'avait soufferte la colonne qui devait commencer l'attaque, on ne pouvait persister dans le plan qui avait été adopté, avec quelque espoir de succès. En conséquence il ordonna une marche rétrograde, avec toute la célérité possible, aux troupes qui étaient sous ses ordres.

Comme cette retraite, quoique inévitable évidemment, fut faite par lord George Murray sans l'ordre formel du Prince, quoiqu'en exécution du pouvoir qu'il en avait reçu d'agir à sa discrétion, ce fut un des prétextes que saisirent alors et depuis ce temps ceux qui étaient portés à accuser ce seigneur d'avoir trahi une cause qu'il avait servie avec tant de valeur et de talent [1].

On peut remarquer ici que ni la marche ni la contre-marche des insurgens ne donnèrent l'alarme à l'armée du duc de Cumberland, et que, sans les circonstances malheureuses qui retardèrent le mouvement, la colonne d'attaque avait une grande chance de succès.

La retraite eut lieu avec beaucoup plus de rapidité qu'on n'en avait mis à aller en avant, car il n'était plus nécessaire de prendre des précautions pour cacher la marche. Toute l'armée se retrouva donc sur les hauteurs de Culloden-Moor avant cinq heures du matin. Les suites fâcheuses de cette marche nocturne et de l'abstinence du jour précédent furent alors visibles. Les soldats quittèrent leurs drapeaux en grand nombre pour aller chercher des vivres, soit à Inverness, soit dans les villages voisins. Ils étaient mal payés, mal nourris, épuisés par la faim et le manque de sommeil; et ils répondirent avec indifférence

---

(1) J'ai rapporté cette marche nocturne d'après le compte que lord George Murray en rendit pour justifier sa conduite. Le Chevalier lui-même, alors comte d'Albany, fit une réponse différente à quelques questions que lui fit M. Home. Il est singulier que cette réponse justifie lord George Murray du reproche qu'on lui fit d'avoir commandé la retraite sans ordre, plus complètement que le propre récit de ce seigneur. Le Chevalier dit qu'il se rendit en personne en tête de la première colonne, et que d'abord il désirait vivement qu'on avançât; mais que lorsqu'il eut entendu les objections de lord George Murray à cette mesure, il donna lui-même l'ordre de la retraite. Cette différence frappante entre le témoignage de deux hommes ayant un intérêt égal à un sujet si important pour tous deux, prouve l'incertitude du témoignage des hommes. Mais il est naturel de supposer que le récit de lord Murray est le plus exact, parce qu'il remonte à 1749. D'ailleurs il n'est pas probable qu'il ait présenté les choses sous un jour plus défavorable qu'elles ne devaient réellement être vues, en faisant reposer sa défense sur la faculté du choix que lui avait apportée O'Sullivan, si, dans le fait, c'eût été le prince lui-même qui eût donné l'ordre de la retraite, ordre qu'on reprocha à lord George d'avoir donné contre les intentions de Charles. (*Note de l'Auteur.*)

aux officiers qui cherchaient à les forcer à revenir sous leurs bannières, qu'ils pouvaient les faire fusiller s'ils le voulaient, mais qu'ils n'y reviendraient qu'après s'être procuré quelque nourriture. Les principaux officiers eux-mêmes étaient épuisés d'insomnie et d'inanition. Ils se rendirent, comme par instinct, à Culloden-House, où ils s'étaient assemblés auparavant; mais ils étaient tellement fatigués, qu'au lieu de tenir un conseil de guerre, ils s'étendirent pour dormir sur des lits, sur des tables, et, faute de mieux, sur le plancher.

Le moment était alors arrivé de mettre à exécution l'alternative qui avait été proposée la veille dans le conseil de guerre, et qui n'avait été rejetée que pour adopter le plan d'une marche nocturne contre le camp de Nairne. C'était que l'armée se retirât au-delà de la rivière de Nairne, et y prît une forte position, inaccessible à la cavalerie. Ce mouvement n'aurait pas été bien difficile, si la confusion qui régnait dans l'armée du Chevalier, et le manque total de provisions [1], eussent permis qu'on prît aucune mesure de sûreté. Mais tout ce qui pouvait avoir un air de prévoyance ou de sens commun sembla être abandonné en cette occasion, par suite de l'épuisement physique causé par la fatigue et l'inanition. L'armée resta sur la partie la plus élevée de la plaine, ayant son flanc droit couvert par les murs de parcs dont nous avons déjà parlé. C'était l'unique protection qu'elle eût contre la cavalerie, et cette protection était très-faible, comme l'événement le prouva.

Environ deux heures après l'arrivée du Prince à Culloden, c'est-à-dire entre sept et huit heures du matin, une patrouille de cavalerie rapporta la nouvelle qu'un détachement de la cavalerie du duc de Cumberland était à

---

[1] On aurait pu y remédier d'autant mieux qu'il s'agissait des besoins fort simples d'une armée de montagnards, si, pendant la nuit du 15 septembre, ou avait employé une partie des troupes à aller chercher de la farine à Inverness, et des bestiaux dans les environs. (*Note de l'Auteur.*)

deux milles, et que toute son armée n'était pas à plus de quatre. A cette alarme, le Prince, le duc de Perth, lord John Murray et lord John Drummond montèrent à cheval, donnèrent ordre aux tambours de battre, et aux cornemuses de jouer leurs différens airs de guerre. Cet appel subit aux armes causa beaucoup de confusion et de désordre parmi des hommes à demi morts de fatigue, et réveillés en sursaut quand ils avaient un si grand besoin de sommeil. Les Chefs et les officiers firent tout ce qui était en leur pouvoir pour les rassembler; mais comme ils s'étaient dispersés de tous côtés, quelques-uns étant même allés jusqu'à Inverness, près de deux mille montagnards qui avaient été présens à la revue la veille ne prirent aucune part à la bataille du 16.

On aurait encore eu le temps de battre en retraite par la droite de la ligne, de traverser la Nairne, et de se ranger sur un terrain inaccessible à l'armée du duc de Cumberland; et, après le coucher du soleil, on aurait pu, si on l'avait jugé convenable, faire une nouvelle tentative pour surprendre son camp; car on croit que duc de Cumberland n'apprit que quelque temps après le plan que les rebelles avaient tenté d'exécuter la nuit précédente. Cependant personne n'en fit la proposition. Le Chevalier parlait avec confiance d'une bataille et d'une victoire; et ceux qui ne partageaient pas ses espérances, s'ils ne comptaient pas vaincre, étaient du moins disposés à mourir.

L'armée du duc de Cumberland parut alors à environ deux milles, s'avançant droit en face de la ligne de bataille du Prince. Les forces de Son Altesse Royale se composaient de quinze bataillons d'infanterie, savoir : Pulteney, cinq cents hommes; les Royaux, cinq cents; Cholmondely, cinq cents; Price, cinq cents; les Fusiliers Ecossais, cinq cents; Dejean, cinq cents; Burrel, cinq cents; Battereau, cinq cents; Blakeny, cinq cents; Howard, cinq cents; Fleming, cinq cents; Sackville, cinq cents; Semple, cinq cents; Conway, cinq cents; Wolfe, cinq cents : et six cents Campbells, ce qui, avec les dragons de lord Mark-Ker, trois cents, ceux de Cobham, trois cents, et la cavalerie de Kingston, trois cents, formait un total de huit mille cent hommes d'infanterie, et neuf cents de cavalerie. Le jour de la bataille ils étaient rangés en deux lignes ; sept bataillons dans la première, et huit dans la seconde, et soutenus par les deux escadrons de cavalerie sur la droite, et les quatre escadrons de dragons sur la gauche. Les Campbells étaient sur la gauche avec les dragons. L'armée était commandée en chef par le duc de Cumberland, ayant sous lui les lieutenans-généraux comte d'Albemarle, Hawley et Bland, le major-général Huske, et les brigadiers lord Semple, Cholmondely et Mordaunt.

Si toute l'armée montagnarde eût été réunie, il n'y aurait eu que bien peu de différence, peut-être même n'y en eût-il eu aucune dans le nombre des soldats des deux armées, dont chacune était d'environ neuf mille hommes ; mais nous avons déjà dit que le Prince se trouvait privé de deux mille de ses soldats, qui n'étaient point arrivés, et au moins d'un pareil nombre, qui avaient abandonné leurs drapeaux pendant le temps qui s'était écoulé entre la revue et la bataille ; de sorte que sur le champ de la grande et décisive bataille de Culloden, cinq mille insurgens seulement se trouvèrent en face de neuf mille soldats du roi. Les soldats qui étaient absens étaient presque tous des montagnards, et c'étaient les montagnards qui formaient la principale force de l'armée du Chevalier.

Il n'y avait aucune apparence de découragement ni d'un côté ni de l'autre. Les troupes des deux armées poussèrent des cris répétés quand elles purent se voir, et il semblait que la vue de l'ennemi avait fait perdre aux montagnards tout sentiment de fatigue ; les Mac-Donalds seuls avaient l'air sombre et mécontent, parce qu'ils regardaient comme une offense le poste qui leur avait été assigné.

Lorsque les lignes s'approchèrent, l'artillerie des deux armées joua son rôle : l'armée des montagnards en souffrit beaucoup, et celle du duc de Cumberland fort peu ; car les canons anglais étant bien servis, faisaient des brèches dans les rangs des insurgens, tandis que l'artillerie française tua à peine un homme. Rester fermes et immobiles sous ce feu terrible, c'eût été une épreuve pour les troupes les mieux disciplinées, et il n'est pas étonnant que les montagnards aient montré beaucoup d'impatience d'un genre de combat si peu d'accord avec leur caractère. Les uns se couchèrent ventre à terre pour éviter les boulets ; les autres demandèrent à haute voix à avancer ; quelques-uns, en petit nombre, quittèrent leurs rangs pour prendre la fuite. La canonnade dura environ une heure. Enfin les clans devinrent si impatiens, que lord George Murray allait donner l'ordre de charger, quand le centre et l'aile droite, sans en avoir reçu l'ordre, se précipitèrent en avant, à leur manière ordinaire, l'épée à la main. Accueillis par un feu soutenu de canons chargés à boulet et à mitraille, une telle confusion se mit dans leurs rangs, qu'ils se mêlèrent ensemble sans distinction de clans et sans laisser aucun intervalle entre leurs régimens séparés. Malgré ce désordre, leur charge furieuse renversa les régimens de Monro et de Burrel, qui formaient l'aile gauche de la ligne du duc de Cumberland. Mais ce général avait prévu la possibilité de cet événement, et il avait fortifié sa seconde ligne de manière à ce qu'elle formât un ferme soutien, en cas que quelque portion de la première vînt à céder. Les montagnards, victorieux en partie, et quoique mis en désordre par leur propre succès, et partiellement désarmés parce qu'ils avaient jeté leurs fusils après avoir tiré un seul coup, continuèrent à avancer avec audace et se jetèrent sur le régiment de Semple, faisant partie de la seconde ligne, avec une fureur qui n'avait rien perdu de sa violence. Ce corps, plein de bravoure, était rangé sur trois hommes de profondeur, le premier rang à genoux, le troisième debout. Ils réservèrent leur feu jusqu'à ce que les fuyards des régimens enfoncés de Burrel et de Monro se fussent échappés autour des flancs de la seconde ligne et dans les intervalles qu'elle laissait. Les montagnards étaient alors à une demi-toise des pointes des baïonnettes, et en ce moment le bataillon de Semple fit pleuvoir sur eux un feu si bien dirigé, qu'il en fit tomber un grand nombre et força les autres à faire volte-face. Quelques-uns continuèrent pourtant l'attaque, mais ils ne purent entamer les rangs du régiment de Semple, et ils périrent sous les baïonnettes. L'attaque des montagnards réussit d'autant moins que la plupart d'entre eux, en cette occasion, n'avaient pas pris leurs *targets*, s'attendant à une marche plutôt qu'à une bataille.

Tandis que l'aile droite des montagnards soutenait ainsi le caractère national de ce peuple, quoique sans obtenir ses succès ordinaires, les Mac-Donalds, à l'aile gauche, semblaient incertains s'ils devaient attaquer ou non. Ce fut en vain que lord George leur cria : — Claymore! et dit à ceux qui murmuraient dans cette tribu hautaine — que s'ils se comportaient avec leur valeur ordinaire, ils changeraient la gauche en droite, et qu'il s'appelierait lui-même à l'avenir Mac-Donald. Ce fut également en vain que le vaillant Keppoch chargea à la tête d'un petit nombre de ses proches parens, tandis que son clan, chose inouïe jusqu'alors! restait immobile. Ce Chef n'était qu'à quelques pas des ennemis, et il s'écriait : — Mon Dieu! les enfans de ma tribu m'ont-ils abandonné, quand il reçut plusieurs coups de fusil qui mirent fin à sa carrière mortelle, et il n'eut que le temps de conseiller à son neveu favori de songer à sa sûreté. Les trois régimens des Mac-Donalds avaient alors appris la déroute de l'aile droite, et ils se replièrent en bon ordre sur la seconde ligne. Un corps de cavalerie de l'aile droite de l'armée du roi reçut ordre de les attaquer pendant leur retraite;

mais il fut arrêté par le feu des piquets français, qui avancèrent pour soutenir les Mac-Donalds. En ce même instant, un autre avantage décisif fut remporté par l'armée du Duc sur l'aile droite des montagnards. Un corps de cavalerie de six cents hommes et trois compagnies de montagnards du comté d'Argyle, avaient été détachés pour prendre possession des murs de parcs dont nous avons parlé plusieurs fois comme couvrant la droite des montagnards. Les trois compagnies d'infanterie avaient renversé le mur de clôture du côté de l'orient, et passé au fil de l'épée une centaine d'insurgens qui avaient été chargés de le défendre; elles démolirent de même ensuite le mur du côté de l'occident, ce qui permit aux dragons qui les accompagnaient de traverser l'enclos, d'avancer sur la plaine à l'ouest, et d'y prendre position de manière à menacer l'arrière et le flanc de la seconde ligne du Prince. Gordon d'Abbachie, avec son régiment des basses-terres du comté d'Aberdeen, reçut ordre de faire feu sur cette cavalerie, ce qui produisit quelque effet. Les Campbells bordèrent alors le mur du côté du nord, et commencèrent à faire feu sur le flanc droit de la seconde ligne des montagnards. Cette ligne, augmentée des Mac-Donalds, qui s'y étaient repliés, contenait encore un grand nombre de soldats qui maintenaient leur terrain, et dont une bonne partie n'avait pas encore tiré un seul coup de fusil. Lord Elcho courut trouver le Prince, et l'exhorta vivement à se mettre lui-même à la tête de ces troupes qui tenaient encore ferme, à faire un dernier effort pour regagner l'avantage qu'on avait perdu, et à mourir du moins en prince digne d'avoir disputé une couronne. Le Prince lui ayant répondu avec un ton d'incertitude et d'hésitation, lord Elcho se détourna de lui en proférant une imprécation et en jurant qu'il ne le reverrait jamais (1). D'une autre part, plusieurs des offi-

(1) Il fut fidèle à ce serment jusqu'au dernier jour de sa vie, évitant tous les endroits où il aurait pu rencontrer un prince pour la cause duquel il avait perdu son

ciers du Prince déclarèrent et prirent à témoin le ciel et leurs propres yeux que l'infortuné Charles-Édouard avait été forcé de quitter le champ de bataille par sir Thomas Sheridan et d'autres officiers irlandais qui étaient autour de sa personne.

Que lord Elcho et d'autres, qui perdaient dans cette affaire désastreuse leur rang et leur fortune, désirassent que le Chevalier combattît jusqu'à la dernière extrémité, c'est ce qu'il est aisé de se figurer; et il n'est pas plus difficile de concevoir pourquoi beaucoup de personnes dans le public partagèrent la même opinion, puisque la mort du héros est ordinairement le dénouement le plus saillant d'une fatale tragédie. Mais indépendamment d'un désir de sûreté inspiré par l'égoïsme, il existe beaucoup de raisons qui peuvent imposer à un chef vaincu l'obligation de se conserver pour un temps plus heureux. C'est particulièrement le cas où se trouvent ceux qui occupent le rang de rois et de princes. Assurés par l'opinion unanime de ceux qui les entourent, que leur sûreté est de la plus grande importance pour le monde, ils résistent difficilement aux raisons flatteuses qu'on peut leur donner à l'appui du principe naturel de conservation personnelle, qui leur est commun avec tous les hommes.

De plus, quoique le Chevalier, s'il eût été bien déterminé à chercher la mort sur le champ de bataille où il perdit tout espoir d'un empire, eût certainement pu la trouver, il paraît impossible que ses efforts les plus désespérés eussent changé la fortune de la journée. La seconde ligne, réunie à une partie de la première, tint bon à la vérité, pendant un temps assez court, après le désastre de l'aile droite; mais elle était entourée par les ennemis. En face, le duc de Cumberland ralliait sa première ligne qui avait été engagée, amenant pour la soutenir la seconde, qui n'avait pas été entamée, et se pré-

---

rang, ses biens et sa patrie. Son ressentiment implacable n'était peut-être pas juste; mais il faut convenir qu'il était naturel. (*Note de l'Auteur.*)

parant à les conduire toutes deux à une nouvelle attaque en front. Sur le flanc de la seconde ligne de l'armée du Chevalier, les Campbells bordaient le mur de clôture du côté du nord. En arrière de toute l'armée montagnarde était un corps de cavalerie auquel il pouvait arriver des renforts par les brèches que les Campbells avaient pratiquées aux murailles. Les montagnards de l'armée du Prince, dans le fait, étaient sombres, abattus, découragés, mécontens de leurs officiers et de leurs généraux, et presque aussi peu satisfaits d'eux-mêmes. Il n'est donc pas surprenant qu'après être restés quelques minutes en cette situation, ils aient enfin abandonné le champ de bataille à l'ennemi, et cherché leur sûreté partout où ils pouvaient la trouver. Une partie de la seconde ligne se retira avec assez de régularité, au son des cornemuses et bannières déployées. Le général Stapleton et les auxiliaires français, quand ils virent que la bataille était perdue, firent aussi leur retraite en vrais soldats, et regagnèrent Inverness, où ils capitulèrent avec le duc de Cumberland à des conditions honorables. Une partie des montagnards s'enfuirent du côté d'Inverness; mais le plus grand nombre prirent le chemin de Badenoch et des montagnes. Quelques-uns ne s'arrêtèrent que lorsqu'ils furent arrivés dans leur demeure, quelque éloignée qu'elle fût. L'alarme fut si grande, qu'un gentilhomme très-brave dit à votre grand-père qu'il avait marché lui-même toute la nuit, et que, quoiqu'il n'eût rien mangé depuis vingt-quatre heures, il avait couru l'espace de près de vingt milles avant de se donner le temps de s'asseoir pour manger un biscuit qui lui avait été donné pour sa ration à l'instant où la bataille allait commencer, et qu'il avait mis dans son *sporran* (1).

Le duc de Cumberland avança avec précaution; il ne permit à sa première ligne de marcher contre les monta-

---

(1) Espèce de bourse ou plutôt de poche en cuir que portent les montagnards.—Tr.

gnards repoussés que lorsqu'il eut rétabli l'ordre le plus parfait dans ses rangs, et il ne fit poursuivre les fuyards que lorsque la dispersion de l'armée montagnarde parut complète. Quand ce fait fut certain, la cavalerie de Kingston et les dragons de chaque aile du Duc reçurent ordre de se mettre à leur poursuite, et en firent un grand carnage. La cavalerie de Kingston les poursuivit sur la route d'Inverness; elle n'attaquait pas ceux des ennemis, Français ou montagnards, qui se tenaient en corps; mais elle les suivait de près dans leur retraite, réglait sa marche sur la leur, faisait halte quand ils s'arrêtaient, et ils sabrèrent tous les traîneurs jusqu'à un mille d'Inverness.

On remarqua, en général, que la cavalerie anglaise, dont la réputation avait été entachée dans les affaires qu'elle avait eues antérieurement avec les montagnards, prit un plaisir cruel à massacrer les fuyards, ne faisant quartier à personne; excepté à ceux qu'on réservait pour être exécutés, et traitant ceux qui étaient blessés avec une cruauté inconnue dans la guerre moderne. Même le lendemain de la bataille il y eut des exemples de blessés tirés des buissons et des chaumières où ils avaient trouvé un refuge, pour être mis à mort par un feu de peloton. Si quelqu'un d'entre eux échappait à cette fusillade, les soldats lui brisaient la tête à coups de crosses de fusil. En un mot, la barbarie des troupes régulières, en cette occasion, formait un tel contraste avec la conduite plus douce des insurgens, qu'on se rappelait l'ancien proverbe latin qui dit que l'ennemi le plus cruel est un lâche qui a obtenu du succès [1]. On trouva bientôt nécessaire de justifier des atrocités si inouïes, et, en conséquence, on fit courir l'histoire d'un ordre prétendu donné par lord George Murray pour commander aux montagnards de n'accorder aucun quartier s'ils étaient victorieux. Mais pas un seul homme du parti des insurgens ne vit jamais un pareil

---

(1) *Crudelis semper timidus, si vicerit unquam.* (*Note de l'Auteur.*)

ordre, et pas un n'en entendit parler, si ce n'est postérieurement à la bataille.

Dans cette action décisive, les vainqueurs n'eurent guère plus de trois cents hommes tués ou blessés. Lord Robert Ker, capitaine de grenadiers, fut tué à la tête de sa compagnie.

L'armée vaincue perdit plus de mille hommes. Les montagnards de l'aile droite furent ceux qui souffrirent le plus : c'étaient les Mac-Leans, las Mac-Lauchlans, les Mac-Intoshs, les Frasers, les Stewarts et les Camerons. Le Chef des Mac-Lauchlans fut tué dans l'action, ainsi que Mac-Lean de Drimnin, Mac-Gillivray de Drumnaglass, plusieurs Frasers et d'autres personnes de distinction. Lochiel fut blessé; mais deux de ses *henchmans* [1] l'emportèrent du champ de bataille. En un mot, le coup porté aux rebelles fut aussi cruel que décisif, d'autant plus que la perte tomba principalement sur les grands Chefs et sur les gentilshommes, qui étaient l'ame de l'armée montagnarde.

CHAPITRE XXIV.

Droits des prisonniers jacobites à la clémence. — Sévérité du duc de Cumberland. — Ravages commis par ses troupes. — Son retour à Londres, et fin des cruautés qui avaient été commises dans les montagnes. — Évasion du prince Charles. — Manière remarquable dont il est errant sous divers déguisemens. — Son embarquement, et son arrivée à Morlaix en Bretagne, le 29 septembre 1746.

On devait s'attendre que la défaite de Culloden aurait des conséquences fatales pour ceux qui avaient joué un des premiers rôles dans l'insurrection. Une poignée d'hommes avaient troublé la tranquillité d'un peuple paisible qui ne demandait pas à changer de condition, avaient

---

[1] Écuyers ou principaux gardes d'un Chef. — Tr.

fait une blessure profonde à la force nationale, et, — ce qu'on oublie rarement au moment où la vengeance devient possible,—avaient inspiré une terreur universelle. On ne devait donc pas espérer que ceux qui s'étaient le plus signalés dans ces actes de violence et de rébellion ne répondissent pas sur leur tête des désordres qu'ils avaient occasionés et du sang qu'ils avaient fait répandre. Ils savaient eux-mêmes à quel risque dangereux ils avaient joué le jeu terrible de l'insurrection, et ils s'attendaient à payer de leur vie la perte de la partie. Mais comme tous ceux qui avaient pris part à la rébellion avaient, suivant la rigueur des lois, encouru la peine de mort, il convenait que la justice choisît ses victimes de manière à concilier ses droits, s'il était possible, avec les sentimens de l'humanité, au lieu de les outrager par une effusion de sang générale, et sans distinction. La haute trahison, en politique, quoique ce soit un des plus grands crimes qu'on puisse commettre contre un Etat, n'a rien en soi de l'horreur qu'inspirent certains forfaits bien moins dangereux pour la chose publique. Celui qui s'engage dans une rébellion est fort souvent, comme individu, non-seulement exempt de tout reproche, mais très-estimable par son caractère privé. On pouvait dire, par exemple, que des hommes comme lord Pitsligo et Cameron de Lochiel avaient commis le crime dont la loi rendait leur tête responsable d'après les motifs les plus purs, quoiqu'en même temps les plus erronés,—motifs qu'ils avaient sucés avec le lait de leurs mères, et qui les avaient poussés à prendre les armes par principe de devoir et de fidélité. La pureté des intentions de pareils hommes, quoiqu'elle ne pût être admise en leur défense, devait du moins, sous un point de vue moral et politique, resserrer les poursuites contre eux dans un cercle aussi étroit que le permettaient la justice publique et la nécessité de faire des exemples utiles à empêcher le retour d'entreprises aussi désespérées.

Si l'on pouvait invoquer la clémence en faveur de plusieurs des chefs de l'insurrection, que ne pouvait-on pas dire de leurs vassaux simples et ignorans, qui avaient pris les armes sans connaître les lois de la partie civilisée de la nation et par suite des liens indissolubles par lesquels ils se croyaient obligés d'obéir à leurs Chefs comme l'avaient fait leurs pères[1]? On aurait pu croire que la générosité aurait fait dédaigner de frapper des victimes si humbles, et que la justice ne les aurait pas considérées comme des objets sur lesquels dussent tomber ses châtimens. Ou, si un général victorieux, d'un rang subordonné, avait voulu signaler son zèle pour la famille régnante aux dépens de l'humanité, en châtiant sans distinction les ennemis vaincus, quel que fût le degré de leur intelligence et de leur fortune, on pouvait attendre quelque chose de mieux d'un fils de la Grande-Bretagne, d'un prince du sang royal, qui plus que tout autre aurait dû se rappeler que les hommes que le sort des armes avait mis à sa disposition étaient les sujets égarés de sa propre maison, et qui pouvait plaider noblement leur cause au pied du trône d'un père que sa victoire avait assuré.

Malheureusement pour la renommée du duc de Cumberland il envisagea ses devoirs sous un autre point de vue. Ce prince avait la réputation d'être franc, juste, sensé, affectueux et de bonne humeur dans les relations ordinaires de la vie, et il la méritait. C'était un soldat plein de bravoure, et connaissant tous les devoirs de la profession militaire ; mais il fut malheureux dans ses campagnes tant avant la bataille de Culloden que depuis ce temps ; et d'après la manière dont il se conduisit en

---

[1] Cette obéissance patriarcale était si absolue, que quelques gentilshommes des basses-terres faisant, avec quelques marques de surprise, l'éloge du dévouement d'un membre d'un clan qui avait sacrifié sa vie pour sauver celle de son Chef, un montagnard qui les entendit, dit, avec le plus grand sang-froid, qu'il n'y voyait rien d'étonnant. — Cet homme n'avait fait que son devoir ; s'il eût agi autrement, il aurait été un lâche et un traître. Punir des hommes élevés dans de tels principes pour avoir suivi leurs Chefs à la guerre, semble aussi injuste qu'il le serait de tuer un chien pour le crime d'accompagner son maître. (*Note de l'Auteur.*)

cette occasion, il ne paraît pas avoir mérité d'obtenir plus de succès. Il avait appris le métier des armes à la dure école d'Allemagne, où l'on n'hésitait jamais à prendre les mesures les plus sévères contre les habitans, si on les jugeait nécessaires soit pour obtenir un avantage, soit pour conserver celui qu'on avait obtenu.

Son Altesse Royale connaissait aussi bien qu'aucun général de l'Europe la nécessité, en thèse générale, de réprimer cette licence militaire qui, pour nous servir des termes d'un vénérable vétéran, fait qu'une armée n'est formidable qu'à ses amis. Pendant sa marche, en sortant de Perth, un officier fut traduit devant une cour martiale et privé de son grade, avec la pleine approbation du Duc, pour avoir souffert qu'un détachement qui était sous ses ordres pillât la maison de Gask, appartenant à M. Oliphant, qui portait alors les armes dans l'armée du prince Charles. Cet exemple de discipline ne prépare point à attendre les actes de cruauté qui suivirent la bataille de Culloden. Mais malheureusement la licence qu'on jugeait à propos de réprimer pendant la durée de la lutte fut pleinement autorisée quand il n'y eut plus aucune résistance. Les fuyards et les blessés furent nécessairement les premiers à éprouver les suites de cet oubli des règles ordinaires de la guerre.

Nous avons déjà parlé du massacre barbare des fuyards, et des blessés qui étaient restés sur le champ de bataille. La sévérité déployée contre les premiers pouvait être nécessaire pour jeter la terreur parmi des ennemis aussi déterminés et aussi capables de se rallier que l'étaient les montagnards, et l'exécution des autres pouvait être la suite de la rage brutale de soldats excités par la victoire, qui depuis quelque temps ne leur avait pas accordé beaucoup de faveurs, et qui venaient de triompher d'un ennemi devant lequel un grand nombre d'entre eux avaient pris la fuite ; mais nous craignons que les excès qui s'ensuivirent ne doivent être imputés au caractère endurci du commandant en chef lui-même, sous les yeux et par les ordres duquel on vit une suite effrayante de ravages et d'exécutions.

Le Duc se prépara, pour nous servir d'une phrase militaire, à profiter de sa victoire en dévastant ce qu'il appelait le pays ennemi. Il prit même ses mesures avec lenteur, afin que le succès en fût plus certain. Des proclamations avaient été publiées pour ordonner aux montagnards insurgens de venir faire la remise de leurs armes, mais un très-petit nombre y obéit. Plusieurs Chefs au contraire étaient convenus de se réunir pour défendre leur pays. Mais quoiqu'une somme considérable destinée au Chevalier fût tombée entre les mains de Lochiel, un grand nombre de ces Chefs avaient été tués ou blessés, et la terreur et la consternation qui avaient suivi la dispersion de l'armée avaient été si générales, qu'il était devenu impossible d'adopter aucune mesure défensive.

Le duc de Cumberland — c'est ce qu'on peut dire pour sa justification — entra certainement dans un pays dont les habitans avaient des dispositions hostiles, mais ne lui opposaient aucune résistance; et ayant établi son quartier-général dans un camp près du fort Auguste, il fit exercer ses ravages militaires par de forts détachemens de soldats; ils pénétrèrent dans les différentes vallées qui étaient depuis des siècles la demeure des clans du parti du prince Charles. Les soldats avaient ordre d'exercer contre ces infortunés les dernières rigueurs de la guerre. Ils fusillaient les hommes qui fuyaient à leur approche, pillaient les maisons des Chefs, incendiaient les cabanes des paysans, ne respectaient ni la vieillesse ni l'enfance, et se portaient à tous les genres d'outrages envers les femmes. Quand les soldats ne commettaient pas ces actes de violence, c'était la douceur de leur caractère ou de celui de quelque officier qui les commandait, qui réprimait leur licence. On ne peut trouver de plaisir à entrer dans plus de détails sur des scènes semblables à celles qu'offrit cette dévastation. Quand les hommes étaient tués, les maisons brûlées, les moutons et les bestiaux enlevés, une partie des femmes et des enfans périssaient par la faim, tandis que d'autres suivaient les traces des pillards et sollicitaient le sang et les entrailles des bestiaux qu'on tuait pour la nourriture des soldats, comme le seul moyen de prolonger une misérable existence. De telles horreurs portent certainement à approuver la remarque faite par Montluc, que ceux qui font la guerre ont grand besoin de la merci de la Divinité, puisque l'exercice de leur profession les entraîne à devenir coupables de tels actes de violence contre leurs semblables. Un trait remarquable de cette époque désastreuse mérite de vous être cité, et je garderai volontiers le silence sur beaucoup d'autres qui ne pourraient que réveiller des sentimens hostiles qu'il vaut mieux laisser sommeiller.

Un garde-chasse de Mac-Donald de Glengarry, revenant de la forêt, retournant chez lui, trouva que sa maison avait été pillée et brûlée par un détachement anglais et que sa femme avait reçu le plus grand outrage. L'infortuné mari jura de se venger. Le principal auteur de ces actes de violence, l'officier qui commandait le détachement, lui avait été désigné par la circonstance qu'il montait un cheval gris. Le détachement avait à passer près du lac d'Arkaig, au milieu des rochers sauvages du Lochaber. Caché dans un buisson, le Mac-Donald, excellent tireur par suite de sa profession, ajusta le cavalier qu'il vit monté sur un cheval gris et le tua. Cependant sa vengeance s'était trompée d'objet. L'officier qui avait commis le crime avait par hasard confié son cheval aux soins d'un domestique ou d'un homme de condition inférieure, qui subit ainsi la peine d'un outrage qu'il n'avait pas commis. Quand le garde-chasse apprit sa méprise, il suivit encore ce détachement dans sa marche, guetta un instant favorable, et voyant un officier monté sur le fatal cheval gris, entre l'avant-garde et le corps principal, il fit feu sur lui, et ne manqua pas son coup; mais il s'était une seconde fois trompé de victime. L'officier qu'il avait tué n'était pas celui qu'il voulait punir; c'était un homme généralement estimé dans toutes les montagnes, le capitaine George Monro de Culcairn, le même qui s'était échappé d'une manière si remarquable à Glenshiel, grace à la fidélité de son frère de lait. Quand il fut instruit de cette seconde erreur, le Mac-Donald brisa son fusil et renonça à toute idée de vengeance. « Ce n'est pas la volonté du ciel, dit-il, que l'homme qui m'a outragé périsse par mes mains, et je ne veux pas répandre davantage de sang innocent pour me venger. »

Pendant le cours de ces cruautés, personne n'éprouva un regret plus vif que le président Forbes, dont le zèle avait été si actif et si généreux en faveur du gouvernement, et qui devait être regardé comme ayant matériellement contribué à réprimer l'insurrection, en faisant sortir de leur état d'hésitation sir Alexandre Mac-Donald de Sleat et le laird de Mac-Leod. On dit que s'étant hasardé à citer au commandant en chef les lois du pays, il en reçut pour réponse : — qu'une brigade devait faire les lois. Il était profondément touché des maux que la guerre civile avait infligés à son pays, et il n'eut aucune raison pour se féliciter personnellement d'avoir obtenu des faveurs particulières par suite du rôle qu'il avait joué. Il est certain qu'à sa mort ses biens étaient grevés de dettes qu'il avait contractées en 1745-6 pour le service du gouvernement. Feu lord Forbes, sujet aussi fidèle au gouvernement du roi qu'il fût possible d'en trouver, avait servi sur le champ de bataille de Preston, et fait tout ce qu'un officier pouvait faire pour empêcher la fuite de la cavalerie. Cependant il trouva tant d'obstacles à son avancement dans la carrière militaire, qu'il jugea à propos de se retirer du service. La seule raison qu'on pouvait en donner, était que ce seigneur, premier baron d'Ecosse, avait osé opposer son intervention au système de ravages adopté contre les districts qui s'étaient insurgés.

On rapporte qu'après la bataille de Culloden, les Grants de Glenmorriston, qui avaient fait partie de l'armée rebelle, vinrent à Inverness pour se rendre au Chef de leur clan. Ils étaient armés de pied en cap. — Qui sont ces hommes? demanda le Duc. — Le laird de Grant lui répondit que c'étaient les Grants de Glenmorriston. — Et à qui se sont-ils rendus? demanda encore le Duc. — A moi, répondit le Chef, et ils ne se seraient rendus à aucun autre que moi dans toute la Grande-Bretagne. — Oui-dà! reprit le Duc après un moment de silence; en ce cas, je leur apprendrai qu'ils sont sujets du Roi, et qu'ils doivent aussi se rendre à moi. A l'instant il ordonna que les Grants de Glenmorriston fussent entourés et désarmés. Ce pouvait être un coup porté très-à propos à l'autorité des Chefs de clans; mais quand on apprend que ces malheureux furent jetés à bord d'un navire et déportés aux colonies, on ne peut être surpris que cet exemple de soumission ait encouragé un si petit nombre d'imitateurs.

En beaucoup d'occasions ces poursuites en vertu de la loi martiale auraient attiré l'animadversion de l'Angleterre, n'importe contre qui elles eussent été dirigées; mais la vérité est que les Anglais s'étaient fait une très-fausse idée des opinions politiques des Ecossais, et étaient fort disposés à croire que tous les habitans de ce royaume étaient leurs ennemis au fond du cœur, ou du moins à concevoir de violens soupçons contre ceux qui montraient la moindre compassion pour les souffrances d'un Jacobite, ou qui supposaient qu'il fût possible qu'il fût puni plus sévèrement que son crime ne le méritait. Il y avait quelque chose de consolant dans cette opinion, en ce qu'elle justifiait l'alarme à laquelle le peuple anglais s'était livré, et dont il commençait alors à rougir; car il semblait plus honorable d'avoir redouté toutes les forces de l'Ecosse, que quelques clans montagnards fort inférieurs en nombre à celui de leurs propres concitoyens qui avaient embrassé le parti du gouvernement. Mais il ne serait pas juste de faire tomber sur les Anglais seuls le blâme des cruautés. On doit avouer qu'il se trouva des officiers écossais disposés à se soustraire au soupçon de jacobitisme, si fatal à l'avancement, en devenant les agens des persécutions exercées contre leurs malheureux compatriotes. Enfin, et peu à peu, ce genre d'opérations militaires commença à se ralentir. Après être resté au fort Auguste depuis le 24 mai jusqu'au 18 juillet, le duc de Cumberland retourna à Edimbourg.

Pendant ce temps, cette ville avait vu une procession de quatorze étendards des rebelles, portés par un pareil nombre de ramoneurs de cheminées, pour être brûlés publiquement par le bourreau. Un Jacobite aurait pu dire, comme un prisonnier qui avait reçu un coup après avoir été garotté, qu'il y avait peu de bravoure dans cette insulte. Le Duc fut reçu avec tous les honneurs dus à un vainqueur, et toutes les corporations de la ville, depuis le corps municipal jusqu'à celui des bouchers, le supplièrent d'accepter un acte d'admission à leurs droits et privilèges respectifs. D'Edimbourg Son Altesse Royale se rendit à Londres pour recueillir la moisson complète d'honneurs et de récompenses dont il n'aurait pas été moins digne s'il avait mêlé plus de clémence à un certain degré de sévérité.

Après cette époque, on mit fin, en grande partie, aux exécutions militaires, aux massacres et aux ravages. La licence de la soldatesque fut réprimée; les cours de justice civile maintinrent l'ascendant salutaire des lois sur la violence; les aggressions des soldats armés furent punies par des dommages, suivant le cours ordinaire de la justice, et les règles d'une société civilisée furent à peu près replacées sur leur base. Nous cesserons maintenant d'envisager les suites désastreuses qu'eut pour le pays cette sorte d'exécution militaire générale, pour nous occuper du sort des Chefs dont l'insurrection avait occasioné tant de maux.

Le premier par son rang, par ses infortunes et par sa témérité, qui alluma la guerre civile, fut sans contredit Charles-Edouard lui-même. Une récompense de trente mille livres sterling fut offerte pour la découverte et la capture de ce dernier rejeton d'une race royale. On s'imaginait que dans une contrée aussi pauvre que le sont les montagnes d'Ecosse, où les lois, dans un sens, sont inconnues, du moins celles qui concernent les propriétés, et où l'esprit prétendu pillard du peuple était presque passé en proverbe, une récompense beaucoup moindre aurait suffi pour s'emparer du Prétendant au trône. Son évasion pourtant, si long-temps retardée, et effectuée au milieu de tant de difficultés, a été souvent citée comme un brillant exemple de fidélité. Je me bornerai à en tracer ici une esquisse, vous laissant le soin de chercher des détails plus étendus dans d'autres auteurs [1].

Pendant la bataille de Culloden, Charles avait couru sa part des dangers de son armée. Le canon, principalement pointé contre son étendard, fit quelque ravage parmi ses gardes, et tua un domestique qui tenait un cheval en laisse près de lui. Le Prince lui-même fut couvert de la terre soulevée par les boulets. Il chercha plusieurs fois à rallier ses troupes, et d'après le rapport de la plupart de ceux qui le virent, il s'acquitta des devoirs d'un commandant brave et habile. Quand il quitta le champ de bataille, il était suivi d'une troupe nombreuse de cavaliers; mais, ayant peut-être quelque doute de leur fidélité, il s'en dé-

[1] M. John Home, dans son *Histoire de la rébellion*, et M. James Boswell, dans son *Voyage dans les îles à l'ouest de l'Écosse*, ont donné un récit détaillé de l'évasion du Prince beaucoup plus exact que ceux qui avaient été publiés auparavant sous les noms d'*Ascanius*, du *Jeune Juba*, etc. Ces détails ont été incorporés par M. Chambers dans son *Histoire de la rébellion de 1745-6*, ouvrage qui contient un grand nombre de renseignemens curieux, tant historiques que traditionnels, relativement à la rébellion. (*Note de l'Auteur.*)

barrassa en les congédiant sous divers prétextes, et surtout en les chargeant d'avertir les corps de troupes en fuite qu'ils devaient se réunir à Ruthven, dans le Badenoch ; car telle avait été l'impatience de combattre, et peut-être on avait tellement compté sur la victoire, qu'on n'avait indiqué à l'armée aucun point de réunion en cas de défaite. Ayant ainsi congédié la plus grande partie de ses cavaliers, Charles ne garda avec lui que quelques officiers irlandais qui avaient été ses partisans constans, et dont la fidélité lui paraissait moins douteuse que celle des Ecossais, peut-être parce qu'ils la faisaient sonner eux-mêmes plus haut. Il dirigea sa fuite vers Gortuleg, où il savait que lord Lovat résidait. Peut-être comptait-il que la sagacité renommée de ce seigneur célèbre pourrait lui donner quelque bon conseil ; peut-être espérait-il en recevoir des secours, car le Maître de Lovat et Cluny Mac-Pherson, gendre de lord Lovat, ne s'étaient pas trouvés à la bataille de Culloden ; mais ils avaient levé l'un et l'autre des renforts considérables pour l'armée du Prince, et ils étaient en marche pour les y conduire, quand l'action était terminée.

Charles et Lovat se virent pour la première et dernière fois, tous deux également livrés à la terreur et à l'embarras. Charles ne parla que de l'état de détresse où se trouvait l'Ecosse ; Lovat sentait plus vivement ses dangers personnels. S'étant bientôt aperçu qu'il n'avait à attendre de Lovat ni secours ni conseils, le Prince prit quelques rafraîchissemens à la hâte, et partit. Il trouvait Gortuleg un lieu dangereux, comme étant trop près de l'armée victorieuse ; et peut-être aussi la fidélité de son hôte lui paraissait-elle suspecte. Il fit halte ensuite à Invergarry, château appartenant au lord de Glengarry, où deux saumons qu'un heureux hasard avait fait prendre à un pêcheur, lui fournirent un repas. Ce château fut sévèrement puni d'avoir servi d'abri momentané au Prince, car il fut pillé et saccagé par les soldats anglais avec la dernière rigueur [1]. D'Invergarry, le prince fugitif pénétra dans les montagnes de l'ouest, et se logea dans un village nommé Glenbeisdale, très-près de l'endroit où il avait débarqué. Il avait alors totalement renoncé à poursuivre son entreprise, le désespoir occasioné par sa défaite ayant complètement éteint l'ardeur de ses espérances. Il envoya un message aux Chefs et aux soldats qui, obéissant à ses ordres, pourraient se rendre à Ruthven, pour les informer que, conservant une profonde gratitude pour leur fidélité, leur conduite et leur courage en toutes occasions, il était maintenant dans la nécessité de leur recommander de veiller à leur sûreté, attendu que les circonstances le forçaient à se retirer en France, d'où il espérait revenir bientôt avec des secours.

Quoiqu'il ne se trouvât guère plus de mille hommes au rendez-vous indiqué, un grand nombre d'entre eux pensaient que tout espoir n'était pas encore perdu, et étaient disposés à faire des remontrances au Prince pour le dissuader de renoncer à son entreprise. Lord George Murray était de cet avis, et il déclara que, quant aux provisions, si quelque autorité lui était confiée, ils n'en manqueraient pas tant qu'il y aurait des bestiaux dans les montagnes et de la farine dans les basses-terres. John Hay fut chargé de se rendre vers le Prince, et de le supplier de venir reprendre son poste à la tête de son armée.

Il faut avouer qu'un tel projet ne pouvait être formé que par des hommes désespérés. L'entreprise avait été considérée comme manquée par toute personne sensée, depuis la retraite de Stirling, sinon depuis celle de Derby. On ne pouvait supposer qu'une armée avec si peu d'espoir de renforts et d'approvisionnemens, composée de

---

(1) On fit sauter, avec de la poudre à canon, deux gros châtaigniers : l'un fut totalement détruit, l'autre survécut à l'explosion, une moitié continuant encore à produire des feuilles, quoique l'autre en eût été arrachée. L'argenterie de Glengarry tomba entre les mains des soldats ; on en fondit une partie, et l'on en fit une coupe qui fut long-temps en la possession de sir Adolphe Oughton, commandant en chef en Écosse, et qui portait cette inscription : *Ex prædâ prædatoris*.

(*Note de l'Auteur.*)

clans indépendans les uns des autres, et privés d'une grande partie de leurs Chefs les plus braves et les plus habiles, tandis que plusieurs autres, comme Lochiel, étaient retenus dans l'inaction par leurs blessures, formerait une confédération sans un lien d'intérêt commun ; il était beaucoup plus probable que les clans, divisés comme ils l'étaient par des jalousies mutuelles, se seraient séparés, comme ils l'avaient déjà fait dans une autre occasion, et que chacun d'eux aurait cherché à faire sa paix particulière.

Quand John Hay arriva près du Prince à Glenbeisdale pour lui faire part des représentations et des prières de lord George Murray, il reçut de Charles en réponse une lettre où il annonçait en termes encore plus forts et plus exprès son intention bien déterminée de partir pour la France, d'où il espérait revenir bientôt avec de puissans renforts. Chacun d'eux se conduisit conformément à son caractère. La résolution opiniâtre de lord John Murray prouvait l'obstination hautaine d'un naturel ferme et indomptable qui avait long-temps regardé ce dernier revers comme un évènement probable, et qui était alors prêt à le braver, tandis que le Prince, dont l'espoir ardent n'avait pu prévoir une défaite, la considérait maintenant avec raison comme un malheur irréparable.

A compter de ce moment, il ne faut plus regarder Charles-Edouard que comme occupé des moyens d'assurer son évasion, et totalement détaché de l'armée qu'il avait naguère commandée. Dans ce dessein il passa dans Long-Island, espérant trouver un bâtiment français sur la côte de cette île. Des vents contraires, des tempêtes, des désappointemens de toute espèce accompagnés de privations auxquelles il ne pouvait être que peu accoutumé, le chassèrent de place en place dans cette île et dans les îles voisines. Enfin il arriva dans South-Uist, où il fut accueilli par Clanranald, qui avait été le premier à se déclarer pour ce malheureux prince, et qui lui fut fidèle dans sa détresse. Là, pour sa sûreté personnelle, Charles fut logé dans une hutte du genre le plus misérable, appartenant à un bûcheron nommé Corradale, presqu'au centre de la montagne sauvage qui porte le même nom.

Mais on visitait alors avec le plus grand soin tous les lieux qui pouvaient offrir une retraite, et l'on fit surtout les plus strictes perquisitions dans les îles, afin d'y arrêter le prince fugitif, qu'on soupçonnait d'y avoir cherché un refuge. Le général Campbell alla jusque dans l'île de Saint-Kilda, qui pourrait passer pour l'extrémité du monde habitable. Mais les simples habitans de cette île n'avaient qu'une idée fort vague de la guerre qui avait jeté le trouble dans toute la Grande-Bretagne, si ce n'est qu'elle avait eu pour cause une querelle entre leur maître, le laird de Mac-Leod, et une femme sur le continent. — Probablement quelque idée confuse sur la reine de Hongrie, intéressée comme on sait à la guerre sur le continent.

Le général Campbell, en revenant de Kilda, débarqua dans South-Uist, avec le dessein de faire des recherches dans Long-Island, du sud au nord ; et il trouva des Mac-Donalds de Skye, et Mac-Leod de Mac-Leod, occupés des mêmes soins. Tandis que ces forces, au nombre de deux mille hommes, faisaient les perquisitions les plus exactes dans l'intérieur de cette île, les côtes étaient entourées de petits bâtimens de guerre, cutters, chaloupes armées et autres. Il semblait absolument impossible que le Prince échappât à des recherches faites avec tant de soin ; mais le noble courage d'une femme le sauva, quand tout autre moyen aurait probablement échoué.

Cette femme était la célèbre Flora Mac-Donald. Elle était parente de la famille Clanranald, et elle était en visite chez ce Chef à Ormaclade, dans South Uist, à l'époque dont nous parlons. Son beau-père était membre du clan de sir Alexandre Mac-Donald, par conséquent ennemi du Prince, et il commandait la milice du nom de Mac-Donald qui se trouvait alors dans South-Uist.

Malgré les dispositions hostiles de son beau-père, Flora Mac-Donald s'occupa à la hâte d'un plan pour sauver le malheureux fugitif. Dans ce dessein, elle se procura de son beau-père un passe-port pour elle, un domestique et une servante, qu'elle nomma Betty Burke; — le rôle de Betty devait être joué par le Chevalier en costume de femme. Sous ce déguisement, et après avoir été plusieurs fois en danger d'être pris, Charles arriva enfin à Kilbride, dans l'île de Skye. Mais il était encore dans le pays de sir Alexandre Mac-Donald, et ce Chef étant dévoué au gouvernement, le Prince y était en aussi grand danger que jamais. Ici le courage et la présence d'esprit de Flora se déployèrent de nouveau en faveur de l'homme si étrangement jeté sous la protection d'une personne de son sexe et de son âge. Elle résolut de confier son secret à lady Marguerite Mac-Donald, épouse de sir Alexandre, et de se fier à la compassion naturelle à une femme et au sentiment secret de Jacobitisme qui était en réserve dans le cœur de la plupart des montagnardes.

La résolution de se fier à lady Marguerite était d'autant plus hardie que sir Alexandre, époux de la dame à qui ce secret important devait être confié, passait, comme vous devez vous en souvenir, pour s'être engagé dans l'origine à se joindre au Prince à son arrivée; mais il s'y était refusé sous le prétexte que les renforts qui avaient été stipulés n'étaient pas arrivés de France; et il se détermina ensuite à faire prendre les armes à son clan en faveur du gouvernement. Ses vassaux avaient d'abord joint l'armée de lord Loudon dans le comté d'Inverness, et maintenant ils faisaient partie des troupes auxquelles le Chevalier venait d'échapper non sans difficulté.

Flora Mac-Donald se trouva dans la nécessité de découvrir le fatal secret du déguisement de sa prétendue servante à l'épouse de ce Chef. Lady Marguerite Mac-Donald fut très-alarmée. Son mari était absent, et sa maison étant remplie d'officiers de milice, elle ne trouva pas de meilleur moyen pour assurer la sûreté du Prince que de le confier aux soins de Mac-Donald de Kingsbourg, homme plein de courage et d'intelligence qui remplissait les fonctions d'agent ou d'intendant de sir Alexandre. Flora se chargea encore de conduire Charles chez Mac-Donald de Kingsbourg, et il fut assez heureux pour éviter d'être reconnu en chemin, quoique l'air gauche et maladroit d'un homme portant des vêtemens de femme eût attiré sur lui le soupçon en plus d'une occasion.

De Kingsbourg, le fugitif se retira à Rasa, où il se trouva dans la plus grande détresse, cette île ayant été pillée parce que le laird avait pris part à la rébellion. Pendant cette époque de sa fuite, il passait pour le domestique de son guide, et le pays du laird de Mac-Kinnon devint ensuite son refuge temporaire. Mais malgré les efforts de ce Chef en sa faveur, cette partie de l'île de Skye ne put lui procurer ni repos ni sûreté; il fut obligé de rentrer encore une fois en Ecosse, et, à sa propre demande, on le descendit sur les bords du lac de Nevis.

Il y fut aussi exposé à des dangers imminens, et il s'en fallut de bien peu qu'il ne fût pris. Un grand nombre de soldats étaient occupés à parcourir ce district, qui, étant le pays de Lochiel, de Keppoch, de Glengarry et d'autres Chefs jacobites, avait été le berceau de la rébellion. Le Prince fugitif et ses guides se trouvèrent donc bientôt enfermés dans un cercle de sentinelles qui, se croisant les unes les autres dans leurs factions, leur ôtaient tout moyen de s'avancer dans l'intérieur du pays. Après avoir passé deux jours dans ce cercle d'ennemis sans oser allumer du feu pour faire cuire leurs alimens, ils évitèrent enfin le danger qui les menaçait, en rampant par un défilé étroit et obscur qui séparait les postes des deux sentinelles.

Vivant de cette manière précaire, ses habits tombant en lambeaux, souvent sans nourriture, sans feu et sans abri, le malheureux Prince, uniquement soutenu par l'espoir d'apprendre que quelque bâtiment français serait voisin de la côte, arriva enfin dans les montagnes de Strath-glass, et avec Glenaladale, qui était alors son seul compagnon, fut obligé de chercher un asile dans une caverne qui servait de refuge à sept brigands. Par ce mot brigands, vous ne devez pourtant pas entendre des voleurs ordinaires, car c'étaient des proscrits qui n'osaient se montrer à cause de la part qu'ils avaient prise à la rébellion, et qui vivaient des moutons et des bestiaux dont ils pouvaient s'emparer. Ils accordèrent volontiers un asile au fugitif; et ayant reconnu en celui qui se présentait devant eux en suppliant le Prince pour lequel ils avaient plusieurs fois hasardé leur vie, ils lui jurèrent un dévouement inviolable. Parmi ses sujets les plus obéissans et les plus attachés, jamais le Prince ne trouva plus de fidélité, plus de zèle et plus de secours effectifs, que de la part de ces hommes, qui étaient devenus les ennemis du monde et de ses lois. Désirant lui donner toute l'assistance qui était en leur pouvoir, ces hardis maraudeurs entreprirent de lui procurer des habits, du linge, des vivres et des nouvelles. Ils y procédèrent d'une manière qui annonçait un mélange de simplicité et de férocité. Deux d'entre eux dressèrent une embuscade au domestique d'un officier qui se rendait au fort Auguste avec le bagage de son maître, et le tuèrent. Le porte-manteau dont il était chargé tomba entre leurs mains, et fournit les vêtemens qu'ils voulaient procurer au Chevalier. Un d'eux s'étant bien déguisé se hasarda à entrer dans le fort Auguste, y obtint des renseignemens précieux sur les mouvemens des troupes; et, voulant remplir son objet dans toute son étendue, il crut, dans la simplicité de son cœur, ne pouvoir mieux régaler le malheureux Prince qu'en lui rapportant un morceau de pain d'épices d'un sou.

Charles-Edouard passa avec eux près de trois semaines, et ce fut avec la plus grande difficulté qu'ils consentirent à le laisser partir. — Restez avec nous, lui dirent ces généreux brigands; les montagnes d'or que le gouvernement a promises pour votre tête, peuvent porter quelque gentilhomme à vous trahir, car il peut aller dans un pays lointain, et y vivre du prix de son infamie; mais nous ne pouvons éprouver une telle tentation; nous ne savons d'autre langue que la nôtre, nous ne pouvons vivre que dans notre pays; et si nous faisions tomber un seul cheveu de votre tête, nos montagnes s'écrouleraient sur nous pour nous punir.

Un exemple singulier d'enthousiasme et de dévouement aida à cette époque (2 août) l'évasion du Prince. Le fils d'un orfèvre d'Édimbourg, nommé Roderick Mac-Kenzie, qui avait été officier dans l'armée du Prince, était caché dans les *braes* [1] de Glenmoriston. Il était à peu près de la même taille que Charles-Edouard, et passait pour lui ressembler beaucoup par les traits et l'extérieur. Un parti de soldats le découvrit et l'attaqua. Le jeune homme se défendit vaillamment; et, voulant rendre sa mort utile à la cause qu'il ne pouvait plus servir pendant sa vie, il s'écria en mourant: — Ah! misérables! vous avez tué votre Prince! Son généreux projet réussit. On lui coupa la tête; elle passa pour celle de Charles-Édouard, et on l'envoya à Londres sous ce nom. Il s'écoula quelque temps avant que la méprise fût découverte; mais pendant le temps qu'on crut à la nouvelle que le Prince avait été tué, on relâcha quelque chose de la rigueur des perquisitions qu'on faisait pour le découvrir. D'après cette circonstance favorable, Charles désira voir ses fidèles partisans Lochiel et Cluny Mac-Pherson, qu'on croyait cachés dans le Badenoch avec quelques autres fugitifs; et, pour aller joindre ces compagnons de ses projets et de ses périls, il prit congé des fidèles brigands, dont il garda pourtant deux avec lui pour lui servir de gardes et de guides [2].

---

(1) On donne ce nom en Écosse au penchant des montagnes, au bord des rivières et à l'extrémité supérieure d'un pays. — TR.

(2) Je suis honteux de dire qu'un de ces malheureux qui avaient fait preuve d'une fidélité si inviolable, fut ensuite pendu à Inverness pour avoir volé une vache.

Après bien des difficultés, il réussit à rejoindre ses fidèles adhérens Cluny et Lochiel, non sans courir des risques et des dangers de part et d'autre. Ils établirent quelque temps leur résidence dans une hutte appelée la Cage, curieusement construite, dans un taillis fort épais, sur la rampe d'une montagne nommée Benalder, sous lequel nom est comprise une grande forêt appartenant alors à Cluny. Ils y vécurent avec assez de sécurité et dans une abondance des choses nécessaires à la vie, que le Prince n'avait pas connue depuis qu'il était fugitif.

Vers le 18 septembre, Charles apprit la nouvelle que deux frégates françaises étaient arrivées à Lochlannagh pour l'emmener en France, lui et autres fugitifs de son

---

L'autre, nommé Hugh Chisholm, vint demeurer à Édimbourg, et fut connu de votre grand-père, qui était alors bien jeune et au collège, et qui souscrivit avec quelques autres pour lui faire une petite pension suffisante pour le faire vivre. Il se retira ensuite dans son pays natal, et mourut dans le Strathglass quelque temps après, en 1812. Il avait une taille noble et imposante, de près de six pieds, la démarche majestueuse, et il portait toujours le costume montagnard. Votre grand-père lui fit bien souvent des questions sur cette époque remarquable de sa vie. Il en parlait toujours en homme qui croyait n'avoir fait que son devoir, mais se trouvait heureux d'avoir eu à s'en acquitter. Il parlait avec beaucoup de sang-froid de la mort du domestique d'un officier. — C'était trop d'honneur pour un homme comme lui, disait-il, d'être mort pour fournir aux besoins d'un prince. Hugh avait quelques habitudes et quelques idées qui lui étaient particulières. Il tenait ordinairement sa main droite dans son sein, comme si elle eût mérité plus d'attention que le reste de sa personne; parce que Charles-Édouard la lui avait serrée en le quittant. Quand il recevait sa petite pension, — je rougis de dire qu'elle fût si modique, mais je n'avais pas beaucoup à donner, — c'était toujours avec la dignité d'un homme qui lève un tribut, et non en mendiant qui reçoit l'aumône. Il tendait la main *gauche* avec beaucoup de politesse, et s'excusait de ne pas se servir de l'autre, en disant qu'elle était malade. Mais la véritable raison était qu'il ne voulait pas souiller par l'attouchement d'un métal si vil une main qui avait eu l'honneur d'être serrée par son prince légitime. Si vous le pressiez à ce sujet, ou que vous lui offrissiez de l'argent à condition qu'il le prendrait de la main droite, il vous répondait avec colère, que si votre main était pleine d'or, et qu'il pût en devenir propriétaire seulement en le touchant de la main droite, il n'y consentirait pas. Jusqu'au dernier jour de sa vie, il crut à la restauration de la famille Stuart en la personne de Charles-Édouard, comme les Juifs comptent sur l'avènement du Messie, et il ne put jamais être convaincu de la mort de son prince favori. Il croyait qu'on avait formé un plan d'après lequel on devait lever un homme sur cinq dans les montagnes. — Si ce nombre était insuffisant, on lèverait un homme sur trois; et si ce n'était pas encore assez, disait le vieillard, nous nous mettrons tous en campagne. De semblables illusions amusaient ses dernières années; mais quand je l'ai connu, il jouissait d'un bon sens parfait.

(*Note de l'Auteur.*)

parti. Lochiel s'embarqua avec lui le 20, et ils furent accompagnés par une centaine de partisans du Prince, que la nouvelle de l'arrivée des deux navires avait amenés près de l'endroit où ils étaient à l'ancre. Cluny Mac-Pherson resta en Ecosse, et continua à s'y cacher pendant plusieurs années, étant l'agent par le moyen duquel Charles-Edouard chercha long-temps à maintenir une correspondance avec ses fidèles montagnards. J'ai en ma possession une lettre dans laquelle le Prince lui exprime sa reconnaissance de tous les services que ce Chef et son clan lui avaient rendus. Je vais la transcrire en note comme une curiosité [1].

Le Prince débarqua près le Morlaix en Bretagne le 29 septembre. Sa courte mais brillante expédition avait excité l'attention et l'admiration de toute l'Europe, depuis son embarquement dans le Boradale, vers le 26 août 1745, jusqu'au jour de sa rentrée en France, période de treize mois et quelques jours, pendant cinq mois de laquelle il avait erré comme fugitif, obligé de se cacher de retraite en retraite, et avait mené la vie la plus précaire au milieu de fatigues et de périls surpassant tout ce qu'on peut lire dans l'histoire et dans les romans, avant de réussir à s'échapper. Pendant ce temps, son secret fut confié à des centaines de personnes de tout sexe, de tout âge et de toute condition, et il ne se trouva personne dans les rangs élevés ou subalternes, pas même parmi les brigands qui

---

[1] Monsieur Mac-Pherson de Cluny,

Comme nous sommes sensible à la fidélité et à l'intégrité que vous et votre clan vous nous avez témoignées pendant notre expédition en Écosse et en Angleterre en 1745 et 1746, pour le recouvrement de nos droits légitimes, usurpés par l'électeur d'Hanovre, ce qui vous a occasioné de très-grandes pertes en votre fortune et en votre personne, je vous promets, quand il plaira à Dieu de le mettre en mon pouvoir, de vous en indemniser avec reconnaissance, proportionnellement à ce que vous avez souffert.

Signé CHARLES,
PRINCE-RÉGENT.

Diralagich, en Glencamyier de Locharkaig, 18 septembre 1746.

Cette lettre est datée deux jours avant le départ d'Écosse de Charles-Édouard.

se procuraient des alimens au risque de leur vie, qui ait songé un instant à arriver à l'opulence en trahissant le malheureux fugitif proscrit. Cette conduite désintéressée fera honneur aux montagnards d'Écosse aussi long-temps qu'existeront leurs montagnes.

CHAPITRE XXV.

Lord George Murray. — Pardon accordé à Murray de Broughton, qui fait connaître ceux qui avaient trempé dans l'entreprise du prince Charles. — Procès des comtes de Kilmarnock et de Cromarty, et de lord Balmerino. — Grace accordée à Cromarty. — Exécution de Kilmarnock et de Balmerino. — Jugement et exécution de lord Lovat. — Exécution à Kennington-Common, à Brampton, à Penrith, à York et à Carlisle. — Acte d'amnistie, mais avec une longue liste d'exceptions. — Court emprisonnement de Flora Mac-Donald. — Longueur de temps pendant lequel on maintient les poursuites contre les Jacobites.

Nous devons maintenant parler des suites qu'eut la guerre civile pour les principaux partisans du Prince. Plusieurs avaient été faits prisonniers sur le champ de bataille, et un plus grand nombre avaient été arrêtés dans les diverses excursions faites dans le pays des rebelles par des détachemens de soldats. Les prisons d'Angleterre et d'Ecosse avaient été remplies de ces infortunés, et un sort encore plus rigoureux leur était réservé. On ne peut nier qu'ils ne l'eussent légalement mérité; mais, d'une autre part, il serait aujourd'hui difficile de ne pas avouer qu'on y mit une sévérité si peu judicieuse qu'elle ne produisit pas l'effet qu'on en attendait, puisqu'elle inspira l'horreur au lieu de répandre la terreur.

Les individus les plus distingués parmi les insurgens furent regardés avec raison comme principalement responsables de tout ce qui s'était passé. C'étaient eux qui auraient obtenu du pouvoir et des richesses si l'entreprise eût réussi, et il était juste que ce fût surtout à eux qu'on en demandât compte quand ils eurent échoué dans leur projet d'effectuer une révolution.

Lord George Murray, qui avait joué un rôle si marquant dans l'insurrection, s'échappa sur le continent, et mourut à Medenblinck en Hollande en 1760.

Les comtes de Kilmarnock et de Cromarty, les lords Balmerino et Lovat, en Ecosse, et M. Charles Ratcliffe en Angleterre (ce dernier était frère du comte de Derwentwater, condamné et exécuté en 1715), étaient les individus les plus distingués par leurs titres et leur naissance, qui se trouvassent au pouvoir du gouvernement. Le marquis de Tullibardine avait aussi été fait prisonnier; mais la mort, suite d'une maladie dont il souffrait depuis longtemps, le délivra de sa captivité dans la Tour de Londres, et le mit à l'abri de tout jugement et de toute punition sur la terre. Il était aisé d'obtenir des preuves contre Kilmarnock, Cromarty et Balmerino, tous trois ayant paru ouvertement, pendant la rébellion, à la tête d'une force armée; mais à l'égard de Lovat, qui n'avait pas porté les armes personnellement, il était absolument nécessaire qu'on eût des preuves de son adhésion aux conseils secrets de la conspiration, et il était également à désirer qu'on les fît connaître au public dans toute l'Angleterre.

Le gouvernement voulait remonter à l'origine de la conspiration et connaître les Jacobites ayant du pouvoir et de l'influence en Angleterre qui avaient pris part aux projets qui avaient occasioné une telle explosion en Ecosse.

Une découverte si complète ne pouvait se faire que par le moyen d'un complice versé dans les intrigues secrètes des insurgens. Il devint donc nécessaire de chercher parmi les conseillers du Chevalier quelque individu qui préférât la vie à l'honneur, et à la fidélité à une cause perdue; cet individu se trouva malheureusement en la personne de John Murray de Broughton, secrétaire d'Etat de Charles-

Edouard. Comme nous l'avons déjà vu, il connaissait parfaitement toutes les circonstances qui avaient fait naître la rébellion ; il avait soutenu les intérêts du Chevalier, tant au civil qu'au militaire, avec la plus grande activité, quoiqu'il eût considérablement nui aux affaires de son maître en attisant la discorde entre le duc de Perth et lord George Murray, et en excitant l'aversion du Prince contre ce dernier seigneur. Cependant ce serait charger de trop de blâme la mémoire de cet infortuné, que de supposer que sa conduite ait eu quelque autre motif que le désir de servir sa propre ambition, sans la moindre pensée de trahir les intérêts de son maître. Après la bataille de Culloden, Murray s'enfuit dans les montagnes ; mais ne pouvant endurer les privations qu'il avait à souffrir dans cette contrée, il retourna dans son pays natal, et se retira chez un parent qui avait sa demeure dans les montagnes du Tweeddale. Il y fut découvert et arrêté.

Assailli de menaces et de promesses, cet infortuné se laissa déterminer, par une espérance de plein pardon, à donner aux ministres tous les détails relatifs à l'origine de la conspiration en 1740, et aux différentes modifications que reçut le projet depuis cette époque jusqu'au débarquement du prince Charles-Edouard dans les îles Hébrides. On n'a jamais douté que ses déclarations n'eussent impliqué les noms de bien des personnes, tant en Ecosse qu'en Angleterre, qui n'avaient pas pris les armes dans l'insurrection de 1745, quoique, comme les lois anglaises exigent deux témoins pour tout acte de haute trahison, on n'eût pu en mettre aucune en jugement sur le seul témoignage de Murray. Il soutint lui-même, pour atténuer l'odieux de sa conduite, que, quoiqu'il eût sauvé sa vie en faisant une déposition contre des hommes que le gouvernement aurait pu convaincre de rébellion sans son assistance, il avait caché avec soin bien des faits qui, s'il les eût fait connaître, auraient compromis bien davantage ceux qui avaient pris part à la conspiration avant qu'elle éclatât, ou même d'autres contre lesquels le gouvernement n'avait reçu aucune dénonciation. Il n'est pas nécessaire d'examiner cette espèce de logique; car, d'une part, il n'est nullement probable que le gouvernement se fût laissé jouer ainsi par un homme qui se trouvait dans la situation de Murray; et d'une autre, il ne paraît pas que le crime moral dont se rend coupable un délateur ou témoin du roi [1] devienne moindre parce qu'il remplit infidèlement les conditions du vil marché qu'il a fait.

Le gouvernement connaissant ainsi pleinement, par le moyen de M. Murray, le plan originaire et l'étendue de la conspiration, fit procéder à la mise en jugement des principaux individus accusés d'y avoir donné suite en prenant les armes.

Les comtes de Kilmarnock et de Cromarty et lord Balmerino furent traduits à la barre de la chambre des Pairs vers la fin de juillet 1746. Les deux comtes se reconnurent coupables, et persistèrent dans cette déclaration. Lorsqu'on demanda à lord Balmerino s'il se déclarait coupable ou innocent, il dit qu'il avait été cité devant la Chambre comme lord Balmerino, « de la ville de Carlisle, » titre qui ne lui appartenait point, et qu'il ne s'était pas même trouvé dans la ville de Carlisle le jour indiqué dans la citation. On lui répondit que les mots « de la ville de Car- » lisle » n'étaient pas employés comme faisant partie de son titre, mais seulement comme une addition d'un nom de lieu, que la loi exigeait par forme de description d'un individu cité, comme l'était Sa Seigneurie. Lord Balmerino déclara alors qu'il était innocent. Plusieurs témoins comparurent, et prouvèrent que l'accusé avait été vu portant l'uniforme des gardes rebelles, marchant à leur tête, les commandant et agissant à tous égards comme un des chefs de la rébellion. Lord Balmerino allégua seu-

---

(1) On appelle témoin du roi, en Angleterre, l'homme qui, ayant pris part à un crime, en reçoit le pardon, ou pour mieux dire n'est pas mis en jugement pour l'avoir commis, afin qu'il puisse servir de témoin contre ses complices. — TR.

lement qu'il ne s'était pas trouvé à la prise de Carlisle le jour mentionné dans la citation. — C'était, dit-il, une objection qui ne lui avait été suggérée par personne; et maintenant qu'il était convaincu qu'elle n'était pas admissible suivant les lois, il regrettait d'avoir donné à Leurs Seigneuries la peine de l'entendre. La Chambre déclara alors les trois Pairs coupables.

. Le 30 juillet, ils furent ramenés à la barre pour recevoir leur sentence. Lord Kilmarnock avoua de nouveau son crime et se déclara coupable; il dit que son père l'avait élevé dans les principes les plus sévères de la révolution, et fit valoir qu'il avait lui-même si efficacement gravé les mêmes principes dans le cœur de son fils aîné, lord Boyd, que ce fils servait dans l'armée royale et avait combattu pour le roi George à la bataille de Culloden, quoiqu'il fût lui-même dans les rangs opposés. Il fit valoir en outre que, pendant toute la durée de l'insurrection, il avait toujours protégé les personnes et les propriétés des sujets fidèles au Roi, et qu'il s'était rendu volontairement, après la bataille de Culloden, quoiqu'il lui eût été possible de s'échapper. Quoique cet aveu de sa faute fût fait à une époque où l'on pouvait en révoquer en doute la sincérité, l'air de grace et de dignité de lord Kilmarnock, et son ton plein de douceur et de résignation, firent fondre en larmes tous les spectateurs. Les mouvemens du cœur humain sont si fantasques, qu'une dame du grand monde, présente à la séance, et ne l'ayant jamais vu auparavant, conçut pour lui une passion extravagante, qui, dans une affaire moins sérieuse, n'aurait été rien moins qu'une folie comique.

Lord Cromarty implora aussi la clémence de Sa Majesté, et dit qu'il ne chercherait pas à justifier sa conduite; il mettait sa vie et sa fortune à la merci de la haute cour, dont il implorait la compassion au nom de sa femme, qui était sans reproche, — de son fils aîné, encore dans l'adolescence, — de huit enfans en bas âge, qui devaient partager la punition de leur père avant de connaître son crime.

Lord Balmerino étant interpellé de dire s'il avait quelque chose à alléguer contre la sentence de mort qui allait être prononcée contre lui, fit d'abord une objection à l'acte du parlement en vertu duquel on le jugeait; mais, après un moment de réflexion, il y renonça de lui-même. La sentence de mort fut alors prononcée, suivant les formes terribles de la loi dans les cas de haute trahison.

La conduite de Balmerino forma un contraste frappant et admirable avec celle des deux comtes. Il ne désavoua ni ne cacha ses principes politiques; il convint qu'il avait accepté de la reine Anne le commandement d'une compagnie indépendante d'infanterie, ce qu'il regardait comme un acte de haute trahison qu'il avait commis contre son prince légitime; mais il ajouta qu'il l'avait expié en prenant part à l'insurrection de 1715, et que c'était volontairement et de tout son cœur qu'il avait tiré l'épée en 1745, quoique son âge eût pu le dispenser de prendre les armes. Il ne demanda ni à être acquitté ni à obtenir son pardon; il ne paraît pas même l'avoir désiré, et la manière ferme et intrépide dont il se prépara à la mort excita l'admiration de tous ceux qui en furent témoins.

Le bruit courait qu'un des deux comtes qui avaient imploré la clémence du Roi recevrait sa grace. Les parens de chacun d'eux sollicitèrent vivement pour lui faire obtenir la préférence. On croit que la considération de sa nombreuse famille et l'état dans lequel se trouvait son épouse influèrent sur le pardon qui fut accordé à lord Cromarty. Quand la comtesse de Cromarty eut donné le jour à l'enfant dont elle était enceinte tandis qu'elle était dans une cruelle incertitude sur le destin de son mari, il se trouva qu'il portait sur le cou une marque en forme de hache; exemple frappant d'un de ces mystères de la nature que toutes les connaissances de la philosophie ne peuvent expliquer.

Pendant que le roi George II était accablé et harassé de sollicitations en faveur des comtes de Cromarty et de Kilmarnock, on dit qu'il s'écria, par suite d'un sentiment fort naturel : — Dieu me protège ! personne ne dira-t-il un mot en faveur de lord Balmerino ? Mais l'esprit du temps était contraire à ce sentiment de générosité. Il eût été inconséquent de faire grace à un coupable qui avouait et qui défendait hardiment son crime politique, tandis qu'on exerçait toute la rigueur des lois contre d'autres qui exprimaient le repentir de leur faute. Le comte de Cromarty ayant obtenu sa grace, comme nous l'avons dit, le comte de Kilmarnock et lord Balmerino, condamnés, reçurent ordre de se préparer à la mort; mais le Roi commua leur peine et y substitua celle de la décapitation.

La conduite de ces deux seigneurs pendant le court espace de temps qu'il leur restait à vivre fut d'accord avec celle qu'ils avaient tenue pendant leur procès. Lord Kilmarnock montra du calme et du repentir, et se prépara convenablement à cette mort terrible. Lord Balmerino, au contraire, avec une hardiesse franche et militaire, parut disposé à regarder la mort sur l'échafaud avec la même intrépidité qu'il l'avait bravée sur le champ de bataille. Lady Balmerino était à dîner avec lui quand on vint lui signifier l'instant fixé pour son exécution, et elle perdit connaissance.—Ne voyez-vous pas, dit son mari à l'officier qui venait de lui faire cette signification, que vous avez gâté le dîner de Mylady avec votre sotte annonce?

Le 18 août 1746, les deux prisonniers furent remis par le gouverneur de la Tour en la garde des sheriffs ; en cette occasion, les officiers terminèrent ce qu'ils avaient à dire par la prière d'usage :—Que Dieu protége le roi George !... Kilmarnock répondit avec emphase : — *Amen!*... Lord Balmerino s'écria d'un ton ferme et à haute voix : — Que Dieu protège le roi Jacques !

Ayant été conduits en voiture jusqu'à un appartement

qui avait été préparé à cet effet à Tower-Hill, les deux condamnés eurent la permission de se voir quelques instans. Balmerino parut principalement occupé à justifier le Prince du bruit qui courait, qu'à la bataille de Culloden il avait été donné ordre de ne faire aucun quartier. Kilmarnock dit qu'il avait entendu parler d'un ordre semblable, signé par lord George Murray, mais que ce n'était que depuis qu'il était en prison. Ils se séparèrent avec des marques d'affection mutuelle. — Je voudrais, dit lord Balmerino, pouvoir payer cette dette pour nous deux. Lord Kilmarnock le remercia de sa générosité. Le Comte eut la triste préséance pour l'exécution. Quand il arriva sur le lieu du supplice, et qu'il vit le fatal échafaud couvert de drap noir, l'exécuteur avec sa hache et ses aides, la sciure de bois destinée à boire son sang, le cercueil qui allait recevoir ses membres encore animés en ce moment du feu de la vie, et surtout le nombre immense de figures humaines qui entouraient l'échafaud comme une mer, et tous les yeux fixés sur le malheureux objet de ces préparatifs, le sentiment naturel qu'il éprouvait se manifesta par quelques mots qu'il dit à voix basse à l'ami sur le bras duquel il était appuyé : — Home, cela est terrible !... Cependant sa conduite ne donna aucun signe de timidité inconvenante ; il fit une prière pour le roi régnant et sa famille, s'agenouilla d'un air calme devant le bloc, et soumit sa tête au coup fatal.

Lord Balmerino fut alors averti de se rendre sur le lieu de cette scène lugubre. — Je suppose, dit-il, que lord Kilmarnock n'existe plus. Je ne vous ferai pas attendre, car je n'ai nul désir de prolonger ma vie... Prenant ensuite un verre de vin, il invita les spectateurs à boire. — *Ane ægræ tad haivan*, c'est-à-dire *une montée au ciel*. Il prit la hache des mains de l'exécuteur, et passa le doigt le long du tranchant, tandis que les spectateurs frissonnaient involontairement en voyant une telle arme entre les mains d'un homme si audacieux. Balmerino ne méditait pourtant pas un acte de désespoir aussi insensé que l'aurait été une tentative de résistance. Il rendit la hache à l'exécuteur en lui disant de frapper hardiment, — Car c'est en cela, l'ami, ajouta-t-il, que consiste ta merci. Il y a des gens qui peuvent trouver ma conduite trop assurée, dit-il à quelqu'un qui était près de lui, mais souvenez-vous de ce que je vous dis : cela vient de ce que j'ai confiance en Dieu, et de ce que ma conscience ne me reproche rien.

Avec la même contenance intrépide, Balmerino s'agenouilla devant le bloc, fit une prière pour le roi Jacques et sa famille, pour le pardon de ses péchés, pour le bonheur de ses amis, et déclara qu'il pardonnait à ses ennemis. Cette courte prière terminée, il donna le signal à l'exécuteur; mais cet homme était tellement surpris de la fermeté inébranlable de la victime qu'il devait sacrifier, qu'il frappa le premier coup d'une main tremblante, et il en fallut un second pour achever l'œuvre de sang.

La fin de la carrière mystérieuse de lord Lovat fut ensuite un autre acte important de cette tragédie. Ce vieux conspirateur, après s'être enfui de Gortuleg, demeure appartenant à un de ses vassaux, s'était réfugié dans les montagnes, et il fut ensuite arrêté dans une des îles de l'occident par un détachement de la garnison du fort William, qui était venu à bord d'une bombarde nommée *la Fournaise*. Le vieillard fut conduit à la Tour de Londres. En cette occasion, il se trouva disposé, pour nous servir des expressions du poète latin [1], à recourir à ses anciens stratagèmes, ou à mourir en homme, s'il le trouvait inévitable. Le procès de Lovat, qui commença le 9 mars devant la chambre des Pairs, et qui ne se termina que le 19, fut très-long et extrêmement curieux. Dans les autres occasions, il n'avait pas été nécessaire d'employer le témoignage du secrétaire Murray; mais dans celle-ci, comme Lovat n'avait pas pris une part personnelle à la

---

(1) *Seu versare dolos, seu certæ occumbere mortis.* (*Note de l'Auteur.*)

rébellion, il devint indispensable d'y avoir recours pour prouver qu'il avait trempé dans la conspiration qui l'avait précédée. Cette preuve fut faite de la manière la plus complète. Il dit lui-même, et probablement avec beaucoup de vérité, qu'il avait pris part à toutes les insurrections qui avaient eu lieu en faveur de la famille de Jacques VII, depuis qu'il avait atteint l'âge de quinze ans; et il aurait pu ajouter qu'il avait quelquefois trahi cette famille en faisant connaître ses desseins au parti opposé. Son crime, faiblement déguisé par une longue suite de fraudes, de ruses et de subterfuges, fut clairement prouvé, quoiqu'il se défendît avec beaucoup d'adresse, et en montrant une grande connaissance des lois. Ayant été déclaré coupable par la chambre des Pairs, la sentence qui le condamnait à la peine horrible de haute trahison lui fut prononcée dans les termes ordinaires. Il l'entendit avec indifférence, et dit ensuite :—Je fais à Vos Seigneuries un adieu éternel, car je suis sûr que nous ne nous retrouverons jamais tous dans la même place.

Pendant l'intervalle qui s'écoula entre la sentence et l'exécution, ce personnage singulier s'occupa à faire des sollicitations pour sa vie, s'exprimant à peu près dans le style d'adulation qu'il avait pris dans une lettre qu'il avait écrite au duc de Cumberland, à l'instant où il avait été arrêté, et dans laquelle il faisait valoir la haute faveur dont il avait joui auprès de George Ier, ajoutant qu'il avait porté Son Altesse Royale dans ses bras lors de sa première enfance, dans les parcs de Kensington et d'Hampton-Court. Voyant que ses bassesses ne lui réussissaient pas, il résolut d'imiter dans sa mort l'animal auquel il avait le plus ressemblé pendant sa vie, et de mourir comme le renard, sans donner à ses ennemis la satisfaction de l'entendre pousser un gémissement ou un soupir. Il est à remarquer, mon cher enfant, que l'audace de cet homme entreprenant le rendit à sa mort un objet d'admiration et de respect, quoiqu'il eût passé toute sa vie de manière à exciter des sentimens tout différens. Mais Lovat avait pour lui la compassion qu'on ne pouvait refuser à une extrême vieillesse, qui était encore animée par un esprit indomptable, même quand le fil de ses jours prolongés au-delà du terme ordinaire de la vie humaine allait être tranché sur un échafaud. On rapporte de lui, pendant son emprisonnement, plusieurs traits qui prouvent qu'il conserva jusqu'au dernier moment un esprit d'insouciance et de légèreté. Le soir qui précéda son exécution, son geôlier lui dit qu'il regrettait que le lendemain dût être un mauvais jour pour Sa Seigneurie. — Mauvais! répéta Lovat, pourquoi? Croyez-vous que j'aie peur d'une hache? La mort est une dette que nous devons tous payer, et il vaut mieux que ce soit de cette manière que par une maladie lente.

Il s'appuya sur le bras de deux gardes pour monter sur l'échafaud. Jetant ensuite un coup d'œil autour de lui, en voyant une foule immense, il dit en ricanant : — Dieu nous protège! voilà bien du monde assemblé pour voir tomber la tête grise d'un vieillard qui ne peut monter trois marches sans être soutenu par deux bras! Sur l'échafaud, il répéta le vers d'Horace :

Dulce et decorum est pro patriâ mori.

Il était plus dans son caractère, quand il apprit qu'un des échafauds dressés pour les spectateurs venait de s'écrouler, et que plusieurs personnes avaient été tuées et blessées, de répliquer en citant le proverbe écossais : — Plus il y aura d'accidens, plus on s'amusera. Il se soumit au coup fatal avec un courage inébranlable, et laissa un exemple frappant de la vérité de l'observation, qu'il est plus facile de bien mourir que de bien vivre. Le gouvernement anglais n'échappa point au reproche d'avoir choisi, pour faire un exemple, un vieillard qui avait déjà un pied dans la tombe; cependant de toutes les victimes qui furent sacrifiées à la justice, nulle ne méritait ni n'inspira moins de compassion que Lovat.

Tandis que le sang de la noblesse qui avait pris part à l'insurrection de 1745 coulait ainsi à grands flots, les criminels de moindre importance n'avaient pas lieu de croire que la justice fût aristocratique dans le choix de ses victimes. Les individus qui tombèrent les premiers sous le pouvoir du gouvernement avaient été les officiers du régiment de Manchester, qui, comme nous l'avons vu, avait été laissé en garnison à Carlisle après la retraite de Derby. Le colonel et huit autres officiers furent jugés et condamnés à Londres. Huit autres avaient été déclarés coupables en même temps, mais ils obtinrent leur pardon. Ceux qui devaient être exécutés subirent le supplice des traîtres dans toute son horrible étendue, à Kennington-Common. Ils maintinrent leurs principes politiques, et moururent avec fermeté.

Un incident mélancolique et romanesque eut lieu au milieu des horreurs de cette exécution. Une jeune personne, promise en mariage à James Dawson, une des victimes, avait, dans son désespoir, pris la résolution d'assister à cette affreuse cérémonie. Elle vit son amant rester suspendu quelques minutes, mais non jusqu'à ce qu'il fût mort, — telle était la sentence barbare; — elle vit couper la corde; elle vit l'exécuteur lui arracher les entrailles, et elle supporta ce spectacle horrible avec une apparence de courage. Mais quand elle vit, pour dernière scène de cette horrible tragédie, jeter dans le feu le cœur de Dawson, elle retira la tête dans sa voiture, prononça le nom de son amant, et expira à l'instant même. Cet événement fournit à M. Shenstone le sujet d'une ballade tragique.

La populace de Londres avait insulté par ses cris ces infortunés quand ils traversaient les rues en se rendant à la cour de justice ou en en sortant; mais elle vit leur supplice en silence. Trois officiers écossais de la garnison de

Carlisle furent ensuite condamnés et exécutés de la même manière. Il en fut de même de plusieurs autres, dont cinq furent encore exécutés. Sir John Wedderburn, baronnet, était le plus distingué de ces derniers.

On avait rassemblé à Carlisle un nombre de prisonniers qui n'était pas moindre de trois cent quatre-vingt-cinq, dans le dessein d'en prendre un certain nombre pour les faire juger sur les lieux qui avaient été principalement témoins de leur crime. Sur cette masse on en choisit cent dix-neuf pour les traduire en jugement dans les principales villes du nord. A York, le grand jury rendit des décrets d'accusation contre soixante-quinze rebelles. Le chapelain du grand sheriff de ce comté prêcha en cette occasion devant les juges un sermon dont le texte était très-significatif. C'était le cinquième verset du chapitre XXV des Nombres : — « Moïse dit donc aux juges d'Israël : que chacun de vous fasse mourir les hommes qui sont à sa charge, et qui se sont joints à Bahal Péhor.

A York et à Carlisle, soixante-dix accusés furent condamnés à mort. Quelques-uns furent acquittés comme ayant été forcés par leurs Chefs à prendre part à la rébellion. C'était reconnaître un principe qui aurait pu être porté beaucoup plus loin; et quand on réfléchit combien leur éducation et leurs habitudes mettaient ces malheureux vassaux à la disposition de leurs Chefs, on aurait dû, en bonne justice, admettre plus généralement cette excuse. La loi, qui a des égards pour l'autorité d'un mari sur sa femme, ou d'un père sur son fils, même quand ils les entraînent dans le crime, aurait dû, sans aucun doute, avoir la même indulgence pour les membres des clans, élevés dans les principes de l'obéissance la plus absolue à leurs Chefs, et n'ayant en politique aucune idée qui leur fût propre.

Neuf individus furent exécutés à Carlisle le 18 octobre. Cette liste contient quelques noms distingués, comme Buchanan d'Arnpryor, chef de la tribu de ce nom; Mac-

Donald de Kinloch-Moidart, un des premiers qui joignirent le Prince à son arrivée; Mac-Donald de Tiendriech, qui commença la guerre en attaquant le détachement du capitaine Scott, quand il se rendait au fort Auguste; et John Mac-Naughton, homme de peu d'importance, si ce n'est qu'on disait, mais, à ce qu'on croit, mal à propos, que c'était lui qui avait tué le colonel Gardinier à Preston. Six autres furent exécutés à Brampton, sept à Penrith, et vingt-deux dans la ville d'York. Onze autres le furent encore ensuite à Carlisle. Au total, près de quatre-vingts victimes furent sacrifiées à la terreur que l'insurrection avait inspirée.

Ces malheureux étaient de différens âges et de différens rangs; ils avaient des habitudes différentes de corps et d'esprit, et cependant tous se conduisirent de même sur l'échafaud. Ils prièrent pour la famille exilée, et exprimèrent leur dévouement à la cause pour laquelle ils mouraient, et particulièrement leur admiration pour le Prince sous les ordres duquel ils avaient marché, jusqu'à ce que leur attachement les eût conduits à ce destin épouvantable. En supposant que chacun de ces hommes eût été un apôtre du jacobitisme, il est permis de douter que, si on leur eût laissé la vie, ils eussent pu contribuer à prolonger la durée de leurs principes autant que le firent le dégoût et l'horreur qu'inspirèrent tant de châtimens sanguinaires. Et quand on y ajoute le massacre sans pitié des fuyards après la bataille de Culloden, et toutes les dévastations commises dans les montagnes, on aurait pu s'attendre que le glaive de la justice eût été fatigué de tant d'exécutions.

Il existait pourtant encore quelques individus sur qui l'on désirait, pour des raisons personnelles, faire tomber la vengeance des lois. Un d'eux était Charles Ratcliffe, frère du comte de Derwentwater. Il avait partagé la rébellion du Comte en 1715, et avait été condamné à mort pour ce crime; mais il s'était échappé de Newgate. A la fin de

1745, ou au commencement de 1746, il fut pris à bord d'un bâtiment de guerre français avec d'autres officiers. Ce bâtiment portait des armes et des munitions pour les insurgens, et faisait voile vers la côte d'Écosse. Le cas de Ratcliffe était donc fort simple. Il fut traduit devant la cour du banc du Roi, et il fut prouvé qu'il était le même Charles Ratcliffe qui avait été condamné lors de la première rébellion, et qui s'était dérobé au supplice par la fuite. Ce fait ayant été déclaré constant par un jury, il fut condamné à mort, quoiqu'il en appelât à son brevet d'officier au service de France, pour prouver qu'il n'était pas sujet de la Grande-Bretagne, et qu'il niât qu'il fût le Charles Ratcliffe désigné dans l'acte d'accusation, alléguant qu'il se nommait Charles, comte de Derwentwater.

Le 8 décembre, Ratcliffe monta sur l'échafaud, et par égard pour sa naissance on lui accorda les tristes honneurs de la hache et du bloc. Il était richement vêtu, et il se conduisit avec un mélange de grace et de dignité qui lui attira une compassion universelle. Lovat, dont j'ai déjà rapporté la fin tragique, fut le dernier individu qui fut exécuté pour des causes politiques en 1747.

Un acte d'amnistie fut passé en juin 1747, accordant le pardon de tous ceux qui avaient commis le crime de haute trahison, mais avec une liste formidable d'exceptions, contenant environ quatre-vingts noms. Je puis rapporter ici le destin de quelques-unes des personnes qui avaient montré à Charles tant de fidélité pendant qu'il était fugitif. Le laird de Mac-Kinnon, Mac-Donald de Kingsbourg, et quelques autres qu'on savait avoir contribué à aider l'évasion du Prince, furent arrêtés, conduits à Londres, et retenus quelque temps en prison. Flora Mac-Donald, l'héroïne de ce drame extraordinaire, subit aussi un emprisonnement dans la Tour. Comme j'ai fait mention de bien des actes de sévérité du gouvernement, je dois ajouter que la générosité de ces individus à l'égard du jeune et malheureux Aventurier, pendant sa détresse et ses dangers, ne fut punie que d'un court emprisonnement. En sortant de la Tour, Flora Mac-Donald trouva un refuge, ou plutôt un théâtre de triomphe, chez lady Primrose, Jacobite prononcée. La jeune montagnarde, protectrice du Prince, y reçut la visite de toutes les personnes de distinction qui avaient un secret penchant pour cette malheureuse cause. Les Jacobites anglais ne bornèrent même pas à de vains complimens leur admiration et leur respect. Un grand nombre d'entre eux, qui peut-être regrettaient secrètement de n'avoir pas donné des preuves plus effectives de leur dévouement à la famille exilée, voulurent réparer, en quelque sorte, leur tiédeur, en accablant d'attentions amicales et de riches présens l'héroïne qui avait joué un rôle dans ce drame avec tant d'intrépidité. Ces présens fournirent à la courageuse montagnarde une fortune d'environ quinze cents livres sterling. Ce fut la dot qu'elle donna avec sa main à Mac-Donald de Kingsbourg, qui lui avait servi d'aide dans l'action qui lui avait valu tant de renommée. L'approbation due à sa noble conduite ne lui fut pas seulement accordée par les Jacobites : des membres de la famille royale la partagèrent, et particulièrement le bon et généreux prince Frédéric de Galles, sentit et exprima ce qui était dû au courage de Flora Mac-Donald, quoiqu'elle l'eût employé pour la sûreté d'un rival si dangereux. La simplicité et la dignité de son caractère sont empreintes dans la remarque qu'elle fit, qu'elle n'avait jamais cru avoir fait rien d'étonnant avant d'avoir vu qu'on en était étonné. Elle passa ensuite en Amérique avec son mari, mais ils revinrent en Europe par suite de la guerre

---

(1) L'aïeul du roi actuel. Son Altesse Royale donna une preuve de cette manière de penser aussi libérale que généreuse, quand la princesse son épouse l'informa que lady Marguerite Mac-Donald, qui s'était concertée avec Flora pour sauver Charles-Edouard, lui avait été présentée, ajoutant en même temps, avec une sorte d'embarras, qu'elle ignorait alors que cette dame fût impliquée dans l'évasion du Chevalier.—Et n'auriez-vous pas agi comme elle, madame, répliqua ce prince magnanime, si cet homme infortuné se fût présenté devant vous dans des circonstances si malheureuses? je le sais, — j'en suis sûr, — vous l'auriez fait. (*Note de l'Auteur.*)

contre les colonies, et ils moururent tous deux dans l'île de Skye, où ils avaient reçu le jour.

Je rendrais ces volumes trois fois aussi longs qu'ils doivent l'être, si je vous rapportais toutes les histoires que j'ai entendu raconter — quelquefois par ceux mêmes qui en étaient les héros, — sur la manière étrange dont les Jacobites furent réduits à se cacher, pour pouvoir s'évader et mettre leurs jours en sûreté, quand leur parti fut entièrement dispersé. Les poursuites en vertu de la loi martiale ne furent pas de très-longue durée, mais la sévérité des procédures judiciaires ne se relâcha pas si promptement. Longtemps après 1746, on faisait encore de temps en temps des perquisitions pour trouver lord Pitsligo, qui était caché dans ses propres domaines, et qui offrait un modèle de patience au milieu de souffrances inouïes ; il continua à rester en quelque sorte caché jusqu'à sa mort, qui arriva à l'âge de quatre-vingt-cinq ans, en 1762. Quelques autres rebelles, particulièrement suspects au gouvernement, ne sortirent de prison qu'après l'avènement de George III [1].

CHAPITRE XXVI.

Caractère audacieux de l'entreprise du prince Charles. — Suites qu'elle aurait eues si elle eût réussi, la majorité de la nation étant contraire à ses prétentions, et ses partisans étant divisés entre eux. — Causes qui contribuèrent au succès momentané de Charles. — Faux éclat qu'un esprit romanesque jette sur le système des clans. — Abus auxquels conduit ce système. — Proscription du costume montagnard. — Abolition des juridictions héréditaires et des tenures féodales.

Nous ne nous sommes occupés jusqu'ici qu'à rapporter les mesures pénales prises contre les principaux acteurs de

---

[1] Farquharson de Monaltry, lieutenant-colonel d'un des bataillons du comté d'Aberdeen, de lord Louis Gordon, fut le dernier individu qui resta en prison pour la rébellion de 1745. (*Note de l'Auteur.*)

la rébellion de 1745. Avant de passer au récit des moyens législatifs que le Parlement jugea à propos d'adopter pour prévenir le retour d'une telle calamité, il peut être nécessaire de jeter maintenant un coup d'œil sur le caractère de cette insurrection, et sur les suites qui en résultèrent ou qui auraient pu en résulter.

Envisageant le tout sous un point de vue général, il n'y a nul doute que l'imagination n'y trouve un tableau brillant, un roman de la vie réelle égalant en splendeur et en intérêt tout ce que la fiction pourrait inventer. Un peuple primitif, occupant une division lointaine de l'empire, et ne formant qu'une petite portion des montagnards d'Ecosse, essaie hardiment de placer la couronne britannique sur la tête du dernier rejeton de ses anciens rois, dont la race était issue de ses montagnes. Il entreprend cette tâche colossale en faveur d'un jeune homme de vingt-un ans, débarqué sur les côtes sans secours d'aucune espèce, comptant uniquement sur la générosité de ce peuple. Ces montagnards lui forment une armée; — leur langue, leur tactique, leurs armes, sont inconnues à leurs propres concitoyens comme aux Anglais; — ils ne connaissent pas les obligations qu'imposent la loi commune et les statuts positifs; mais ils sont gouvernés par des règles qui leur sont propres, qui partent d'un sentiment général d'honneur, et qui s'étendent depuis le Chef jusqu'au dernier individu de sa tribu [1]. Avec des hommes inaccoutumés

---

[1] On en vit un trait remarquable lorsque l'armée montagnarde s'avança vers Kirkliston, en marchant sur Edimbourg, en 1745. On se rappela que Newliston-House, qui était près du camp des montagnards, avait été construit par le secrétaire d'Etat lord Stair, un des promoteurs directs du massacre de Glencoe; on se souvint aussi que le petit-fils de Glencoe, qui avait été assassiné, se trouvait dans le camp, à la tête du régiment de son clan, et l'on craignit que ces montagnards ne commissent contre cette maison des actes de violence qui auraient fait le plus grand tort à la réputation de l'armée du Chevalier, et en conséquence on proposa d'y placer une garde pour prévenir ce danger.

Glencoe apprit cette proposition, et demanda une audience au Prince. — Il est juste, lui dit-il, qu'une garde soit placée à Newliston-House; mais cette garde doit être fournie par les Mac-Donalds de Glencoe. Si on ne les juge pas dignes de cette confiance, ils ne le sont pas de porter les armes pour la cause de Votre Altesse Royale.

aux armes, et dont le nombre des plus capables n'excéda jamais deux mille, ils triomphent de deux armées disciplinées, commandées par des officiers ayant de l'expérience et de la réputation; ils pénètrent en Angleterre, à quatre-vingt-dix milles de la capitale, et font chanceler la couronne sur la tête du roi. Ils opèrent leur retraite avec le même succès, au moment de se trouver entre trois armées ennemies; ils arrêtent une force supérieure envoyée à leur poursuite, regagnent le nord en sûreté, et ne sont accablés que par un concours de circonstances défavorables qu'il était impossible à la nature humaine de surmonter. Tout ce tableau paraît brillant à l'imagination, et l'on ne peut qu'admirer cette petite troupe d'hommes déterminés et le jeune prince intéressant qui dirigeait leur énergie. Il est donc naturel que la guerre civile de 1745 ait été long-temps un sujet favori pour le poète, le musicien et le romancier, et chacun d'eux a trouvé tour à tour qu'il possédait un intérêt parfaitement convenable à son dessein.

Dans un ouvrage fondé sur l'histoire, nous devons examiner de plus près les circonstances de la rébellion et la dépouiller d'une partie du prestige qui séduit l'imagination, pour la juger d'après les règles de la saine raison. Le meilleur moyen d'y parvenir, c'est de supposer que Charles-Edouard eût réussi dans son entreprise romanesque, et se fût assis pour un temps dans le palais de Saint-James; or le simple bon sens doit admettre qu'on ne pouvait attendre d'une semblable contre-révolution que de nouvelles luttes et des guerres civiles encore plus terribles. L'opinion et la conduite de tout l'empire britannique, à très-peu d'exceptions près, avaient prouvé que la Grande-Bretagne ne voulait pas être gouvernée

---

et en ce cas il faut qu'ils quittent vos étendards... La demande faite par ce Chef avec une noble fierté, lui fut nécessairement accordée; les Mac-Donalds de Glencoe montèrent la garde à Newliston-House, et il n'y fut pas commis le moindre acte de pillage et de dévastation. (*Note de l'Auteur.*)

par le Prince, et tous les clans de son armée n'étaient pas assez nombreux pour lui fournir plus de deux bataillons de gardes pour défendre son trône, s'ils avaient été en état de l'y placer. On ne pouvait supposer que l'Angleterre, si opulente, si populeuse, si fière, pût être maintenue sous un joug qui lui aurait déplu, par une poignée d'hommes parlant une langue et ayant des manières inconnues, qui n'auraient pu être regardés que comme une sorte de Strelitz ou de Janissaires, et détestés en cette qualité. En Ecosse même, la très-grande majorité des habitans était attachée à la maison d'Hanovre comme aux principes qui l'avaient placée sur le trône, et professait la religion presbytérienne, forme de gouvernement religieux que les Stuarts avaient long-temps cherché à détruire. Charles, dans la supposition de son périlleux triomphe, n'aurait donc pu tirer aucun secours de ce côté; mais il aurait dû s'attendre à y rencontrer de l'opposition. L'intervention des Français, si elle avait eu lieu, n'aurait pu qu'ajouter aux dangers de la dynastie rétablie sur le trône, en rallumant contre eux les anciens sentimens de haine et de jalousie nationale; et il n'est pas vraisemblable qu'elle eût pu résister avec succès à l'opposition générale que des secours vus de si mauvais œil auraient excitée autour d'elle.

Il n'est pas plus probable que Charles-Edouard, élevé comme il l'avait été dans des Cours étrangères, et nourri des principes surannées d'obéissance passive et de pouvoir arbitraire, se fût efforcé de gagner l'affection de la grande masse de ses sujets en désavouant ces maximes de gouvernement despotique qui avaient coûté la couronne à son aïeul. Même pendant qu'il travaillait à exécuter son entreprise, il existait un grand schisme à ce sujet dans son camp, de la part de lord George Murray, lord Elcho et autres seigneurs, qui, quoique ayant embrassé la cause du Prince et soutenant ses prétentions au trône, croyaient avoir le droit, puisque leur vie et leur fortune dépendaient du résultat de la guerre, de lui faire des remontrances contre des mesures qu'ils n'approuvaient pas toujours. Charles-Edouard naturellement, mais malheureusement pour lui et pour sa famille, préférait suivre les conseils de ceux qui étaient bien déterminés à être toujours du même avis que lui ; de sorte que si la force de son armée eût été suffisante pour le mettre sur le trône, il eût bientôt été précipité dans une guerre civile dont le germe existait parmi ses propres partisans, puisqu'ils n'étaient pas d'accord entre eux sur les principes d'après lesquels il devait gouverner, soit comme despote, soit comme monarque constitutionnel.

D'après tous ces raisonnemens, il paraît que, quelque fâcheuse qu'elle ait été pour les montagnards et pour leur pays à l'instant où elle eut lieu, la défaite du Prince à Culloden pouvait seule mettre fin aux divisions intestines de la Grande-Bretagne, et que toute victoire qu'il aurait pu obtenir n'aurait fait que prolonger la guerre civile, augmenter les calamités de la nation, et ajouter à leur durée.

D'une autre part, les exploits des montagnards sous le prince Charles, quoique suffisamment glorieux pour leurs armes, n'étaient pas tout-à-fait assez merveilleux pour être regardés comme des prodiges. Sans rien retirer de leur bravoure indubitable, on doit dire que le Chevalier se trouva heureux de rencontrer deux antagonistes tels que Cope et Hawley, dont aucun ne paraît avoir songé à établir une seconde ligne ou corps de réserve, précaution que rendaient si nécessaire la violence et l'impétuosité de l'attaque des montagnards, qui doivent toujours mettre le désordre parmi les troupes qui sont les premières à en éprouver la fureur, mais qui en même temps jettent la confusion parmi les attaquans eux-mêmes. Les deux régimens de dragons qui combattirent, ou plutôt qui prirent la fuite à Preston, et qu'une suite de terreurs paniques avait déjà dépouillés de leur force morale, doivent aussi être considérés comme ayant procuré aux montagnards un avantage que n'ont pas ordinairement les ennemis qui sont en face d'une armée anglaise. Quant au plan général d'insurrection, on peut dire, sans crainte de se tromper, que c'était un projet téméraire conçu par un homme encore très-jeune qui sentait qu'il n'avait absolument rien à espérer de la France, et qui piqua d'honneur Lochiel et ses amis au point de les déterminer à former une entreprise que leur bon sens les assurait devoir être leur ruine certaine.

On peut encore faire observer que, quoique le petit nombre des forces du Prince ait été en grande partie la cause de sa défaite définitive, cette même circonstance contribua pourtant à son succès partiel.

Cette assertion peut paraître un paradoxe; mais il faut se souvenir que les inconvéniens d'une armée indisciplinée augmentent en proportion qu'elle est plus nombreuse, comme une machine mal construite est plus difficile à faire mouvoir proportionnellement à sa masse. La forte armée des clans, commandée par Mar en 1715, n'aurait pu agir avec la même promptitude et la même décision que le corps, comparativement faible, qui se trouvait sous les ordres du prince Charles. Et si en cette dernière occasion le Prince n'avait pas l'assistance de forces aussi considérables que celles qu'avaient amenées à Perth, en 1715, le marquis d'Huntly et les comtes de Breadalbane et de Seaforth; d'une autre part ses conseils n'étaient pas gênés par le respect et la déférence qu'exigeaient ces seigneurs puissans, et par la discorde qui éclatait souvent soit entre eux, soit entre quelques-uns et le commandant en chef. Il est encore à propos de remarquer que, sans douter du désir de maintenir la discipline qu'avaient certainement les Chefs montagnards pendant cette entreprise, le petit nombre des soldats de Charles doit aussi leur avoir fait sentir leur faiblesse, et les avoir peut-être rendus plus disposés à suivre strictement leurs ordres, et à s'abstenir de tout acte de violence inutile, parce qu'ils virent, dès l'origine, qu'ils ne pouvaient espérer de sûreté qu'en maintenant la concorde entre eux, et en conservant ou en gagnant la bonne opinion du pays.

Au total, il fut peut-être heureux pour l'histoire des clans montagnards, que ce système, quant à ce qui concerne son influence efficace et reconnue, puisse se considérer comme s'étant terminé avec l'éclat de bravoure et de générosité qu'il jeta en 1745. Nous avons déjà dit que l'esprit patriarcal tombait peu à peu, et que chaque génération successive avait fait insensiblement des innovations à ce système. Il n'aurait probablement plus existé au commencement du dix-huitième siècle, si les Chefs n'eussent eu grand soin d'en nourrir et entretenir l'esprit, afin de conserver en leur personne ce pouvoir militaire que la plupart d'entre eux regardaient comme devant leur fournir les moyens de se distinguer dans la guerre civile qu'ils attendaient d'année en année. Si le pays fût resté dans une paix profonde, les Chefs, comme les barons des basses-terres, au lieu d'exiger de leurs vassaux des services dont ils n'auraient pas paru avoir besoin, auraient trouvé plus d'avantage à leur imposer d'autres conditions, comme un loyer plus élevé et l'amélioration de leurs terres. L'opération lente, mais certaine, de ces changemens aurait fini par dissoudre, quoique peut-être à une époque plus éloignée, l'union intime des membres du clan avec leur Chef, et peut-être dans des circonstances moins honorables pour celui-ci. Il vaut donc mieux, même pour la renommée des montagnards, que l'esprit du système patriarcal, comme la lumière d'une lampe mourante, ait jeté un éclat vif et brillant avant de s'éteindre tout-à-fait; et que, dans le court espace de quelques mois, il se soit montré plus pur et plus glorieux qu'il ne l'avait fait pendant plusieurs siècles.

Il faut aussi remarquer que l'époque à laquelle le système patriarcal fut entièrement détruit, fut celle où il présentait l'aspect le plus intéressant. La civilisation générale de la Grande-Bretagne avait eu tant d'influence sur les Chefs des clans du dix-huitième siècle, du moins sur ceux qui étaient des hommes de considération, que bien loin d'être portés à abuser du pouvoir qu'ils avaient sur leurs vassaux, ils étaient disposés, tant par politique que par des motifs plus louables, à réprimer leur penchant au pillage, à adoucir ce qu'il y avait de rude et de grossier dans leur caractère, et à encourager ce qu'il offrait de noble et d'honorable. Il est probable que le système patriarcal ne fut jamais suivi, généralement parlant, d'une manière plus utile qu'à l'époque où il fut ébranlé par des causes lointaines qui devaient finir par le renverser. A cet égard, il ressemblait au bois de certains arbres, qui n'offrent jamais de plus beaux matériaux au travail de l'ébéniste que lorsqu'ils ont senti l'atteinte de la décrépitude.

D'après ces raisons et plusieurs autres, cette revue du système des clans, tel qu'il existait pendant la dernière génération, est semblable au regard qu'on fixerait, en se retournant, sur une perspective des montagnes, animée par les teintes d'une belle soirée d'été. Dans une telle occasion, les montagnes, les lacs, les bois et les précipices qu'on aperçoit dans le lointain reçoivent de l'atmosphère un éclat de beauté dont ces objets ne sont pas doués par eux-mêmes, et il faut un effort d'imagination pour se rappeler le caractère sauvage, stérile et désolé qui leur appartient véritablement. Pour la même raison, il faut un effort d'esprit pour nous rappeler que le système de société par lequel les clans montagnards étaient gouvernés, et qui, sous bien des rapports, parle si puissamment au cœur et à l'imagination, était ennemi de la liberté et de toute amélioration dans les idées religieuses et morales, en mettant le bonheur et même l'existence de tribus entières à la disposition d'individus dont le pouvoir administratif ne connaissait d'autres bornes que leur bon plaisir. De même que les autres hommes, les chefs des clans étaient sujets à se laisser aller à abuser de leur autorité illimitée ; et l'on n'a qu'à se rappeler ce que j'ai dit de Lovat et d'autres dans les pages qui précèdent, pour voir quel fléau un Chef violent ou astucieux pouvait devenir pour son propre clan, pour le gouvernement général, pour la paix de ses voisins et pour tout le pays dans lequel il vivait. Un tel pouvoir, placé entre les mains d'un petit nombre d'hommes, leur donnait toujours les moyens de lever l'étendard de la guerre civile dans un pays qui, sans eux, aurait été disposé à la paix ; et leur propre bravoure et celle de leurs vassaux ne les rendaient que plus dangereux, parce qu'ils étaient plus disposés à s'offenser, et qu'ils avaient des moyens d'attaque et de résistance plus sanglans et plus désespérés. Même en temps de paix, le pouvoir de ravager les domaines d'un voisin ou un canton des basses-terres en lâchant une troupe de bandits, rassemblés dans quelque sombre vallée comme des limiers dans un chenil, donnait à chaque petit Chef le moyen de répandre le pillage et la désolation partout où bon lui semblait.

Quelque compassion qu'on puisse donc accorder à ceux qui souffrirent de ce changement, avec quelque regret qu'on puisse, en général, voir anéantir par la violence un état de société qui se rattachait par tant de points à l'honneur et à la fidélité, et aux dogmes de la chevalerie romanesque, il est impossible qu'un homme de bon sens désire qu'il eût continué à exister, on dise que, sous un point de vue de sagesse politique, le gouvernement de la Grande-Bretagne eût dû en tolérer plus long-temps l'existence.

Mais les motifs du corps législatif pour porter un coup mortel au système patriarcal adopté dans les montagnes d'Ecosse, étaient plus urgens que ceux qui partaient d'une idée de convenance et d'utilité générale. Les mesures qu'il prit à cet effet avaient moins pour but d'améliorer en principe général, que de faire tarir la source constante de rébellions réitérées contre la famille royale ; et l'on ne peut être étonné qu'étant alors, par la fortune de la guerre, complètement maître de tous les districts insurgés, le gouvernement ait voulu détruire entièrement toutes marques de distinction entre le montagnard et l'habitant des basses-terres, et réduire les montagnes au même état paisible dont jouissaient les basses-terres d'Ecosse depuis bien des années.

On avait eu recours plusieurs fois, en d'autres occasions, au système de désarmer les montagnards ; mais on n'y avait jamais réussi que partiellement. On résolut alors de les priver non-seulement de leurs armes, mais même de l'ancien costume de leur pays, costume pittoresque, et qui s'accordait parfaitement avec l'usage de porter des armes. La claymore, le *dirk*, le pistolet faisaient partie du costume montagnard tout aussi-bien que le *plaid* et la toque ; et l'habitude de porter ces derniers vêtemens ne pouvait manquer de rappeler à celui qui en était couvert qu'il n'avait plus les armes nécessaires pour compléter son costume. On proposa de détruire cet enchaînement d'idées, en défendant l'usage du costume montagnard, sous des peines très-rigoureuses [1].

On fit contre cette interdiction d'un ancien costume national quelques objections ayant pour base, les unes la compassion, les autres l'utilité. On représenta que la forme de ce costume, léger, chaud, convenable à l'usage de ceux qui y étaient accoutumés, était essentiellement nécessaire à des hommes qui avaient à faire de longues courses dans un pays sauvage et agreste, et qui étaient

---

(1) C'était une disposition bien dure, puisqu'elle contrariait les habitudes et les sentimens d'une foule de gens qui n'avaient pas trempé dans la rébellion, ou qui avaient même pris les armes pour y résister. Il y avait pourtant une preuve de la connaissance de l'homme dans cette prohibition, car elle dépouillait les montagnards d'un costume qui tenait de bien près à leurs habitudes de clan et de guerre. On m'assure que, de la même manière, dans quelques provinces d'Italie, il est défendu de porter le costume particulier des bandits, même dans les mascarades, parce qu'on a reconnu que, par suite d'un enchaînement d'idées, il inspirait du goût pour ce métier. (*Note de l'Auteur.*)

obligés de garder leurs moutons et leurs bestiaux dans les déserts et sur les montagnes, partout où l'on pouvait trouver quelques pâturages. On se plaignit aussi de la proscription d'un costume national auquel le peuple était accoutumé depuis long-temps, et auquel il était nécessairement attaché, comme d'un acte de pouvoir arbitraire, d'autant plus que cette loi s'appliquait à des cantons et à des districts très-étendus, dont les habitans non-seulement s'étaient abstenus d'aider la rébellion, mais avaient donné volontairement des secours efficaces pour la réprimer.

Malgré ces raisons, et malgré la représentation des Chefs restés fidèles, qu'il était injuste de les priver des armes dont ils s'étaient servis pour la défense du gouvernement, on jugea nécessaire d'adopter la mesure proposée, comme devant, lorsque l'exécution en serait assurée par la sévérité du gouvernement, réduire complètement chez les montagnards cet esprit martial qui s'était trouvé incompatible avec la paix et la sûreté du pays en général. On passa donc une loi défendant l'usage de l'étoffe appelée *tartan*, avec tous ses carreaux de couleurs variées et ses différentes modifications [1], sous des peines qui pouvaient à cette époque être nécessaires pour vaincre la répugnance des montagnards à renoncer à leur costume national, mais qui certainement paraissent aujourd'hui hors de toute proportion avec l'offense. Porter aucune partie de ce qu'on appelle le costume montagnard, c'est-à-dire *plaid*, *philabeg*, *trews* [2], ou aucun vêtement fait de *tartan*, ou étoffe à carreaux de diverses couleurs, devint une offense punie, pour la première fois, de six mois d'emprisonnement, et en cas de réci-

(1) Les couleurs de ces carreaux et l'arrangement de ces couleurs variaient dans chaque clan, de sorte qu'en voyant un montagnard on pouvait savoir de quel clan il faisait partie. — Tr.

(2) J'ai déjà dit que le *plaid* était le manteau des montagnards, le *philabeg* une espèce de jupon laissant le genou à découvert; quant aux *trews*, c'était une espèce de demi-culotte, qui était cachée par le *philabeg*. — Tr.

dive, de déportation aux colonies. D'une autre part, tout montagnard qui portait des armes ou qui même en gardait en sa possession, était obligé de servir comme soldat, à moins qu'il ne pût payer une amende de quinze livres sterling. Une seconde contravention était punie par une déportation aux colonies pour sept ans. Cette loi fut rendue dans la vingtième année du règne de George II.

Quoi qu'on puisse penser de ces deux lois, non-seulement défendant l'usage des armes sous les peines les plus sévères, mais proscrivant le costume d'une nation entière, on ne peut faire aucune objection contre un autre acte du parlement, passé en 1748, pour abolir les derniers restes effectifs du système féodal, c'est-à-dire la juridiction héréditaire dans toute l'Ecosse. J'ai fait plusieurs fois allusion à ces derniers restes du système féodal, comme étant contraires au sens commun ainsi qu'à l'adminstration libre et impartiale de la justice. Dans le fait, le droit de décider toutes les questions ordinaires de jurisprudence appartenait aux grands propriétaires, qui n'étaient ni élevés dans la profession du barreau, ni habitués à séparer leurs intérêts et leurs passions des causes qu'ils avaient à juger. Cette loi accorda une indemnité en argent aux propriétaires de ces droits judiciaires dont l'existence était incompatible avec les progrès qu'un pays libre faisait vers la civilisation complète. L'administration de la justice fut confiée à des hommes de loi qu'on appela substitut des sheriffs, parce qu'ils leur étaient substitués par la couronne, et pour les distinguer des sheriffs principaux, qui jouissaient auparavant des droits de juridiction attachés à leur patrimoine. On nomma pour chaque comté un de ces substituts de sheriff, et il fut chargé de s'acquitter des devoirs judiciaires qui étaient remplis auparavant par des juges héréditaires.

Ce dernier acte n'était pas seulement destiné aux districts des montagnes, il fut déclaré applicable à toute l'Ecosse. Par un autre acte de la même année, toute concession de fief à charge de service militaire fut déclarée illégale, et ceux qui existaient déjà furent changés en fiefs tenus moyennant une redevance annuelle en argent, ou à charge de quelque reconnaissance honorifique du vasselage. Il devint donc impossible à un seigneur ou à un maître d'imposer à ses vassaux la fatale obligation de le suivre à la guerre, ou de remplir les devoirs pénibles de le suivre à la chasse et de garder son château. Ainsi, sans rien changer aux formes d'investiture féodale, on abrogea et l'on détruisit pour l'avenir toute l'influence essentielle du seigneur sur ses vassaux, et du propriétaire sur ses tenanciers, et notamment le droit qu'il avait de les conduire sur le champ de bataille pour y soutenir ses propres querelles. Nous réservons pour le chapitre suivant les effets que produisirent ces grands changemens.

CHAPITRE XXVII.

Conduite de la France à l'égard des partisans de Charles-Édouard qui le suivirent en ce pays. — Départ du Prince de France. — Miss Walkinshaw. — Voyage de Charles à Londres. — Intrigues jacobites. — Mort du prince Charles. — Mort de son frère le cardinal duc d'York. — Changemens effectués dans les montagnes par les mesures adoptées après la rébellion. — Décadence du système des clans. — Les Jacobites se réconcilient à la maison d'Hanovre. — Restitution des biens confisqués. — Permission de porter le costume montagnard. — Introduction des fermes à moutons. — Amélioration du commerce de l'Écosse.

Avant d'entrer dans un plus grand détail sur les effets que produisirent en Ecosse et sur les habitans de ce pays, les lois sur le désarmement, sur l'abolition des juridictions héréditaires, et autres changemens effectués par la législature en conséquence de la rébellion de 1745, nous pouvons jeter un coup d'œil sur la triste fin de la carrière de Charles-Edouard, qui avait commencé avec tant d'éclat. On pourrait citer bien des hommes qui, de même que cet infortuné Prince, ayant échoué dans une entreprise faite avec hardiesse et soutenue avec vigueur, semblent ensuite avoir été suivis pas à pas par l'infortune, et privés, par le déclin prématuré des talens qu'ils avaient d'abord montrés, du pouvoir de conserver la réputation qu'ils avaient acquise au commencement de l'existence politique.

Lors de son arrivée en France avec tout l'éclat de ses victoires et de ses souffrances, le Chevalier reçut un accueil favorable à la cour, et obtint des avantages considérables pour quelques-uns de ses partisans. Lochiel et lord Ogilvie furent nommés lieutenans-colonels au service de France, avec la faculté d'accorder des brevets d'officiers à quelques-uns des exilés les plus distingués qui partageaient leur destin. La cour de France accorda aussi quarante mille livres par an pour soutenir ceux des fugitifs écossais qui ne purent trouver de service militaire.

Malgré cette libéralité de la part de la France, cette somme ne suffisait pas à beaucoup près pour assurer l'existence de tant d'exilés, accoutumés non-seulement au nécessaire, mais aux aisances de la vie, et il n'est pas étonnant qu'un grand nombre d'entre eux, réduits à l'indigence et à l'exil pour avoir embrassé sa cause, murmurassent, quoique peut-être injustement, contre le Prince, dont ils pouvaient supposer que le pouvoir de soulager leur détresse était plus grand qu'il ne l'était réellement.

Un incident qui suivit bientôt fut une nouvelle preuve de ce caractère indomptable qui semble avoir caractérisé ce jeune homme dans sa tentative pour reconquérir le trône de ses ancêtres. Lorsque le gouvernement français, dans l'hiver de 1748, fut disposé à conclure la paix avec l'Angleterre, une condition indispensable fut qu'il ne serait pas permis au jeune Prétendant, comme on l'appelait, de résider sur le territoire français. Le Roi et les ministres de France sentirent la nécessité d'y consentir, s'ils voulaient obtenir la paix, mais ils désiraient le faire avec tous les égards possibles pour la délicatesse et les intérêts de Charles-Edouard. Dans ce dessein, il lui fut proposé de se retirer à Fribourg en Suisse, où on lui assurerait un asile, une compagnie de gardes, une pension considérable, avec le rang et le titre nominal de prince de Galles.

Il n'est pas facile de dire dans quelles vues Charles rejeta ces offres, ni quel motif il eut, sauf l'impulsion momentanée du dépit, pour refuser positivement de quitter la France. Mais il était dans un royaume où l'on faisait alors peu de cérémonie en pareille occasion. Un soir qu'il allait à l'Opéra, il fut arrêté par un détachement des gardes françaises, et conduit, pieds et poings liés, d'abord dans la prison d'état de Vincennes, et de là dans la ville d'Avignon, appartenant au pape, où on le mit en liberté.

Charles semble s'être exposé lui-même à cette humiliation inutile, uniquement par un sentiment d'obstination; et naturellement une conduite si déraisonnable était peu faite pour rendre sa présence agréable à d'autres états.

Il alla d'abord à Venise, n'ayant qu'un seul homme à sa suite; mais d'après un avis que lui donna le sénat, il retourna en Flandre.

Là, vers l'année 1751, il reçut dans sa maison une femme, nommée miss Walkinshaw. Cette personne, admise ainsi dans son intimité, avait des liaisons qui donnèrent la plus grande inquiétude aux amis et partisans du Prince dans la Grande-Bretagne. On disait qu'elle était sœur de la femme de charge de Leicester-House, où le prince de Galles demeurait alors, et on la soupçonnait si généralement de trahir son amant, que les personnes de distinction qui continuaient en Angleterre à être fidèles à la cause des Stuarts, envoyèrent un député spécial, nommé Mac-Namara, pour prier le Chevalier, au nom de tout le parti, de la congédier de sa maison et de la placer dans un couvent, du moins pour quelque temps. Le Prince s'y refusa de la manière la plus décidée. Ce n'était pas, dit-il, qu'il eût une affection ni même une estime bien particulière pour miss Walkinshaw, mais il ne voulait pas que ses sujets lui fissent la loi en ce qui concernait sa manière de vivre et l'intérieur de sa maison. Lorsque Mac-Namara eut reçu ce refus positif, il prit congé du Prince en lui disant d'un ton mécontent et indigné : — Par quel crime, Monsieur, votre famille peut-elle avoir attiré sur elle le le courroux du ciel, puisque chaque branche de votre maison en a été frappée depuis tant de siècles?

Le refus hautain opposé par le Prince à une demande raisonnable et respectueuse en elle-même, fut le signal de la dispersion de presque tout le parti jacobite en Angleterre. Ceux qui le composaient n'attendaient probablement alors qu'une occasion de pouvoir renoncer avec honneur à une cause qui n'offrait plus aucun espoir.

Avant cette défection générale, quelques intrigues avaient encore eu lieu en faveur de Charles, mais elles avaient toujours été conduites par des personnes manquant de réflexion et de jugement. Ce fut ainsi que la duchesse de Buckingham, femme d'un caractère ambitieux, mais inconséquent, prit sur elle, à une certaine époque, de figurer comme protectrice de la maison de Stuart. Elle fit même plusieurs voyages d'Angleterre à Paris et à Londres, en affectant de vouloir devenir l'héroïne d'une révolution jacobite. Il est inutile de dire que cette intrigue ne pouvait avoir rien de sérieux dans son but ni dans sa fin.

En 1750, les intrigues jacobites continuèrent, et le Prince lui-même fit cette année un voyage à Londres. Le docteur King, qui était alors à la tête des Jacobites de l'Eglise Anglicane, le reçut dans sa maison. On assure que le projet que Charles avait formé était impraticable, et qu'on le détermina bientôt à retourner sur le continent. Le docteur King trace avec sévérité le portrait de ce prince infortuné à cette époque ; il le représente comme étant froid, intéressé et avare ; ce qui annonce souvent un caractère égoïste. Cependant on ne doit recevoir qu'avec quelques modifications le témoignage de cet auteur ; car le docteur King écrivit ses anecdotes à une époque où, après avoir été long-temps ouvertement à la tête du parti du clergé non assermenté, il l'avait afin abandonné, avait embrassé celui du gouvernement, et s'était même montré à la cour. Il est donc peu probable qu'il ait porté un jugement impartial et tracé un fidèle portrait du Prince dont il avait déserté la cause. En 1752, quelques étincelles jaillirent encore des cendres du jacobitisme. Patrice, lord Elibank, était alors à la tête de ce qui restait du parti jacobite en Ecosse. C'était un homme ayant beaucoup d'esprit, d'adresse et de sagacité ; mais comme tant d'autres qui se sentent de grands talens, il choisissait, tant dans sa conduite que dans ses discours, le côté le plus désavantageux de la question, afin d'avoir un plus beau champ pour le développer.

L'honorable Alexandre Murray, un des frères de lord Elibank, homme d'un caractère audacieux, avait formé un projet désespéré pour s'emparer du palais de Saint-James et de la personne du roi, au moyen de soixante hommes déterminés. Une seconde traînée de cette conspiration devait produire son explosion en Ecosse, pays alors dépourvu d'hommes et de moyens pour tenter une insurrection. Mac-Donell de Lochgarry et le docteur Archibald Cameron, frère de Lochiel, étaient dans le nord les artisans de cette partie du complot. Ce dernier tomba entre les mains des agens du gouvernement, et ayant été arrêté sur les bords du lac Katrine, il fut envoyé à Londres. Son procès lui fut fait d'après l'acte d'accusation rendu contre lui pour avoir pris part à la rébellion de 1745, et il fut jugé, condamné, et exécuté à Tyburn. Son exécution pour une si vieille offense, si long-temps après qu'il n'était plus question d'hostilités, fut un sujet de reproches contre le gouvernement, et fit même représenter le caractère personnel de George II comme dur, vindicatif et implacable. On croyait d'autant plus à la vérité de cette imputation, que le docteur Cameron était d'un naturel doux et aimable, qu'il n'avait pas porté les armes pendant la rébellion, et qu'il avait employé ses talens comme médecin en faveur des blessés des deux armées, sans aucune distinction. Cependant on sait parfaitement aujourd'hui qu'il était retourné en Ecosse dans le dessein de ranimer la flamme de la rébellion, et l'on doit convenir que, quel que pût être son caractère privé, il subit le destin que son entreprise méritait et justifiait.

L'honorable Alexandre Murray se hasarda d'aller à Londres vers la même époque. Une proclamation y fut bientôt publiée pour son arrestation. Ayant trouvé que les individus sur l'assistance desquels il avait compté pour son entreprise avaient perdu courage, il renonça à son projet. D'autres intrigues mal conçues, ou qui n'aboutirent à rien, eurent encore lieu en faveur de Charles, environ jusqu'en 1760; mais elles semblent toutes avoir été tramées par de simples faiseurs de projets, voulant tirer de l'argent du prince exilé, sans avoir en vue aucune perspective raisonnable, et peut-être même sans dessein sérieux de lui rendre des services efficaces.

Quelques années après l'époque dont nous venons de parler, un individu parut désirer obtenir de Charles-Edouard une mission pour lui faire un parti dans les colonies du nord de l'Amérique, qui avaient alors commencé à entrer en querelle avec la mère-patrie. L'aventurier dont nous parlons proposait de faire des partisans au Prince parmi les insurgens, dans un pays où il se trouvait un grand nombre de montagnards d'Ecosse. Mais ce projet ne reposait pas sur une base solide, car les colons écossais embrassèrent en général la cause du roi George.

Au milieu de ces vaines intrigues, excitées par de nouvelles espérances auxquelles succédaient toujours de nouveaux désappointemens, Charles, qui avait supporté avec beaucoup de grandeur d'âme et de fermeté tant de détresses et de fatigues véritables, perdit enfin tout courage moral et physique. Ses tourmens domestiques furent augmentés par son malheureux mariage avec Louise de Stohlberg, princesse allemande ; union qui ne procura le bonheur d'aucun des deux époux, et qui ne fit même grand honneur ni à l'un ni à l'autre. Enfin, après avoir long-temps conservé le titre de prince de Galles, il le quitta à la mort de son père, arrivée en 1760 ; mais les cours de l'Europe ne voulurent pas le reconnaître comme roi de la Grande-Bretagne. Charles-Edouard vécut ensuite incognito, sous le nom de comte d'Albany. Il mourut à Florence le 31 janvier 1788, et fut enterré royalement à cinq lieues de Rome, dans l'église cathédrale de Frascati, dont son frère était évêque.

Les qualités estimables de ce malheureux Prince paraissent avoir été un caractère intrépide, résolu et entreprenant, allant presque jusqu'à la témérité ; la faculté de soutenir toutes les extrémités de la fatigue et de l'infortune avec une fermeté magnanime, et une courtoisie naturelle dans ses manières, qui était infiniment agréable à ses partisans, mais qu'il savait changer en réserve lorsqu'il le voulait. Quand on considère sa campagne en Ecosse, on ne peut lui refuser des talens militaires. Quelques-uns de ses partisans du plus haut rang crurent qu'il leur témoignait moins de reconnaissance de leurs services qu'il ne leur en était dû ; mais le nombre beaucoup plus grand de ceux qui s'approchaient de sa personne ne pouvait parler de lui sans verser des larmes de chagrin, et votre grand-père en a lui-même été souvent témoin.

Ses défauts ou ses erreurs venaient de ce qu'il avait été élevé d'une manière qui ne convenait nullement au rang pour lequel il se croyait né. Son éducation, confiée à des prêtres à esprit étroit, et à des soldats de fortune, avait été singulièrement bornée et imparfaite. Il en était résulté qu'au lieu d'apprendre à désavouer ou du moins à modifier considérablement les principes qui avaient fait perdre un trône à sa famille, qui l'avaient condamnée à l'exil, il avait appris à regarder ces erreurs comme des maximes sacrées dans lesquelles l'honneur et la conscience lui faisaient un devoir de persister. Il laissa une fille naturelle, nommée comtesse d'Albany, qui mourut il n'y a que quelques années.

Le dernier héritier de la ligne masculine et directe des Stuarts, à la mort de Charles, était son frère cadet, Henry-Benoît, que le pape avait nommé cardinal. La seule démarche de ce prince pour déclarer ses droits à la couronne britannique fut de faire frapper une belle médaille sur laquelle il est représenté en costume de cardinal, avec la couronne, le sceptre et les autres emblèmes de la royauté; sur l'arrière-plan, et l'exergue: *Voluntate Dei, non desiderio populi;* ce qui impliquait une renonciation tacite aux droits qu'il aurait pu prétendre que sa naissance lui donnait. C'était un prince d'un caractère doux et bienfaisant, et généralement aimé. Lorsque les innovations produites par la révolution française l'eurent privé, du moins en très-grande partie, des revenus qu'il tirait de l'Eglise, il vécut, chose étrange à dire, au moyen d'une pension annuelle de trois mille livres sterling que lui accorda la générosité de feu George III, et qui lui fut continuée par son successeur au trône. Pour payer cette libéralité, et comme pour reconnaître que la maison d'Hanovre avait succédé légitimement aux droits de celle de Stuart au trône, ce dernier héritier des Stuarts légua au Roi actuel tous les joyaux de la couronne, dont quelques-uns étaient de grand prix, que Jacques II avait emportés en passant sur le continent en 1688, ainsi qu'une grande quantité de papiers tendant à jeter un grand jour sur l'histoire de la Grande-Bretagne.

N'ayant plus rien à dire de la maison de Stuart, éteinte

par la mort de son dernier héritier dans la ligne directe
masculine, j'en reviens aux effets généraux que produisirent en Ecosse les lois rendues pour abolir les juridictions
héréditaires, et pour interdire aux montagnards le port
d'armes et le costume national. On n'exprima aucun mécontentement de la première mesure, et probablement
elle n'en excita que dans l'esprit d'un petit nombre de
propriétaires, qui pouvaient croire que la diminution de
leur pouvoir sur leurs vassaux était une atteinte portée à
leur dignité. Mais il n'en fut pas de même de la loi sur le
désarmement. Elle fut regardée par les montagnards
comme une insulte mortelle; et pendant bien long-temps
elle parut augmenter plutôt que diminuer le mécontentement que le gouvernement désirait apaiser.

Dans le fait, quand on considère la situation où se trouvaient les montagnes d'Ecosse, on ne peut être surpris
que, pendant une dizaine d'années au moins, ce pays ait
été dans un état encore plus sauvage qu'avant l'insurrection. Le pays était rempli d'hommes désespérés qui, ayant
été élevés dans le métier des armes, et ayant récemment
joué un rôle dans les scènes de la guerre civile, s'étaient
familiarisés avec tous les actes de rapine et de violence;
et ces entraves, quelles qu'elles fussent, que les Chefs
mettaient aux désordres des malfaiteurs, n'existaient plus
depuis que leur autorité avait été détruite. En conséquence
les greffes criminels sont remplis à cette époque d'atrocités
de toute espèce commises dans les montagnes, et qui donnent une idée étrange des désordres qui y régnaient.

Parmi le nombre de ces pillards vulgaires, la tradition
cite plus souvent les noms du sergent More-Cameron, et
de quelques autres déprédateurs d'un caractère plus doux,
que la renommée peut placer au niveau de Robin Hood et
de ses joyeux archers, comme amis et bienfaiteurs des
pauvres, quoiqu'ils pillassent les riches. Le glaive de la
justice était souvent occupé à les extirper; et si de fréquens
exemples de châtiment ne corrigeaient pas les anciens dé-

prédateurs, ils détournaient les jeunes gens de marcher sur leurs traces. Mais la race des hommes de Quarante-Cinq, comme on les appelait, qui fournissait cette génération de héros, finit par vieillir, et s'accoutuma à des habitudes paisibles.

Par l'acte qui confisquait les biens de ceux qui avaient pris part à la rébellion, le gouvernement avait acquis dans les montagnes des domaines considérables qui appartenaient auparavant aux Chefs jacobites. Plus sage que ne l'avait été le gouvernement de 1715, au lieu de mettre ces biens en vente, il les garda, et en confia l'administration à un bureau de commissaires qui, déduction faite des frais, employaient le surplus des revenus à l'amélioration des arts et des manufactures en Ecosse, et spécialement dans les montagnes. L'exemple qui fut donné à l'agriculture et à l'industrie, sous la protection de ces commissaires, fut imité par les montagnards, qui, ne pouvant plus se livrer au métier des armes, commencèrent enfin à envisager ce genre d'occupation d'un œil plus favorable. L'*esprit de clan*, qui avait dans leur cœur des liens si difficiles à rompre, se relâcha graduellement par suite de l'absence de certains chefs et de l'appauvrissement des autres. Vers la même époque, le génie du comte de Chatham ouvrit aussi une nouvelle carrière au caractère martial des montagnards, en levant parmi eux des régimens pour le service du gouvernement dans le Canada, où ils se conduisirent d'une manière distinguée : et en même temps l'absence de la partie la plus inflammable d'une population surabondante diminua beaucoup le risque de nouveaux troubles. Bien des individus qui avaient servi dans leur jeunesse sous les ordres du prince Charles prirent parti dans ces nouvelles levées, et combattirent pour le monarque régnant, dont la générosité ouvrit à ses anciens ennemis tous les rangs au service militaire. Je vous en citerai un exemple entre plusieurs.

Un brevet d'officier supérieur dans un de ces nouveaux

régimens était sur le point d'être accordé à un gentilhomme du comté d'Athole. Un courtisan qui désirait procurer cette place à un autre, parla au feu Roi de quelques traits de bravoure audacieuse qu'avait faits ce candidat à l'avancement militaire quand il portait les armes pour Charles-Edouard, pendant l'insurrection de 1745.

—A-t-il réellement si bien combattu contre moi? demanda le monarque avec autant de bonté que de jugement. En ce cas, croyez-moi, il combattra aussi bien pour ma cause..... Et le brevet fut envoyé à sa première destination.

De tels traits de générosité de la part du souverain ne pouvaient manquer de faire des prosélytes parmi des gens aussi enthousiastes que les Jacobites. George III gagna personnellement leur affection dès le commencement de son règne. Avec une aimable inconséquence, beaucoup de ceux qui avaient combattu contre l'aïeul auraient versé jusqu'à la dernière goutte de leur sang pour le petit-fils; et ceux même qui persistaient encore à reconnaître les droits du Prétendant se montraient disposés à perdre la vie pour le monarque régnant.

Tandis que la bonne intelligence se consolidait entre les montagnards et le gouvernement qu'ils avaient combattu avec tant d'opiniâtreté, les biens confisqués dans les montagnes étaient administrés de manière à procurer le bonheur et l'aisance à ceux qui subsistaient en les cultivant. Quelques vieillards se rappelaient peut-être encore avec regret les jours de leur jeunesse, où chaque montagnard marchait au milieu des bruyères au bruit de toutes les armes qu'il portait; mais au total on devait donner la préférence à un temps où, pour être sûr de jouir de tous ses droits, on n'avait besoin d'autre défense que de celle des lois. Avec le temps le gouvernement pensa que la peine de confiscation devait, par justice autant que par politique, avoir une fin; et que les descendans des insurgés de 1745, professant d'autres principes que leurs malheureux pères, pouvaient être rétablis sans danger dans la jouissance de leur patrimoine. En conséquence, par un acte de grace passé en la vingt-quatrième année du règne de George III, les biens qui avaient été confisqués, pour cause de rébellion en 1745, furent restitués aux descendans de ceux contre lesquels la confiscation avait été prononcée. Une longue suite de noms honorables fut ainsi rendue à l'histoire d'Ecosse, et une dette de reconnaissance à la mémoire du monarque alors régnant fut imposée à leurs représentans. Pour que rien ne manquât à cet acte de grace, le Roi actuel, outre les propriétés confisquées que son père avait rendues, rétablit dans leurs titres et dignités les individus descendus de pairs, qui avaient perdu ce titre par suite de la rébellion. — Mesure bien propre à signaler les bonnes graces de Sa Majesté pour ses sujets écossais, et son désir d'effacer tout souvenir de la discorde qui avait existé entre sa maison royale et quelques-uns de leurs ancêtres.

Une autre mesure, tendant également à cicatriser toutes les anciennes blessures, fut de rendre aux montagnards, par un acte de la vingt-deuxième année du règne de George III, liberté entière de porter le costume national, sans avoir à craindre ni châtiment, ni poursuite. Cette faveur fut reçue avec de grandes démonstrations de joie par les montagnards; mais un changement de costumes s'étant opéré pendant l'intervalle de temps qui s'était écoulé depuis la prohibition, et la génération existante s'étant habituée aux vêtemens des habitans des basses-terres, ce n'est guère que dans les occasions de grandes fêtes qu'on voit paraître maintenant l'ancien costume national.

Un changement d'un genre différent se rattache de très-près aux principes d'économie politique, mais je ne puis guère ici que l'indiquer. L'esprit de clan, comme je l'ai dit, était aboli ou ne subsistait que comme l'ombre d'une ombre; les propriétaires montagnards n'étaient donc nullement disposés à soutenir sur leurs domaines, en qualité de pauvres parens, des hommes qu'ils n'avaient plus la possibilité d'employer à un service militaire. Comme une nation au sein d'une paix profonde, ils désiraient licencier les soldats dont ils n'avaient plus besoin, et qui même ne pouvaient plus rester légalement sous leur autorité. Le pays était donc exposé à tous les inconvéniens d'une population excessive, tandis que les propriétaires, par la même circonstance, étaient encombrés par une multitude de gens que, sous l'ancien système, ils auraient été très-charmés d'enrôler parmi les membres de leurs clans.

Une autre circonstance augmenta considérablement le nombre des montagnards que ce nouvel état de choses laissa sans occupation.

La région montagneuse du nord de l'Ecosse contenait de grandes étendues de terrains marécageux qu'on employait autrefois principalement, sinon exclusivement, à élever le bétail noir [1]. On découvrit pourtant avec le temps qu'on tirerait un parti plus avantageux de ces immenses pâturages en les couvrant de troupeaux de moutons. Mais ce genre d'occupation répugne naturellement aux montagnards, et par suite de leur éducation ils ne sont pas propres à remplir les fonctions de berger, quoiqu'ils entendent parfaitement tous les soins qu'exigent les bestiaux. Il en résulta que, lorsque les montagnes commencèrent à s'ouvrir aux habitans des basses-terres, les fermiers qui élevaient des moutons près des montagnes du sud offrirent aux propriétaires de ces vastes terrains des loyers plus élevés que les montagnards ne pouvaient en donner; et ceux-ci, privés en même temps de leurs terres et de leurs occupations, quittèrent le pays en grand nombre, et émigrèrent dans l'Amérique septentrionale ou dans d'autres établissemens étrangers.

[1] Race de bœufs particulière à l'Écosse. — Tr.

Je me souviens encore avec quelle indignation les vieux montagnards voyaient ces innovations en agriculture. Je me rappelle avoir entendu un chef de l'ancienne école s'écrier avec un ton de chagrin et de mécontentement: — Quand j'étais jeune, un gentilhomme montagnard faisait reposer son importance sur la quantité d'hommes que son domaine pouvait nourrir; quelque temps après la question fut de savoir quelle quantité de bétail noir on pouvait y élever; à présent on en est venu à compter le nombre des moutons; je suppose que nos descendans demanderont combien un domaine peut produire de rats et de souris.

Il faut convenir que, sous un point de vue général, cette innovation était une suite nécessaire du grand changement qui s'était opéré dans le système des mœurs, et que par conséquent elle était inévitable. Il n'est pas moins vrai que l'humanité de beaucoup de propriétaires n'épargna ni peines ni dépenses pour fournir aux habitans qui se trouvaient ainsi nécessairement évincés de leurs fermes et de leurs pâturages, de nouvelles occupations dans les pêcheries, ou d'autres travaux auxquels ils pussent se livrer fructueusement. Le marquis de Stafford, entre autres, dépensa plus de cent mille livres sterling pour donner divers genres d'occupations aux montagnards qui étaient hors d'état de faire valoir une ferme suivant le nouveau système; et il accorda deux ans de jouissance gratuite de leurs fermes à ceux qui préféraient émigrer, afin qu'ils pussent gagner de quoi faire face aux frais de leur voyage.

Mais beaucoup d'autres propriétaires montagnards n'avaient ni le moyen ni la volonté d'attendre avec patience le résultat de telles expériences; et l'émigration indispensable de leurs tenanciers fut accompagnée de circonstances très-pénibles.

C'est pourtant un changement qui est accompli, et

dont la crise est passée. On peut s'attendre à voir les
montagnards modernes, habitués dès leur jeunesse
aux améliorations introduites dans l'agriculture, tenir
leur place dans leur pays natal sans avoir à craindre
la rivalité oppressive des fermiers du Sud; rivalité à laquelle le temps a beaucoup fait pour mettre un terme.
L'application des machines à vapeur à la navigation, en
facilitant les communications avec les meilleurs marchés,
est un autre encouragement de l'industrie dans un pays
dont les côtes sont presque partout dentelées de criques
et de lacs d'eau salée dans lesquels les bâtimens à vapeur
peuvent entrer. Nous pouvons donc espérer, suivant les
termes de la devise adoptée par la Société montagnarde,
qu'une race toujours renommée par les armes sera désormais également distinguée par l'industrie.

Il ne nous reste plus rien à dire sur les montagnards.
On ne les distingue aujourd'hui des autres habitans de
l'Ecosse que par la langue qu'ils parlent, quoiqu'on retrouve encore chez eux quelques vestiges des sentimens
et des coutumes de leurs ancêtres.

Dans toute l'Ecosse il n'est rien arrivé, depuis 1746,
qui puisse fournir de quoi continuer cet ouvrage. Depuis
ce temps elle a eu régulièrement sa part du bonheur ou
de l'adversité du reste de l'empire. La guerre civile, remède cruel, mais très-efficace, a détruit les germes de
division qui existaient dans le sein de l'Ecosse; le commerce s'est accru graduellement; et, quoique interrompu
quelque temps par la guerre contre l'Amérique, on le vit
renaître, après la paix de 1780, avec un succès jusqu'alors sans exemple. Les arts utiles, l'agriculture, la navigation, et tous les secours que la physique donne à
l'industrie, vinrent à la suite du commerce. Les secousses
que ce pays a éprouvées depuis la paix de 1815 ont été
produites par des causes communes aux trois royaumes,
et non particulières à l'Ecosse. On peut ajouter aussi

qu'elle n'a pas supporté plus que sa part du fardeau, et et qu'elle peut s'attendre avec confiance à en être soulagée aussi promptement qu'aucun des deux autres royaumes.

FIN DE L'HISTOIRE D'ÉCOSSE.

TABLE

DES CHAPITRES

RENFERMÉS DANS LA TROISIÈME SÉRIE DE L'HISTOIRE D'ÉCOSSE.

Lettre servant de préface.   3

Chapitre premier. Haine mutuelle des Anglais et des Écossais. — Différence des opinions en Angleterre relativement à l'Union. — Mécontentement universel que cause l'Union en Écosse. — Disposition de tous les partis à rétablir sur le trône la famille des Stuarts. — Education et caractère du chevalier de Saint-George. — Louis XIV promet de soutenir les prétentions de la famille de Jacques II. — Les intrigues des émissaires jacobites embarrassent le roi de France, qui se détermine à s'assurer de l'esprit du pays en y envoyant un agent.   7

Chap. II. L'esprit de jacobitisme entretenu par la manière inconvenante dont le traité d'Union fut conclu. — Le lieutenant-colonel Hooke envoyé de France pour exciter une rébellion en Écosse. — Situation du parti jacobite sous les ducs d'Athole et d'Hamilton. — Négociations de Hooke. — Préparatifs du roi de France pour une expédition en faveur du chevalier de Saint-George. — Arrivée du Chevalier à Dunkerque pour la joindre. — Alarme générale en Angleterre. — La flotte française met à la voile. — Elle arrive dans le Frith de Forth, et retourne à Dunkerque sans avoir effectué un débarquement. — Vacilation du duc d'Hamilton. — Mise en jugement des Jacobites du comté de Stirling. — Ils sont acquittés. — Introduction en Écosse des commissions d'*oyer* et *terminer*. — Abolition de la torture. — Peines autrefois prononcées contre la haute trahison.   20

Chap. III. Caractère des principaux personnages d'Écosse. — Les ducs d'Hamilton et d'Argyle, et le comte de Mar. — Accueil des membres écossais dans le parlement britannique. — Querelle entre la Pairie et les Communes d'Écosse. — Leur réconciliation par suite de la discussion sur la question si les pairs écossais, étant créés pairs de la Grande-Bretagne, avaient le droit de siéger dans la chambre des Pairs. — Débats sur la question si la taxe sur la drèche doit s'étendre à l'Écosse. — Motion pour l'abolition de l'Union. — Rejetée par une majorité de quatre voix seulement. — Fermentation occasionée par la publication du pamphlet de Swift sur l'esprit public des Whigs.   41

Chap. IV. Influence de la duchesse de Marlborough sur la reine Anne. — Procès du docteur Sacheverel. — Marque de popularité des Whigs. — Leur renvoi du ministère. — Harley et le parti des Torys arrivent au pouvoir. — Paix d'Utrecht. — Plan de la reine pour faire venir son frère, le chevalier de Saint-George, comme héritier du trône. — Intrigues du vicomte Bolingbroke tendant au même but. — Duel entre le duc d'Hamilton et lord Mohun. — Mission de Bolingbroke à Paris. 62

Chap. V. Les Episcopaux écossais persécutés par les Presbytériens. — Acte de tolérance. — Serment d'adjuration. — Loi sur le patronage. — Pensions accordées aux Chefs montagnards pour maintenir leur attachement à la cause jacobite. — Préparatifs des Whigs pour assurer à la maison d'Hanovre la succession au trône. — Querelle entre Oxford et Bolingbroke. — Mort de la reine Anne. 77

Chap. VI. Proclamation du roi George Ier. — Ambassade du comte de Stair en France. — Son influence prévient toute opposition de la part de Louis XIV à l'accession au trône de l'électeur d'Hanovre. — Situation des partis à l'arrivée de George Ier. — Emprisonnement d'Oxford. — Accusation portée contre Bolingbroke et Ormond. — Projet d'insurrection par les Jacobites. — Le nouveau monarque repousse les avances du comte de Mar, qui se retire en Écosse. — Cavaliers écossais. — Partie de chasse de Braemar, et résolution des Chefs jacobites de prendre les armes. — Tentative pour surprendre le château d'Édimbourg. — Préparatifs du gouvernement contre les insurgens jacobites. 88

Chap. VII. On arbore l'étendard du chevalier de Saint-George. — Il est proclamé roi d'Écosse sous le nom de Jacques VIII, et d'Angleterre et d'Irlande sous celui de Jacques III. — Prise de Perth par les Jacobites. — Caractère de l'armée de Mar. — Incapacité de Mar comme général. — Plan d'une expédition dans les basses-terres. 121

Chap. VIII. Progrès de l'insurrection dans le midi de l'Écosse. — Catastrophe dans la famille d'Epburn de Keith. — Soulèvement des Jacobites de la frontière occidentale sous Kenmure, et de ceux du nord de l'Angleterre sous Forster. — Jonction du parti de Kenmure avec celui de Forster. — Mar reçoit des renforts à Perth, son quartier-général. — Retard dans l'insurrection des clans de l'occident. — Délais de Mar. — Descente de Mac-Intosh dans le Lothian. — Jonction de Mac-Intosh avec Kenmure et Forster, à Kelso. — Ils tiennent conseil pour déterminer leur plan d'opérations. 132

Chap. IX. Le comte de Mar reste à Perth dans l'inaction. — Il prend la résolution de marcher sur Stirling. — Il se met en marche, abandonne son plan, et retourne à Perth. — Surprise d'un détachement jacobite à Dunfermline. — Argyle reçoit des renforts. — Arrivée à l'armée de Mar de Seaforth, du général Gordon avec les clans de l'ouest et de Breadalbane. — Les deux armées se trouvant complètement renforcées n'ont plus de prétexte pour retarder les opérations actives. 161

Chap. X. Motifs du comte de Mar pour entreprendre l'insurrection. — Causes qui lui font échoir en partage le commandement de l'armée. — Les armes et munitions destinées à l'armée jacobite sont interceptées. — Adresses au chevalier de Saint-George et au duc d'Orléans par l'armée de Perth. — Mécontentement de quelques-uns des principaux seigneurs de l'armée de Mar. — Plan de Mar. — Départ de Mar de Perth, et d'Argyle de Stirling. — Les armées se rencontrent près de Dunblane. — Conseil de guerre tenu par Mar. — Bataille de Shérifmuir. 171

Chap. XI. Retraite de Mar à Perth, laissant Argyle maître du champ de bataille. — Dissension parmi les troupes de Forster et de Kenmure. — Forster rentre en

Angleterre, et y est reconnu comme général des forces du Chevalier. — Dans le dessein d'attaquer Liverpool, il marche à Preston, où son armée est bloquée par le général Willis, et, après quelque opposition, se rend à discrétion. — Les prisonniers d'un rang distingué envoyés à Londres. — Evasion de Forster, de Mac-Intosh, et d'Hepburn de Keith. — Exécution de Derwentwater et de Kenmure. — Evasion de Nithisdale. — Pardon accordé aux autres nobles après un long emprisonnement. 192

Chap. XII. L'arrivée des troupes hollandaises à l'aide du gouvernement, la nouvelle de la reddition de Preston, et la défection du clan de Fraser pour passer dans le parti des Whigs, tout tend à décourager l'armée jacobite. — Un conseil général des Chefs jacobites se dissout sans en venir à aucune détermination, un parti voulant capituler, tandis que Mar désire maintenir l'armée sur pied jusqu'à l'arrivée du Chevalier. — Une offre de soumission conditionnelle est faite à Argyle, et rejetée. — L'arrivée du Chevalier ne peut rendre le courage à ses adhérens. — Effort d'Argyle pour mettre fin à la rébellion. — Il marche vers Perth. — Joie des montagnards jacobites à la perspective d'une autre bataille. — Leur fureur et leur désespoir en apprenant qu'on a dessein de battre en retraite. — La retraite est résolue. 212

Chap. XIII. Retraite de l'armée jacobite. — Evasion du Chevalier et du comte de Mar à bord d'un navire à Montrose. — Dispersion de l'armée jacobite. — Incapacité de Mar comme général. — Arrivée d'Argyle à Londres. — Accueil qu'il reçoit à la cour. — Il est privé de tous ses emplois. — Cause de cet acte d'ingratitude du gouvernement anglais. — Jugement des prisonniers jacobites à Carlisle. — Désarmement des montagnards. — Vente des biens confisqués. — Plan de Charles XII, roi de Suède, pour la restauration des Stuarts. — Expédition envoyée par le cardinal Alberoni dans le même dessein. — Bataille de Glenshiel. — L'entreprise est abandonnée. 231

Chap. XIV. Plans pour une pacification plus efficace des montagnes, et pour l'amélioration de ce pays, exécuté sous la surintendance du maréchal-de-camp Wade. — Routes dans les montagnes. — Taxe sur l'ale. — Opposition à cette taxe en Écosse. — Désordres à Glascow. — On y met ordre. — Les brasseurs d'Édimbourg refusent de continuer à brasser de l'ale. — La cour de session les force à reprendre leur profession. — Décadence du jacobitisme. — Affaire de Porteous. 243

Chap. XV. Situation des basses-terres. — Propriétaires et fermiers. — États des connaissances. — Mauvais effet des sermens exigés pour remplir des fonctions publiques. — Décadence de l'autorité féodale des propriétaires. — Situation des montagnes. — Influence des Chefs sur leurs clans. — Cameron de Lochiel et Fraser de Lovat. — Impopularité des deux premiers George et de l'administration de Walpole. — Mariage du chevalier de Saint-George. — Petites intrigues parmi ses adhérens. — Caractère du prince Charles-Édouard. — Résolution du prince Charles d'essayer sa fortune en Écosse. — Il s'embarque, — et aborde à Moidart. — *Note.* — Conduite du prince Charles. 265

Chap. XVI. Commencement des hostilités. — L'étendard du prince Charles est déployé. — Marche de sir John Cope dans les montagnes. — Intrigues de lord Lovat. — Préparatifs du Prince pour combattre Cope, qui se détourne sur la route d'Inverness, laissant ouverte la route des basses-terres. — Marche du prince

35

Charles vers les basses-terres. — Caractère de lord George Murray. — Arrivée à Perth de l'armée des montagnards. — *Note*. — Lettre de lord Lovat à Cameron de Lochiel. 303

Chap. XVII. Préparatifs pour défendre Édimbourg contre le prince Charles, qui part de Perth. — Confusion occasionée par son approche d'Édimbourg. — Pusillanimité des volontaires. — Fuite de deux régimens de dragons qui couvraient la ville. — Consternation des citoyens. — Négociations entre les magistrats et le Prince. — Prise de la ville par un détachement sous les ordres de Lochiel. — Le prince Charles prend possession du palais d'Holyrood. — Aspect de son armée. — Il est joint par les Jacobites du Lothian. 325

Chap. XVIII. Proclamation de Jacques VIII sur la place de la Croix, à Édimbourg. — Fournitures requises de la ville d'Édimbourg par le prince Charles. — Débarquement de l'armée de Cope à Dunbar. — Le Prince quitte Édimbourg pour le combattre. — Bataille de Preston. — Déroute complète de l'armée de Cope. — Nombre des morts de chaque côté. 345

Chap. XIX. Proclamation du prince Charles après son retour à Édimbourg. — Ses plans et ses levées. — Son conseil et sa cour au palais d'Holyrood. — Arrivée de bâtimens français apportant de l'argent et des armes. — Duplicité de lord Lovat. — Suites malheureuses qui en résultent pour lui et pour le Prince. — Résolution prise par Charles d'entrer en Angleterre, contre l'avis de plusieurs de ses conseillers. — Son arrivée à Carlisle, à Preston, à Manchester, seule place où il reçoit un renfort d'Anglais. — Alarme de gouvernement. — Résolution de George II de se mettre personnellement en campagne. — Arrivée du Prince à Derby. — Il compte toujours sur le succès, quoique entouré par les forces du gouvernement, bien supérieures en nombre aux siennes. — Lord George Murray insiste sur la nécessité d'une retraite. — Le Prince y consent à contre-cœur. 364

Chap. XX. Retraite de l'armée des montagnards de Derby. — Accablement du Prince. — Poursuite par le duc de Cumberland. — Escarmouche à Clifton. — Le succès des montagnards ralentit la célérité des Anglais qui les poursuivent. — Renforts laissés à la garnison jacobite à Carlisle. — L'armée montagnarde rentre en Écosse, et les Anglais sont délivrés des alarmes que leur avait causées la marche du Prince jusqu'à Derby. 401

Chap. XXI. Situation des affaires en Écosse. — Esprit de résistance aux Jacobites. — Amendes levées par le prince Charles à Dumfries et à Glascow. — Levées rassemblées à Perth pour son service. — Réunion de toutes les forces jacobites à Stirling. — Reddition de Carlisle au duc de Cumberland, qui est rappelé à Londres pour être prêt à prendre le commandement, en cas d'une descente des Français. — Le général Hawley nommé commandant en chef en Écosse. — Bataille de Falkirk. — Le duc de Cumberland nommé commandant en chef en Écosse. 410

Chap. XXII. Retraite de l'armée du prince Charles de Stirling dans les montagnes. — Déroute de Moy. — Arrivée de troupes hessoises à l'aide du gouvernement. — Conseil tenu à Édimbourg par le duc de Cumberland et le prince de Hesse-Cassel. — Désappointement du prince Charles dans son espoir de secours de la France. — Lord George Murray s'empare des postes militaires du comté d'Athole. Il investit le château de Blair, mais il est forcé d'en lever le siège, faute d'un nombre de troupes suffisant pour le continuer. — Soupçons conçus par le Prince sur la fidélité de lord George Murray. 433

Chap. XXIII. Dispersion des forces de lord Loudon, et occupation du Sutherland par le comte de Cromarty. — Le duc de Cumberland passe le Spey, à la tête d'une armée en bon état. — Mécontentement parmi les partisans du prince Charles. — Résolution du Prince de combattre le duc de Cumberland. — Conseil de guerre. — Marche nocturne dans la vue de surprendre le camp du duc de Cumberland à Nairne. — Cette entreprise échoue. — Retraite de l'armée montagnarde à Culloden. — Bataille de Culloden. 451

Chap. XXIV. Droits des prisonniers jacobites à la clémence. — Sévérité du duc de Cumberland. — Ravages commis par ses troupes. — Son retour à Londres, et fin des cruautés qui avaient été commises dans les montagnes. — Evasion du prince Charles. — Manière remarquable dont il est errant sous divers déguisemens. — Son embarquement, et son arrivée à Morlaix en Bretagne, le 29 septembre 1746. 479

Chap. XXV. Lord George Murray. — Pardon accordé à Murray de Broughton, qui fait connaître ceux qui avaient trempé dans l'entreprise du prince Charles. — Procès des comtes de Kilmarnock et de Cromarty, et de lord Balmerino. — Grace accordée à Cromarty. — Exécution de Kilmarnock et de Balmerino. — Jugement et exécution de lord Lovat. — Exécution à Kennington-Common, à Brampton, à Penrith, à York et à Carlisle. — Acte d'amnistie, mais une longue liste d'exceptions. — Court emprisonnement de Flora Mac-Donald. — Longueur de temps pendant lequel on maintient les poursuites contre les Jacobites. 499

Chap. XXVI. Caractère audacieux de l'entreprise du prince Charles. — Suites qu'elle aurait eues si elle eût réussi, la majorité de la nation étant contraire à ses prétentions, et ses partisans étant divisés entre eux. — Causes qui contribuèrent au succès momentané de Charles. — Faux éclat qu'un esprit romanesque jette sur le système des clans. — Abus auxquels conduit ce système. — Proscription du costume montagnard. — Abolition des juridictions héréditaires et des tenures féodales. 515

Chap. XXVII. Conduite de la France à l'égard des partisans de Charles-Édouard qui le suivirent en ce pays. — Départ du Prince de la France. — Miss Walkinshaw. — Voyage de Charles à Londres. — Intrigues jacobites. — Mort du prince Charles. — Mort de son frère le cardinal-duc d'York. — Changemens effectués dans les montagnes par les mesures adoptées après la rébellion. — Décadence du système des clans. — Les Jacobites se réconcilient avec la maison d'Hanovre. — Restitution des biens confisqués. — Permission de porter le costume montagnard. — Introduction des fermes à moutons. — Amélioration du commerce de l'Écosse. 527

FIN DE LA TABLE.

www.ingramcontent.com/pod-product-compliance
Lightning Source LLC
Chambersburg PA
CBHW070836230426
43667CB00011B/1816